MORALISTES
ET
PHILOSOPHES

PAR

AD. FRANCK

DE L'INSTITUT

DEUXIÈME ÉDITION

ERBERT — LEVI BEN GERSON
— PÉTRARQUE — POMPONACE — GALILÉE — DESCARTES —
SPINOZA — GŒTHE — MAINE DE BIRAN
— V. COUSIN — DAMIRON — GARNIER — M. JANET —
M. RAVAISSON — M. B. SAINT-HILAIRE
— M. RENOUVIER

PARIS

LIBRAIRIE ACADÉMIQUE

DIDIER ET Cie, LIBRAIRES-ÉDITEURS

35, QUAI DES AUGUSTINS, 35

—

1874

Tous droits réservés.

MORALISTES
ET
PHILOSOPHES

DU MÊME AUTEUR :

PHILOSOPHIE ET RELIGION

2ᵉ édition. 1 vol. in-12. — 3 fr. 50.

AVANT - PROPOS

Consacrées à la philosophie et à la morale, les études que j'ai réunies ici font suite à celles que j'ai publiées en 1867 sous le titre de *Philosophie et religion*. Elles ont la même origine le même caractère, et procèdent, ai-je besoin de le dire? du même esprit.

Ce que j'ai dit pour expliquer et justifier les unes est donc parfaitement applicable aux autres. Cependant, si je ne me trompe, on reconnaîtra dans celles-ci un lien plus sensible et un intérêt plus direct que dans celles qui les ont précédées. Le lien, c'est la suite des temps par laquelle nous pouvons juger du progrès, ou, ce qui est peut-être plus exact et risque moins d'être contesté, de la marche des idées. L'intérêt est celui que la discussion des plus importants problèmes de la morale et de la métaphysique emprunte à l'état actuel de la société.

De ces pages écrites séparément et sans grand respect pour l'ordre chronologique, je n'ai pas la prétention de faire après coup une histoire régulière de la philosophie. Mais je suppose qu'on n'y verra pas sans quelque profit un certain nombre des plus grands esprits et des plus grands systèmes du moyen âge, de la Renaissance et du xviie siècle, soumis à un nouvel examen et éclairés les uns par les autres. A côté des noms les plus illustres on en trouvera qui sont à peine connus ou même qui étaient tout à fait ignorés jusqu'à ces dernières années, et qui n'en appartiennent pas moins à des intelligences originales et à de vigoureuses personnalités. Tel est le moine dom Deschamps, ce hégélien avant Hegel dont M. Beaussire nous a révélé l'étrange doctrine. Tel est aussi le rabbin Lévi ben Gerson qui, en plein moyen âge, sous le feu des persécutions religieuses, niait la création et les miracles, et qui, après avoir longtemps joui d'une renommée égale à celle de Maïmonide, a disparu en quelque sorte dans les ténèbres.

C'est à notre siècle, ou pour mieux dire, c'est aux philosophes contemporains que j'ai réservé la plus grande place, et en voici la raison. S'il est reconnu que pour bien juger d'une manière générale les personnes et les choses, il faut les voir d'une certaine distance à travers les âges, il n'est pas moins incontestable qu'il n'y a que les hommes avec qui l'on a vécu, qu'il n'y a que les idées dont on a vu les commencements et les premiers développements, sur lesquels on puisse transmettre aux générations suivantes les détails les plus précis et les plus caractéristiques, ceux dont se compose, en quelque sorte, leur physionomie. Tous les esprits qui ont joué un rôle influent dans ce monde, et même les systèmes qu'ils ont mis au jour, ont leur physionomie propre par laquelle ils se distinguent de leurs devanciers et de leurs successeurs, et qui n'est saisie au vif que par des contemporains. Par exemple, ceux à qui il a été donné de voir et d'entendre M. Cousin, ceux qui ont pendant quelques années joui de son commerce ne comprendront jamais qu'il soit possible par ses livres, par ses discours écrits, par le recueil de ses leçons imprimées, de se faire une idée exacte de sa personnalité intellectuelle, de son rôle philosophique et de sa philosophie elle-même.

Il est une autre figure moins éclatante que celle-là, devant laquelle j'ai été heureux de m'arrêter. C'est l'excellent M. Damiron, ou comme je l'ai toujours entendu appeler par ses camarades de l'École normale et ses amis de jeunesse, le sage Damiron. Oui, la sagesse était la règle de sa vie aussi bien que la source de son enseignement; mais ce n'était point sa seule qualité. Il y joignait une piété profonde, qui ne perdait rien à parler le langage de la raison et de la philosophie, et une bonté de cœur qui aurait passé pour de la naïveté si elle n'avait été doublée d'une rare finesse. Tel était l'homme, et l'homme, chez lui, se retrouve tout entier dans l'écrivain. Mais n'ayant jamais rien fait pour appeler sur lui et sur ses ouvrages le grand jour de la publicité, M. Damiron s'est vu, même de son vivant, enveloppé par les ombres de l'oubli, devenues bien plus épaisses encore autour de sa mémoire. C'est un de mes vœux les plus constants et les plus chers de le faire monter dans l'opinion au rang qui lui appartient. Je crois que l'honneur du public y est intéressé autant que le sien.

En m'occupant des hommes qui, vivants ou morts, ont joué un rôle plus ou moins considérable dans l'histoire des idées philosophiques de notre temps, j'ai dû m'expliquer sur ces idées elles-mêmes et défendre ce que je crois être la vérité contre les doctrines que ma raison repousse comme autant de formes différentes de l'erreur.

La défense de la vérité philosophique se résume pour moi dans la défense du spiritualisme, qui n'est pas seulement la cause de Dieu et de l'âme, la cause de l'intelligence, de l'ordre dans l'univers aussi bien que dans l'homme, mais la cause de la liberté, la cause du devoir et du droit, celle du respect et de l'amour, celle de la justice et de la charité, celle de l'ordre social, celle de la société elle-même. Si vous en doutez, ouvrez les yeux sur les événements dont ous sommes témoins, interrogez l'état présent de la France et de l'Europe.

On a pu suivre pendant longtemps avec une curiosité sympathique, dans leur œuvre de destruction, ces prétendus rénovateurs de la science qui n'étaient que des démolisseurs de tous les fondements essentiels de la raison et de la moralité humaine. On a pu trouver un certain plaisir à connaître les procédés d'argumentation ou d'analyse par lesquels ils se flattent de supprimer la conscience, le libre arbitre, la personne humaine tout entière, les principes et les causes de notre existence, la règle de nos actions, les lois immuables de notre pensée, pour mettre à leur place la puissance aveugle des faits, ramenée elle-même au jeu fatal des organes, à la domination capricieuse des sens, et par suite à la souveraineté des appétits, à l'identification des appétits avec les droits. En présence de ces belles découvertes, qu'on ferait remonter sans peine au temps des sophistes de la Grèce, on se disait peut-être qu'après tout, si elles devaient porter le trouble quelque part, ce ne pourrait être que dans les régions élevées de la pure spéculation, considérées par la foule comme un pays inabordable où elle n'a aucun moyen ni même aucune envie de pénétrer.

C'était une erreur. Des hauteurs de la société, sur lesquelles elles se sont montrées d'abord, et non sans y rencontrer de grands encouragements, les doctrines auxquelles je fais allusion sont descendues de proche en proche dans les couches les plus profondes de notre nation et l'on peut dire de toutes les nations européennes. Laissant de côté les discussions abstraites, les observations soi-disant scientifiques, ou les étalages d'érudition falsifiée et les raffinements de bel esprit par lesquels elles se sont efforcées de se faire accepter, on n'en a pris que les conséquences qui intéressent la direction de la vie et les relations des hommes entre eux. Ces conséquences, on les a érigées en maximes économiques et politiques, et ces maximes, recueillies par des masses avides de changements et de jouissances, sont bien vite entrées dans le domaine des faits. Les désastres qu'elles y ont causés, je n'ai point à les rappeler ici, et je m'abstiendrai aussi de prévoir ceux qu'elles nous préparent dans l'avenir. Je ne veux point me laisser entraîner à substituer la politique à la philosophie. Il me suffit d'avoir fait naître ce soupçon, que du positivisme au communisme la distance pourrait bien être moins grande qu'on ne pense.

Le positivisme, c'est-à-dire le matérialisme accommodé au goût de notre siècle, n'est pas le seul système qui me paraisse dangereux et erroné. Il y a un certain mysticisme de fantaisie et un certain scepticisme ténébreux qui, depuis quelques années, à force de talent, par le prestige d'un noble langage et par leur obscurité mêmes réussissent à faire illusion à un petit nombre de jeunes intelligences. L'espace circonscrit dans lequel s'exerce leur domination ne permet pas qu'on les présente dès aujourd'hui comme un sujet d'alarme; mais ils peuvent devenir avec le temps un danger plus sérieux en réduisant la philosophie à n'être plus qu'un exercice de dialectique et une œuvre d'imagination. Voilà pourquoi je me suis imposé le devoir tout à la fois de les étudier et de les combattre.

Me sera-t-il donné d'apporter quelque soulagement à ceux qui souffrent de cette confusion des idées, de cet obscurcissement de toutes les vérités nécessaires ? Je n'ose pas l'espérer ; mais on me saura gré, peut-être, de l'avoir essayé.

AD. FRANCK.

Paris, 26 novembre 1871.

MORALISTES ET PHILOSOPHES

GERBERT

(LE PAPE SYLVESTRE II) [1]

ÉTAT DE LA PHILOSOPHIE ET DES SCIENCES AU Xᵉ SIÈCLE

I

Voulant honorer la mémoire du plus illustre de ses enfants, la ville d'Aurillac éleva, il n'y a pas longtemps une statue à Gerbert, le premier Français qui occupa le trône pontifical. Piquée d'une généreuse émulation, l'Académie des sciences, lettres et arts, de Clermont-Ferrand lui rendit un hommage moins éclatant peut-être, mais plus utile à la science : elle vota l'impression de ses œuvres. C'est à M. Olleris, ancien professeur

---

1. *Œuvres de Gerbert*, pape sous le nom de Sylvestre II, collationnées sur les manuscrits, précédées de sa biographie, suivies de notes critiques et historiques par A. Olleris, doyen de la Faculté de Clermont, etc. 1 vol. in-4°, 1867.; Clermont-Ferrand, Thibaud, et Paris, Dumoulin.

d'histoire dans les lycées de Paris, aujourd'hui doyen de la Faculté des lettres de Clermont, qu'elle confia l'exécution de cette décision patriotique. La tâche était difficile et réclamait autant de sagacité que de patience; car il ne s'agissait pas seulement de retrouver les divers écrits de Gerbert, ses lettres, ses sermons, ses traités théologiques ou scientifiques, ses actes et ses décrets pontificaux, dans une multitude de collections plus ou moins obscures où, quoique imprimés pour la plupart, ils restaient depuis deux siècles oubliés et dispersés; il fallait encore, après les avoir tirés des ténèbres, les soumettre à l'épreuve d'une sévère critique, les confronter les uns avec les autres et tous ensemble avec les manuscrits, les éclairer par les connaissances dont s'est enrichie, particulièrement dans ces dernières années, l'histoire du moyen âge, et, tout en leur demandant compte de leurs titres et de leur origine, les défendre au besoin contre d'injustes soupçons de falsification. C'est ce que M. Olleris a fait avec une conscience et un savoir auxquels l'Académie des inscriptions a rendu justice en lui décernant le prix Gobert. Aux œuvres déjà publiées du pape Sylvestre II, M. Olleris a eu la fortune d'ajouter quelques morceaux inédits, entre autres deux traités sur l'abacus, l'un de Gerbert lui-même, l'autre de son disciple Berolinus, et une dissertation philosophique qui a pour titre : *De rationali et ratione uti, Du raisonnable et de l'usage de la raison.* Ce dernier écrit est d'autant plus précieux que c'est le seul de ce genre que Gerbert nous ait laissé et qu'il n'est pas inutile pour nous éclairer sur l'origine et les premiers essais de la scolastique.

Mais ce qui fait le principal mérite et l'intérêt capital de cette savante publication, c'est l'œuvre personnelle de M. Olleris ; c'est une *Vie de Gerbert*, rédigée d'après les documents originaux auxquels elle sert d'introduction et dont elle nous fait comprendre par là même la signification et l'importance. On peut la considérer tout à la fois comme une fidèle analyse et comme un commentaire anticipé de tout le volume. Mais ce n'est pas seulement à ce titre qu'elle sollicite notre attention. Gerbert, par le rôle qu'il a joué dans le monde, ayant été mêlé aux hommes et aux affaires les plus considérables de son temps, sa biographie, écrite par M. Olleris ou plutôt par lui-même, puisqu'elle est tirée presque tout entière de ses ouvrages et de sa correspondance, nous offre en même temps un curieux tableau de l'état de la société à la fin du xe siècle. Les idées et les passions, les croyances et les mœurs de cette triste période de notre histoire y sont prises en quelque sorte sur le fait et s'offrent d'elles-mêmes à nos observations, sans que l'auteur ait besoin de nous les signaler. Il lui suffit de traduire et de citer, quelquefois de résumer les pièces authentiques qu'il a si laborieusement rassemblées, qu'il a si rigoureusement contrôlées, et avec lesquelles, puisque nous les avons sous la main, nous sommes toujours libres de confronter ses interprétations. Pourquoi, d'ailleurs, serait-il sorti du rôle de simple rapporteur, quand les faits dont il avait à nous entretenir présentent naturellement un caractère si original et un intérêt si irrésistible ? Une puissante organisation à la fois politique et sociale, celle que Charlemagne a fondée, est en train de se dissoudre ; une société nouvelle, le régime féodal et la papauté du moyen âge, est à la veille de se constituer ; entre les deux, un simple moine qui, sans une véritable force de caractère, sans aucune grandeur d'âme, avec de médiocres connaissances et un génie qui n'est pas du premier ordre, domine, étonne, éclaire tous ses contemporains; voilà de quoi réveiller les esprits les plus difficiles. Cependant, si modeste qu'elle puisse nous paraître, la tâche que M. Olleris s'est imposée lui a fourni l'occasion de déployer les plus sérieuses qualités, celles qui appartiennent non-seulement à l'érudit, mais à l'historien : un jugement ferme et sûr, que la vérité seule, la vérité démontrée, et non la tradition ou l'esprit de parti, décide à se prononcer; un ordre parfait qui, sans négliger les détails, particulièrement indispensables dans une étude biographique, sait pourtant les contenir dans de justes limites et les subordonner aux événements principaux ; enfin un style simple, clair, naturel, qui répond exactement à la gravité austère du sujet.

La *Vie de Gerbert* mériterait d'être publiée séparément à l'usage de ceux qui, s'intéressant aux recherches historiques et éprouvant le besoin d'enrichir ou d'émonder leur vieux fonds de connaissances, n'ont cependant ni le temps, ni les moyens de remonter aux premières sources [1]. En attendant que ce vœu soit réalisé, nous allons essayer de donner ici un aperçu sommaire du travail, nous aurions le droit de dire du livre de M. Olleris. Nous ne croyons pas pouvoir témoigner d'une manière plus utile l'estime qu'il nous inspire.

Gerbert reçut le jour vers le milieu du xe siècle, dans a ville ou aux environs d'Aurillac. C'est tout ce qu'on

---

1. M. Olleris a suivi notre conseil. La *Vie de Gerbert* a été publiée en un volume in-8º dans l'année même où parurent ses *Œuvres*.

peut affirmer sur le lieu et la date de sa naissance. Ce que l'on sait de sa famille est encore plus vague et plus incertain. On est seulement autorisé à supposer qu'elle était pauvre et obscure, car on ne le voit jamais, même dans les plus tristes circonstances de sa vie, s'adresser à elle, et c'est elle, au contraire, qui, lorsqu'il a été nommé abbé de Bobio, s'empresse de quitter l'Auvergne pour aller lui demander en Italie un appui et un refuge. Entré dès son enfance, en qualité de novice, au monastère de Saint-Gérauld, il y apprend la grammaire, c'est-à-dire le peu qu'on savait alors de la langue et de la littérature de l'antiquité romaine. Mais, dans cette étude circonscrite, il fait preuve de tant d'intelligence, qu'au monastère où il est élevé et dans les couvents voisins il ne tarde point à passer pour un prodige. Frappé comme tout le monde de ses précoces facultés, un certain Borel, comte de Barcelone, qui, vers l'an 967, vint à passer par Saint-Gérauld, offrit généreusement et obtint sans peine de l'emmener en Espagne, pour y compléter son éducation.

L'Espagne était alors un pays privilégié pour la pensée. Les lettres et les sciences y étaient plus florissantes qu'en aucune autre contrée de l'Europe chrétienne. Il y avait dans ce qu'on appelait la Marche d'Espagne des écoles épiscopales et monastiques qui avaient conquis une légitime renommée. M. Olleris n'a pas de peine à démontrer que c'est là, non dans les écoles musulmanes de la Péninsule, que Gerbert s'est formé. Comment aurait-il puisé ses connaissances chez les Arabes, puisque, comme il le déclare expressément, il est resté toute sa vie étranger à leur langue. Et, si les Arabes avaient été ses précepteurs, comment n'aurait-il pas mieux profité de leurs leçons dans un temps où les mathématiques, la médecine et la philosophie elle-même, représentées par Alkendi et Alfarabi, étaient déjà, chez eux passablement avancées? Comment ne lui auraient-ils pas fait connaître les œuvres d'Aristote avec leurs commentaires alexandrins, qu'ils avaient traduits et qu'ils étudiaient déjà depuis un siècle? D'ailleurs, nous savons quels furent ses maîtres chrétiens et quel genre d'instruction ils ont pu lui donner. L'un d'entre eux fut Hatton, évêque de Vich, sous lequel, à ce que nous assure son disciple et son biographe Richer, il fit de grands progrès en mathématiques. Un autre, dont le nom nous échappe, lui enseigna l'astronomie, et nous voyons, par les connaissances qu'il y ajouta plus tard et les découvertes qui lui ont été attribuées, que les notions qu'il possédait alors sur ces deux sciences ne s'étendaient pas bien loin. Il est probable que son éducation littéraire reçut plus de développement; car il a toujours fait un fréquent usage de Cicéron et des poëtes latins. Il a lui-même composé des vers qui ne nous paraîtraient pas trop mauvais, s'ils sortaient de la plume d'un élève de rhétorique. C'est un argument de plus en faveur de l'opinion qu'il n'a jamais subi, au moins d'une manière directe, l'influence des écoles de Cordoue et de Grenade. L'influence indirecte est plus difficile à écarter; car on ne conçoit pas que l'Espagne chrétienne soit restée pendant un siècle complétement étrangère à la vie intellectuelle qui se manifestait avec tant d'éclat sous ses yeux.

Après avoir passé trois ans à Barcelone, Gerbert accompagna à Rome son protecteur Borel, et Hatton, son principal instituteur. C'était sous le pontificat de

Jean XIII et sous le règne d'Othon Ier. Le pape fut particulièrement frappé de l'habileté que lui montra le jeune moine auvergnat en astronomie et en musique, deux sciences alors fort négligées en Italie, et, se flattant que Gerbert pourrait lui aider à les faire renaître, il le garda près de lui. Mais, l'ayant présenté au bout de quelques jours à l'Empereur, celui-ci fonda sur lui les mêmes espérances et l'amena à sa cour, dont il devint le principal ornement.

Il n'y était pas depuis longtemps lorsque y arriva, en 972, en qualité d'ambassadeur du roi Lothaire, un des premiers, sinon le premier logicien du temps. Il portait le nom de Garamnus et était archidiacre de Reims. Gerbert, qui jusqu'alors était resté étranger à la logique, c'est-à-dire à l'*Introduction* de Porphyre et à l'*Organum* d'Aristote, demanda et obtint la permission de le suivre dans son diocèse.

Le siége archiépiscopal de Reims était alors occupé par Adalbéron, qui, par la noblesse de son extraction, et la puissance de sa parenté, aussi bien que par l'étendue de sa juridiction ecclésiastique, était regardé comme un des plus grands seigneurs de son temps. A toutes ces qualités il en joignait une autre, qui n'était pas commune à ce moment et qu'il ne tenait que de son caractère et de son intelligence. C'était un prélat réformateur. L'esprit de réforme avait de quoi s'exercer au xe siècle; car à aucune autre époque du moyen âge, les esprits n'ont été plus incultes, les mœurs n'ont été plus violentes et plus corrompues. L'ignorance allait si loin que plusieurs chefs de monastères, que des abbés ne savaient plus lire, que les prêtres ne comprenaient plus le latin de leurs prières, et que les laïques avaient oublié l'oraison dominicale. On tenait pour impossible qu'un seul homme réunît les modestes connaissances qu'on désignait sous les noms de *trivium* et de *quadrivium*, c'est-à-dire, d'une part, la grammaire, la rhétorique et la dialectique ; de l'autre, l'arithmétique, la géométrie, l'astronomie et la musique. C'est dans ce cercle étroit que les écoles du moyen âge avaient renfermé ce que nous appelons aujourd'hui les lettres, les sciences et les arts. Rien n'égalait l'ignorance du siècle dont nous parlons que sa corruption et sa brutalité. « Les hommes vivent dans la société, disent les chroniques et les relations du temps, comme les poissons dans l'eau, les plus forts dévorent les faibles. » Pour se distraire de ces violences et des terreurs qui accompagnent l'attente alors presque générale de la prochaine fin du monde, on s'abandonne à tous les excès, on recherche l'ivresse des plus grossiers plaisirs. Ceux qui, touchés d'une piété sincère, voudraient, avant de comparaître au jugement dernier, se recueillir dans la solitude, sont obligés, comme Jean de Vendières, de parcourir la France et l'Italie avant de trouver un monastère sur lequel la discipline ait conservé quelque empire; et encore ne le trouvent-ils pas, puisqu'ils finissent par le fonder.

Pour se faire une idée de ce qui se passait, soit dans les cloîtres, soit dans le monde, il faut lire, dans le travail de M. Olleris, à quelles mesures l'on était forcé de recourir pour défendre, même contre les tentatives de leurs maîtres, l'innocence des enfants qui étaient élevés à Cluny. «On les confiait plus spécialement au scolastique choisi, après de mûres réflexions, par le supérieur. Ses fonctions étaient pénibles et délicates. Le scolastique ne devait jamais être seul avec un enfant; jamais il ne devait lui parler en particulier. Un flambeau éclairait toute la nuit le dortoir des élèves. Si un enfant avait besoin de sortir, le maître ne devait jamais l'accompagner sans avoir de lumière, ni sans prendre avec lui une autre personne. Le silence était rigoureusement prescrit hors du temps consacré aux récréations. Des abus trop fréquents, même dans les cloîtres, rendaient ces précautions indispensables. Le xe siècle se ressentait encore des goûts corrompus des Grecs et des Romains, chez lesquels l'usage du pensionnat n'avait pas été possible[1]. »

Mais ce n'est encore qu'un côté du tableau que M. Olleris, en s'appuyant uniquement sur des actes authentiques, a voulu mettre sous nos yeux; voici maintenant l'autre : « Les élèves que le sentiment du devoir n'excitait pas au travail étaient chargés de liens, frappés de verges. On faisait quelquefois un tel usage de ces corrections, que les externes, fuyant l'école, se cachaient dans les bois. A Saint-Gall ils mirent le feu au monastère pour se garantir du fouet dont ils étaient menacés pour quelques fautes qu'ils avaient commises, le jour de la fête de Saint-Marc. Les moines étaient furieux. Il y en eut qui proposèrent de détruire les écoles. Il eût paru plus simple de modifier la discipline[2]. » Quant à l'instruction qu'on faisait payer si chèrement, elle se bornait à la lecture et à l'écriture, au chant, aux éléments du calcul et à la grammaire de Donat, c'est-à-dire, à peu de chose près, au programme de nos écoles primaires; car il ne faut pas oublier que le latin

---

1. *Vie de Gerbert*, p. 29.
2. *Ibid.*, p. 29 et 30.

était la seule langue admise à l'honneur d'un enseignement régulier.

C'est à cette situation qu'Adalbéron voulut porter remède dans son diocèse, en commençant par le clergé. Il lui sembla que le plus sûr moyen de réformer les mœurs, c'était de relever les études, ou, du moins, que c'étaient là deux tâches inséparables, qui demandaient d'être exécutées simultanément. Il était décidé à ne s'en remettre qu'à lui-même pour remplir la première; mais la seconde ne pouvait être confiée qu'à un homme d'un savoir éprouvé et qui joignît à l'ascendant du talent celui d'un nom déjà célèbre. Gerbert, après l'accueil qu'il avait reçu à Rome et la faveur dont il avait joui à la cour impériale, réunissait ces conditions. Aussi le pieux et intelligent prélat le reçut-il avec bonheur comme un envoyé du ciel, comme un auxiliaire que la Providence elle-même aurait choisi.

Sa confiance ne fut pas trompée. Travaillant sans relâche, pendant qu'il instruisait les autres, à accroître la somme de ses propres connaissances, Gerbert imprima une vigoureuse impulsion aux écoles du diocèse de Reims. A l'exception de la grammaire, qu'il abandonnait à des maîtres d'un ordre inférieur, chacune des sept branches de l'enseignement scolastique, ou de ce que l'on pourrait appeler l'encyclopédie des connaissances humaines au moyen âge, reçut de lui de notables perfectionnements, et loin d'accorder à la faiblesse de ses contemporains qu'il fallait désespérer de les réunir, il les considérait comme inséparables. La logique ou la dialectique, c'est-à-dire la philosophie, qu'il ignorait encore pendant son séjour en Italie, devint le premier objet de ses soins. Il étudia et fit étudier à ses élèves l'*Introduction* de Porphyre, avec les *Commentaires* de Boëce, et les trois premières parties de l'*Organum*, c'est-à-dire les *Catégories*, le *Peri Ermeneias* et les *Analytiques*[1]. Au lieu des Topiques d'Aristote il prenait ceux de Cicéron, toujours avec les *Commentaires* de Boëce. La rhétorique dont il se servit d'abord était celle de Victorinus ; mais il a lui-même composé plus tard, sur cette matière, un traité qui n'est pas arrivé jusqu'à nous, ou qui n'a pas encore été retrouvé dans la poussière des bibliothèques. Nous savons seulement qu'il attachait à cette partie de son enseignement une extrême importance, et qu'il y préparait ses élèves en leur expliquant les passages les plus remarquables des anciens poëtes latins, non-seulement de Virgile, mais d'Horace, de Térence, de Stace, de Juvénal, de Perse et de Lucain. C'était bien plus qu'une preuve de goût et de bon sens, c'était, pour son temps, presque de l'audace, car les poëtes païens n'étaient pas en faveur au xe siècle. Virgile lui-même, qui devait plus tard servir de guide à l'auteur de *la Divine Comédie*, était regardé alors comme un maître de corruption et d'erreur. « Que les poëtes sacrés vous suffisent, disait un des maîtres les plus vénérés du temps, vous n'avez pas besoin de vous souiller de la faconde pleine de luxure de Virgile. »

Mais c'est principalement dans l'enseignement des

1. Ce ne peut être que le traité des *Analytiques* que M. Olleris a désigné par ces mots d'après Richer : « Il expliqua quatre livres sur les différences des raisonnements, deux sur les syllogismes catégoriques, trois sur les hypothétiques, un sur les définitions, un sur les divisions (p. 33). » Sans doute, ce n'est là que le sujet et non la division des *Analytiques* d'Aristote. Mais Richer a pu s'y tromper, et la division actuelle des ouvrages d'Aristote n'était pas nécessairement connue au temps de Gerbert.

sciences ou du *quadrivium*, comme on les nommait à cette époque, que se montrait la supériorité de Gerbert. Dans l'arithmétique, il remplaça par l'abacus l'usage des lettres grecques et latines, et enseigna à ses contemporains la valeur de la position des signes. Avec neuf caractères, dont la forme ressemble beaucoup à celle de nos chiffres arabes, et qui désignaient, en allant de droite à gauche, des nombres de dix en dix fois plus forts; c'est-à-dire des unités, des dizaines, des centaines, etc., il exprimait tous les nombres imaginables. Des colonnes séparées, formées par l'espace contenu entre deux lignes verticales, étaient occupées par ces divers ordres d'unités, et la colonne qu'on laissait en blanc remplaçait le zéro. C'était, comme on le voit, avec quelques légères différences, le système de numération qui est encore usité de nos jours. On a voulu en faire honneur au génie des Arabes, à cause des noms arabes sous lesquels se trouvent désignés, chez quelques auteurs du moyen âge, les neuf signes employés par Gerbert. Mais il est démontré que ces noms ne datent que de la fin du xiie siècle. D'un autre côté, on s'est convaincu que le même système était déjà connu, d'une manière plus ou moins complète, des Indiens et des Égyptiens, d'où il a passé aux philosophes grecs, et plus particulièrement aux néopythagoriciens d'Alexandrie. Il n'est donc guère possible d'admettre avec M. Olleris que Gerbert l'ait inventé. Gerbert l'a trouvé dans le *Traité d'arithmétique* de Boëce, qui, lui-même, par l'intermédiaire d'Archytas, l'a emprunté aux néopythagoriciens. Telle est du moins l'opinion que M. Martin soutient avec beaucoup d'érudition et une grande force de raisonnement dans un remarquable travail publié il y a quelques années : *Les Signes numéraux et l'Arithmétique chez les peuples de l'antiquité et du moyen âge*[1].

Gerbert ne se contentait pas d'enseigner d'une manière théorique la géométrie et l'astronomie, il exerçait ses élèves à la pratique de ces deux sciences ; il les emmenait avec lui à la campagne et les accoutumait à arpenter un terrain ou à mesurer la hauteur d'une montagne ; il les faisait monter, pendant une belle nuit d'été, sur une plate-forme, et leur apprenait à distinguer les étoiles par leur position. Il fabriquait lui-même, pour leur usage, des sphères armillaires, des sphères pleines et des tubes. Mais que ces tubes fussent munis de verres et formassent des télescopes, c'est une supposition qui ne peut se soutenir. Les connaissances géométriques et astronomiques de Gerbert étaient empruntées à l'antiquité grecque par l'intermédiaire de Boëce, et rien, jusqu'à présent, ne démontre qu'il y ait ajouté quelque chose de son propre fonds. Les inventions mécaniques dont on lui a fait honneur, les horloges à roues, et ce fameux orgue qui était mis en jeu par la vapeur de l'eau bouillante, sont de pures légendes, qui n'ont pris naissance que cent cinquante ou deux cents ans après sa mort. Il en est de même de ses prétendues découvertes en médecine et en musique. Gerbert n'en a pas moins été la lumière de son siècle. S'il n'a rien ou s'il a peu ajouté à la somme des connaissances humaines, il l'a, du moins, empêché de décroître ; il a arrêté le flot toujours montant de la barbarie et de l'ignorance, et recommencé, en la conti-

---

[1]. Rome, imprimerie *De propaganda fide*, in-4°, 1864.

nuant, l'œuvre d'Alcuin et de Charlemagne. Mais c'est là, malheureusement, qu'il faut chercher la meilleure partie de sa vie et ses titres les plus solides au respect de la postérité.

La première fois qu'il entra dans la vie active, c'est en qualité de chef d'un monastère. Provoqué un jour, devant l'empereur Othon II, à une discussion publique contre le moine Othric, écolâtre de Magdebourg, un des logiciens les plus renommés de l'Allemagne, il déploya tant de talent et de savoir, que l'Empereur, en témoignage de son admiration, lui donna sur-le-champ l'abbaye de Bobio, une des plus belles et des plus riches de l'Italie. Mais il était moins difficile, à ce qu'il paraît, de l'obtenir que de la gouverner. A peine arrivé à la tête de sa communauté, Gerbert s'aperçoit que tous les abus à la fois semblent y avoir fait élection de domicile. Au dedans, c'est la ruine de toute discipline, c'est le débordement de toutes les licences; au dehors, ce sont des voisins puissants qui mettent les biens du monastère au pillage et qui y sont, jusqu'à un certain point, autorisés par des traités dépourvus de toute prudence et de toute justice. Le nouvel abbé s'efforce en vain de mettre l'ordre dans ce chaos, il n'y gagne que la haine de ses moines et des seigneurs d'alentour, enrichis par leur imprévoyance et par leurs vices. Sa bonté même, qui, du reste, ne lui attira pas souvent de pareilles disgrâces, fournit des armes contre lui. Ses parents d'Auvergne, ayant entendu parler de sa fortune, arrivent en foule à Bobio, frères, sœurs, belles-sœurs, beaux-frères, neveux et nièces. Ces enfants et ces jeunes femmes, logés et nourris au couvent, admis à toute heure auprès de l'abbé, offrent à ses nombreux ennemis un excellent prétexte pour attaquer ses mœurs. Calomnié, menacé, dépouillé, presque captif au milieu de ceux qui devraient lui obéir, Gerbert invoque la protection de la cour. En tête d'une lettre qu'il adresse à l'Empereur, on lit ces paroles significatives : « A son seigneur Othon, César toujours auguste, Gerbert *autrefois libre.* » L'Empereur est touché, mais ne peut ou ne veut rien faire pour lui, et finit par se fatiguer de ses plaintes. Une année s'est à peine écoulée que profitant d'un moment où la vigilance de ses gardiens s'est relâchée, il s'échappe furtivement comme un malfaiteur, et retourne auprès de l'archevêque Adalbéron. Il essaya, quelques années plus tard, en 985, de reprendre la position qu'il vient d'abandonner si précipitamment et qui lui appartient toujours, selon les canons de l'Église ; mais, comme cette seconde tentative n'a pas été plus heureuse et a duré moins longtemps encore que la première, nous resterons avec lui à Reims, pour n'avoir pas à nous interrompre dans le récit du rôle singulièrement compliqué qu'il y joua.

Othon II venait de mourir, laissant la couronne à son fils Othon III, un enfant à peine âgé de trois ans. Henri, duc de Bavière, fils d'un frère d'Othon le Grand, arracha le jeune prince à sa mère, la Grecque Théophanie, sous prétexte de lui servir de tuteur, mais en vérité pour s'emparer de la couronne impériale, à laquelle, profitant de l'impopularité de l'Impératrice douairière, il commence par se faire associer. Afin de se ménager un appui dans ses projets d'usurpation, il fait alliance avec le roi de France, Lothaire II, à qui, en échange du secours qu'il lui promet, il abandonne secrètement la Lorraine. C'est alors que Gerbert paraît sur la scène en qualité de secrétaire, de conseiller et d'auxiliaire de l'archevêque de Reims.

Par leur titre de princes lorrains, Adalbéron et son frère Godfroi, comte de Verdun, ainsi que les autres membres de sa famille, relevaient de l'empire d'Allemagne. Ils se crurent donc obligés de prendre parti pour Henri ou pour Othon III. Ils se prononcèrent énergiquement en faveur du jeune Empereur et se promirent de ne rien ménager pour faire triompher sa cause, qui se confondait naturellement avec celle de l'impératrice Théophanie. Ecbert, archevêque de Trèves, s'étant déclaré plus ou moins franchement pour le duc de Bavière, Adalbéron lui écrit une lettre pleine d'ironie, de colère et de pathétiques exhortations. A Willigise, au contraire, archevêque de Mayence, qui a adopté le même drapeau que lui, il envoie des messages confidentiels, où il dévoile tous ses projets et se livre aux plus tendres épanchements. Naturellement c'est Gerbert qui rédige toutes ces missives, et qui fait mieux que de les rédiger et d'y répandre toute sa littérature et son éloquence ; c'est lui qui les inspire. Mais il a bien soin de ne pas jouer seulement le jeu de son patron. Il se rappelle qu'il a encore sa fortune à faire, ses intérêts à ménager auprès de tout le monde, et son emploi de confiance, auprès des mêmes correspondants, lui sert à double fin. Ainsi, défenseur du jeune Othon quand il s'adresse à Ecbert au nom de l'archevêque de Reims, il embrasse avec chaleur la cause de Henri quand il écrit, au nom d'Ecbert, à d'autres personnages, dont l'archevêque de Trèves veut gagner ou se ménager le concours. En même temps qu'il correspond avec Willigise pour le compte de son protecteur, il trouve l'occasion de le supplier pour son propre compte, de faire valoir auprès de l'Impératrice ou de tout autre personne influente à la cour, les petits services que sa plume rend chaque jour au jeune Empereur. Il proteste qu'il est et restera toute sa vie le fidèle serviteur de César, et s'efforce de persuader à son correspondant que c'est dans cette fidélité même que se trouve l'origine de tous ses maux. C'est ce que M. Olleris, par euphémisme sans doute, appelle de la souplesse dans l'esprit. Souplesse d'esprit ou de conscience, en voici un nouveau trait qui ne le cède point aux deux précédents.

Charles de Lorraine et Thierry, évêque de Metz, malgré le lien de parenté qui existait entre eux, s'étaient brouillés l'un avec l'autre. Charles, qui avait reçu d'Othon II la basse Lorraine, s'était déclaré en faveur d'Othon III, et Thierry, blessé de quelques propos légers de l'Impératrice Théophanie, ou par tout autre motif, s'était prononcé pour le duc de Bavière. De là une correspondance qui donne une médiocre opinion de la mansuétude des évêques et de la politesse des princes de ce temps-là. C'est Gerbert qui sert d'interprète à la colère du prince, et il entre si bien dans son rôle que nous ne pouvons résister à l'envie de donner un échantillon de son style : « A Thierry, « le modèle des hypocrites, traître au premier chef « envers les Empereurs, le parricide de leur fils, enfin « l'ennemi de l'État. Il serait plus digne de moi d'é- « craser tes injures de mon silence et de mépriser un « factum inspiré par l'insolence d'un tyran plus que « par le jugement d'un prêtre ; mais, afin que tes com-

« plices ne prennent pas mon silence pour un aveu,
« je vais en quelques mots faire l'énumération de tes
« crimes, sans m'arrêter longtemps même aux plus
« énormes. Je toucherai aussi à quelques-unes de tes
« accusations, afin que toi, qui es gonflé de vent
« comme une outre vide, tu te dégonfles sous le poids
« de ma personne que tu dis, dans tes sottes injures,
« être si grande, si grosse, si grasse[1]. »

Mais qui est-ce qui prévoit l'avenir? Le duc de Bavière peut réussir, alors Thierry sera tout-puissant et ne manquera pas de se venger, non-seulement de Charles de Lorraine, mais du malheureux clerc qui lui a prêté sa plume et sa rhétorique. Gerbert écrit donc en son propre nom à l'évêque de Metz une lettre qui doit servir de baume à la blessure qui lui a été faite par la précédente. Cette fois, au lieu d'un prêtre parjure et sacrilége, rebut de la société et de l'Église, il a devant lui l'honneur de l'empire romain, celui dont la générosité, la magnanimité et la prudence pourraient être comparées à trois puissantes légions qui, sous le commandement de Dieu, combattent pour la maison d'Israël. Quand il le croit bien enivré de la fumée de ce grossier encens, il lui explique que si, en-

---

1. Avec la traduction de M. Olleris, que nous avons cru devoir légèrement modifier sur quelques points, nous ne croyons pas sans intérêt de citer le texte même de Gerbert : « ..... Deoderico, hypocritarum ideæ,
« Imperatorum infidissimo prolisque parricidæ ac in commune hosti
« reipublicæ. Gravitatis quidem meæ fuerat maledicta tua taciturnitate
« premere, nec pensi habere quod petulantia magis tyranni quam judi-
« cium protulit sacerdotis. Sed ne silentium tuis conjuratis videatur facere
« confessionem, summam tuorum scelerum paucis attingam et de maxi-
« mis minima referam. Consilii quoque mei nonnulla præmittam, ut, qui
« velut inanis uter spiritu intumuisti, meo, ut tu desipis, incrassati, impin-
« guati, dilatati prorsus pondere detumescas. »(*Epist.* 36, p. 21 de l'édition de M. Olleris.)

trant dans le rôle d'un ennemi implacable, il lui a tenu récemment un autre langage, c'était pour lui épargner des injures plus graves ; car il s'en faut bien que ses expressions aient été en rapport avec les emportements furieux dont il devait être l'organe. Mais à présent que l'on connaît ses intentions et ses sentiments véritables, il espère que l'évêque de Metz voudra se confier à lui pour connaître exactement les dispositions de ses amis et de ses ennemis, et qu'il ne craindra pas de recevoir ses avis sur ce qu'il doit faire et ce qu'il doit éviter. « Je m'estime heureux, dit-il en terminant, de vous « avoir inondé de lumière et d'avoir plongé vos enne- mis dans les ténèbres[1]. » Ces ennemis, quels sont-ils sinon les partisans du jeune Othon et de l'impératrice Théophanie, auprès de laquelle il vient de se faire va- loir comme un martyr de sa cause ? S'il n'avait voulu faire allusion qu'à Charles de Lorraine, il n'aurait parlé que d'un ennemi, non de plusieurs[2]. C'est donc Adalbéron, son infatigable protecteur, qu'il offre de trahir au profit d'un homme qu'il a si cruellement in- sulté et qu'il connaît à peine. Cette offre, certainement, n'est pas sincère ; mais comment compter sur un dé- vouement qui est capable de se dissimuler à ce point ?

1. *O decus romani imperii..... generositatem, magnanimitatem, pru- dentiam vestram, tanquam tres fortissimas legiones pro domo Israël opponite, ducem his Divinitatem præficite,* etc. (*Epist.* 37, dans l'édi- tion de M. Olleris.)

2. Il y a bien dans le texte *hostibus*, et nous ne comprenons pas pour- quoi M. Olleris a traduit ce pluriel par un singulier. Voici, au reste, les propres paroles de Gerbert : *Quia in re vobis lucem, hostibus tenebras offudisse gaudemus.*

II

Pendant qu'on se partage, à Metz et à Reims, entre les deux branches de la maison d'Allemagne, on apprend que Henri a abandonné ses amis comme ses ennemis à un prince étranger. Le traité par lequel il livrait la Lorraine au roi de France apparaît au grand jour, et il est convenu qu'il se rendra de sa personne à Brisach pour la remettre, en quelque façon, lui-même à son allié. Mais la colère que ce dessein fait éclater autour de lui l'empêche de paraître au rendez-vous, où Lothaire seul arrive, à la tête d'une armée, avec son fils Louis, associé au trône. L'absence du duc de Bavière n'empêche pas le roi de France de mettre, en ce qu'il a d'avantageux pour lui, le traité à exécution. Secondé par Eudes, comte de Troyes et de Meaux, et par Héribert, comte de Vermandois, il s'empare de Verdun et fait prisonniers les princes lorrains, partisans d'Othon, au nombre desquels se trouvent le frère, l'oncle et le neveu d'Adalbéron. Un autre neveu de l'archevêque de Reims, celui qui portait son nom et qu'il avait fait nommer évêque de Verdun, s'était soustrait par la fuite au ressentiment du vainqueur. C'est alors qu'on voit Gerbert, tantôt sous le nom et dans l'intérêt de son protecteur, tantôt dans son intérêt personnel et sous son propre nom, s'engager dans une nouvelle série d'intrigues, où il défend tour à tour, et quelquefois simultanément, les deux causes opposées.

Son premier acte fut un acte de colère, c'est-à-dire

un pamphlet injurieux publié contre la ville de Verdun; *Oratio invectiva in Virdunensem ecclesiam*[1], pour la punir d'avoir cédé aux armes françaises. A la violence succéda la ruse. Assistant à une réunion des principaux habitants de la Lorraine, où l'on se demandait si, après la prise de Verdun, la fuite de son évêque, l'emprisonnement des chefs du pays, l'on se trouvait encore engagé envers la maison d'Allemagne, Gerbert ne craignit pas d'affirmer, quoiqu'il fût précisément assuré du contraire, qu'il était dans l'intention de l'évêque fugitif et de toute sa famille de renouveler avec Othon III le traité qui les liait auparavant envers Othon II. Mais ce subterfuge n'eut pas d'autre résultat que d'attirer sur Adalbéron la vengeance du roi. On eut beaucoup de peine à l'empêcher d'aller attaquer l'archevêque de Reims dans sa métropole, et le malheureux prélat s'estima heureux d'en être quitte pour la promesse de détruire tout ce qu'il possédait de forteresses, et pour un serment de fidélité prêté au roi de France, dont Lothaire lui-même avait dicté les termes. A ces deux conditions de pardon Lothaire en ajoute une troisième : dans un délai déterminé, Adalbéron sera tenu de se justifier, devant une assemblée de seigneurs, du crime de haute trahison. En ce moment critique, il a recours à Gerbert, et Gerbert à son expédient habituel, celui de chercher son salut à la fois dans les deux partis.

Il se tourne d'abord vers Ecbert, cet archevêque de Trèves à qui il écrivait naguère des lettres si mordantes. Au nom d'Adalbéron il le supplie d'intercéder auprès des partisans de Henri, devenus, dans la commis-

---

1. Page 25 et n° 40 du Recueil de M. Olleris.

sion royale, les juges de l'archevêque de Reims. Ecbert, ce n'est plus un collègue égaré, que l'on veut bien, par charité, faire rougir de ses desseins criminels afin de le ramener, pendant qu'il en est encore temps, dans le chemin de la vertu et de l'honneur ; c'est un ami, c'est un père, dans lequel on met toute sa confiance. On le charge de faire savoir à Lothaire que le roi de France n'a pas de plus fidèle serviteur qu'Adalbéron. Il est vrai qu'Adalbéron a un neveu, l'évêque de Verdun, qui est loin de partager ces sentiments ; mais les torts du neveu ne sauraient être imputés à l'oncle, qui, d'ailleurs, se prépare à excommunier cet indigne parent.

Mais cette étrange missive est à peine partie pour sa destination que Gerbert va trouver les seigneurs lorrains retenus prisonniers et les engage, au nom de l'archevêque de Reims, à persévérer dans leur courageuse résistance, à repousser tout accommodement avec Lothaire, dont la domination en Lorraine ne peut être que de courte durée. Après tout, en fût-il autrement, ils auraient encore un moyen de se mettre à l'abri de son ressentiment. « Si vous parvenez, dit-il avec une rare perspicacité, à gagner l'amitié de Hugues (Hugues Capet), vous vous garantirez sans peine de toutes les tentatives que pourront diriger contre vous les rois de France[1]. »

La prédiction ne tarda pas à se réaliser dans le procès d'Adalbéron. Hugues Capet faisait partie, avec les comtes de Troyes et de Vermandois, de la commission chargée de le juger, et, comme ni lui ni ses assesseurs

---

1. « Si Hugonem vobis in amicitiam colligaveritis, omnes impetus « Francorum facile devitare valebitis. » (P. 29, édit. de M. Olleris.)

ne tenaient particulièrement aux intérêts de Lothaire ; comme ils cherchaient, au contraire, à se grandir à ses dépens et à se ménager des amitiés dans les deux camps ennemis, l'archevêque de Reims fut renvoyé absous dans son diocèse.

Cet acquittement d'Adalbéron, joint à la résistance de toute sa famille, pouvait être regardé comme un succès pour la cause d'Othon III. Le principal auteur de cette victoire était Gerbert. Il ne manqua pas de s'en prévaloir auprès de la cour d'Allemagne et de solliciter la récompense qu'il croyait avoir méritée. Mais on n'avait plus besoin de ses services. Henri avait renoncé à la couronne et remis le jeune Othon à sa mère; la Lorraine était perdue pour l'Allemagne; qu'importaient dès lors ce que pouvaient faire ou avoir fait Adalbéron, sa famille et son habile secrétaire? Gerbert, dans une de ses lettres[1], se plaint amèrement de cette ingratitude : « Pour récompenser ma fidélité dans le passé et pour la conserver dans l'avenir, on n'a pas même daigné, s'écrie-t-il, me faire cadeau d'une petite ferme.» C'est alors qu'il revient pour un instant à ses chères études, qu'il réunit autour de lui un petit nombre de disciples choisis et qu'il entre en négociation avec les moines de Bobio pour reprendre possession de son abbaye. Mais si les cénobites italiens qu'il voulait rappeler sous sa loi montraient peu de goût pour lui, lui, au fond du cœur et malgré les résolutions que lui inspirait un mouvement de découragement, n'en avait pas davantage pour la vie contemplative et solitaire. D'ail-

---

1. La 62ᵉ dans l'édition de M. Olleris.
2. « Nec ulla saltem villula ob fidem retentam vel retinendam donatus « sum. » (Ubi supra.)

leurs les circonstances étaient telles qu'elles ouvraient une nouvelle carrière à son activité et à son talent diplomatique.

Le temps approchait où une nouvelle dynastie allait remplacer sur le trône de France les derniers Carlovingiens. Cette révolution, Gerbert, comme nous l'avons vu, la pressentait. Son ambition allait plus loin ; il aurait voulu y contribuer. Abandonné par la cour d'Allemagne et cherchant à se créer un nouvel appui, il avait proposé à Hugues Capet de se mettre à la tête d'une ligue contre Lothaire, « qui, selon ses propres expressions, n'était roi que de nom, tandis que Hugues ne l'était pas de nom, mais de fait et en réalité[1]. » Hugues Capet n'avait pas répondu à cette ouverture. Mais la crise était imminente, et Gerbert, alors revenu de son voyage à Bobio, l'attendait avec anxiété en se promettant bien d'y jouer un rôle. Ses espérances furent déçues dans ce sens que l'événement prévu s'accomplit sans sa participation. Le 2 mars de l'année 986, Lothaire mourut presque subitement. Après avoir inutilement conspiré contre son autorité, n'ayant pas eu la satisfaction de concourir à sa chute, Gerbert voulut au moins se donner celle de faire son épitaphe. Le temps nous a heureusement conservé cette curieuse composition, qui suffirait pour nous apprendre, si nous ne le savions pas, ce que valent les pleurs si pompeusement étalés sur les tombeaux des rois. L'épitaphe composée par Gerbert étant d'ailleurs très-courte, puisqu'elle n'est formée que de quatre vers alexandrins, nous ne

[1]. « Lotharius, rex Francorum prælatus est solo nomine. Hugo vero « non nomine, sed actu et opere. » (*Epist.* 51, p. 32, édit. de M. Olleris.

croyons pas sans intérêt de la reproduire ici dans la fidèle traduction de M. Olleris :

« Les grands se réunirent pour lui rendre hommage, tous les gens de bien le respectèrent. Issu des Césars, César Lothaire, objet de notre douleur, tu nous quittes le second jour du terrible Mars, que tu avais représenté sous la pourpre[1]. »

Ainsi parle le poëte ; mais l'homme est au comble de la joie, parce que le nouveau règne, pour lequel il s'est compromis, lui sera nécessairement favorable. En effet, à peine couronné, Hugues Capet choisit Gerbert pour son secrétaire et lui confie, à ce titre, la rédaction des messages les plus délicats. Telle est, entre autres, la lettre adressée, en 988, par le nouveau roi de France à l'impératrice Théophanie pour refuser, sous un prétexte plausible, la trêve que cette princesse le prie de conclure avec le prétendant, Charles de Lorraine. Dans le même moment, selon son habitude, Gerbert se ménage les bonnes grâces de Charles, pour le cas où la fortune tournerait en sa faveur. Il lui donne des conseils comme il en a donné à son puissant rival ; il l'engage, par exemple, avec beaucoup de bon sens, à ne jamais se laisser enfermer dans une forteresse ; ce qui ne l'empêche pas, quand la ville de Laon est tombée en son pouvoir, d'assister au siége qu'en fait Hugues Capet, et il ne tient pas à lui, par les secours qu'il appelle au camp des assiégeants, qu'il n'aide Hugues Capet à la reprendre.

1. Cujus ad obsequium coiere duces, bonus omnis
Quem coluit, sate Cæsaribus, monimenta doloris,
Cæsar Lothari, prætendis luce secunda
Terrifici Martis quod eras conspectus in ostro.
(P. 293, édit. de M. Olleris.)

Cette conduite profita peu à Gerbert. Il put se convaincre, dans une circonstance importante, qu'elle n'empêchait pas le parti du prétendant de le considérer comme un ennemi, tandis que le parti du roi n'attachait pas assez de prix à ses services pour se presser de le tirer de sa position subalterne. Adalbéron venait de mourir après avoir désigné son secrétaire et le confident de toutes ses pensées pour son successeur. Ce choix avait obtenu l'assentiment des évêques et de quelques seigneurs laïques de la province. Mais, dans la ville de Reims, où la dynastie déchue conservait encore de nombreux partisans, il provoqua un soulèvement général. La vie même de Gerbert fut menacée. D'un autre côté, on conseillait à Hugues Capet, comme un acte de bonne politique, d'appeler à la première dignité ecclésiastique du royaume Arnulfe, un bâtard de Lothaire. Arnulfe était jeune, il ne se recommandait point par ses mœurs, il était sous le coup d'une excommunication ; mais la politique parlait en sa faveur, qu'importait le reste? Il fut agréé par Hugues Capet, et le fils de Lothaire II, de vive voix et par écrit, en se servant des termes les plus solennels, après avoir appelé sur sa tête, en cas de parjure, les plus terribles malédictions, prêta serment de fidélité au spoliateur de sa famille. On se figure la déception, le désespoir de Gerbert. Il voyait s'évanouir en un instant l'espérance de toute sa vie et passer dans les mains d'un autre, qui n'avait rien fait, le prix depuis si longtemps promis à ses savantes et laborieuses manœuvres. Pour comble d'humiliation il est chargé de rédiger l'acte d'élection qui proclame le nom de son rival, et on lui impose le douloureux devoir de conserver les fonctions qu'il avait reçues autrefois de la confiance et de l'amitié d'Adalbéron. Toutefois on suppose qu'il n'a gardé cette modeste tâche que pour en remplir une autre moins apparente, mais plus favorable à son ambition. Il est vraisemblable, en effet, que Hugues Capet lui confia la mission de surveiller les actions du nouvel archevêque.

Soit défaut de clairvoyance, soit défaut de loyauté, cette surveillance, si Gerbert en a été réellement chargé, n'a rien empêché, car il s'était à peine écoulé six mois depuis la consécration d'Arnulfe, que des troupes de Charles de Lorraine entraient par trahison, pendant la nuit, dans les murs de Reims, mettaient la ville au pillage, profanaient les églises, rançonnaient ou jetaient en prison les plus riches bourgeois, et commettaient tous les excès dont souffre habituellement une place prise d'assaut. Arnulfe lui-même, soit qu'il jouât un rôle, ou que la brutalité des envahisseurs franchît toutes les bornes, fut obligé de se rendre et de se laisser conduire à Laon. Dans tous les cas, Gerbert n'a pas été complice ; car il est dénoncé à la vengeance du prétendant, comme un de ses plus acharnés adversaires. On l'appelle le faiseur et le défaiseur de rois. Charles de Lorraine se contente de l'abandonner, épuisé par la maladie, au milieu d'une ville dévastée et décimée par la famine.

Malgré les violences réelles ou apparentes qui ont été commises sur la personne d'Arnulfe, c'est lui naturellement que Hugues Capet soupçonne d'avoir été le traître. Arnulfe le sait, et pour détourner de sa tête la foudre dont il est menacé, il a soin de se répandre en injures contre son oncle, et d'envoyer à tous les évêques de la province une sentence d'excommunication contre les parjures, quels qu'ils soient, qui ont livré la ville, et contre les envahisseurs étrangers qui l'ont pillée. Cela ne suffit pas au roi. Remarquant que l'archevêque, tout en réprouvant d'une manière générale les auteurs et instigateurs de la prise de Reims, leur témoigne personnellement la plus grande bienveillance, il exige que tous les prélats se réunissent pour lancer contre les coupables un commun anathème. La réunion a lieu à Senlis et tout se passe comme le roi l'a ordonné. Mais Arnulfe refuse de se joindre à ses collègues, et fait bien pis encore : dans une lettre pastorale adressée à son clergé, il laisse apercevoir toute sa pensée sous le voile transparent qu'il emprunte à l'Écriture : « Laissez, dit-il, les enfants de Bélial, les enfants des ténèbres, user de leur temps ; nous, enfants de la lumière, enfants de la paix, qui ne plaçons pas nos espérances dans l'homme prompt à se flétrir comme l'herbe des champs, nous attendons avec patience l'accomplissement de cette parole du prophète : « J'ai vu « l'impie exalté et élevé au-dessus des cèdres du Li- « ban ; j'ai passé et voilà qu'il n'était plus ; je l'ai cher- « ché et l'on n'a plus retrouvé sa place[1]. »

Si clair qu'il puisse être, ce langage n'a cependant pas la vertu d'effacer de la mémoire de Charles de Lorraine les marques de soumission que l'archevêque de Reims a données à Hugues Capet, et Hugues Capet, de son côté, en dépit des serments qu'il a reçus et des outra-

---

1. « Utantur suo tempore filii tenebrarum, filii Belial; nos filii lucis, « filii pacis, qui spem in homine velut fœnum arescente non ponimus, « cum patientia exspectemus illud Prophetæ : *Vidi impium superaxal-* « *tatum et elevatum super cedros Libani, transivi et ecce non erat :* « *quæsivi eum et non inventus locus ejus.* » (Psalm. XXXVI, 35, 36, *Epist.* 165, p. 91, édit. de M. Olleris.

ges qui ont été prodigués à son rival, ne peut s'aveugler sur le sens véritable des paroles qu'on vient de lire. Le roi et le prétendant le pressant tous les deux à la fois de se prononcer, Arnulfe finit par se déclarer pour son oncle, et, non content de son propre parjure, il obtient des bourgeois de Reims qu'ils suivent son exemple.

Et Gerbert, que faisait-il pendant ce temps-là? C'est lui d'abord qui a rédigé et probablement inspiré les deux missives contradictoires qui portent la signature d'Arnulfe : la sentence d'excommunication prononcée contre ceux qui ont trahi la cause du roi, et la lettre pastorale où leur conduite est approuvée et la cause du prétendant présentée comme celle de Dieu lui-même. Gerbert ne s'en tient pas là. En son propre nom, il engage ses amis, prélats et seigneurs laïques, à ne rien précipiter, à attendre les événements, à vivre en bonne intelligence avec tout le monde, et à réserver leurs forces pour le moment où ils le verront paraître tenant dans la main le drapeau victorieux. Avec Ascelin, évêque de Laon, un homme sans moralité et sans foi, mais d'un caractère timide, et qui, détesté par la famille de Lothaire, s'était réfugié sous la protection de Hugues Capet, il se hasarde à aller plus loin. C'était une conquête importante à faire, à cause de l'influence qu'il exerçait par lui-même et par sa famille. Il s'efforce de le gagner à la fois par ses intérêts et par sa conscience; il lui fait peur du sort qui lui est réservé, s'il persévère dans sa conduite ; il lui montre l'avénement de Charles de Lorraine comme inévitable, comme prochain, comme un sujet de joie pour tous les amis de la justice. « Le frère du divin Lothaire Auguste, l'héritier du royaume, dit-il, a été chassé du royaume, ses ennemis ont été créés rois. De quel droit l'héritier légitime a-t-il été déshérité? De quel droit a-t-il été privé de son royaume[1]?»

Cette déclaration légitimiste, comme nous l'appellerions aujourd'hui, était peut-être sincère. Elle s'accorde avec la fidélité que Gerbert a gardée longtemps à Othon III. Mais que peuvent et surtout que pouvaient, à la fin du x° siècle, chez un homme comme Gerbert, les convictions politiques contre l'ambition? « Je ferai, écrit-il à un de ses amis, tous les efforts qui sont en mon pouvoir et ne négligerai rien de ce qui est nécessaire pour arriver aux positions que je désire[2]. » Cet engagement envers lui-même, c'est le seul après tout qu'il ait réellement tenu.

Quand il voit la cause de Charles décidément compromise, alors, sans transition, en changeant brusquement d'attitude et de langage, il passe de nouveau du côté de Hugues. Celui qu'il appelait tout à l'heure l'héritier légitime du royaume n'est plus à ses yeux qu'un chef de bandits. Il a hâte de le répudier, lui et son neveu l'archevêque, un prélat sacrilége et parjure, et, pour donner un témoignage éclatant de sa réprobation, il accourt à Paris, où Hugues, faisant cas de ses talents, sinon de son caractère, l'accueille avec bonté. Un fondateur de dynastie n'est pas toujours libre de choisir les instruments de son pouvoir; il emploie ceux qu'il trouve sous la main. Mais le retour de la faveur

---

1. *Epist.* 167, p. 92, édit. de M. Olleris.
2. « Dabo operam pro viribus nec quicquam eorum quæ fieri oporteat « intermittam, donec optatis perfruar sedibus. » (Ubi supra, *Epist.* 161, p. 96.)

royale ne suffit pas pour rassurer Gerbert; il faut qu'il puisse compter sur un refuge en cas de disgrâce ou de revers. Aussi de Paris, où il est à peine arrivé, et du palais même du roi, où il se vante d'avoir reçu l'hospitalité, il écrit à Arnulfe pour le prier de lui conserver, avec les meubles dont elles étaient pourvues, les maisons qu'il a fait construire de ses deniers, et les droits qui lui avaient été concédés régulièrement sur un certain nombre d'églises. Il lui promet, s'il obtient de lui ce service, de le servir à son tour loyalement. Dans le cas contraire, le souvenir de ses anciens griefs viendra se joindre au sentiment de l'injure présente [1]. Presque au même moment il adresse plusieurs lettres à Adalbéron, évêque de Verdun, et aux principaux membres de sa famille, c'est-à-dire aux parents de l'ancien archevêque de Reims; il les supplie, au nom de celui qu'il a aimé et vénéré comme un père, de rappeler à l'impératrice Théophanie la fidélité inviolable qu'il a gardée à son fils et à elle-même; qu'elle ne laisse pas plus longtemps dans l'exil, livré à la merci de leurs ennemis communs, un serviteur si dévoué. La cour d'Allemagne est pour lui la montagne de Sion, sur laquelle il espère dresser sa tente et chanter le cantique de délivrance [2].

Avant que de la Lorraine on eût eu le temps de lui répondre, un événement important vint lui ôter la crainte d'un changement de fortune en faveur de la vieille dynastie. La trahison (c'est un mot qu'il est impossible de ne pas répéter à chaque instant), la trahison compliquée de sacrilége de l'évêque de Laon, avait

---

1. Ubi supra, *Epist.* 168, p. 94.
3. Ubi supra, *Epist.* 170, 171, 172, p. 94-95.

fait tomber entre les mains de Hugues Capet Charles de Lorraine et Arnulfe. Charles fut enfermé dans une prison où il termina ses jours. Mais le même sort ne pouvait être infligé à son neveu; il était archevêque, il occupait le premier siége du royaume, et le pouvoir laïque ne pouvait étendre la main sur lui, qu'il n'eût été régulièrement déposé à la suite d'une condamnation prononcée par l'Église. C'est pour arriver à ce résultat que Hugues Capet convoqua en concile les évêques qui reconnaissaient son autorité. Cette assemblée se réunit le 17 juin de l'an 991, dans l'église de Saint-Basle, près de Reims.

Nous ne possédons plus aujourd'hui les actes authentiques du concile de Saint-Basle; nous ne savons ce qui s'y est passé que par le récit de Gerbert. Mais ce récit, selon la juste observation de M. Olleris, est d'autant plus digne de notre confiance, qu'au moment où il a été publié aucun des prélats qu'il met en scène n'avait cessé d'exister, et, quand on considère la gravité des paroles qui sont placées dans la bouche de plusieurs d'entre eux et l'importance des décisions qui leur sont attribuées à tous, on n'imagine pas que la moindre inexactitude du narrateur n'eût pas soulevé les plus vives protestations. Il n'y a guère de documents datés de cette époque qui soient plus propres à mettre en lumière la liberté dont usait alors l'épiscopat, au moins en France, à l'égard du Saint-Siége. C'est pour cela même qu'il a été répudié par les écrivains ultramontains.

Il fallait d'abord prendre une décision sur une question de compétence. Il s'agissait de savoir si l'accusé pouvait être jugé par le synode ou s'il devait compa-

raître devant le tribunal formé par le souverain pontife. Cette dernière opinion, soutenue seulement pour la forme par les défenseurs d'Arnulfe, fut énergiquement repoussée et fournit à plusieurs Pères du concile l'occasion de faire entendre de sévères paroles sur le compte de la cour de Rome. « Quel est, s'écrie l'un d'entre
« eux, cet homme assis sur un trône élevé, revêtu
« d'habits reluisants d'or et de pourpre ? Quel est-il, à
« votre avis ? S'il manque de charité, s'il n'est enflé
« que de science, c'est l'Antechrist assis dans le tem-
« ple de Dieu et se faisant passer pour Dieu. S'il n'a
« pour soutien, pour piédestal, ni la charité ni la
« science, il est dans le temple de Dieu comme une
« statue, comme une idole ; lui demander des réponses,
« c'est consulter un marbre. »

Puis le même orateur, après avoir vanté la science et les vertus des évêques de France, de Belgique, d'Allemagne, représente la capitale du monde chrétien comme plongée dans la nuit de la plus épaisse ignorance. Il assure qu'à Rome, sur les sommets les plus élevés de la hiérarchie catholique, il n'y a presque plus personne qui sache lire. Comment donc y serait-on capable de juger de la foi, de la vie, des mœurs, de la discipline des évêques, de tout ce qui touche aux intérêts de l'Église universelle. Aussi voyez ce qui est arrivé : Rome a perdu l'Église d'Alexandrie ; elle a perdu celle d'Antioche, sans compter celles de l'Afrique et de l'Asie ; puis est venu le schisme de Constantinople. L'Europe entière, si l'on n'y prend garde, suivra cet exemple. L'orateur de 994 avait-il tort, avait-il raison ? Ce n'est pas à nous qu'il appartient de décider cette question. Mais ce qui est certain, autant que nous pouvons nous en rapporter aux allégations du futur pape Sylvestre II, c'est que personne, dans ce procès, où la papauté semblait engagée aussi bien que l'archevêque de Reims, personne ne protesta contre son réquisitoire, et l'assemblée, convaincue de son bon droit, nous voulons dire de sa souveraineté comme cour de justice, passa outre aux débats.

La cause en elle-même n'était pas difficile à juger. Arnulfe avouait sa trahison, d'ailleurs démontrée en sa présence par ceux-là mêmes qui lui avaient servi d'instruments. Mais le concile ne se contenta point de cet aveu fait, pour ainsi dire, à huis clos; il y allait de son honneur et de la dignité de l'Église que personne ne pût le soupçonner d'avoir, par faiblesse, abandonné un des siens à la vengeance du prince. Indépendant à l'égard du Saint-Siége, il ne devait point le paraître moins devant la puissance laïque. Il obligea donc l'accusé à renouveler sa confession publiquement, dans l'église de Saint-Basle, en présence de Hugues Capet et de son fils et d'une foule de gens du peuple accourue de toute la province à ce spectacle extraordinaire. Ce fut une scène émouvante que celle où l'on vit un des derniers descendants de la dynastie carlovingienne se déclarer lui-même criminel et traître envers le spoliateur, le persécuteur de sa famille, et, avant de subir la honte d'une déposition publique, se prosterner à ses pieds et le supplier en pleurant de lui faire grâce de la vie et des membres. Tous les Pères du concile se joignirent à sa prière, à laquelle le roi finit par se rendre avec assez d'effort. Mais, s'il laissa la vie au malheureux jeune homme, sa générosité n'alla point jusqu'à lui laisser sa liberté. Entouré de soldats, dépouillé de tous les insignes de son ancienne dignité, Arnulfe marchait tristement vers la prison d'Orléans pendant que le joyeux carillon des cloches annonçait l'avénement de son successeur.

Ce successeur, c'était son ancien secrétaire, celui qui, chargé de le surveiller, avait conspiré avec lui, puis l'avait abandonné, et écrivait maintenant, avec une parfaite indifférence, l'histoire de sa déchéance et de sa condamnation. Nommé presque en même temps archevêque de Reims et archi-chancelier de l'empire, Gerbert dut se flatter qu'il ne lui restait plus qu'à jouir des grandeurs où il était enfin parvenu. Cette illusion, s'il s'y est abandonné, ne dura pas longtemps. Des difficultés de toute espèce, dont quelques-unes prenaient leur origine dans sa tortueuse conduite, le précipitèrent bientôt du siége où il venait à peine de monter.

Arnulfe, à cause de son origine, avait conservé de nombreux et puissants amis, entre autres tous les évêques d'Allemagne et Othon III lui-même. Dans l'espérance de faire annuler sa déposition, ils attaquèrent, auprès du souverain pontife, l'élection de son successeur. Ils accusèrent Gerbert, avec assez de vraisemblance, d'avoir trahi son supérieur, d'avoir abusé de sa jeunesse et de son inexpérience pour l'entraîner dans un tourbillon d'intrigues, puis de l'avoir livré à la vengeance du roi pour s'asseoir à sa place, au mépris de l'autorité du Saint-Siége. A ce premier grief, qu'on faisait valoir contre lui auprès de la cour de Rome, vint de lui-même s'en ajouter un autre. Un violent débat s'était élevé tout à coup entre plusieurs chefs de monastères et les évêques du royaume. Les abbés, invoquant des priviléges qu'ils tenaient directement du

Saint-Père, affectaient la plus complète indépendance à l'égard du pouvoir épiscopal, et les évêques, au contraire, ne voulaient point laisser entamer leur juridiction. La mésintelligence entre les deux partis alla jusqu'aux voies de fait ; il y eut un abbé, celui de Fleury, près d'Orléans, que les gens de l'évêque accablèrent de coups de bâton après avoir ravagé ses vignes. Il y eut un vénérable prélat, Siguin, archevêque de Sens, qui, au milieu d'un concile qu'il présidait, reçut un coup de hache de la main d'un moine. A ces violences, l'épiscopat répondit par des excommunications, et contre les excommunications les abbayes, surtout celle de Saint-Denis, particulièrement chère au roi de France, invoquèrent l'autorité du pape et celle du prince.

Gerbert, dans cette guerre ecclésiastique, aurait bien voulu garder la neutralité ; mais, pressé de faire connaître son opinion, il ne put faire autrement que de se prononcer pour les évêques. Leur cause était la sienne dans la question actuellement en litige, et ils étaient attaqués en même temps que lui auprès du Saint-Siége à cause de la déposition d'Arnulfe et des décrets rendus dans l'église de Saint-Basle.

Dans un nouveau concile, réuni à Chelles sous la présidence du roi Robert, et où Gerbert remplissait l'office de secrétaire, il fut déclaré que la déposition du fils de Lothaire comme archevêque de Reims et la nomination de son successeur étaient régulières, par conséquent irrévocables, et que toutes les mesures que pourrait prendre le Saint-Père pour les infirmer devaient être considérées comme nulles et non avenues. « Personne, ajoutaient les membres du synode, n'a le droit d'attaquer témérairement ce qui a été statué par un concile provincial. » Mais, en dépit de ces décisions, une bulle intervint qui annulait les actes du concile de Saint-Basle et déposait les prélats qui en étaient les auteurs. Implicitement cette bulle annulait aussi l'élection de Gerbert.

Un curieux spectacle se présente à ce moment dans l'histoire. Celui qui devait occuper un jour le siége pontifical s'élève avec indignation contre les excès d'autorité du souverain pontife, qu'il appelle simplement l'évêque de Rome. Écrivant à Siguin, archevêque de Sens, pour l'engager à ne pas tenir compte de la suspension qui vient de le frapper, Gerbert s'exprime en ces termes : « C'est à Rome, dit-on, que l'on justifie ce que vous condamnez, que l'on condamne ce que vous croyez juste. Et nous disons, nous, que c'est à Dieu seulement et non point à l'homme de condamner ce qui paraît juste, de justifier ce qui est réputé mauvais. Dieu, dit l'apôtre, est celui qui justifie ; qui oserait condamner? Comment donc nos adversaires prétendent-ils que, pour la déposition d'Arnulfe, il eût fallu attendre le jugement de l'évêque de Rome? Pourraient-ils soutenir que le jugement de l'évêque de Rome est supérieur à celui de Dieu? Mais le premier des évêques de Rome, bien plus, le premier des apôtres nous crie : Il faut obéir à Dieu plutôt qu'aux hommes ; et saint Paul, le docteur de toute la terre : Si quelqu'un vous prêche une doctrine contraire à celle que vous avez reçue, quand ce serait même un ange, qu'il soit anathème! Eh quoi ! parce que le pape Marcellin avait offert de l'encens à Jupiter, tous les évêques devaient-ils en offrir? Je l'affirme sans hésiter, si l'évêque de Rome a péché contre son frère, s'il a refusé d'écouter les avertissements de l'Église, cet évêque de Rome doit, par l'ordre de Dieu, être traité comme un païen et comme un publicain[1]. »

Après avoir soutenu que, loin de pouvoir suspendre ou déposer un évêque, le pape n'a pas même ce droit sur un simple prêtre, qui n'a pas été reconnu coupable par un jugement régulier ou sur la foi de ses propres déclarations, Gerbert exprime ainsi sa pensée générale sur les droits mutuels de la papauté et de l'Église : « Il ne faut pas donner à nos adversaires l'occasion de penser que l'épiscopat, qui est un partout, comme l'église catholique est une, soit tellement soumis à un seul homme que, si celui-ci est corrompu par l'argent, par la faveur, par la crainte ou par l'ignorance, il ne puisse y avoir pour lui d'évêque que celui que recommanderont les mêmes titres. Que la loi commune de l'église catholique soit : l'évangile, les apôtres, les prophètes, les canons inspirés par l'esprit de Dieu, consacrés par le respect du monde entier, les décrets du Saint-Siége qui ne s'en éloignent pas, et que celui

---

[1]. *Epist.* 166, édit. de M. Olleris : « ..... Romæ dicitur esse quæ ea « quæ damnatis justificet, et quæ justa putatis damnet. Et nos dicimus « quod Dei tantum est et non hominis ea quæ videntur justa damnare, « et quæ mala putantur justificare. *Deus,* inquit Apostolus, *est qui jus-« tificat, quis est qui condemnet* (Rom. VIII, 33) ? Consequitur ergo, si « Deus condemnat, ut non sit qui justificet. Quomodo ergo nostri æmuli « dicunt quod in Arnulfi dejectione Romani episcopi judicium exspectan-« dum fuit? Poteruntne docere Romani episcopi judicium Dei judicio « majus esse? Sed primus Romanorum episcopus, immo ipsorum aposto-« lorum princeps clamat : *Oportet obedire Deo magis quam hominibus* « (*Act.* V, 29). Clamat et ipse orbis terrarum magister, Paulus : *Si quis* « *vobis annunciaverit præter quod accepistis, etiam angelus de cœlo,* « *anathema sit* (*Gal.* I, 9). Num quia Marcellinus papa Jovi thura incen-« dit ideo cunctis episcopis thurificandum fuit? Constanter dico quod si « Romanus episcopus in fratrem peccaverit, sæpiusque admonitus eccle-« siam non audierit, hic, inquam, Romanus episcopus præcepto Dei est « habendus sicut ethnicus et publicanus. »

qui s'est écarté de ces règles par mépris soit jugé par elles[1], que par elles il soit rejeté. Si Pierre les respecte, s'il les exécute dans la mesure de ses forces, qu'il jouisse d'une paix non interrompue et d'une durée éternelle. »

Le pape Sylvestre II ne partagea nullement, sur ces matières, les opinions de l'archevêque Gerbert. Mais l'archevêque Gerbert était gravement menacé, dans ce moment, par l'autorité qu'il devait exercer un jour sous le nom de Sylvestre II. Il ne se borna pas à se défendre par des théories, dans un temps où la pensée, surtout quand elle revendiquait les droits de la liberté, exerçait sur le monde une médiocre influence; il invoqua le secours de puissances plus positives, il réclama tout à la fois la protection du roi de France et celle de l'impératrice Adélaïde, qui, depuis la mort de Stéphanie, gouvernait l'Allemagne sous le nom de son petit-fils Othon III. Mais personne ne répondit à son appel. Le roi Robert, depuis son mariage avec Berthe et le renvoi de sa femme légitime, avait trop à faire pour se défendre lui même des foudres de l'excommunication suspendues sur sa tête. L'impératrice d'Allemagne ne se souciait pas, pour un étranger, dont le dévouement lui était suspect, de s'aliéner les évêques

---

1. Nous signalerons à M. Olleris une inadvertance qui lui est échappée ici dans sa traduction. On lit dans le texte : *Et qui per contemptum ab his deviaverit* (il s'agit de l'évangile, des apôtres, des prophètes, etc.), *per hæc judicetur, per hæc abjiciatur*. M. Olleris traduit : « Et que celui qui s'*en* sera écarté par mépris soit jugé par *elle*, que par *elle* il soit rejeté (p. 141 de la *Vie de Gerbert*). On se demande à quoi se rapportent ces deux mots *en* et *elle* et comment on pourra les accorder. Au reste, voici la phrase tout entière; elle mérite d'être citée pour elle-même :
« Sit lex communis ecclesiæ evangelium, apostoli, prophetæ, canones
« Spiritu Dei conditi et totius mundi reverentia consecrati, decreta sedis
« apostolicæ ab his non discrepantia; et qui per contemptum ab his de-
« viaverit, per hæc judicetur, per hæc abjiciatur. »

et le clergé de son pays, partisans déclarés du fils de Lothaire. Dans cet état d'abandon, Gerbert ne vit plus autour de lui que des ennemis, et il n'y a pas d'outrage dont on ne prît plaisir à l'abreuver. Ses soldats conspiraient contre lui dans son propre palais. Ses clercs, comme s'il était excommunié, refusaient de manger à sa table et d'assister, quand il les célébrait, aux offices divins. Un certain Gibuin, neveu de l'évêque de Châlons, réclamait ouvertement sa succession, et, à la tête d'un petit corps de troupes, prenait possession de l'archevêché, comme s'il avait cessé d'exister. Il ne restait plus à Gerbert qu'à fuir. Il se réfugia en Allemagne; mais il ne lui fut pas permis d'y rester longtemps.

Ayant demandé lui-même d'être jugé par ses pairs, et le pape, ainsi que le roi de France, ayant accepté cette proposition, il fut convenu qu'il comparaîtrait devant un concile qui serait convoqué prochainement à Mouzon dans le diocèse de Reims. Ce concile se réunit, en effet, le 2 juin 995[1]. Il était composé en grande majorité de prélats allemands[2] et présidé par le nonce du pape, par conséquent il n'y trouvait que des ennemis. Aussi, malgré l'habileté de sa défense, fut-il suspendu provisoirement non-seulement de ses fonctions épiscopales, mais du droit de dire la messe. Cette suspension provisoire devait durer un mois, après lequel un nouveau synode, assemblé à Reims, devait prononcer une sentence définive. Cette décision fut-elle exé-

---

[1]. Nous reprocherons à M. Olleris de ne pas indiquer avec assez de précision les dates, surtout les années; ainsi, il fait bien connaître le jour, mais non pas l'année où se réunit le concile de Mouzon.

[2]. « Gerbert, dit M. Olleris, fut le seul évêque de France qui se rendit à Mouzon » (p. 145). Mais Haimon, évêque de Verdun, y était aussi, et Verdun appartenait alors à la France.

cutée? Après le concile de Mouzon y en eut-il un autre à Reims ou, comme plusieurs l'ont prétendu, à Coucy ou à Senlis? Il serait difficile de l'affirmer, et si, en effet, ce nouveau synode eut lieu, on ignore entièrement ce qui s'y est passé. Une seule chose est certaine, c'est que Gerbert, sans cesser de se donner le titre d'archevêque de Reims, crut nécessaire de reprendre le chemin de l'Allemagne. Il fut accueilli avec faveur par Othon III, qui l'emmena avec lui à Rome au mois de mars de l'an 996. Le pape Jean XV venait de mourir, et un cousin d'Othon, âgé seulement de vingt-quatre ans, lui succéda sous le nom de Grégoire V. C'est par la main de ce jeune pontife, qui lui devait la tiare, qu'Othon se fit couronner empereur, et Gerbert fut chargé d'annoncer cette grande nouvelle à l'impératrice Adélaïde. Il était, en quelque sorte, dans sa destinée de servir toute sa vie d'écrivain public aux souverains et aux principaux personnages de son temps.

Si son sort n'eût dépendu que du nouveau pape, Gerbert serait resté encore longtemps dans la situation précaire où il se trouvait. Grégoire V, non moins jaloux de son autorité que ses prédécesseurs, et peut-être aussi en sa qualité de prince allemand, était décidé à faire rendre à Arnulfe sa dignité archiépiscopale. Il suspendit de leurs fonctions Ascelin, qui l'avait trahi, et les évêques du concile de Saint-Basle, qui l'avaient déposé. Mais le jeune empereur, âgé seulement de dix-huit ans, et comprenant qu'il lui restait encore beaucoup à apprendre, venait de choisir Gerbert pour son précepteur et son conseiller. C'était rouvrir devant lui la carrière des grandeurs et fermer celle des persécutions.

Une circonstance qui peint bien l'état des esprits et

des connaissances, particulièrement des connaissances philosophiques à la fin du x⁰ siècle, fournit à Gerbert une occasion exceptionnelle de gagner la faveur impériale. Dans l'été de 997, pendant qu'il se préparait à faire la guerre aux Sarmates, Othon, en relisant son *Organum*, fut frappé d'une difficulté. Aristote enseigne, dans ses *Catégories*, que la première substance est l'individu, par conséquent que c'est à l'individu que doivent se rapporter, à titre d'attributs, toutes les idées générales. Cependant, dans son *Introduction*, Porphyre soutient que l'idée générale exprimée par le mot *raisonnable* peut tenir lieu de sujet et avoir pour prédicat *se servir de la raison*. C'est ce qui a lieu, en effet, quand nous disons : « ce qui est raisonnable se sert de la raison. » Comment concilier ces deux propositions contradictoires ? D'une part, l'on nous assure que le plus doit toujours se dire du moins ; de l'autre, on nous prouve que le moins se dit du plus[1]. La question est proposée par l'empereur aux philosophes, ou, comme on disait alors, aux scolastiques et aux plus doctes prélats de sa cour. Mais personne, à l'exception de Gerbert, ne lui donne une réponse satisfaisante. C'est à cette occasion que Gerbert écrivit son traité *De rationali et ratione uti*, où, au milieu d'un dédale de syllogismes et de distinctions plus subtiles les unes que les autres, il se borne à dire qu'être raisonnable est une qualité substantielle, tandis que se servir de la raison n'est qu'un accident. Or, un accident ne pouvant sub-

---

[1]. « Cum majora semper de minoribus prædicentur, minora de majori« bus nunquam, quomodo ergo ratione uti prædicatur de rationali, cum « majus esse videatur rationale quam ratione uti? (*De rationali et ratione uti*, p. 299, édit. de M. Olleris)

sister par lui-même, doit toujours être rapporté à une substance.

Si cette belle découverte, qui, du reste, est tout entière dans Boëce, n'a pas notablement contribué aux progrès de la science, elle a du moins ce mérite d'avoir hâté la fortune de Gerbert. L'empereur en fut tellement charmé, que, le siége archiépiscopal de Ravenne étant devenu vacant, il le demanda au souverain pontife pour Gerbert, et, comme Grégoire V n'avait rien à refuser à Othon III, Gerbert fut nommé aussitôt, et reçut avec le pallium la promesse d'hériter de tous les biens que l'impératrice Adélaïde possédait dans la province. Une année ne s'était pas écoulée, qu'il remplaçait sur le Saint-Siége Grégoire V, mort presque subitement à l'âge de vingt-sept ans. Il fut le premier pape français, quoiqu'il ne considérât jamais la France comme sa patrie. Sa patrie, c'était l'Allemagne, à laquelle, malgré bien des infidélités, il a toujours conservé un véritable attachement. Un de ses premiers actes fut la réhabilitation de son ancien rival Arnulfe. Était-ce générosité, ou hostilité contre le roi de France, dont il avait signé peu de temps auparavant, comme archevêque de Ravenne siégeant au concile de Rome, la sentence d'excommunication ? Enfin, était-ce le désir, une fois ceint de la tiare, de protester contre les hardiesses que s'étaient permises envers la papauté le concile de Saint-Basle et lui-même dans sa lettre à l'archevêque Siguin ? Tous ces motifs ont pu agir sur lui en même temps ; mais, à considérer la vie entière de Gerbert, on ne risque rien à supposer que ce n'est pas le premier qui a dû tenir dans son cœur la plus grande place.

Dans le pape Sylvestre II, on retrouve en partie le savant Gerbert. Tous ses efforts eurent pour but de rendre à Rome son antique splendeur, d'en faire la capitale de la science en même temps que de la foi, le centre de la vie politique aussi bien que de la vie religieuse, la résidence de l'empereur comme celle du souverain pontife. Personne n'était plus disposé à seconder ses desseins que son impérial disciple, Othon III. La reconstitution de l'empire romain, avec le pouvoir illimité et les honneurs presque divins dont jouissaient les Césars, tel avait toujours été le rêve de ce jeune prince et celui de sa mère. Qu'on rétablît à son profit cette autorité formidable, il ne demandait pas mieux que de laisser au pape le même rang dans l'ordre spirituel. Mais, au lieu de relever l'empire romain, il ne réussit qu'à restaurer la pompe théâtrale et l'étiquette pédantesque de la cour de Byzance.

Cependant, quelques essais d'organisation politique et civile se mêlèrent à cette œuvre d'archéologie. On créa sept juges palatins, tous pris dans les rangs du clergé, et qui devaient servir, pour ainsi dire, de lien entre la papauté et le pouvoir impérial. Préposés aux différentes branches de l'administration publique, véritables ministres de l'empire, que l'empereur était obligé de consulter avant de prendre une décision, ils occupaient en même temps, après le souverain pontife, le premier rang dans l'Église. C'est à eux qu'appartenait le droit, après la mort du pape, de lui donner un successeur, d'accord avec le clergé de Rome. Cette institution, qui mettait le gouvernement et l'administration de l'État entre les mains du clergé, a dû être imaginée non par Othon, mais par Gerbert. Elle contient en germe le système de domination temporelle que Grégoire VII devait réaliser près d'un siècle plus tard. Mais ce n'est point en ce moment et sous cette forme qu'il se fit accepter. Romains et Germains le repoussèrent d'un commun accord.

C'est à Sylvestre II qu'appartient aussi la première idée des croisades. Sous la forme d'une lettre qu'il suppose avoir été écrite par l'Église de Jérusalem à celle de Rome, il nous offre le modèle que suivront plus tard les prédications de Pierre l'Ermite et de saint Bernard; mais la chrétienté n'était pas plus mûre pour ces saintes expéditions que pour la domination temporelle des papes.

Sylvestre II, qui, d'ailleurs, est mort quatre ans et trois mois après son avénement, n'a donc laissé aucune trace durable de son règne. Il n'en est pas de même de son enseignement et de ses écrits : ceux-ci ont exercé une salutaire influence; ils ont puissamment contribué à faire renaître la vie intellectuelle dans un siècle où elle semblait complétement éteinte. C'est par là seulement, comme nous l'avons déjà remarqué, que Gerbert s'est élevé au-dessus de ses contemporains, dont malheureusement il ne se distingue pas assez par la droiture et la bonne foi. Mais cette supériorité même a été cause du discrédit où est tombé son nom environ un siècle après lui. C'est elle qui a servi de prétexte à ces sombres légendes, effroi des couvents, où sa science est représentée comme un don de l'Enfer et lui-même comme un réprouvé introduit dans la chaire de saint Pierre par la main de Satan. Il faut savoir gré à M. Olleris d'être remonté à la source de ces traditions populaires et de nous en avoir expliqué le développement

Les croyances les plus superstitieuses appartiennent par un certain côté à l'histoire ; elles nous font pénétrer, en quelque sorte, dans la conscience et dans la pensée des générations disparues.

LÉVI BEN GERSON

OU LA PHILOSOPHIE JUIVE AU XIVe SIÈCLE [1]

Lévi ben Gerson, autrement appelé *Gersonide*, et souvent cité par les écrivains chrétiens sous le nom de *maître Léon*, est, après Maïmonide, le plus grand philosophe que le judaïsme ait produit pendant le moyen âge. Plus hardi que l'auteur du *Guide des égarés*, l'objet de ses âpres critiques; plus original que celui du *Fons vitæ*, et plus conséquent; un des auteurs les plus féconds et les plus célèbres du xive siècle, il n'est guère connu aujourd'hui hors de la synagogue, et la synagogue elle-même ne se souvient guère que de ses commentaires sur l'Écriture. Spinosa, à qui il n'a pas pu rester étranger, s'est visiblement inspiré de ses doctrines. Képler le cite avec estime. Le pape Clément VI

---

1. *Philosophie religieuse* de Lévi ben Gerson, par Isidore Weil, rabbin, 1 vol. in-8° de 273 pages; Paris, 1868.

a fait traduire en latin un de ses principaux écrits; mais la grande majorité du public et même des philosophes ignore jusqu'à son nom. Une seule page de M. Munk, comprise dans un article de dictionnaire[1], une intéressante, mais trop courte notice publiée en allemand par M. Joël[2], c'est tout ce qu'il a obtenu de l'érudition philosophique de notre temps, si prodigue de recherches pour des hommes d'une moindre importance. M. Weil a compris qu'il réclamait une étude plus étendue et plus approfondie, et quoique placé dans les circonstances les plus défavorables à une œuvre de ce genre, relégué dans un pauvre village de l'Alsace, privé de conseils et de bibliothèques, il s'est mis vaillamment au travail. Mais hâtons-nous de dire qu'il avait mis le temps à profit pendant les années qu'il passa à Paris en qualité d'élève du séminaire israélite. Après s'être familiarisé avec la langue et la littérature hébraïques, il a pu méditer à loisir le grand ouvrage de Levi ben Gerson, celui qui porte le titre de *Guerres* ou *Combats du Seigneur*, et en comparant les exemplaires imprimés avec les divers manuscrits de la Bibliothèque impériale, il a pu faire de longs extraits de la portion inédite de cette vaste compilation; nous voulons parler du deuxième livre, consacré tout entier à l'astronomie et à l'astrologie judiciaire.

C'est, en effet, cette composition curieuse des *Combats du Seigneur* que M. Weil s'est proposé de nous

---

1. *Dictionnaire des sciences philosophiques*, t. III, p. 364. En reproduisant cette page dans les *Mélanges de philosophie juive et arabe* (1 vol. in-8°, Paris, 1859), M. Munk n'y a ajouté que des notes biographiques et bibliographiques.

2. Une monographie sur Levi ben Gerson, par Joël, in-8°, Breslau, 1867.

faire connaître. Une simple analyse ne suffisait pas ;
pour en apprécier l'esprit et pour pénétrer dans les
intentions de l'auteur, il était nécessaire de le comparer avec les productions les plus importantes de la
philosophie juive et arabe du moyen âge, notamment
avec les écrits de Maïmonide, d'Averroës et d'Alexandre d'Aphrodise. Ces conditions difficiles, M. Weil
les a remplies avec conscience, avec une véritable
pénétration, avec un sentiment éclairé des grands
problèmes de la métaphysique et une idée précise des
différentes solutions qu'elles ont reçues des maîtres
de l'antiquité et de la scolastique ; aussi son livre, composé avec méthode, rédigé dans un style clair, peut-il
être considéré comme une page précieuse ajoutée à
l'histoire de la philosophie. Grâce à lui, il sera facile
désormais d'éclairer les opinions de Maïmonide par
celles de son éternel contradicteur, et de se faire, par
les unes et par les autres, une idée à peu près complète
du péripatétisme juif, c'est-à-dire du canal par lequel a
passé la scolastique musulmane avant de s'infiltrer dans
la scolastique chrétienne. L'auteur du *Moré Nébouchim*
et celui du *Mil'hamot Adonaï*[1] nous représentent, en
effet, comme les deux termes extrêmes entre lesquels
se meuvent tous les philosophes de leur temps et de
leur race. Tous les autres, Yedaïah Pénini de Béziers,
l'élégant auteur de l'*Examen du monde*, Joseph Ibn
Caspi et Moïse de Narbonne, deux commentateurs du
Guide des égarés; Isaac et Simon Al Balag, le caraïte
Aron ben Élie, se rapprochent plus ou moins de celui-
ci ou de celui-là ; et quand ils penchent du côté de Ger-

---

1. Nom hébreu des combats du Seigneur.

sonide, couvrent leur pensée d'un voile plus ou moins transparent.

Avant d'initier ses lecteurs aux doctrines de Lévi ben Gerson, M. Weil aurait voulu leur raconter sa vie. Mais la vie d'un philosophe, d'un poëte ou d'un savant juif du moyen âge ressemble à celle du plus obscur de ses coreligionnaires. Elle se passe dans la terreur et dans les larmes, entre le souvenir des persécutions essuyées la veille et la crainte de celles qu'on aura à souffrir le lendemain. Lévy ben Gerson ne paraît pas avoir échappé à cette situation : « Tels étaient, dit-il, en parlant d'une certaine époque de son existence; tels étaient les malheurs du temps qu'ils rendaient impossible l'exercice de la méditation. » Aussi M. Weil n'a-t-il pu réunir sur son compte qu'un très-petit nombre de renseignements, dispersés comme au hasard dans ses écrits.

Il naquit à Bagnols, dans le Languedoc, vers la fin du XIIIe siècle, d'une famille d'érudits; car il cite souvent comme exemples des différentes manières dont on peut interpréter l'Écriture sainte, les opinions de son père Gerson et de son grand-père Salomon. On attribue même au premier la *Porte du ciel* (Schaar haschamaïm), un traité de physique et de métaphysique, qui a été imprimé à Venise, en 1547. Ainsi que Maïmonide, Lévi ben Gerson était médecin. La médecine, la théologie et la philosophie, dans lesquelles étaient toujours comprises la physique, les mathématiques et l'astronomie, étaient alors trois sciences presque inséparables. Mais les préjugés de son temps et de son pays, plus intolérants que ceux que l'auteur du *Guide* rencontrait chez les musulmans au XIIe siècle, ne lui permettaient pas d'exercer son art. D'un autre côté, il se sentait trop d'indépendance dans l'esprit et le caractère pour chercher un moyen de subsistance dans l'enseignement officiel de la synagogue. A la connaissance de l'hébreu il joignait celle de l'arabe ; car c'est en arabe qu'il lisait les œuvres d'Aristote et celles de ses commentateurs alexandrins. Il ignorait donc le grec et n'était pas moins étranger au latin, quoiqu'il ait demeuré longtemps à Avignon, alors la résidence des papes. C'est par des traductions hébraïques, ainsi qu'il nous l'apprend lui-même, qu'il se tenait au courant des opinions professées par les philosophes chrétiens. Nous avons lieu de supposer que saint Thomas d'Aquin était au nombre de ces philosophes ; car nous rencontrons au xive siècle un autre adversaire de Maïmonide, Simon Al Balag, qui prisait beaucoup les écrits de l'Ange de l'École. On suit Gersonide dans sa carrière d'écrivain jusqu'en l'année 1340 ; mais alors on perd ses traces, et rien n'empêche de croire qu'il est mort peu de temps après.

La plus grande partie de sa vie a été employée à écrire des Commentaires ; commentaires sur les diverses parties de la Bible, commentaires sur les Commentaires d'Averroës et sur quelques-uns de ses ouvrages originaux. Les premiers, malgré les idées hétérodoxes dont ils sont pénétrés, ont été répandus à profusion avec les innombrables éditions de l'Ancien Testament, sans provoquer contre l'auteur la moindre censure. L'idolâtrie de la Bible rend aveugle comme tout autre idolâtrie. Elle ne permet ni de voir ni de juger ce qu'elle renferme ou ce qu'on met à sa place. Des Commentaires de Gersonide sur Averroës, la plupart sont restés inédits. Un petit nombre seulement d'entre eux, ceux qui se rapportent aux trois premiers traités de l'*Organum*, traduits en latin par Jacob Mantino, ont été imprimés dans les éditions latines des Œuvres d'Aristote, qui contiennent aussi les Commentaires d'Averroës.

Mais l'œuvre capitale de Lévi ben Gerson, ce sont les *Combats du Seigneur*, que des critiques orthodoxes ont appelés plaisamment des combats contre le Seigneur. Il n'y a pas consacré moins de douze années de son existence, et comme le titre seul le fait déjà supposer, la polémique y tient une grande place. C'est une suite de batailles livrées un peu à tout le monde, même quelquefois au grand Commentateur, c'est-à-dire à Averroës, mais surtout à l'auteur du *Moré nébouchim*. C'est ce qui fait que Gersonide, généralement plus hardi que son illustre devancier du xiie siècle, se trouve quelquefois plus près que lui de l'orthodoxie biblique. Pour savoir quelles sont les questions traitées dans les *Combats du Seigneur*, il suffit de lire les titres inscrits en tête des six livres dont ils se composent : La nature et l'immortalité de l'âme, la prophétie, la science de Dieu, la providence de Dieu, les substances célestes, la création. Dans la discussion de tous ces problèmes, Lévi ben Gerson suit invariablement la même marche : il commence par exposer les opinions de ses devanciers, grecs, arabes ou juifs, et ce n'est qu'après les avoir soumises à sa critique, quand il croit en avoir signalé les lacunes ou les contradictions, qu'il développe ses propres doctrines. C'est également la manière dont procède saint Thomas d'Aquin avec une monotonie désespérante, et comme le remarque avec raison M. Weil, cette méthode, si l'on en retranche la raideur qu'elle emprunte à la scolastique, est celle dont Aristote a donné l'exemple dans tous ses écrits. L'auteur de la Métaphysique et du Traité de l'âme a parfaitement compris que, pour continuer dans la science l'œuvre des générations qui nous ont précédés, il faut prendre connaissance et apprécier la valeur de ce qu'elles ont fait. C'est ainsi qu'en renouvelant la philosophie elle-même, il a créé l'histoire de la philosophie.

Dans la question de la nature de l'âme, Lévi ben Gerson, tout en acceptant en disciple soumis les principes sur lesquels repose le péripatérisme alexandrin et arabe, se fait cependant une position à part qui n'est celle d'aucun des commentateurs accrédités dans l'École. Il rejette le spiritualisme positif de Thémistius, visiblement contraire au texte d'Aristote; car il ne faut pas oublier qu'Aristote, c'est la loi et les prophètes, la vérité et la raison incarnées. Il refuse de croire avec Alexandre d'Aphrodise que l'intelligence de l'homme ou l'âme raisonnable ne soit qu'une simple disposition ou conformation de nos organes, au moyen de laquelle, sous l'impulsion de l'intellect actif, c'est-à-dire de la raison universelle, l'homme est capable d'acquérir des idées effectives, mais dont il ne reste rien après la mort, ni l'aptitude à savoir, ni la science et la connaissance elle-même. Enfin il ne trouve pas mieux fondée l'opinion d'Averroës, que l'âme raisonnable de l'homme n'est que l'intellect actif, la raison universelle, la raison démiurgique de notre sphère, se manifestant d'abord à l'état de simple puissance, puis entrant en action et redevenant, quand nous avons cessé de vivre, ce qu'elle était auparavant, rentrant dans son unité et son universalité par la destruction complète de l'individu. Dans le système de Lévi ben Gerson, l'âme est, en quelque sorte, une création postérieure à notre naissance, mais une création substantielle, destinée à survivre au corps et douée du privilége de l'immortalité. Entre la pure aptitude que nous apportons en naissant dans la conformation particulière de nos organes, et la raison universelle sous l'impulsion de laquelle elle entre en exercice, ou, pour nous servir des termes employés par Alexandre d'Aphrodise et adoptés sans exception par tous les péripatéticiens arabes entre l'intellect *hylique* et l'intellect *actif,* il y a l'intellect *acquis,* représenté par la somme des formes intelligibles, c'est-à-dire des idées générales actuellement présentes dans notre esprit. Ce sont ces idées générales que l'auteur des *Guerres du Seigneur* ne peut concevoir sans une substance spirituelle, distincte à la fois de la matière et de la cause organisatrice, de la raison informante de notre monde sublunaire. Cette substance, encore une fois, ne naît pas avec nous (nous n'apportons en naissant qu'une simple aptitude à penser); elle n'a pas non plus été créée avec l'univers, puisque le dogme de la création *ex nihilo* est répudié par Gersonide; elle se forme et se développe avec les idées auxquelles elle tient lieu de sujet, dont elle constitue l'essence indivisible. Indivisible, elle est par cela même immortelle, car rien ne meurt que ce qui est susceptible de dissolution.

Rien de plus étrange que ce spiritualisme où l'âme, au lieu d'être le principe, le sujet métaphysique ou la substance de la pensée, n'en est que la conséquence ou la résultante, tout en gardant le rang d'une substance absolument distincte du corps. L'immortalité, telle que la comprend Gersonide, n'est pas un moindre sujet d'étonnement. Loin d'ajouter à la perfection de l'âme, elle l'arrête, elle la limite, elle la condamne à une éternelle immobilité. Une fois séparée du corps et privée du concours des organes, l'intelligence ne pourra rien ajouter à la somme de ses connaissances, à la science qu'elle aura acquise dans ce monde, et l'intelligence, il ne faut pas l'oublier, c'est le fond de notre être spirituel. Comment s'expliquer ce double renversement des idées sur lesquelles repose toute philosophie spiritualiste? Par le désir d'échapper aux conséquences du péripatétisme alexandrin et arabe sans désavouer un des principes les plus essentiels de la philosophie d'Aristote. Nous voulons parler de la fameuse maxime : *Nihil est in intellectu quod non prius fuerit in sensu*, ou de la théorie qui nous représente toutes nos idées générales comme des abstractions formées de ce qu'il y a de commun à nos perceptions particulières, par conséquent postérieures à ces perceptions. Or, comme tous les objets particuliers que nous connaissons sont des objets sensibles, il en résulte que, au moment de notre naissance et aussi longtemps que nous nous bornons à l'exercice de nos sens, notre âme intelligente n'existe pas encore d'une existence effective et se trouve réduite à l'état d'une simple possibilité, d'une pure capacité d'être ; car comment concevoir une substance intelligente qui est privée de toute forme intelligible? Pour la même raison, l'âme intelligente, quand elle a perdu le concours des sens, cesse d'acquérir des idées nouvelles, les perceptions particulières d'où elle est obligée de les tirer lui étant désormais refusées. Il ne serait venu à l'esprit d'aucun philosophe du moyen âge, juif ou arabe, musulman ou chrétien, d'élever le moindre doute sur le principe qui servait de base à ces suppositions, c'est-à-dire sur la manière dont Aristote se rendait compte de l'origine de nos connaissances. Gersonide n'a pas montré plus d'audace que ses devanciers et ses contemporains en face de celui qui était pour tous la raison infaillible. Mais si le principe d'Aristote est vrai, que devient l'âme après la mort? Ou elle sera anéantie, ou elle disparaîtra dans le sein de l'intellect actif, dont elle n'a été qu'une manifestation limitée et passagère. C'est pour la soustraire à ces deux fins, l'une annoncée par le matérialisme, l'autre acceptée par le panthéisme d'Averroës, que Lévi ben Gerson en fait une substance réelle, créée en quelque sorte postérieurement à notre naissance par l'acte même en vertu duquel notre esprit s'élève du particulier au général, de la sensation aux idées, des formes sensibles aux formes intelligibles. Aucun texte d'Aristote ne s'y oppose formellement; car, de même que les formes intelligibles survivent aux sensations d'où elles sont tirées, aux objets particuliers que nous percevons avec nos sens, pourquoi l'intelligence dans laquelle se réunissent ces formes intelligibles ne survivrait-elle pas à la dissolution de nos organes? Non, à la rigueur, aucun texte d'Aristote ne s'y oppose, quoique rien ne soit plus éloigné des intentions d'Aristote; mais c'est la logique qui s'oppose à ce qu'on admette, en faveur de l'âme humaine, une création partielle et successive, quand on nie absolument la création de l'univers.

Au reste, l'immortalité que veut bien reconnaître

Gersonide n'est pas un attribut général de la nature humaine, c'est le privilége, nous ne dirons pas des plus sages, mais des plus instruits, des métaphysiciens les plus avancés dans leur science. Elle ne réside, en effet, comme l'âme raisonnable elle-même, comme l'intelligence acquise, que dans les idées les plus générales et les plus abstraites, qui sont les idées métaphysiques. Le sentiment et la volonté, quelque degré de perfection qu'ils puissent atteindre, ne sauraient y participer, parce que, selon la doctrine d'Aristote, ils ne sont point compris dans l'âme raisonnable, mais dans une âme inférieure, dans l'âme appétitive.

Obscure par elle-même et par les arguments qui servent à la défendre, hérissée de distinctions presque insaisissables, cette partie de la philosophie de Gersonide n'était point facile à faire passer dans notre langue, même et peut-être surtout sous la forme d'une substantielle analyse. M. Weil s'est acquitté de cette tâche avec une remarquable intelligence et une clarté irréprochable. Nous regrettons seulement qu'il se soit risqué à soutenir que l'opinion de Lévi ben Gerson sur le principe et la nature de l'âme humaine ne différait pas essentiellement de celle d'Aristote. Aristote n'a jamais songé à faire un être à part, une substance indépendante et immortelle du simple résultat des opérations de la pensée ou de la pensée entrée en exercice après avoir été une pure faculté, de ce que les philosophes juifs et arabes ont appelé l'*intellect acquis*. Il n'est pas admissible non plus que l'intelligence active, que le νους ποιητικὸς d'Aristote ne soit pas autre chose que l'esprit de l'homme en tant qu'il tire des idées générales des perceptions particulières qu'il obtient par les sens. S'il ne s'agissait que de l'esprit de l'homme, Aristote, qui connaît la valeur des mots, n'aurait pas dit qu'il est éternel. Ce qui est éternel pour lui, ce n'est point la conscience et la pensée humaine, ce n'est point notre âme raisonnable, c'est la raison universelle, la raison divine, toujours en action, toujours occupée de la contemplation d'elle-même.

Après avoir défini à sa manière la nature de l'intelligence ou, pour parler plus exactement, de l'âme intelligente, l'auteur des *Combats du Seigneur* nous parle de ses actes, de ses opérations, de ses œuvres, qu'il ramène à deux principales : la prophétie et la science. Comme Maïmonide, il est persuadé que l'une est aussi naturelle que l'autre, que toutes deux peuvent également s'expliquer par les lois générales qui président aux opérations de la pensée et à l'ordre universel; mais ces lois, il les comprend un peu différemment que l'auteur du *Guide des égarés*.

Pour se rendre compte de l'existence et de la nature de la prophétie, il se réglera, nous dit-il, sur Aristote, dans son livre de la sensation et de l'objet sensible (*De sensu et sensili*) et dans son court traité de la divination. Aristote appelé en consultation pour nous apprendre de quelle manière l'esprit de Dieu descend sur les prophètes ! Voilà certainement de quoi nous étonner. Au xiv° siècle, cette idée causait moins de surprise; car un auteur anonyme de la même époque, un auteur chrétien[1], invoque également l'autorité d'Aristote dans la question des attributions respectives du

---

1. C'est l'auteur du traité *De utraque potestate*, faussement attribué à Gilles de Rome et reproduit par Goldast dans son recueil *Monarchia sancti imperii romani*.

pape et de l'empereur ou du pouvoir temporel et du pouvoir spirituel.

Hâtons-nous cependant de le dire, Lévi ben Gerson se montre bien vite infidèle à son dessein. Aristote, ne parlant que de la divination par les songes, la considère comme le résultat des pensées que nous avons eues dans l'état de veille et n'attribue qu'à une circonstance fortuite la confirmation qu'elle trouve quelquefois dans les événements. Pour l'auteur des *Combats du Seigneur*, la divination, sans être une faculté universelle, est cependant une faculté naturelle qui s'exerce tantôt par la prophétie, tantôt par l'astrologie, tantôt par les songes. L'existence de cette faculté, sur laquelle il se garde d'exprimer le moindre doute, il l'explique par la loi à laquelle se conforme nécessairement, selon lui, l'action de la divine Providence. La Providence ne veille sur les êtres qu'avec une sollicitude proportionnée à leur importance et au rang qu'ils occupent dans l'univers. Sans abandonner à eux-mêmes les êtres inférieurs, elle n'intervient dans leur existence que d'une manière générale et indirecte, de façon à laisser une grande place aux accidents fortuits. Mais lorsqu'il s'agit de l'homme, rien n'est abandonné au hasard. Sa destinée est réglée d'avance, elle est écrite dans les cieux, elle est assurée par les révolutions des astres, elle est annoncée par les phénomènes de la nature : par conséquent, elle peut être l'objet d'une prédiction certaine.

Mais s'il en est ainsi, que devient le libre arbitre? Comment serons-nous responsables de nos actions, si elles sont inévitables? Lévi ben Gerson a prévu l'objection, et voici comment il cherche, nous ne dirons pas à la résoudre, mais à l'atténuer. Oui, la destinée de l'homme est réglée d'avance par les mouvements des astres et les lois de l'univers. Mais l'homme est supérieur à la puissance des constellations et aux lois générales de la nature. Il est en son pouvoir de leur résister dans une certaine mesure et de modifier leurs effets par ses déterminations personnelles. Dieu n'a pas voulu, en lui accordant une liberté sans limites, l'abandonner au cours de ses passions et de ses fantaisies, le rendre victime de ses erreurs et de ses crimes. Il n'a pas permis non plus qu'il fût privé de toute influence sur lui-même. Voilà pourquoi sa vie peut être regardée comme la résultante de deux forces qui se combinent entre elles et se complètent l'une l'autre : la Providence et le libre arbitre. Par exemple, c'est la Providence qui est la cause de cette diversité de talents, d'aptitudes, de vocations, de goûts, sans laquelle la société ne peut subsister. C'est le libre arbitre qui décide dans chacun de nous de l'usage que nous ferons de ces facultés et de ces dispositions innées ; car il dépend de nous de cultiver les dons que nous avons reçus de la nature ou de les laisser périr dans l'inaction.

Il n'en est pas moins vrai que, pour la portion de notre vie qui est subordonnée à l'ordre universel et pour les actes par lesquels nous obéissons librement aux règles de la sagesse, la connaissance de l'avenir existe réellement. Nous la recevons, dans la mesure et sous la forme qui conviennent à notre capacité, de l'intellect actif, c'est-à-dire de l'auteur même des lois de la nature et de l'arbitre de notre existence. Mais on connaît l'avenir de deux manières :

par la prophétie et par la divination à l'aide des songes. La première seule est infaillible, parce que, émanée directement de l'intellect actif, elle ne s'adresse qu'à notre raison sans l'intervention de l'imagination ni des sens. L'imagination et les sens jouent, au contraire, un grand rôle dans la divination que nous devons à l'influence planétaire ; de là vient que la divination nous trompe quelquefois. L'une et l'autre, il ne faut pas l'oublier, rentrent dans l'ordre naturel. Elles descendent des sphères supérieures, toutes animées par des intelligences, comme en découlent le mouvement, la vie et la pensée. Elles ne sont point accordées, à titre de priviléges, à quelques âmes particulières ; elles se répandent sur la masse du genre humain et sont recueillies par les individus en raison de leur aptitude. Le genre humain est seul présent à la pensée divine ; Dieu ne connaît point les individus, et ce que nous disons de Dieu s'applique nécessairement à l'intellect actif ou à la raison divine en tant qu'elle préside au gouvernement de notre sphère.

A la façon dont il comprend et explique la prophétie, il est facile de deviner ce que Levi ben Gerson pense de la science divine. Dieu ne connaît ni les individus ni les choses particulières, parce que son intelligence, étrangère à l'expérience, pure de toute relation avec les sens et avec la matière, n'embrasse que les idées générales, que les formes intelligibles, inséparables de sa propre essence. En vain Maïmonide, pour sauver la Providence individuelle, soutient-il que l'intelligence divine n'a aucune ressemblance avec celle de l'homme. Cette proposition, quand on l'examine de près, est absolument dépourvue de sens. L'intelligence divine, après tout, est une intelligence ; car s'il en était autrement, nous ne pourrions nous en faire aucune idée, nous ne pourrions pas même affirmer qu'elle existe, ni être sûrs par conséquent de l'existence de Dieu. L'intelligence divine diffère de la nôtre en étendue et en degré, non en nature ; car si elle différait aussi de la nôtre par sa nature ou son essence, il arriverait de deux choses l'une : ou l'intelligence divine, ne répondant nullement à ce que nous entendons par ce mot, n'existerait pas ; ou c'est la nôtre, faussement reconnue sous un nom usurpé, que nous serions dans la nécessité de sacrifier. Or, quel est l'objet de notre intelligence, si on la considère absolument en elle-même, si l'on prend soin de la distinguer des sens et de l'imagination ? N'est-ce pas ce qui est purement intelligible, ou les idées pures, les idées générales ? Donc les idées générales sont aussi l'objet, l'objet unique de l'intelligence divine, et il est faux de soutenir que Dieu connaît tout, que la science divine est sans conditions et sans limites ; Dieu ne connaît pas les individus, sa science s'arrête devant les existences particulières et transitoires. Si l'homme connaît ces choses, ce n'est point parce qu'il est mieux partagé que la Divinité, c'est à cause de son imperfection même, parce que son intelligence, étroitement unie à la matière, ne peut se passer du ministère des sens. Dieu, comme l'a dit Aristote, ne peut penser que lui-même ; mais, en se pensant lui-même, il ne peut être étranger aux formes intelligibles, aux conditions nécessaires, aux lois universelles de la nature, qui font nécessairement partie de son essence.

La science de Dieu ne se distingue pas de sa Providence ; car la Providence divine n'a qu'une action universelle, qui des régions supérieures de la nature descend par degrés à la plus humble existence du monde que nous habitons. La Providence divine n'est pas autre chose que l'émanation successive de l'intelligence éternelle, identique avec l'éternel moteur, qui s'épanche comme les eaux d'une cascade arrêtée dans sa chute par plusieurs couches de rochers, d'abord sur le premier mobile, ensuite sur les autres sphères et finalement sur notre sphère sublunaire, où l'émanation d'en haut reçoit le nom d'intellect actif. L'intellect actif, moteur et organisateur de la matière terrestre, s'épanche de la même manière sur les âmes humaines. Chaque âme en reçoit une part proportionnée à son mérite, le mérite ou la vertu étant inséparable de la science ; car, lorsque nous avons la science, nous sommes pleins de mépris et de dégoût pour les grossières jouissances, celles qu'on goûte en se livrant à ses passions ; et, au contraire, si l'on a commencé par s'abandonner à ses passions, si l'on a d'abord ouvert son cœur à la séduction des sens, on devient impropre à la science, incapable de s'élever à la connaissance de Dieu. Aussi l'Écriture dit-elle avec raison que Dieu détourne sa face des méchants ; ce qu'il faut entendre de cette manière : les méchants restent étrangers à la connaissance de Dieu, à la connaissance du monde intelligible, source de toute perfection et de toute félicité. C'est ainsi que Lévi ben Gerson s'efforce de laisser encore à l'homme une apparence de responsabilité et de conserver le dogme de la Providence dans l'ordre moral. Mais il oublie que, selon sa propre doctrine, la science est un don gratuit de l'intellect actif et que l'âme humaine, celle qui est réservée à l'immortalité, n'en est que l'effet et non la cause.

Ne croirait-on pas, d'après tout ce qui précède, que Lévi ben Gerson, comme on lui en fait la réputation, se laisse entraîner par son amour pour la philosophie arabe beaucoup plus loin que Maïmonide? Eh bien, non. Sur la question des attributs de Dieu il défend le spiritualisme religieux contre le panthéisme averroïste, contenu indirectement dans le *Moré Nébouchim*. On se rappelle [1] avec quelle vivacité et quelle persévérance l'auteur de ce livre cherche à établir que nous ignorons complétement ce que Dieu est, que nous avons seulement la faculté de savoir ce qu'il n'est pas, ou que nous ne pouvons lui reconnaître que des attributs négatifs. Selon Lévi ben Gerson, par cela seul que nous affirmons ou croyons pouvoir démontrer l'existence de Dieu, nous avons une idée de sa nature; car on ne saurait affirmer l'existence d'un être dont la nature ou l'essence nous est absolument inconnue. Comment dire que Dieu est parfait s'il nous est impossible de savoir, à un degré quelconque, en quoi consiste cette perfection? Maïmonide prétend qu'on ne saurait reconnaître à Dieu des attributs positifs sans introduire la division ou la pluralité dans l'essence divine. C'est là encore une erreur, car les attributs ne sont pas autre chose que la substance ou le sujet; ils sont la substance ou le sujet lui-même envisagé sous différents aspects et dans ses rapports avec les autres existences. Les attributs positifs n'introduiraient la pluralité dans l'essence divine que si chacun d'entre

---

1. Voyez *Philosophie et religion*, chap. III, le rationalisme religieux au XIIe siècle.

eux était pris pour sujet de tous les autres, ce qui est impossible, puisqu'ils cesseraient alors d'être des attributs.

Maïmonide soutient aussi que l'éternité du monde est la seule hypothèse qui puisse se concilier avec la saine philosophie, avec la vraie science de la nature, et que l'opinion qui donne au monde un commencement ne peut être acceptée qu'au nom de la foi, à titre de dogme révélé. Lévi ben Gerson s'efforce de démontrer le contraire, à savoir que la nouveauté du monde n'est pas seulement un dogme enseigné par la Bible, mais une vérité démontrée par la raison, une vérité philosophique. La nouveauté du monde est démontrée par la nouveauté ou la jeunesse des sciences. Quand on songe à l'imperfection de la médecine, de l'astronomie, des mathématiques, il semble qu'elles soient nées d'hier. Or, comment pourrait-il en être ainsi, si le monde et, par conséquent, l'humanité avaient toujours existé? La même observation s'applique au langage. L'homme étant né pour la société, hors de laquelle il ne saurait vivre un instant, et la société ne pouvant se passer du langage, on ne s'expliquerait pas, si l'homme existait de toute éternité, que les langues fussent si imparfaites. D'ailleurs il est évident que les langues sont le résultat d'une convention, qu'elles ont été formées une époque relativement peu reculée. Pourquoi donc avant cette époque l'homme, qui existait de toute éternité, s'en serait-il passé? L'éternité du monde est donc une chimère; le monde a commencé, voilà la vérité.

Le monde a eu un commencement, mais il n'aura pas de fin. Il ne pourrait finir, en effet, que de deux manières : ou par la dissolution de la matière dont il est formé, ou par un acte de la volonté divine. Mais la première de ces deux hypothèses est inadmissible, puisque la dissolution ne peut atteindre que les corps formés d'éléments différents; la matière des corps célestes, étant pure de tout mélange, est par là même incorruptible et indissoluble. La supposition que le monde pourrait être anéanti par la volonté divine ne repose pas sur un fondement plus solide. Dieu ne se déciderait à détruire son ouvrage que pour deux motifs : ou parce que cette œuvre de destruction lui serait agréable en elle-même, ou parce qu'il voudrait remplacer le monde qui existe actuellement par un autre plus parfait. Mais ce sont là encore des suppositions que la raison ne peut accepter. Détruire pour détruire est d'un insensé, non d'un être qui possède la suprême sagesse. Remplacer le monde que nous avons par un monde plus parfait n'est possible qu'à la condition que le premier n'ait pas reçu la perfection qu'il comportait, ou qu'il a été construit avec des défauts qu'on pouvait éviter. Si ces défauts existaient réellement, ne nous donneraient-ils point le droit de douter soit de la bonté, soit de la sagesse divine? Mais s'il est impossible de croire que ce monde soit destiné à disparaître un jour devant un monde meilleur, il est également inadmissible qu'il ait lui-même succédé à un monde encore plus défectueux.

On voit que Lévi ben Gerson ne soupçonne pas plus dans la nature que dans l'humanité cette évolution successive des êtres et des intelligences que la science moderne a reconnue sous le nom de progrès. Le fond de sa pensée, c'est que l'être ne peut ni augmenter ni diminuer, parce qu'il n'y a pas de milieu entre l'être et le néant ; parce que rien ne sort du néant et ne peut y rentrer, soit par degrés, soit d'une manière soudaine. La philosophie grecque a effacé dans son esprit le dogme biblique, et le même principe qui l'empêche de croire à la fin du monde le pousse à nier la création *ex nihilo*.

Quand il dit que le monde a eu un commencement, Lévi ben Gerson entend parler de l'organisation du monde et de la formation des êtres ; mais, selon lui, la matière n'a pas commencé, la matière est éternelle. L'intelligence pure, siége des formes intelligibles, n'a pas pu produire la matière, avec laquelle elle n'a rien de commun, qui est même le contraire de l'intelligence. D'un autre côté, on ne saurait nier l'éternité de l'espace ; or, l'espace ne peut se concevoir sans la matière ; un espace infini, entièrement vide, est une idée contradictoire, insaisissable à la pensée. Donc il a existé de toute éternité une matière première, une matière en puissance, une matière sans forme, qui a reçu la forme de l'intelligence ; d'où il résulte que le monde n'est pas plus une émanation de Dieu qu'une œuvre tirée du néant par la puissance de la création. Les seules existences émanées de Dieu, ce sont les intelligences séparées, les intelligences pures qui animent et gouvernent les sphères. On n'a pas oublié que la dernière de ces intelligences, l'intellect actif, est la cause organisatrice, la cause informante de tous les êtres que nous voyons ici-bas.

Si Lévi ben Gerson s'était donné la peine de chercher un sens à la formule péripatéticienne dont il se montre si idolâtre, il se serait bien vite aperçu qu'il était moins loin qu'il ne croyait du dogme de la création, ou tout au moins de l'opinion qui fait naître le monde sans le concours d'une matière préexistante; car, qu'est-ce qu'une matière dépouillée de toute forme et qui n'existe qu'en puissance, sinon le néant même de la matière?

Ainsi que Maïmonide, Lévi ben Gerson s'efforce de concilier avec les principes de sa philosophie la croyance aux miracles. Il se flatte d'y être parvenu en supprimant les miracles. C'est, en effet, les supprimer que de les subordonner, comme il fait, aux lois qui régissent toute la nature et de les compter parmi les phénomènes naturels. Un miracle, selon lui, n'est ni l'œuvre de Dieu, ni celle d'un homme, si grand qu'il puisse être, fût-il le plus grand des prophètes. Dieu ne descend pas de la sublime contemplation de lui-même et des formes intelligibles comprises dans son essence pour produire dans ce monde misérable où nous vivons un effet plus ou moins propre à frapper notre imagination. Un homme n'a pas le pouvoir de changer les lois de la nature. Qui donc est l'auteur des miracles? C'est l'intellect actif, la puissance qui préside à notre sphère sublunaire, la cause immédiate de tous les phénomènes naturels. Ils consistent dans la réaction ou la résistance que l'intellect actif, dans l'intérêt de la sphère qui lui est confiée et particulièrement dans l'intérêt de l'homme, est obligé d'opposer quelquefois aux influences des sphères supérieures. Mais cette réaction ou cette résistance a lieu suivant certaines lois et se trouve comprise dans l'harmonie générale de l'univers. Aussi peut-elle être prédite comme les autres événements. Quelquefois même elle se réduit à une simple apparence, comme le miracle de Josué. « Quand Josué disait : Soleil, arrête-toi sur Gébéon, il ne faut pas croire qu'il a ordonné à cet astre de suspendre son cours et que cette suspension ait eu lieu en effet. Josué souhaitait seulement que la défaite de l'ennemi pût se consommer dans le court espace de temps pendant lequel le soleil s'arrête sur Gébéon, et l'Écriture nous raconte que le soleil, en effet, dans sa course naturelle, n'avait pas plus tôt quitté Gébéon que la déroute de l'ennemi fut achevée [1]. »

On aurait tort de voir dans cette explication l'effet d'un incrédule décidé qui, vivant à une époque de foi intolérante, cherche à dissimuler sa pensée. Lévi ben Gerson est parfaitement sincère. Convaincu de l'infaillibilité des Écritures, parce qu'il admet l'existence de la prophétie, il croit qu'il ne s'agit que de les interpréter convenablement pour les mettre d'accord avec la philosophie péripatéticienne. Par là du moins il se rapproche singulièrement de l'auteur du *Moré Nébouchim*, et l'on ne comprend pas ce jugement qu'a porté sur lui un rabbin orthodoxe du xve siècle : « Les paroles de Maïmonide sont plus souvent vraies que fausses, celles de Lévi ben Gerson plus souvent fausses que vraies. »

Le volume de M. Weil a sa place marquée dans toutes les bibliothèques philosophiques à la suite du magnifique travail de M. Munk. Il en est, en quelque sorte, le complément nécessaire. Nous voudrions cependant qu'il pût être regardé seulement comme une introduction à une œuvre plus considérable. Il serait digne de M. Weil de nous faire connaître, non plus par une

---

1. M. Weil, p. 259.

analyse, mais par le texte même et par une traduction, sinon le livre tout entier, du moins les parties les plus intéressantes des *Combats du Seigneur*. Nous ne doutons pas que M. Weil, le jour où il aura été appelé à une situation plus conforme à son mérite et plus favorable aux travaux de l'érudition, ne soit disposé à donner satisfaction à ce besoin de la science.

PÉTRARQUE

ET L'AMOUR PLATONIQUE

M. Mézières, professeur de littérature étrangère à la Faculté des Lettres de Paris, l'auteur d'un savant travail sur Shakespeare, qui a été couronné il y a quelques années par l'Académie française, vient de faire paraître un livre dont le titre seul, *Pétrarque, étude d'après de nouveaux documents*[1], sera d'une grande séduction pour tous les esprits cultivés. Mais ce n'est pas seulement par le nom magique inscrit sur la couverture que la récente publication de M. Mézières se recommande à l'attention du public; c'est l'ouvrage le plus complet et le plus exact qui existe aujourd'hui, soit en France, soit à l'étranger, sur le grand poëte du quatorzième siècle;

---

[1]. Un volume in-8° de 435 pages, précédé d'une Introduction de XXXIX pages. Paris, Didier et C°.

car, non content de soumettre à une revue critique tous les travaux de ses devanciers, M. Mézières a pu consulter des documents qu'ils ignoraient, et aux écrits italiens de Pétrarque il a eu l'excellente idée de joindre ses œuvres latines, particulièrement sa Correspondance et ses Lettres familières.

Qu'on ne se figure pas cependant que de cette laborieuse enquête il n'est sorti qu'une œuvre d'érudition. Écrit avec une élégante simplicité, avec chaleur quand le sujet le comporte, avec un vif sentiment de la poésie lorsqu'il cite dans notre langue les amoureux sonnets du *Canzoniere*, le livre de M. Mézières intéresse à la fois les lettres et la morale, la philosophie et l'histoire. Pétrarque est en effet une des plus grandes individualités, un des types les plus accomplis, non le seul pourtant, de cette époque indécise qui sépare le moyen âge de la Renaissance. Il en réunit dans son esprit et dans son caractère les qualités presque opposées, se rattachant par un côté à la génération qui s'en va, et par l'autre à celle qui s'avance à pas pressés sous la bannière de l'antiquité païenne. De là un curieux mélange de mysticisme et de sensualité, de goûts ascétiques et de passions belliqueuses, de soumission aveugle et de libre examen, de subtilités dignes de la scolastique en décadence et d'un sentiment profond de la nature, de la beauté éternelle telle que l'ont comprise les plus grands génies de l'antiquité.

Pétrarque est devenu populaire comme Abélard, moins par ses œuvres que par sa passion. Aussi, lorsqu'on parle de lui, ne songe-t-on guère qu'à l'amant de Laure et un peu à l'auteur de ces *rimes* mélodieuses, mais souvent subtiles et maniérées, qui ont contribué peut-être à donner à la langue italienne plus de délicatesse que de franchise, et plus de grâce que de force. On oublie complétement le philosophe spéculatif qui a écrit le traité du *Mépris du monde*, l'admirateur passionné de l'antiquité classique qui, plus d'un siècle avant la Renaissance, a essayé de rappeler à la vie la philosophie des Grecs, et la langue, la poésie et l'éloquence de l'ancienne Rome; enfin le patriote italien qui protestait avec Dante contre le pouvoir temporel des Papes et réclamait, un siècle et demi avant Machiavel, l'unité politique de son pays sous le sceptre d'un prince national complétement affranchi de la domination de l'étranger. Tous ces traits effacés ou méconnus, le beau livre de M. Mézières les fait paraître à la lumière avec autant d'harmonie que de netteté. C'est un portrait non seulement complet, mais fidèle, quoique peint avec amour, et où le modèle nous est rendu avec ses infirmités aussi bien qu'avec ses perfections.

Par exemple, les poëtes, les femmes et tous les esprits naïfs qui prennent les légendes pour de l'histoire, seront singulièrement déçus quand ils connaîtront les deux héros de l'idylle avignonnaise. De Laure, il n'y a que du bien à dire. Elle a défendu vaillamment son honneur de femme et d'épouse contre les séductions d'un amour qui l'a immortalisée, et auquel, pendant les vingt-deux ans qu'il a duré, tout porte à croire qu'elle n'est pas restée insensible. Mais n'est-elle pas quelque peu dépoétisée dans notre imagination quand on la voit successivement, sans qu'elle y perde un quatrain ou un tercet, mettre au monde jusqu'à neuf enfants, et mourir finalement de l'épuisement que lui ont valu toutes ces couches, aussi bien que de la peste de

1348? A Dieu ne plaise que nous méconnaissions le prestige de la maternité; mais ce n'est pas de celui-là qu'il est question dans le *Canzoniere*. Quant à Pétrarque, revêtu d'une double dignité ecclésiastique, chanoine de Lombez et archidiacre de Parme, il n'y a pas de sa faute s'il a rendu à son idole un culte purement spirituel; ainsi qu'il a la franchise de l'avouer, il lui en offrait un autre, qui n'a pas été accepté, et, afin de s'affranchir désormais de ces grossières tentations, il se dédoubla en quelque sorte, consacrant à Laure la partie divine de son être, et recevant ailleurs les satisfactions positives dont il ne voulait ou ne pouvait point se passer. Deux enfants naturels, un fils et une fille, qu'il éleva d'ailleurs et pourvut en bon père de famille, en sont une preuve irrécusable.

Qu'y a-t-il donc de vrai dans cet amour idéal, dans cette passion à la fois éthérée et brûlante que l'auteur des *canzoni* et des sonnets n'a cessé de chanter depuis la célèbre entrevue de l'église des religieuses de Sainte-Claire jusqu'à la fatale année de 1348? Plusieurs écrivains et même des contemporains et des amis de Pétrarque n'ont consenti à y voir qu'une pure fiction poétique, un sujet à développer en beaux vers, un texte fécond en nobles inspirations. Dans une épître adressée à son protecteur, Jean de Colonna, Pétrarque repousse avec chaleur cette supposition trop absolue, et nous n'avons aucune raison de nous défier de sa sincérité. D'ailleurs, les poëtes, lorsqu'il s'agit des passions et des sentiments, n'ont le pouvoir de peindre et d'exprimer que ce que le cœur humain est capable d'éprouver. L'amour tel que Pétrarque le représente est certainement dans la nature, puisqu'il tient une grande place dans l'histoire. Il dérive en droite ligne du platonisme, dont il porte encore aujourd'hui le nom. Il a fait sentir sa puissance aux races germaniques encore plongées dans la barbarie. Il a entouré d'une douce et pure auréole l'institution de la chevalerie au moyen âge. Il a été connu même des Arabes musulmans pendant qu'ils éclairaient de leur brillante civilisation la Péninsule espagnole, plus tard si cruellement dévastée par l'inquisition. Pourquoi, né dans un temps et au milieu d'une nation sur lesquels il exerçait encore une sensible influence, Pétrarque ne l'aurait-il point connu ? Seulement, comme M. Mézières le démontre très-bien, c'était chez lui une tradition poétique aussi bien qu'un état de l'âme. Il appartenait à la même nation et parlait la même langue que l'amant de Béatrix, ce personnage d'une perfection tellement sublime, qu'on ne sait pas si c'est une femme qui a réellement vécu sur la terre, ou une mystique allégorie. D'autres poëtes italiens du treizième et du quatorzième siècle, Guido Cavalcanti, Guido Guinicelli, Cino de Pistoie, sans s'élever au même degré de spiritualité, avaient pourtant laissé au culte de la beauté le désintéressement naïf et la pureté idéale des âges précédents. Puis, l'époque de la chevalerie n'était pas tellement éloignée, que sous le ciel de la Provence, dans une ville aussi polie, aussi raffinée dans ses mœurs que l'était Avignon, Pétrarque n'ait pu trouver encore quelques vestiges des Cours d'amour.

On conçoit qu'après les premières ardeurs de la jeunesse, bien vite reportées sur des objets plus vils, l'amour de Pétrarque, ainsi épuré par les lettres et par la magie des souvenirs, ait tenu plus de place dans sa pensée que dans sa vie, ou, pour nous servir d'une métaphore bien connue, qu'il soit monté peu à peu, sans le déserter entièrement, du cœur dans la tête. On l'a dit avec raison : « L'esprit est souvent la dupe du cœur. » Mais ne peut-on pas, en retournant la proposition, soutenir avec autant de vérité que le cœur est souvent la dupe de l'esprit? Il suffit qu'une image ait été longtemps caressée par notre pensée, que nous nous soyons fait, par orgueil ou par amour de l'art, une habitude de la parer de toutes les séductions, pour que nous finissions à la longue par la prendre pour une réalité et nous croire engagés envers elle. Telle a été, à ce qui nous semble, la situation de Pétrarque à l'égard de Laure. M. Mézières, je ne l'oublie pas, est d'un autre avis. Mais son ingénieux plaidoyer ne peut rien contre les faits. Comment reconnaître, par exemple, une passion vraie, un sentiment profond, sous tous ces madrigaux, ces jeux de mots, ces antithèses et ces comparaisons forcées qui remplissent les *canzoni* et les sonnets? C'était, dira-t-on, le langage du temps. Mais au douzième siècle on n'avait pas plus de goût, et cependant quels accents a su trouver Héloïse pour peindre les angoisses d'une âme enflammée que ni la prière, ni l'étude, ni les macérations du cloître n'ont jamais pu apaiser complétement! En vain Pétrarque nous assure-t-il que son amante, lui ayant ouvert la poitrine, « lui avait pris son cœur avec la main », on voit que l'équilibre de ses facultés n'en est aucunement troublé. Il lui reste encore assez d'empire sur lui-même pour remarquer les murmures flatteurs qu'éveille autour de lui l'expression de sa douleur. Voici en quels termes, dans une de ses *Lettres familières*, il peint ce qu'il éprouvait après avoir été chercher un refuge contre sa passion dans la belle solitude de Vaucluse :

« Imprudent que j'étais ! mon propre remède tournait à ma perte, car les soucis que j'avais apportés avec moi me consumant, et dans une si grande solitude personne n'accourant pour éteindre le feu, je brûlais d'une manière plus désespérée. La flamme de mon cœur s'échappait alors par ma bouche, et remplissait les vallées et le ciel de murmures lamentables, et néanmoins doux, à ce que disaient plusieurs. De là sont venus ces chants en langue vulgaire sur mes jeunes douleurs, chants dont je rougis, dont je me repens aujourd'hui, mais qui plaisent beaucoup, ainsi que nous le voyons, à ceux qui souffrent de la même maladie [1]. »

Un de ces chants les plus pathétiques, celui où l'on croit trouver la peinture la plus fidèle des douleurs cuisantes de l'absence, commence de la manière suivante : « Tout lieu m'attriste où je ne vois pas ces beaux yeux suaves qui porteront les clefs de mes douces pensées tant qu'il plaira à Dieu. Et pour que le dur exil me pèse davantage, que je dorme, que je marche, que je m'arrête, je ne demande jamais autre chose que ces yeux, et ce que j'ai vu après eux me déplaît [2]. » Au reste, il ne paraît pas que l'absence de l'objet aimé ait jamais pesé beaucoup sur l'âme de Pétrarque, car son dernier historien nous apprend qu'il a pu durant sept ans rester séparé de Laure, sans rien perdre de sa sérénité et sans montrer aucune impa-

---

1. Page 93 de l'ouvrage de M. Mézières.
2. *Ibid.*, p. 65.

tience de la revoir. Cela me fait penser à un autre mystique, à saint Martin, le *philosophe inconnu,* qui, ayant conçu à l'âge de plus de cinquante ans, je n'ose pas dire de l'amour, mais une vive et chaste tendresse pour madame de Bœcklin, entrée elle-même dans sa quarante-huitième année et déjà grand'mère, ne pouvait pas supporter un seul jour d'être éloigné de son amie, et versait, comme un jeune homme dans la fougue des passions, des torrents de larmes quand il était obligé de la quitter. Strasbourg, où il l'avait rencontrée, où il avait vécu près d'elle, c'était son paradis, et Amboise, où il avait été rappelé, était son enfer, « un enfer de glace » succédant à un ciel resplendissant de lumière et de bonheur.

De l'amour idéal à l'amour divin il n'y a qu'un pas, et cette faible distance, Pétrarque, après avoir perdu Laure, ne tarda pas à la franchir. Il s'était nourri de saint Augustin, qui lui-même s'était nourri de Platon, et avait mêlé, dans son beau dialogue avec sainte Monique, le discours de Diotime avec les idées chrétiennes sur l'immortalité. Aussi, quand on voit Pétrarque pleurer avec amertume sur les égarements d'une passion qui l'avait détourné si longtemps du Créateur pour l'attacher tout entier à la créature, n'a-t-on pas à craindre d'être trop injuste envers lui, si ce violent repentir nous fait aussi l'effet d'être plus poétique que réel, et nous apparaît comme une sorte de réminiscence littéraire des *Confessions.* Des regrets plus profonds ne s'accorderaient guère avec la pensée si souvent exprimée dans les sonnets et les *canzoni,* que Laure est pour lui l'image du souverain bien, et qu'en marchant à la lumière de son doux regard, en suivant ses

pas et le divin rayon qui les éclaire, il ne peut manquer
d'arriver au ciel [1]. D'ailleurs, comment s'expliquer
qu'un généreux amour comme celui que lui inspirait la
fille de Noves l'ait laissé à la fin de sa vie plus humilié
et plus contrit que le souvenir de ces vulgaires liaisons
qui, en dépit de ses vœux ecclésiastiques, ont fait de
lui un père de famille? Ce qui est vrai, c'est que l'auteur du *Traité du mépris du monde* (*De Contemptu
mundi*) a connu, sinon dans toute sa profondeur, du
moins avec une âme pénétrée et attendrie, la sainte
abnégation du mysticisme. Contemporain des Tauler,
des Suzo, des Gerson, il a opposé comme eux les libres
inspirations du sentiment au vain formalisme de la
science des écoles, et les nobles élans d'une foi toute
spirituelle, quoique simple et résignée, aux querelles
aussi passionnées que stériles de la théologie. Au quatorzième siècle, le mysticisme, c'est l'air vivifiant et
régénérateur qui souffle sur tous les sommets du monde
intellectuel.

La piété de Pétrarque et l'amour inaltérable qu'il a
conservé pour son pays sur la terre étrangère, au milieu des enchantements d'un autre amour, nous font
comprendre ses opinions politiques. Il ne concevait pas
que le Vicaire de Celui qui a dit : « Mon royaume n'est
pas de ce monde », ait besoin d'un royaume et d'une
armée, de bourreaux et de soldats pour exercer son
ministère de charité et d'amour. Il aurait probablement changé d'avis si Dieu lui avait accordé la grâce

---

1.   Da lei ti vien l'amoroso pensiero,
    Ch'al ciel ti scorge per destro sentiero, (Sonn. 10.)
    Or, con si chiara luce e con tai segni,
    Error non dessi in quel breve viaggio, etc. (Sonn. 152.)

de lire ou d'entendre par anticipation les discours de nos hommes d'Etat protestants ou libres penseurs. Son patriotisme proteste cinq siècles d'avance contre le mot du prince de Metternich : « L'Italie n'est qu'une expression géographique. » Italien de cœur et catholique fervent, il demandait, à l'exemple de Dante, de François d'Ascoli et du général des franciscains Michel de Céséna, que la tiare fût séparée de la couronne. Son idéal, c'était le Pape et l'empereur indépendants l'un de l'autre et siégeant tous deux dans la Ville éternelle. Cet idéal, dans les dispositions où il voyait les empereurs d'Allemagne, lui paraissait irréalisable ; il se serait contenté de l'unité italienne sous le sceptre du roi Robert de Naples. Cela aussi lui étant refusé par le malheur des temps, il acceptait, en attendant mieux, l'affranchissement du peuple romain promis par Rienzi. C'est la faute capitale de sa vie d'avoir mis toute sa confiance dans ce tribun vaniteux et bavard qui, fils d'un cabaretier et d'une porteuse d'eau, ne craignait pas de sacrifier l'honneur de sa mère, afin de se faire passer, dans l'esprit du peuple, pour le fils d'un empereur. C'est plus qu'une faute d'avoir immolé à cette chimère toute la famille des Colonna, ses bienfaiteurs. M. Mézières me paraît beaucoup trop indulgent envers le héros de son livre lorsqu'il cherche ici à l'excuser au nom des passions politiques. Il n'y a pas de passion ni de système politique qui, alors même qu'ils croient nécessaire de briser toutes les résistances, ne soient tenus de suspendre leurs rigueurs devant les sentiments naturels du cœur humain, et principalement devant les droits de la reconnaissance. Un fanatique ne sera jamais un homme d'État ni même un bon citoyen.

De même que les sentiments religieux de Pétrarque nous expliquent en grande partie ses opinions politiques, de même ses opinions politiques nous font apercevoir une des sources d'où dérive son goût passionné pour l'antiquité. Ce n'est pas seulement parce qu'il la trouve plus belle que l'idiome populaire de son pays et que le latin informe du moyen âge, que la langue des auteurs classiques lui est si chère ; c'est parce qu'elle a été parlée par les anciens Romains, et que les chefs-d'œuvre qu'elle a produits ont fait la gloire de la nation d'où est sortie l'Italie. Cette langue, surtout celle dont Cicéron nous a laissé tant de modèles accomplis, il voudrait la faire revivre, il voudrait la restituer, non seulement aux Italiens, mais à toute la chrétienté, il voudrait qu'elle servît de nouveau d'interprète à l'amour viril de la patrie et de la liberté. C'est le même sentiment qui le poussait à populariser, autant qu'il était en son pouvoir, la connaissance de l'histoire romaine, singulièrement défigurée par l'ignorance des siècles précédents. Il n'y a pas jusqu'à l'archéologie et à la numismatique dont il n'ait eu, lui poëte, le courage de s'occuper par esprit de patriotisme.

Ce culte de l'antiquité, quel qu'en soit le motif, a eu pour résultat, non pas précisément de le rendre philosophe, mais de lui inspirer un respect profond pour la philosophie. Sans parler du lien qui unit la doctrine de saint Augustin à celle de Platon, comment aurait-il pu oublier que Cicéron s'est nourri de l'étude de la philosophie grecque, et qu'à l'exception de l'épicuréisme il montre une égale indulgence pour tous les systèmes ? Lui aussi, il accepte toutes les doctrines philosophiques, pourvu qu'elles ne soient pas, comme le matérialisme et l'averroïsme, en contradiction ouverte avec la foi chrétienne. Mais ce qui l'attire surtout, c'est la méthode de Socrate, la métaphysique de Platon et la morale de Cicéron : la première, parce qu'elle fait commencer la sagesse par la connaissance de soi-même ; la seconde, parce qu'elle aboutit à l'amour de Dieu ; la troisième, parce qu'elle renferme la définition la plus parfaite qui ait jamais été donnée de la loi du devoir. Pétrarque, à l'exemple de saint Clément d'Alexandrie et de saint Justin, ne doute pas que ces trois grands hommes de l'antiquité païenne ne soient, à leur manière, des interprètes de l'Esprit-Saint.

Pour finir ces considérations sur Pétrarque, encore un mot sur son historien. M. Mézières ne s'est pas borné à étudier son sujet dans les manuscrits et dans les livres ; il a voulu, pour donner plus de précision à ses récits, visiter les lieux où les faits se sont passés. Cette scrupuleuse exactitude lui a porté bonheur. Elle lui a permis quelques descriptions animées qui ne sont pas le moindre charme de son ouvrage. Nous avons particulièrement remarqué celle de la vallée de Vaucluse, dont on pourra juger par ce fragment.

« Vaucluse mérite qu'on l'aime et qu'on s'y attache. J'en appelle aux voyageurs qui l'ont visitée dans les premiers jours de printemps. Quelle route curieuse que celle qui y conduit d'Avignon, le long des bords du Rhône, et qui, s'écartant bientôt du fleuve, gravit les hauteurs de Morières, aux maisons étagées comme celles d'un village de Grèce ou de Sicile, pour redescendre ensuite vers le Thor et vers l'Isle, où les eaux de la Sorgue apportent avec la fraîcheur une verdure aussi riante que celle de la Lombardie !... Enfin la

Sorgue paraît, elle court comme un serpent au milieu des prairies vertes, et, dans un dernier détour, elle vous mène au pied d'une roche escarpée d'où elle sort et qui, de ce côté, ferme la vallée comme un rempart de pierre. C'est Vaucluse, *Vallis clausa*, le val fermé. A la racine même des rochers s'ouvre une caverne d'où jaillit la rivière, qui descend aussitôt par une pente rapide, bondissant avec fureur au milieu des rocs noirâtres qu'elle couvre d'une écume blanche. Dès qu'elle se repose, dès qu'elle ne rencontre plus d'obstacles, elle étend entre deux rives fleuries une nappe d'eau limpide, d'une couleur merveilleuse, dont je n'ai retrouvé nulle part, ni dans les Alpes, ni dans les Pyrénées, ni en Italie, ni en Espagne, ni en Orient, les teintes douces et transparentes. Le lac de Zurich est moins pur; le lac de Côme plus bleu; la Méditerranée plus foncée; les fleuves célèbres, le Pénée, l'Alphée, l'Achéloüs, sont plus argentés; le Styx et l'Achéron sont plus noirs; l'Arno, le Tage, le Guadalquivir, le Rhône plus troubles. La Sorgue seule, d'un vert tendre à la surface et jusqu'au fond de son lit, ressemble à une plante verte qui se serait fondue en eau... »

Il n'y a pas un ami des lettres qui, à côté des œuvres de Pétrarque, puisse se dispenser à l'avenir de placer dans sa bibliothèque le livre de M. Mézières.

PIERRE POMPONACE

OU LA PHILOSOPHIE ITALIENNE AU XVIe SIÈCLE [1]

En passant de l'étude de M. Weil sur Lévi ben Gerson à celle de M. Fiorentino sur Pomponace [2], nous croyons à peine avoir changé de sujet. Entre le philosophe juif du XIVe siècle et le philosophe italien du XVIe, la différence n'est pas aussi grande qu'on pourrait le supposer. Sur un grand nombre de questions, par exemple, sur l'origine de nos idées, sur la Providence, sur la liberté,

---

1. Pietro Pomponazzi, *Studi storici su la scuola Bolognese et Padovana del secolo XVI, con molti documenti inediti*, per Francesco Fiorentino, professore ordinario di storia della filosofia nella reale Università di Bologna. — Pierre Pomponace, *Études historiques sur l'école de Bologne et de Padoue au XVIe siècle, avec plusieurs documents inédits*, par François Fiorentino, professeur titulaire d'histoire de la philosophie à l'Université royale de Bologne. 1 vol. in-18 de 517 pages, Florence, 1868, chez les successeurs de Le Monnier.

2. Pomponace, d'ailleurs consacré par l'usage, répond mieux que Pomponat à l'italien Pomponazzi.

sur la prophétie, sur les miracles, leurs opinions sont à peu près les mêmes. Pour tous les deux, si indépendants qu'ils puissent être des doctrines régnantes et de la tradition philosophique de leur temps, la vérité, sauf quelques rares exceptions, est tout entière dans Aristote, et l'originalité, la hardiesse d'un philosophe consistent à entendre Aristote autrement que ses prédécesseurs ou ses contemporains. Mais tandis que l'auteur des *Guerres du Seigneur*, à l'exemple de ses devanciers du moyen âge, met tous ses soins à concilier les doctrines du Stagirite avec les enseignements de l'Écriture sainte et les dogmes de la foi, l'auteur du traité de l'*Immortalité de l'âme* s'applique au contraire à empêcher toute confusion entre ces deux autorités, ou, ce qui est la même chose pour lui, entre la foi et la raison, entre la religion et la philosophie, entre les croyances acceptées comme révélées et les vérités naturelles. Par là, mettant la raison en possession d'elle-même, il a marqué la fin du règne de la scolastique et est devenu un des principaux fondateurs de la philosophie de la Renaissance. C'est ainsi qu'il a été compris par M. Fiorentino, dont le savant et consciencieux ouvrage ne nous fait pas seulement connaître les doctrines de Pomponace, mais celles de la plupart des philosophes italiens du xvie siècle, de ceux qui se groupent naturellement autour de Pomponace comme ses maîtres, ses disciples et ses adversaires.

Sans avoir reçu les confidences de M. Fiorentino, nous croyons apercevoir les motifs qui l'ont porté à faire ce choix. Professeur d'histoire de la philosophie à l'université de Bologne, il s'est rappelé que Pomponace, ayant quitté Padoue pour répondre à l'appel des Bolonais, a été un de ses prédécesseurs ; que c'est à Bologne qu'il a publié ses principaux ouvrages ; que Bologne a pendant longtemps partagé avec Padoue l'honneur d'être en Italie un des foyers les plus actifs de la libre pensée; et qu'enfin entre sa propre doctrine et celles qui étaient professées autrefois dans ces deux universités célèbres il y a plus d'une analogie. M. Fiorentino, après avoir appartenu pendant quelques années à l'école de Gioberti, s'est prononcé récemment pour le système de Hégel. Or, sur la question de l'âme, la métaphysique hégélienne peut se concilier à la fois avec le naturalisme que Pomponace a introduit à Padoue et avec l'averroïsme qu'on professait à Bologne.

Au point de vue de l'érudition, des faits, de la critique historique, le livre dont nous nous proposons de rendre compte ne laisse rien à désirer. Non-seulement M. Fiorentino n'a rien oublié, mais, grâce aux documents qu'il avait sous la main, il a beaucoup ajouté à ce qu'on savait précédemment et a pu redresser un grand nombre d'erreurs où sont tombés, en traitant le même sujet, les principaux historiens de la philosophie. Nous avons le regret de ne pouvoir accorder les mêmes éloges à la critique philosophique de M. Fiorentino. Le système préconçu et absolu à l'aide duquel il juge les opinions qu'il fait passer sous nos yeux le rend extrêmement partial. Toujours prêt à admirer ou à excuser Pomponace, il se croit dispensé de toute justice envers ses adversaires. Il y en a un surtout, Augustin Niphus ou Nifo, un des plus savants hommes, un des écrivains les plus féconds et les plus admirés de la Renaissance, qu'il attaque à plusieurs reprises, dans ses idées et dans son caractère, avec tant d'emportement qu'on le dirait animé contre lui de quelque rancune personnelle; c'est peut-être parce que les objections de Niphus sont quelquefois très-embarrassantes.

M. Fiorentino, après avoir raconté la vie de Pomponace, s'arrête particulièrement à son *Traité de l'immortalité de l'âme*[1], qui serait appelé plus justement, comme on l'a dit avec raison, *Traité de la mortalité*. C'est à cet écrit principalement que Pomponace doit sa célébrité. C'est là que, pour la première fois, au grand scandale des théologiens et des philosophes attachés à la tradition scolastique, il soutient cette opinion que, selon la raison et selon Aristote, l'âme paraît destinée à mourir avec le corps, et que l'autorité de la révélation, l'enseignement infaillible de l'Église nous fait seul croire qu'elle est immortelle. C'est là que, s'inscrivant en faux contre la foi unanime du moyen âge que les dogmes révélés sont supérieurs, mais non contraires à la raison, il ose dire : « En tant que philosophe, je nie l'immortalité, mais j'y crois comme chrétien. » Aussi, pour nous faire mieux apprécier ce que le *Traité de l'immortalité* renferme de vues originales et personnelles, M. Fiorentino fait précéder l'analyse approfondie qu'il nous en donne d'une exposition, d'ailleurs très-élégante et très-lucide, de la doctrine d'Aristote sur la nature de l'âme humaine et de toutes les interprétations dont cette doctrine équivoque a été l'objet dans l'antiquité, au moyen âge et dans les premières années de la Renaissance. Après ces considérations rétrospectives, nous sommes introduits dans le cœur du sujet et nous apprenons, non-seulement ce qu'a pensé

1. *De immortalitate animæ*, Bologne, 1516.

Pomponace, mais ce qu'ont pensé ses contradicteurs, nous devrions dire ses accusateurs et ses disciples sur cette même question, la grande question du temps, celle qui dominait toutes les autres et à laquelle les étudiants rappelaient leurs maîtres avec des cris d'impatience, lorsque, par négligence ou par timidité, ils tardaient à l'aborder. Enfin, ce n'est que dans les derniers chapitres de son livre que M. Fiorentino entretient ses lecteurs des œuvres de Pomponace qui se rapportent à d'autres matières, notamment de son curieux traité des *Enchantements,* ou pour mieux dire, du *Surnaturel*[1], et de son grand ouvrage sur le *Destin*, le *Libre arbitre* et la *Prédestination*[2].

Ce plan, bien qu'il ne soit pas tout à fait conforme à l'ordre chronologique et qu'il semble même interrompre l'ordre des matières, est irréprochable. Il force l'attention à s'arrêter sur le point capital, celui que la critique ne pouvait éclairer sans le secours de l'histoire, et fait comprendre la succession des idées, bien plus importante que celle des temps. Il ne saurait entrer dans nos intentions de l'adopter pour notre propre compte et de suivre M. Fiorentino pas à pas. Nous nous attacherons seulement à ce qui touche directement Pomponace et à l'influence personnelle qu'il a exercée sur l'esprit essentiellement novateur de son siècle.

Pierre Pomponace (Pietro Pomponazzi), surnommé *Peretto*, à cause de la petitesse de sa taille, naquit à Mantoue, d'une famille ancienne et distinguée, le 16 septembre 1462. A l'âge de vingt ans, il quitta sa ville

---

1. *De incantationibus*, Bologne, 1520.
2. *De fato, libero arbitrio, prædestinatione, providentia Dei, libri quinque*, imprimé à Bâle, après la mort de l'auteur, en 1525. In-folio.

natale pour aller étudier à Padoue la médecine et la philosophie, deux sciences encore étroitement unies, comme elles l'avaient été dans l'antiquité et au moyen âge. En 1487, il obtint le grade de docteur en médecine, et en 1488, dans sa vingt-sixième année, il fut nommé professeur de philosophie dans la ville même, une des plus savantes de l'Italie, où il venait de terminer ses études. C'était alors la coutume, dans les universités italiennes, surtout dans celle de Padoue, de confier l'enseignement de la philosophie à deux professeurs connus pour appartenir à des écoles différentes. On pensait avec raison que cette division des opinions était un moyen assuré d'entretenir l'émulation des maîtres et l'intérêt des élèves. Quel était le rival contre lequel Pomponace était ainsi appelé à faire ses premières armes? On a supposé que c'était le théatin Vernias (Nicoletti Vernia), qui, en effet, a occupé une chaire de philosophie à l'Université de Padoue de 1471 à 1499. Il avait commencé par défendre la doctrine d'Averroës; puis il se convertit et écrivit, à la fin de sa vie, en faveur de l'immortalité et de la pluralité des âmes. Soit au milieu, soit à la fin de sa carrière, il aurait bien pu rencontrer parmi ses adversaires Pierre Pomponace, qui repoussait également l'averroïsme et l'immortalité individuelle; mais M. Fiorentino établit par des documents incontestables que Vernias n'avait point de contradicteur officiel (*ordinariam philosophiæ legentis absque concurrente*) et que Pomponace a été, non son rival, mais son successeur.

C'est à Alexandre Achillini que l'Université de Padoue voulut susciter un concurrent, lorsqu'elle admit Pomponace au nombre de ses maîtres. Achillini, qui passa à Bologne les dernières années de sa vie, enseignait alors à Padoue la philosophie et la médecine avec une autorité incontestée, avec une renommée sans égale. On l'appelait le *grand Achillini* et *Aristote II*. Ceux qui l'entendaient répétaient ce mot, devenu proverbial : « C'est le diable ou le grand Achillini : *aut diabolus aut magnus Achillinus*. » C'était un averroïste, nous ne dirons pas dissimulé, mais inconséquent. L'averroïsme, qui était, depuis trois siècles, la forme la plus générale de la libre pensée, faisait le fond de ses idées, non de ses croyances. Lui aussi il distinguait entre le philosophe et le chrétien, admettant comme philosophe l'unité des âmes humaines, l'unité du principe pensant et l'éternité du monde, acceptant comme chrétien l'immortalité individuelle et le dogme de la création. On comprend quelles difficultés et quelles hésitations devaient naître pour lui de ce déchirement intérieur de son esprit. Ajoutez à cela que, fidèle dans ses leçons comme dans ses écrits[1] aux formes surannées de la scolastique, il ne procédait que par distinctions et par syllogismes, en s'appuyant presque toujours sur un texte emprunté à celui qu'on appelait le *grand commentateur*.

Contre un tel adversaire, la partie était belle pour Pomponace. Il avait l'ardeur, la confiance, le prestige de la jeunesse, tandis qu'Achillini touchait à son déclin. Ayant eu pour professeur de philosophie l'averroïste Trapolini, qui se convertit plus tard à d'autres doctrines, il n'avait pas à lutter contre l'autorité d'un maître respecté, et n'ayant rien publié encore, il restait en

---

1. Alexandri Achillini, *Opera*; Venet., 1508, in-folio. *De distinctionibus*; Bonon., 1518, in-folio.

possession de toute sa liberté; il n'avait aucun engagement, soit envers lui-même, soit envers les autres; tandis qu'Achillini, lié par sa propre parole, enchaîné par ses propres écrits, ne pouvait rien changer ni à sa méthode ni à sa doctrine. A ces avantages, il en joignait plusieurs autres d'un plus grand prix : le don de la parole, un langage qui pouvait paraître élégant en comparaison de celui de l'école, une rare présence d'esprit et le talent de l'ironie, l'art de faire rire aux dépens de ses contradicteurs. Aussi eut-il un rapide et brillant succès, surtout auprès de la jeunesse, toujours avide de nouveauté. Les dignitaires auxquels était confiée la direction de l'Université de Padoue, les *réformateurs*, comme on les appelait, doublèrent le traitement de Pomponace et le firent passer à un rang plus élevé. Il n'était encore que professeur auxiliaire ou suppléant; en 1495, après la mort de Vernias, il fut nommé professeur ordinaire de philosophie naturelle. Il conserva cette position pendant quatorze ans, ne publiant rien, se bornant à commenter de vive voix les trois livres d'Aristote sur l'âme, et gardant pour lui, si elles existaient déjà dans son esprit, les opinions qui devaient plus tard soulever tant d'orages.

En 1510 il quitta Padoue pour Ferrare, où il ne resta guère qu'une année. Ferrare, alors en proie aux horreurs de la guerre, n'était pas un lieu favorable pour les méditations de la philosophie; aussi Pomponace accepta-t-il avec empressement la chaire que lui offrait, à la fin de l'année 1511, l'Université de Bologne. C'est à Bologne qu'il écrivit et publia tous ses ouvrages, à l'exception de son traité de la *Fatalité*, du *Libre arbitre* et de la *Prédestination* qui, terminé en 1520, n'a paru qu'après sa mort à Bâle, en 1525. C'est à Bologne que, après avoir rempli sans interruption et toujours avec le même éclat, ses fonctions de professeur, il mourut le 18 mai 1525. Il a été témoin des événements qui ont bouleversé l'Italie et l'Europe à la fin du xv⁰ siècle et au commencement du xvi⁰. Il est impossible qu'il n'ait pas entendu parler du rôle extraordinaire que Savonarole jouait à Florence et de la tragédie qui en marqua la fin. Il assistait à la naissance de la Réforme et voyait commencer l'ère fatale des guerres religieuses. Mais rien ne pouvait le distraire de ses spéculations philosophiques, pas même les passions qu'il souleva contre lui; car, quoi qu'en dise son dernier historien, il n'a jamais connu la persécution. Il a même eu cette singulière fortune, que des princes de l'Église, des cardinaux, un prolégat, furent ses plus ardents défenseurs et acceptèrent la dédicace de ses écrits les plus compromettants. C'est le futur président du concile de Trente, le cardinal Hercule de Gonzague, qui, voulant que ses cendres reposassent à Mantoue, sa ville natale, se chargea des frais de ses funérailles et lui érigea un monument de bronze. Sa vie est tout entière dans ses livres, dans son enseignement, dans ses doctrines, et l'on peut dire de lui ce qu'on a dit de Spinoza : il a été moins un homme qu'une pensée.

C'est en 1516 que parut à Bologne son fameux traité de l'*Immortalité*. Ce ne fut pas le premier des écrits qu'il publia; mais ce fut le premier de ceux qui firent parler de lui[1]. Il fut accueilli par un véritable orage,

---

1. D'après M. Fiorentino, les ouvrages de Pomponace qui ont précédé le traité de l'Immortalité sont au nombre de quatre : 1° *Dubitationes* XXI *in Aristotelem*, tellement rare, que M. Fiorentino n'a pu en trouver un

surtout à Venise, où il fut connu d'abord; car il était dédié au Vénitien Cantarini, un élève de Pomponace devenu cardinal. Déféré au doge par le patriarche et les frères mineurs de l'Observance, le traité de l'*Immortalité* fut brûlé publiquement par la main du bourreau, sans que personne osât élever la voix en faveur de l'auteur, attaqué tous les jours du haut de la chaire, malgré sa profession de foi chrétienne, comme un ennemi de Dieu et de l'Église. Non contents de faire brûler son livre, les moines vénitiens agirent auprès de la cour de Rome pour attirer sur Pomponace les foudres de l'excommunication. Léon X, qui occupait à ce moment la chaire de Saint-Pierre, n'était, ni par caractère, ni par conviction, porté à la rigueur, quand on ne s'attaquait pas directement à son pouvoir, et son secrétaire, le cardinal Bembo, était, comme Contarini, un disciple de Pomponace, un disciple peut-être imbu de ses idées, sans compter que les poëtes et les philosophes païens lui étaient plus chers que tous les docteurs de l'Église, anciens ou modernes, réguliers ou séculiers. Grâce à lui et aux dispositions bienveillantes du souverain pontife, les instances des frères mineurs de l'Observance n'eurent aucun résultat.

A Bologne, le traité de l'*Immortalité* produisit un effet tout différent. Soit hostilité contre Venise, soit esprit d'indépendance et fidélité à des traditions libérales, les *Réformateurs* de l'Université, non contents

---

seul exemplaire; 2° *De intuitione et remissione formarum*, Bologne, 1514; 3° *De reactione*, Bologne, 1515; 4° *De modo agendi primarum qualitatum, videlicet an agant immediate per species spirituales*. Bologne, 1515. Dans ces divers opuscules, l'auteur, en sa qualité de professeur de philosophie naturelle, se contente d'expliquer, d'une façon plus ou moins libre, quelques passages de la physique d'Aristote.

de confirmer Pomponace dans ses fonctions pour une période de huit an, augmentèrent singulièrement ses honoraires qui, à partir de ce moment, furent portés à 1,600 ducats d'or. Ce qu'il y a de plus remarquable encore, le vice-légat du pape, Laurent Fieschi, intervenant dans ces résolutions contre son habitude et contre les statuts de l'Université, les revêtit de son approbation et de sa garantie. L'Inquisiteur et le Sénat donnèrent leur assentiment ou laissèrent faire. Mais les adversaires de Pomponace ne se crurent pas pour cela obligés de garder le silence.

Le plus modéré et le plus respectueux d'entre eux, ce fut le cardinal Contarini. L'esprit de la ville où il résidait, où il avait reçu le jour, les passions qui se déchaînaient autour de lui, et peut-être aussi la sincérité de ses convictions et le désir de les mettre à l'épreuve, lui faisaient en quelque sorte une nécessité de présenter à Pomponace quelques objections, ou, comme on dit dans l'École, de lui faire quelques difficultés. Il s'acquitta de ce devoir avec toute la déférence qu'un disciple a pour son maître, alors même qu'il se croit obligé de le combattre. Pomponace lui répondit sur le même ton et avec les mêmes ménagements dans son *Apologie*[1]. Mais il ne se crut pas tenu à la même réserve à l'égard des moines qui l'avaient dénoncé, qui avaient voulu le faire excommunier et qui continuaient de se déchaîner contre lui. Il les accablait de son mépris et de sa colère, il leur rendait leurs invectives, qu'autorisaient d'ailleurs les mœurs du temps. On sait en quels termes Luther parlait du pape et comment Henri VIII,

---

1. *Apologia* Bologue, 1518.

alors le défenseur de l'Église catholique, parlait de Luther. Aussi l'*Apologie*, loin d'être acceptée comme une justification, servit-elle de prétexte à de nouvelles attaques et à des dénonciations encore plus pressantes que les premières. Un certain Fra Ambrogio Fiandino, évêque de Lessa, dans le royaume de Naples, et religieux de l'ordre de Saint-Augustin, appelle Pomponace « le plus exécrable des hommes, une langue pestilentielle qui mériterait d'être arrachée, le fléau, l'opprobre, le poison de la société humaine, un vieillard ridicule, profanateur de la nature, sacrilége, né pour la haine, formé pour la dispute, élevé pour la perfidie[1]. » Le même prélat, dans une lettre adressée au pape, se plaint de la tolérance dont on use envers un pygmée qui fait la guerre au ciel. Toute la lettre se résume dans ces mots qui en forment le début : « Il y a des hommes que l'espoir de l'impunité a précipités dans la démence[2]. »

A fra Ambrogio se joignit un autre moine, un bénédictin de Pise, fra Bartolomeo di Spina, qui, dans deux réquisitoires publiés coup sur coup, à quelques jours de distance[3], ne se contente pas d'opposer aux doutes de Pomponace ses meilleurs arguments, mais

---

1. « O execrandum hominis caput, o pestiferam et perniciosam lin-
« guam et ex agro hujus vitæ radicitus evellendam, o labem, o maculam,
« o tabificum venenum societatis humanæ. O hominem, ad odium natum,
« ad contentionem instructum, ad perfidiam educatum. » — Le pamphlet
d'où ce passage est tiré a pour titre : *Ambrosii eremitæ Parthenopei,
epiocopi Samosensis disputationes contra assertorem mortalitatis
animæ secundum naturale lumen rationis*, Mantuæ, 1519.

2. *Impunitatis spes plures in amentiam dejecit.*

3. En voici les titres : *Opusculum contra Petrum Pomponatium mantuanum quod tutela veritatis de immortalitate animæ nominatur; Flagellum in apologiam Peretti;* Venitiis, 1519.

conjure les inquisiteurs de remplir vaillamment leur devoir : *utinam inquisitores intrepide suum officium exequerentur*. Telle était aussi l'opinion de Boccalini. Comme on lui signalait la distinction établie par Pomponace entre le philosophe et le chrétien, celui-ci admettant au nom de la foi ce que le premier contestait au nom de la raison, « Eh bien ! répondit-il, on l'absoudra comme chrétien et on le brûlera seulement comme philosophe. »

Ni la calme argumentation de Contarini, ni les invectives de frère Ambroise et de frère Bartolomeo di Spina, ni les observations du P. Chrysostome de Casal, qui, par ordre de l'évêque et de l'inquisiteur de Bologne, furent imprimées à la suite de l'*Apologie,* n'ayant pu empêcher les idées de Pomponace de faire une grande impression sur les esprits et de trouver, sinon des partisans, au moins des juges bienveillants jusque dans les rangs les plus élevés de l'Église, on suscita contre lui un adversaire que l'on croyait beaucoup plus redoutable. Nifo passait, en effet, depuis la mort d'Achillini, pour le plus grand philosophe, le plus habile dialecticien, l'écrivain le plus érudit et tout à la fois le plus éloquent de l'époque. Léon X avait conçu pour lui une telle admiration qu'il le créa comte palatin, en lui permettant d'ajouter à ses propres armes celles de la maison de Médicis. Il lui accorda en outre le privilége de légitimer des bâtards, d'anoblir des vilains et de conférer de son autorité privée tous les grades universitaires, excepté ceux qui relèvent de la Faculté de médecine. Ce n'est pas seulement à ses livres, mais aussi à ses leçons que Nifo dut sa fortune et son éclatante renommée. Il enseigna successivement la philosophie à

Padoue, à Salerne, à Naples, à Pise, et partout il attira la foule, partout il excita les applaudissements de la jeunesse. A Rome, où il passa quelques années, il sut charmer la cour élégante de Léon X. Nous avons de la peine aujourd'hui à nous expliquer ces succès, car nous ne pouvons plus en juger que par ses ouvrages, qui sont composés d'après la méthode aride et rédigés dans le latin barbare du moyen âge. La plupart sont des commentaires sur Aristote; mais il y en a aussi qui sont consacrés à la morale et à la politique[1]. Au nombre de ces derniers on remarque un traité sur l'amour (*De amore*) et un autre sur le beau (*De pulchro*). Le traité du beau, malgré ses formes didactiques et son appareil pédantesque, n'est au fond qu'un madrigal adressé à Jeanne d'Aragon, dont Nifo, peut-être par pure galanterie, se montrait très-épris[2]. La *thèse* qu'il y soutient (car il n'est guère possible d'employer une autre expression à propos de cette œuvre de scolastique amoureuse), c'est que Jeanne d'Aragon n'est pas seulement belle entre toutes les femmes, mais qu'elle est le type même de la beauté (*criterium formæ*), de la beauté parfaite, de la beauté *sesquilatère*, et il essaye de le prouver en donnant de tous les charmes de la princesse une description plus précise qu'il ne convient à un philosophe, à un grave théologien, autorisé par le pape à créer, par sa seule volonté, des docteurs en théologie et en droit canon.

---

1. *Opuscula moralia et politica*, in-4°, Paris, 1645.
2. Nous ne voyons pas ce qui a autorisé le savant auteur de l'article *Niphus* dans la *Biographie universelle* à affirmer que la passion dont Nifo faisait parade à la cour du prince de Sanseverino, s'adressait à une fille d'honneur de Jeanne d'Aragon. Nous n'avons rencontré nulle part le nom de cette prétendue fille d'honneur.

M. Fiorentino relève avec vivacité les ridicules de ce personnage; il lui reproche amèrement la faveur dont il a été l'objet près des grands de la terre, et jusqu'à son titre de comte et ses armoiries. Mais il n'en a pas moins été, nous n'oserions pas dire le plus profond, mais le plus savant métaphysicien de son temps, aussi versé dans les œuvres de Platon que dans celles d'Aristote, aussi familier avec saint Augustin et saint Thomas d'Aquin qu'avec Averroës. Élève de Vernias, il s'attacha d'abord, comme son maître, à la cause de l'averroïsme. Il lui consacra, sans parler de ses nombreux commentaires, le premier et peut-être le plus curieux de ses ouvrages, son *Traité de l'Intelligence*[1]. Comme son maître aussi et comme le grand Achillini, il changea d'opinion. Il pensa non-seulement que l'immortalité individuelle est plus conforme à la vérité philosophique et à la foi chrétienne que l'immortalité collective reconnue par les Averroïstes et l'unité substantielle de l'intelligence, mais qu'Aristote lui-même est contraire à cette doctrine, et qu'Averroës ne l'a pas compris. Pourquoi donc cette conversion n'aurait-elle pas été sincère, comme elle l'a été chez d'autres? Pourquoi le platonisme, qu'il a étudié plus tard, ne l'aurait-il pas emporté dans son esprit sur le péripatétisme arabe et même sur la propre doctrine d'Aristote? Ce qui est certain, c'est que Pomponace a trouvé en lui un contradicteur embarrassant et d'une grande autorité.

Ce n'est point, comme on l'a dit, sur les ordres de Léon X qu'il entra en campagne contre l'auteur du

---

1. *De intellectu et dæmonibus, libri sex*, Venitiis, 1492, in-folio.

Traité de l'Immortalité, ce fut, ainsi qu'il le dit lui-même dans sa dédicace au pape, sur les instances de fra Ambrogio Fiandino. Il céda d'autant plus volontiers qu'il supposait à Pomponace l'intention d'avoir voulu réfuter son livre sur l'*Intelligence*; par conséquent, ce livre lui était toujours cher, et ses idées n'avaient pas changé autant que le supposent, en se répétant les uns les autres, la plupart des historiens de la philosophie. Sa réfutation porte le même titre que l'ouvrage de Pomponace[1]. Elle parut le 27 octobre 1518. Le 18 mai 1519, Pomponace y répondit par son *Defensorium*, ainsi appelé sans doute pour qu'il ne soit pas confondu avec l'*Apologie*. Ces trois écrits, l'*Apologie*, le *Defensorium* et le *Traité de l'immortalité*, doivent être considérés comme un seul et même ouvrage, qu'il faut embrasser dans son ensemble si l'on veut se faire une idée exacte de la pensée de l'auteur et de la position qu'il a voulu prendre à l'égard des opinions les plus accréditées de son temps.

Avant d'exposer sa propre doctrine, Pomponace entreprend de réfuter celles qui lui sont contraires et entre lesquelles se partage, au moment où il écrit, la grande majorité des philosophes : ce sont les doctrines d'Averroës, de Platon et de saint Thomas d'Aquin. Conformément aux idées d'Averroës, l'âme est tout entière dans l'intelligence; mais il n'y a qu'une seule intelligence, l'intelligence active qui anime et qui gouverne notre monde sublunaire, par conséquent il n'y a qu'une seule âme pour tous les hommes, une âme non-seulement immortelle, mais éternelle. Platon, lui aussi, fait

---

1. Augustini Niphi Suesssani *De immortalitate animæ libellus*, Venetiis, 1518.

consister l'âme uniquement dans l'intelligence, et l'intelligence telle qu'il la comprend est nécessairement immortelle. Mais il pense que chaque individu a son intelligence propre, il croit à la multiplicité des âmes et reconnaît à chacune d'elles le privilége de l'immortalité. Enfin, si l'on en croit saint Thomas d'Aquin, l'âme est le principe identique de l'intelligence et de la sensibilité, le sujet de la sensation aussi bien que de la pensée; d'où il résulte que, mortelle dans l'une de ces facultés, celle qui s'exerce par le ministère des organes, elle trouve dans l'autre une garantie contre la mort; car il est inadmissible que, connaissant les choses éternelles et universelles, elle soit destinée à périr avec le corps et à s'éteindre avec les sens.

A la première de ces opinions, qui est, selon lui, la plus incompréhensible et la plus déraisonnable des trois[1], à l'opinion d'Averroës, Pomponace essaye d'opposer celle d'Aristote. Ce genre de réfutation est ici parfaitement à sa place, puisqu'il s'agit surtout de savoir jusqu'à quel point le commentateur arabe a compris la pensée du philosophe grec. Or, si nous en croyons Pomponace, entre le commentaire et le texte il n'y a pas seulement différence, il y a contraste. Averroës fait de l'intelligence un principe absolument indépendant des sens, des images sensibles, et par conséquent des corps. Aristote dit au contraire que, si la fonction propre de l'âme est de penser, la pensée est une certaine façon de représentation sensible, ou n'existe pas sans une telle représentation et n'est point possible sans le corps[2]. Aristote a défini l'âme de telle sorte qu'on ne

---

1. *De immortalitate*, cap. IV.
2. *De anima*, lib. I, cap. I.

peut la concevoir dans les organes. D'ailleurs, l'opinion d'Averroës ne se soutient pas mieux par elle-même que par les textes sur lesquels elle a la prétention de s'appuyer. En ôtant à l'intelligence toute communauté avec les sens et en lui enlevant en outre le caractère de l'individualité, le philosophe arabe la relègue en quelque sorte hors de l'humanité, hors de la vie, et nous laisse tout à fait hors d'état de nous rendre compte de cette intelligence multiple et variable que nous apercevons en nous. Comment comprendre que la même intelligence, qui est éternelle, indivisible, indépendante par son essence et par ses opérations générales, soit variable, multiple, dépendante chez l'homme? Deux manières d'être aussi différentes appartiennent évidemment à des êtres différents.

L'opinion de Platon est combattue par celle de saint Thomas. La nature de l'homme a été beaucoup mieux expliquée par l'Ange de l'École que par l'auteur du *Phédon*. Il a compris qu'il n'y a pas en nous deux âmes et, pour ainsi dire, deux personnes, l'une qui pense et l'autre qui sent ou qui perçoit, mais que la pensée et la sensibilité sont étroitement unies entre elles, et que toutes deux appartiennent à la même substance, à un être indivisible. Saint Thomas a sur Platon un autre avantage, qui est la conséquence nécessaire du précédent. L'âme étant sensible aussi bien qu'intelligente, et la sensibilité étant répandue dans les organes, il n'est plus permis de la concevoir seulement comme la cause motrice du corps, ainsi que font tous ceux qui la mettent tout entière dans l'intelligence, mais elle devient la forme vivante et active, ou, pour nous servir de l'expression consacrée, la forme informante du corps. S'il était vrai que l'âme ne fût que la cause motrice du corps, il n'y aurait pas plus d'unité dans la nature humaine qu'il n'y en a entre le chariot et les bœufs[1]. L'unité n'existe dans notre personne que si l'âme et le corps forment un seul tout, où l'âme nous représente la forme et le corps la matière. Enfin saint Thomas d'Aquin repousse la préexistence des âmes, très-difficile à concilier avec la doctrine que l'âme est la forme du corps, par conséquent qu'elle naît et se développe avec lui. Saint Thomas pense que l'âme a un commencement, bien que ce ne soit pas le même que celui des organes.

Sur tous ces points Pomponace est d'accord avec le grand docteur du XIIIe siècle ; mais il se sépare de lui sur la question de l'immortalité de l'âme. Les raisons sur lesquelles se fonde saint Thomas d'Aquin pour affirmer que l'âme ne saurait mourir avec le corps, ces raisons ne l'ont pas convaincu, et il croit pouvoir les combattre par des raisons contraires.

Il y a d'abord contre l'immortalité de l'âme l'autorité d'Aristote, qui considère les images que nous percevons par les sens comme la condition de la pensée, et qui voit dans l'âme elle-même le principe de la vie, la forme première du corps organisé. Donc, sans organes pas d'âme, sans images pas de pensée, pas d'intelligence, et si l'on pouvait se représenter une instant l'intelligence survivant au corps, comme elle ne percevrait plus d'images, elle ne pourrait plus penser, elle serait condamnée à une inaction qui ne vaudrait pas

---

1. « Anima et corpus non majorem haberent unitatem quam boves et « plaustrum. » *De immortalitate*, cap. VI.

mieux pour elle que le néant[1]. D'ailleurs, à l'autorité d'Aristote vient s'ajouter celle de saint Thomas lui-même. Saint Thomas, en cherchant le principe par lequel les âmes se distinguent les unes des autres, le principe d'individuation, ainsi qu'il l'appelle, n'en trouve pas d'autre que la matière ou le corps. Mais si la mort, en détruisant notre corps, doit faire périr aussi notre individualité, qu'est-ce qui nous restera?

Si maintenant l'on entre dans le fond de la question, on trouve que l'intelligence, et, par conséquent, l'âme humaine, par la place qu'elle occupe dans l'univers, ne saurait aspirer à l'immortalité. L'intelligence de l'homme tient, en quelque sorte, le milieu entre les intelligences séparées, les intelligences pures et l'âme des bêtes. Les intelligences pures qui gouvernent les astres, et tout d'abord l'intelligence divine, n'ont besoin du corps à aucun titre, ni comme sujet, ni comme objet de leur pensée. Éternelles et parfaites, elles subsistent par elles-mêmes, et la matière, loin de les dominer, est asservie à leurs lois. L'intelligence des bêtes, confondue avec le corps dont elle partage tous les accidents, ne peut avoir d'autre objet ni d'autre sujet que lui et est certainement détruite par la mort. L'intelligence de l'homme a besoin du corps comme objet seulement, mais elle s'en distingue comme sujet, et c'est pour cela que, sans être immortelle, elle respire un certain parfum d'immortalité, *aliquid immortalitatis odorat*.

Que l'intelligence humaine ait besoin du corps

---

1. « Humanus intellectus corpus habet caducum, quare vel corrupto « corpore, ipse non esset, vel si esset, sine opere esset, cum, sine phantas- « mate, per positionem, intelligere non posset, et sic otiaretur. » *De immortalitate*, cap. VIII.

comme objet, cela est incontestable, puisqu'elle n'entre en exercice que par la sensation, par les images, par la perception des choses sensibles, par la connaissance des faits et des objets particuliers qui tombent sous nos organes. Mais dans les choses sensibles elle aperçoit les intelligibles, dans les faits particuliers, les choses universelles, et en cela consiste sa supériorité sur l'âme purement sensitive des bêtes. Est-ce une raison de l'assimiler aux intelligences pures, aux intelligences séparées, à l'intelligence divine? Non, car ce n'est pas directement qu'elle connaît l'universel, elle l'aperçoit dans les choses particulières[1]. Cependant, une fois arrivée à la connaissance de l'universel, elle est maîtresse de s'y attacher tout entière et de se replier sur elle-même, sans s'occuper davantage des objets particuliers. Or, cette faculté serait incompréhensible, si l'intelligence humaine était simplement une propriété de la matière soumise aux conditions de l'étendue et de la divisibilité. Il faut donc qu'elle ait une certaine existence par elle-même et qu'elle soit distincte du corps au moins comme sujet, sinon comme objet. Il faut même qu'il y ait au-dessus d'elle des intelligences absolument pures comme celles dont il a été question précédemment, autrement l'intelligence humaine ne pourrait se concevoir[2]. Si l'intelligence humaine a néanmoins besoin du corps, si le corps lui est absolument nécessaire comme objet, cela tient à ce qu'elle est unie à la matière par une certaine concomitance, et que les opéra-

---

1. « Neque simpliciter universale cognoscere potest, sed semper uni-« versale in *singulari speculatur*. » *Ibid.*, ch. IX.
2. « Nisi enim intellectus haberet quod ex se posset esse sine materia, « intellectio ipsa non posset exerceri nisi quantitativo et corporali. » *De immortalitate*, c. IX.

tions s'accomplissent en quelque manière dans le corps par un accident dont la cause nous échappe[1].

Ces deux dernières propositions, comme le remarque avec raison M. Fiorentino, renferment une inconséquence. Si, pour comprendre l'intelligence et la pensée chez l'homme, il est nécessaire de supposer au-dessus de lui des intelligences pures, pourquoi ne pas revenir au système d'Averroës? pourquoi ne pas admettre que l'intelligence, que la pensée de l'homme est une simple manifestation, un acte immédiat de ces intelligences supérieures ou de l'une d'entre elles, celle qu'on a appelée l'*intellect actif*. Si l'intelligence de l'homme, à certains égards, est incompatible avec les propriétés de la matière, et notamment avec l'étendue, pourquoi ne pas lui reconnaître l'immortalité individuelle? Enfin, si le corps lui est absolument nécessaire pour agir, pourquoi ne lui est-il pas également nécessaire pour exister? et qu'est-ce qui empêche de la considérer comme une propriété ou un résultat de l'organisme?

Pomponace n'a pas manqué de s'apercevoir de cette difficulté, et il a essayé dans son *Apologie* de la faire disparaître en s'éloignant un peu plus tout à la fois de saint Thomas et d'Averroës. Il n'aperçoit plus cette incompatibilité qu'il avait reconnue d'abord entre l'intelligence et la matière; il va même jusqu'à dire qu'elle pourrait être matérielle et étendue[2]. Toutefois il n'affirme rien sur ce sujet, c'est-à-dire sur la matérialité

1. « Intellectus humanus est in materia per quamdam concomitantiam
« et ipsum intelligere quodammodo est in materia, sed satis accidentali-
« ter, quoniam intellectus, qua intellectus est, accidit esse in materia. »
Ibid., ch. x.
2. *Apologia*, lib. I, c. III; M. Fiorentino, p. 173.

de l'intelligence. Il se contente de soutenir que, matérielle ou indivisible, il n'y a aucune raison de croire qu'elle soit immortelle.

Enfin, dans un écrit qui appartient aux dernières années de sa vie, dans son traité de la *Nutrition*[1], il fait un pas décisif, il affirme positivement la matérialité de l'âme et de l'intelligence. « Quand nous observons, dit-il, que la chair est étendue et qu'elle emprunte cependant la vie à l'âme, il nous est difficile d'imaginer que l'âme elle-même ne soit pas étendue. D'ailleurs l'âme nutritive est comprise dans l'âme sensitive, et celle-ci dans l'âme intellectuelle. La première étant étendue, divisible, matérielle, pourquoi la dernière ne le serait-elle pas[2]. »

II

En descendant des hauteurs de la métaphysique à une question de physiologie, en considérant l'étroite dépendance qui existe, d'une part entre l'intelligence et la sensibilité, d'une autre part entre la sensibilité et la vie organique, Pomponace a pu prendre parti pour la matérialité de l'âme humaine; mais cette opinion, exprimée une seule fois peut-être, dans un des moins importants de ses ouvrages, n'en fait pas un matérialiste. Elle ne change rien à l'idée qu'il s'est faite de

---

1. Bologne, 1521.
2. *De nutritione et augmentatione*, lib. I, cap. II; M. Fiorentino p. 174.

l'ensemble des êtres. L'homme, pour lui, tient toujours le milieu entre deux termes extrêmes : les intelligences pures, absolument indépendantes de la matière, et l'âme des bêtes, absolument confondue avec elle, incapable de s'élever au-dessus de la sensation, de concevoir autre chose que les images transmises par les organes jusqu'au cerveau. L'intelligence de l'homme est ainsi faite que, ne pouvant s'exercer que sur un objet sensible, elle est cependant supérieure aux sens dont le ministère lui est indispensable ; car dans le sensible elle découvre l'intelligible, et dans le particulier l'universel.

Comment l'intelligence peut-elle être supérieure aux sens, par conséquent au corps, en même temps qu'elle est inséparable et qu'elle ne peut se passer des organes ? Voilà un point sur lequel Pomponace ne s'est point clairement expliqué. Mais quand on réfléchit aux termes dont il se sert pour exprimer sa pensée, on s'aperçoit que, malgré l'imperfection de son langage et de leur analyse, et en tenant compte de la distance qui sépare un péripatéticien de la Renaissance du philosophe le plus original du xviiie siècle, il a, par sa psychologie comme par sa morale, quelque analogie avec l'auteur de la *Critique de la raison pure*. Si l'intelligence, non l'intelligence en général, mais celle de l'homme, lui paraît supérieure au corps, c'est comme *sujet* et non comme *objet* ; comme siége de la pensée ou comme faculté, non comme substance, comme être à part. Un pas de plus, un peu plus de décision dans les idées, un peu plus de clarté dans l'expression, et nous aurions eu ici la distinction du subjectif et de l'objectif, comme nous rencontrerons tout à l'heure celle de la raison pratique et celle de la raison spéculative.

Ce qu'il dit de l'intelligence, Pomponace, dans un autre de ses écrits, l'applique à la volonté. « La volonté, « dit-il, ne peut se manifester sans un instrument cor- « porel ; mais, douée qu'elle est de la faculté de choi- « sir, elle est cependant au-dessus des choses corpo- « relles. Elle est, à certains égards, matérielle, puis- « qu'il faut un organe pour agir ; elle est immatérielle « sous un autre point de vue, car elle peut exercer son « activité au-dessus du corps. Le corps lui est néces- « saire comme objet, non comme sujet[1]. » Il en est de même de la raison, qui agit sur la volonté, ou de l'intelligence pratique. L'intelligence pratique excite le désir, qui, à son tour, excite les esprits et les autres instruments nécessaires au mouvement[2].

Il n'y a donc pas une seule de nos facultés, des facultés que nous attribuons à l'âme, qui puisse se passer du corps et s'exercer sans le concours des organes. Or, s'il en est ainsi, qu'est-ce qui nous autorise à croire que l'âme survivra au corps? Comment pourrait-elle continuer de penser et de vouloir quand elle sera séparée de ces instruments aujourd'hui indispensables à l'exercice de sa volonté et de son intelligence ? Cette objection contre la distinction substantielle de l'âme et du corps et contre le dogme de l'immortalité a souvent changé de forme ; mais elle est restée pour le fond

---

1. « Nam quamquam voluntas sine re corporali non potest in opus « exire, est tamen supra res corporales in eligendo; partim enim est ma- « terialis, quare supra corpus operari potest; indiget enim corpore ut « objecto et non subjecto. » (*De incant.*, cap. XII.)
2. *De act. reali; De immortal.*, c. IX.

telle que Pomponace la présentait en 1516, et aucun de ceux qui l'ont reproduite plus tard, soit au nom de la philosophie, soit au nom de la physiologie, n'en a usé avec plus de discrétion. Sans se prononcer dans un sens ou dans un autre, il se contente de dire que ni la raison ni l'expérience ne nous prouvent que l'âme puisse exister séparément, et que lui attribuer une telle existence est une affirmation purement arbitraire[1]; que l'immortalité de l'âme est un de ces problèmes neutres qui ne peuvent être résolus par la raison ni dans un sens positif, ni dans un sens négatif; que, l'âme fût-elle indivisible, il n'en résulte pas quelle soit immortelle, et que rien ne prouve qu'elle soit indivisible[2]. Mais ce que la science ne démontre pas, la foi peut l'affirmer, parce que la science et la foi sont deux choses complétement différentes et même opposées. La première dépend de la raison, qui obéit à des lois inflexibles; aussi rien au monde ne peut contraindre à accepter pour vraie une proposition qu'elle a jugée fausse ou seulement douteuse. La seconde, au contraire, la foi, dépend de la volonté, et la volonté peut se résoudre à croire ce qui est incompréhensible à la raison[3].

On avait dit avant Pomponace que l'immortalité de l'âme ne pouvait être reconnue à la lumière naturelle de la raison, et qu'il fallait l'accepter comme un article

---

1. « Modusque ille essendi separatus nulla ratione vel experimento pro-« batus, sed sola voluntate positus. » (*De immortal.*, cap. IX.)
2. « Sic itaque existimo quod sive intellectus ponatur indivisibilis, sive « extensus, nihil cogit ipsum esse simpliciter immortalem; verum nihil « magis placet ipsum ponere inextensum. » (*Apol.*, lib. I, c. III.)
3. *Defensorium*, ch. XXIX; Fiorentino, p. 54.

de foi au nom de la révélation[1] ; mais personne encore ne s'était avancé jusqu'à soutenir que la foi est un acte de volonté absolument indépendant des lois de l'intelligence et que rien n'empêche de se mettre en opposition avec elle. Cette proposition était plus blessante pour les théologiens que toutes les difficultés qu'on avait pu réunir contre l'immortalité de l'âme et le dogme de la vie future.

Si la philosophie peut et doit même se rendre indépendante de la religion, il ne lui est pas permis de se placer dans la même situation relativement à la morale. L'idée qu'elle se fait de la destinée de l'homme est étroitement liée à celle qu'elle a conçue de sa nature. Le but qu'elle propose à son existence, la tâche qu'elle lui prescrit de remplir, est nécessairement en rapport avec ses facultés et avec la durée dans laquelle elles sont circonscrites. Or, si elles ne doivent point s'étendre au-delà de cette vie, si elles sont destinées à périr avec ces frêles organes qui leur servent d'instruments, pourquoi, au lieu de les consacrer à l'accomplissement du devoir, à la pratique de la vertu, ne les ferions-nous pas servir uniquement à notre bien-être, à notre plaisir, à l'assouvissement de nos passions, sans nous inquiéter de ce qui est bien et de ce qui est mal, de ce qui est permis ou défendu par les lois de la conscience? Comment supposer que l'homme aime la vertu et qu'il se détourne du vice s'il n'a rien à espérer ni à craindre, s'il n'y a pour lui ni récompense ni châtiments après la mort?

---

1. C'est ce qu'affirme expressément Nifo dans son *Traité de l'intelligence*, publié vingt-quatre ans avant le *Traité de l'immortalité*. Voyez Fiorentino, p. 186.

A cette question Pomponace répond par la maxime stoïcienne que la vertu, suprême condition de la félicité humaine, porte avec elle sa récompense et que le châtiment de l'homme vicieux est le vice lui-même[1]. Dès qu'on veut, ajoute-t-il, attacher à la vertu une rémunération étrangère, différente de celle qui est naturellement comprise en elle, on ne manque pas d'en altérer la pureté et de lui infliger une sorte de dégradation; car il est évident que de deux hommes dont l'un fait le bien dans l'espoir d'être récompensé et l'autre avec un parfait désintéressement, le dernier est plus vertueux que le premier. Ainsi donc, l'immortalité de l'âme n'ajoute rien au sentiment du devoir. Que l'âme soit destinée à survivre au corps ou à mourir avec lui, nous n'en sommes pas moins obligés de mépriser la mort et de rester fidèles aux lois éternelles de la conscience[2]. Ce n'est pourtant pas une raison de condamner les législateurs et les hommes politiques qui ont consacré le dogme de la vie future; car leur but a été, non la vérité, mais l'intérêt commun, la défense de la société; ils se sont proposé de gouverner les hommes, non de les instruire; de régler leurs mœurs, non leurs idées; et sachant combien la plupart d'entre eux, victimes de leur ignorance ou de leurs passions, sont enclins au mal, ils ont essayé de les retenir sur cette pente fatale par l'attrait des récompenses et la crainte des châtiments

---

1. « Præmium essentiale virtutis est ipsamet virtus, quæ hominem « felicem facit..... Pœna vitiosi est ipsum vitium..... Quando bonum ac- « cidentaliter præmiatur, bonum essentiale videtur diminui neque rema- « net in sua perfectione. » (*De immortal.*, cap. XIV.)

2. « Sive animus mortalis sit, sive immortalis, nihilominus contem- « nenda est mors neque aliquo pacto declinandum est a virtute. » (*Ibid.*, c. XIV.)

d'une autre vie. Ils leur ont parlé un langage accommodé à leur faiblesse, comme celui que les médecins tiennent à leurs malades, et les nourrices aux petits enfants[1].

Les mauvais instincts, les penchants vicieux ou criminels, contre lesquels les législateurs ont voulu armer la société, n'empêchent pas qu'il y ait dans notre âme une faculté naturelle et universelle qui nous apprend à faire le bien pour lui-même et nous détourne du mal par la seule aversion qu'il inspire. Cette faculté c'est l'intelligence, ou, comme l'a appelée Kant, la raison pratique (*intellectus practicus*), bien différente de l'intelligence spéculative. Tandis que celle-ci, répartie entre les hommes dans des proportions très-diverses, leur donne une aptitude inégale à la connaissance de la vérité et à la culture des sciences, l'intelligence pratique les éclaire tous de la même lumière, les rend tous également capables de connaître et de remplir leurs devoirs. Si nous en croyons Pomponace, qui se montre ici plus fidèle à la langue qu'à la pensée d'Aristote, il n'existe pas moins de trois sortes d'intelligences : l'intelligence spéculative, par laquelle nous discernons le vrai du faux; l'intelligence pratique, par laquelle nous discernons le bien du mal, et l'intelligence opérative, qui, variant d'un individu à l'autre, nous rend propres aux travaux industriels et mécaniques, et donne naissance à tous les arts utiles. La première ne nous a été accordée que dans certaines limites, puisqu'elle n'existe tout entière que dans l'intelligence divine. La troisième nous est

---

[1]. « Respiciens legislator pronitatem viarum ad malum, intendens communi bono, sanxit animam esse immortalem, non curans de veritate, sed tantum de probitate, ut inducat homines ad virtutem, neque accusandus est politicus. » (*De immortalitate*, cap. xiv.)

commune, en quelque sorte, avec la brute ; car chaque espèce animale a son industrie particulière, les arts instinctifs qui la font vivre. La seconde est la seule qui appartienne en propre à l'humanité, et qui, lui appartenant tout entière, sans restriction ni exception, lui montre quelle est sa véritable fin et lui fournit le moyen de l'accomplir [1].

Nous pensons avec M. Fiorentino [2] que cette partie de la doctrine de Pomponace est de beaucoup la plus originale. On ne trouve rien de semblable, ni dans la scolastique, ni chez les philosophes arabes, ni chez les philosophes platoniciens de la Renaissance, plus occupés de l'amour mystique et de la beauté idéale que de la loi sévère du devoir. C'est comme un pressentiment de la *Critique de la raison pratique*, qui se fera attendre encore pendant près de trois siècles. Cependant ni les disciples ni les adversaires de Pomponace n'y ont fait attention. Ce qui les a frappés les uns et les autres, ce qui les occupe uniquement, ce sont les arguments allégués contre l'immortalité de l'âme ; c'est contre ces arguments que Contarini et Nifo dirigent tous leurs efforts.

Les objections des premiers peuvent toutes se résumer dans ces mots, qui d'ailleurs lui appartiennent : « L'intelligence de l'homme conçoit l'infini et sa volonté « le désire [3]. » Or, comment concilier cette double prérogative avec la supposition que notre âme est mortelle ? Une intelligence qui conçoit, non-seulement l'universel,

---

1. « Quare universalis finis generis humani et secundum quid de spe-« culativo et factivo participare, perfecte autem de practico. » (*De Immortalitate*, cap. XIV.)
2. Fiorentino, p. 182.
3. « Intellectus infinita intelligit et voluntas infinita appetit. »

mais l'infini, ne peut appartenir qu'à une essence supérieure à la sensibilité, et par conséquent indépendante du corps et destinée à lui survivre, puisque c'est uniquement par les sens que nous sommes unis à la matière. Une volonté qui poursuit un bien infini, étranger à cette vie, irréalisable dans ce monde, est nécessairement une volonté immortelle, autrement nous serions condamnés au supplice de Tantale, la fin qui nous serait proposée dépasserait nos moyens, et l'harmonie que nous admirons dans toute la nature s'arrêterait chez l'homme[1].

Pomponace répond que l'idée de l'infini ne prouve rien ni pour l'indivisibilité, c'est-à-dire la spiritualité, ni pour l'immortalité de l'âme, si réellement, comme il en est persuadé, il a prouvé que cette idée, comme toutes celles qui ont un caractère universel, n'a pu se développer en nous que par le concours des sens. Tout ce que nous concevons comme universel nous apparaît, sans doute, comme éternel et incorruptible ; mais pourquoi les mêmes qualités appartiendraient-elles à l'esprit qui s'élève à de telles pensées ? Nous connaissons Dieu sans être Dieu. De même nous connaissons l'intelligible sans être pour cela de pures intelligences. Reste la volonté à la poursuite d'un bien infini. Mais en supposant le fait parfaitement établi, quelle conséquence en peut-on tirer en faveur de l'immortalité ? De ce que notre volonté se propose un but déraisonnable, c'est-à-dire un but disproportionné à nos facultés et à la durée de notre existence, il n'en faut pas conclure qu'il lui soit donné de l'atteindre. Qu'un paysan ait l'ambition

---

1. Fiorentino, p. 93, 213.

de devenir roi, personne ne sera choqué s'il reste paysan. D'ailleurs, en supposant que notre âme survive à notre corps, ce bien infini qu'elle poursuit sans cesse, elle ne l'obtient jamais, même dans une autre vie ; car la théologie nous apprend que dans le ciel chacun des élus sera récompensé selon son mérite. Or, l'infini n'est pas divisible, il n'y a pas de plus ou de moins dans la perfection, dans la jouissance du souverain bien[1].

Avec Nifo, quoi qu'en dise M. Fiorentino, Pomponace nous paraît beaucoup plus embarrassé qu'avec Contarini, et les personnalités qu'il lui adresse ne dissimulent pas la faiblesse de ses raisons. Parmi les arguments allégués par Nifo, il y en a un d'abord que Pomponace nous paraît avoir laissé absolument sans réponse. Oui, dit-il, notre intelligence entre en exercice par les sens ; c'est à l'occasion d'une image sensible arrivée à notre esprit par l'intermédiaire de nos organes qu'elle s'élève à la connaissance de l'intelligible et de l'universel ; mais il n'en résulte pas que la sensation fasse partie de son essence, et qu'une fois parvenue à son complet développement, une fois entrée dans l'exercice de son activité propre, elle ne puisse pas se passer du ministère des sens. Ce qui fait, non pas la substance de l'âme que Nifo distingue avec soin de ses opérations, mais son existence tout entière, c'est la pensée et la volonté[2]. Or la pensée et la volonté ne s'exercent pas nécessairement sur des objets sensibles. C'est au fond le même raisonnement que celui qu'on rencontre déjà chez saint

---

[1]. *Apologia*, lib. II, c. III ; Fiorentino, p. 208-209.
[2]. « Intelligere et velle intellectivæ animæ coæva sunt, intelligere et « velle eorum intelligi possunt quæ sunt actu intellecta, sive sint sine « phantasmate, sive non sine phantasmate. » (*De immortal.*, c. XX.)

Thomas d'Aquin et dont Pomponace se flatte à tort d'avoir fait justice par une plaisanterie. Supposer, dit-il, que nous avons deux manières de connaître, l'une qui appelle l'intervention du corps, l'autre qui s'en passe, c'est appliquer à l'âme ce que le peuple raconte des lamies[1].

Le libre arbitre fournit à Nifo une autre preuve de la distinction de l'âme et du corps. Puisque la matière est soumise aux lois de la nécessité, l'âme, douée de la faculté de choisir librement entre plusieurs actions, ne saurait être matérielle. Mais nous savons déjà comment Pomponace prétend résoudre cette difficulté. Pour la volonté, comme pour l'intelligence, le corps est nécessaire, car elle ne peut se manifester que par un mouvement. De toutes les formes qui animent les corps organisés et sous lesquelles nous apparaît la vie, l'âme est sans doute la plus élevée, la plus indépendante des lois de la matière ; mais il s'en faut bien, comme on peut s'en convaincre par l'expérience, qu'elle en soit complétement affranchie[2].

Une troisième objection de Nifo est celle qu'il emprunte au sentiment religieux. L'homme seul, parmi tous les êtres qui vivent sur cette terre, ouvre son âme à la piété, est capable de religion. Comment se persuader qu'un être qui éprouve le besoin et qui possède la faculté de vivre en quelque sorte avec le ciel, soit destiné à mourir tout entier? M. Fiorentino lui-même est

---

1. « Modo induens corpus, modo spolians, ut vulgus fert de lamiis. » (*De immortalitate*, c. IX.)

2. « Cum anima humana sit suprema materialium, inter omnes est « minime dominata; non tamen ex toto absolvitur ab ipsa materia, veluti « experimento docemur. » (*Defensorium*, c. X.)

obligé de convenir que Pomponace répond très-mal à cette question. Il pousse, en effet, le paradoxe jusqu'à soutenir que le sentiment religieux n'existe pas seulement chez l'homme, mais qu'on le rencontre aussi chez les animaux. C'est qu'il avait sur la religion des opinions particulières dont nous aurons bientôt l'occasion de parler. En ce moment nous voulons seulement faire remarquer que dans la discussion qu'il soutient contre Nifo et Contarini, Pomponace a rarement l'avantage. On peut même assurer que la doctrine qu'il a si habilement développée dans le Traité de l'immortalité, loin d'être fortifiée, se trouve quelquefois ébranlée ou obscurcie par les arguments dont il fait usage dans l'*Apologie* et le *Defensorium*. Cependant nous savons que le talent de la controverse ne lui était pas étranger. Mais il est toujours plus facile d'attaquer que de se défendre, surtout quand on a contre soi les instincts les plus profonds et les plus universels de l'âme humaine. Ajoutons que Pomponace s'était renfermé dans une question de pure psychologie, la question de l'intelligence, et que ses adversaires, tirant leurs objections de la religion et de la métaphysique, de la Providence et de la liberté humaine, le forcent à s'expliquer sur des problèmes qu'il n'a pas encore suffisamment examinés, sur des matières qu'il discutera plus tard dans des ouvrages séparés. C'est dans son Traité des enchantements[1], à propos de la question du surnaturel, qu'il nous fait connaître ses vues philosophiques, nous n'osons pas dire son système sur les religions. C'est dans son livre sur le destin, le libre arbitre et la prédestina-

---

1. *De incantationibus*, Bologne, 1520.

tion[1], que nous rencontrons ses idées sur les rapports de Dieu tant avec l'homme qu'avec la nature, ou ce qu'on peut appeler sa métaphysique générale. Les deux écrits, pénétrés du même esprit, sont étroitement liés l'un à l'autre et se ressemblent sur plusieurs points. Il n'est donc guère possible, en les résumant, de ne pas les réunir.

Un médecin de Mantoue, ayant été témoin de quelques guérisons qui lui paraissent tout à fait merveilleuses, prie Pomponace, avec qui il est en relations d'amitié, de lui en donner l'explication et de lui dire en même temps ce qu'il pense des faits surnaturels en général, et des êtres invisibles, tels que les anges et les démons, qui passent pour en être les auteurs ou les instruments. Le Traité des enchantements est une réponse à cette question.

Pour se mettre à l'abri des persécutions que ses hardiesses pourraient lui attirer, Pomponace emploie ici la même distinction que dans son Traité de l'immortalité. Selon la foi, il y a certainement des faits surnaturels, puisque ce sont des faits de ce genre qui démontrent la vérité de la religion chrétienne. Selon la foi, il y a des miracles, il y a des anges et des démons. Selon la raison et la saine philosophie, il n'y a rien de tout cela, il n'y a que la nature et ses lois immuables. Mais comme nous sommes bien éloignés de connaître toutes les lois et toutes les forces de la nature, les effets de celles que nous ignorons passent dans notre esprit pour miraculeux. La même observation est applicable à l'homme. Nous ne connaissons pas plus toutes les

---

1. Publié après sa mort, en 1525.

facultés et toutes les propriétés de l'homme que toutes les forces de la nature. D'ailleurs, l'homme étant, comme dit Aristote, le résumé de l'univers, il ne peut y avoir dans celui-ci aucune propriété essentielle qui ne se retrouve dans celui-là, et ces propriétés, ces forces de la nature humaine nous échappent d'autant plus qu'elles sont réparties très-inégalement entre les individus. L'une d'entre elles, dont nous n'avions jamais entendu parler, vient-elle par hasard à se manifester devant nous, nous nous figurons aussitôt assister à un miracle; nous croyons reconnaître l'action ou d'une grâce d'en haut ou d'un art infernal[1]. Enfin, il ne faut pas oublier qu'un grand nombre de faits prétendus merveilleux qu'on nous raconte sont de pures inventions, ou des illusions produites par la fraude, ou des faits naturels convertis en prodiges par l'imagination populaire.

Cependant, puisqu'on vient de reconnaître, au nom de la foi, de vrais miracles, il faut bien qu'il y ait un moyen de les discerner, un signe qui les sépare des faits naturels. Ce signe distinctif, dit Pomponace, n'existe pas et ne peut pas exister, car le même fait peut être naturel ou miraculeux, selon qu'il a été produit par les forces de la nature ou par une cause supérieure. La Genèse nous en offre un exemple remarquable. Moïse et les magiciens d'Égypte opèrent devant Pharaon les mêmes prodiges; mais tandis que le premier tient son pouvoir directement de Dieu, les derniers n'agissent que par la puissance de leur art. Qui

---

1. « Ignarum et profanum vulgus et rudes homines quod non norunt
« fieri per causas manifestas et apparentes, in Deum vel dæmones refe-
« runt. » (*De incantationibus*, c. III.)

nous apprendra à faire la différence? L'Église catholique, dont toutes les décisions sont inspirées par le Saint-Esprit et conformes à la parole divine[1]. L'ironie est manifeste, et il faut avoir la candeur de l'âge d'or pour croire avec Ritter aux professions de foi chrétiennes de Pomponace. L'ironie n'est pas moins sensible lorsque, dans sa discussion avec Contarini, il soutient que la religion chrétienne, en enseignant le dogme de la résurrection de la chair, est la seule qui puisse admettre raisonnablement l'immortalité de l'âme, tandis que les autres religions et les différents systèmes philosophiques qui ne reconnaissent pas la résurrection, n'ont aucun motif sérieux à alléguer quand ils affirment que l'âme doit survivre au corps[2]. Pomponace a, de parti pris, oublié de nous dire ce que deviendront, en attendant le jugement dernier, ces esprits séparés d'un corps dont ils ne peuvent se passer. Mais revenons à la théorie du surnaturel.

Si Pomponace ne croit point aux miracles, il croit à l'astrologie judiciaire et ne doute pas de l'influence que les astres exercent sur les destinées et sur les facultés de l'homme. Quelque surprise qu'elle cause d'abord, cette contradiction est plus apparente que réelle. L'astrologie est, jusqu'à un certain point, une conséquence logique de la cosmologie d'Aristote, acceptée sans discussion par les péripatéticiens de la Renaissance comme

---

[1]. « Quod vero aliqua talia sint miracula, aliqua vero ejusdem species
« non sint, sufficit Ecclesiæ catholicæ auctoritas quæ Spiritu Sancto et
« Verbo Dei regulatur. » (*De incantationibus*, c. VI.)

[2]. « Quare et sola religio christiana rationabiliter habet poneri animo-
« rum immortalitatem, cæteræ vero religiones omnesque philosophandi
« modi qui animos immortales posuerunt sunt irrationabiliter dicti et
« omnino fabulosi. » (*Apologia*, lib. III, c. III.)

par les philosophes scolastiques du moyen âge. On sait que, d'après le philosophe grec, le monde se compose de dix sphères concentriques dont la première agit sur la seconde, la seconde sur la troisième, et toujours ainsi jusqu'à la dernière. Le dernière c'est la terre, qui, se trouvant enveloppée par toutes les autres, subit nécessairement leur commune action, sans préjudice de l'action particulière qu'elle peut recevoir indirectement de chacune d'elles. Rappelons-nous, en effet, que chacune de ces dix sphères, que chacune des étoiles qui y sont attachées et qu'elles entraînent dans leur mouvement, est confiée à la direction d'une pure intelligence, d'une intelligence *séparée*, bien supérieure à celle de l'homme, et que toutes ces intelligences se transmettent l'une à l'autre l'impulsion qui leur est imprimée par le premier moteur. Le système une fois admis, il faut convenir que Pomponace ne raisonne pas trop mal lorsqu'il soutient que, de même que la terre, l'homme ne saurait échapper à la puissance universelle de ces globes admirables qui l'entourent et à la sage direction des intelligences qui les gouvernent. On se souvient peut-être que le libre penseur Lévi ben Gerson est, lui aussi, un adversaire des miracles et un défenseur décidé de l'astrologie judiciaire.

Au reste, l'influence des astres n'est pour Pomponace qu'une façon particulière, moitié arabe, moitié aristotélicienne, de se représenter le gouvernement de l'univers et de l'humanité. Il en fait l'instrument par lequel la Providence intervient régulièrement et sans interruption dans les affaires humaines, de manière à rendre inutile la suspension des lois de la nature et ces coups d'état de la puissance divine que les théologiens appellent des miracles. L'influence des astres a d'ailleurs cet avantage de donner en théorie satisfaction à la raison, ou, comme on dit aujourd'hui, au rationalisme, sans exiger beaucoup de rigueur dans l'application, par conséquent en laissant encore un assez vaste champ à l'incrédulité. Comme il est difficile de la définir, et par là même de la circonscrire dans des limites déterminées, il est permis d'accepter comme vrais les récits les plus extraordinaires, les hypothèses les plus chimériques, les traditions les plus fabuleuses. Le merveilleux continuera de régner sur les esprits, à la condition de passer pour naturel. C'est précisément le point de vue où s'est placé Pomponace. « Ce que nous « appelons des miracles, dit-il, ce ne sont point des « faits contraires à la nature et qui sortent de l'ordre « des corps célestes; mais le nom qu'on leur donne « leur vient de ce qu'ils se produisent d'une manière « inaccoutumée et très-rarement, et qu'au lieu d'être « compris dans le cours ordinaire de la nature, ils « n'apparaissent qu'à de très-longs intervalles [1]. »

Au nombre de ces faits rares, extraordinaires, mais pourtant conformes aux lois de la nature, et qui sont amenés par les révolutions des corps célestes, Pomponace ne se fait point scrupule de compter la naissance, le développement et la chute des religions. Les religions, comme toutes les choses de ce monde, comme les États et les individus, sont soumises à l'influence des astres et subissent la loi universelle de la génération et de la

---

[1]. « Non sunt miracula quia sint totaliter contra naturam et præter « ordinem corporum cœlestium, sed pro tanto dicuntur miracula quia « insolito modo et rarissime acta et non secundum communem naturæ « cursum, sed in longissimis periodis. » (*De incantationibus*, c. XII.)

corruption. C'est la marche générale du monde, ce sont les révolutions nécessaires du ciel, ce sont les astres, en un mot, qui les appellent à l'existence, chacune à son tour, quand son temps est venu, et qui suscitent les hommes dans lesquels nous les voyons représentées pour la première fois, les législateurs religieux, ceux que nous appelons justement les fils de Dieu. Ce sont les astres qui donnent à ces hommes le pouvoir d'opérer ce que nous appelons des miracles ; car il y a des miracles, dit Pomponace, dans toutes les religions, dans la religion de Moïse, dans la religion des Gentils, dans la religion de Mahomet, aussi bien que dans la religion chrétienne [1]. Ce sont les astres aussi qui amènent la décadence et la chute inévitable des religions. Les religions ont leur horoscope comme les hommes. Il y a des signes qui n'échappent point à un œil exercé et qui lui permettent de prédire à coup sûr qu'une religion touche à sa fin. Ces signes de mort, Pomponace croit les apercevoir dans le christianisme. Il lui semble que la vie s'est ralentie dans son sein, tout y est froid, les miracles y ont cessé, et ceux qu'on lui attribue sont de pure invention ou des effets de la fraude [2]. L'excellent Ritter, dans son inépuisable indulgence, suppose que Pomponace, en s'exprimant ainsi, se borne à exposer l'opinion de quelques philosophes de son temps ou des siècles passés, avec l'intention de la réfuter plus tard [3].

---

1. « Amplius, videat aliquis legem Moysis, legem Gentilium, legem
« Mahumeti in unaquaque lege fieri miracula qualia leguntur et memo-
« rantur in lege Christi. » (*De incantationibus*, c. XII.)

2. « Quare et nunc in fide nostra omnia frigescunt, miracula desinunt,
« nisi conficta et simulata : nam propinquus videtur esse finis. » (*Ibid.,
ibid.*)

3. *Geschichte der neueren Philosophie*, t. IX, p. 396.

Mais comme cette réfutation n'apparaît nulle part, ni dans le Traité des enchantements, ni dans aucun autre de ses écrits, il faut bien admettre qu'il parle pour son propre compte. D'ailleurs, il faut remarquer que les religions, pour Pomponace, ne sont que des lois ; il les appelle rarement d'un autre nom. Or, nous savons quel est, selon lui, le but que se proposent les lois et les législateurs. Ce n'est pas d'instruire les hommes, mais de les diriger et de les gouverner par la crainte et les espérances d'une autre vie ; ce n'est pas de leur enseigner la vérité, mais de profiter de leurs faiblesses mêmes pour les conduire dans le chemin de la vertu. Dès lors, pourquoi les religions, sans en excepter le christianisme, seraient-elles à l'abri des changements et destinées à une durée éternelle ?

Ce qui achève de nous dévoiler la pensée de Pomponace sur la religion, c'est l'idée qu'il se fait de la philosophie et des philosophes. Tandis que les fondateurs de religions, les *législateurs,* comme il les appelle habituellement, ne sont pour lui que les fils de Dieu[1], les philosophes, dit-il, sont des dieux véritables, les seuls dieux de la terre, *soli dii terrestres*, et diffèrent autant des autres hommes, à quelque classe et condition qu'ils appartiennent, que des hommes vivants diffèrent de ceux que nos yeux aperçoivent dans un tableau[2]. Aussi doivent-ils se garder de laisser échapper leur secret et de parler aux simples et aux profanes

---

1. « Quare hujus modi legislatores qui Dei filii merito nuncupari pos-
« sunt, procurantur ab ipsis corporibus cœlestibus. » (*De incant.,* c. XII.)
2. « Quæ omnia, quanquam a profano vulgo non percipiantur, ab istis
« tamen philosophis, qui soli sunt dii terrestres et tantum distant a cœ-
« teris, cujuscumque ordinis sive conditionis sint, sicut homines veri ab
« hominibus pictis, sunt concessa ac demonstrata. » (*Ibid.,* c. IV.)

comme ils se parlent entre eux[1]. Les simples et les profanes, les hommes du commun ressemblent aux ânes, que les coups de bâton peuvent seuls décider à porter leur fardeau. C'est ainsi que la grande masse du genre humain a besoin d'être conduite par les promesses ou par les menaces. La vertu désintéressée est aussi rare que la science, c'est-à-dire que la philosophie, puisqu'il faut être philosophe pour la comprendre et la pratiquer.

S'il était vrai que Pomponace, en dépit des agitations de son esprit, eût conservé la paix de son âme sous les ailes de la foi, il serait difficile de comprendre le portrait qu'il a tracé du philosophe, évidemment d'après lui-même. « Prométhée, c'est le philosophe, qui, cher-
« chant à découvrir les secrets de Dieu, est rongé par
« des soucis et des pensées qui ne lui laissent pas de
« relâche; il ne connaît ni la faim, ni la soif, ni le
« sommeil; objet de raillerie pour tous, il passe pour
« un insensé et un sacrilège, persécuté par les inqui-
« siteurs, livré en spectacle à la foule. Tels sont les
« avantages qui sont réservés aux philosophes, telle est
« leur récompense[2]. »

La liberté d'esprit dont Pomponace fait preuve en faisant entrer la religion dans l'ordre général de la nature et en expliquant les révolutions religieuses par

---

1. « Arcana philosophorum non sunt populanda vulgaribus et idiotis. » (*Defensorium*, c. XXXVI.)

2. « Prometheus est philosophus, qui, dum vult scire Dei arcana, per-
« petuis curis et cogitationibus roditur, non sitit, non famescit, non dor-
« mit, non expuit, ab omnibus irridetur, et tanquam stultus et sacrilegus
« habetur, ab inquisitoribus prosequitur, fit spectaculum vulgi. Hæc igitur
« sunt lucra philosophorum, hæc est eorum merces. » (*De fato*, lib. III, c. VII.)

les mêmes lois que les révolutions politiques, ne l'empêche pas, comme nous avons eu déjà l'occasion de le constater en passant, d'être un adversaire déclaré de l'athéisme. Comment serions-nous étrangers à l'idée de Dieu, puisque nous participons à la connaissance de l'éternel et de l'universel? L'idée de Dieu est une idée première, une idée nécessaire de notre intelligence, un principe qu'on ne discute pas, puisque les principes sont indiscutables, les principes sont la porte par laquelle on entre dans la science. Dieu, c'est la suprême raison des choses à laquelle il est impossible de chercher une autre raison [1]. L'univers est l'œuvre immédiate de sa pensée, tandis que les intelligences séparées qui président aux mouvements des corps célestes ne peuvent rien sans le concours des astres, ni notre propre intelligence sans le concours des organes, sans l'intervention des esprits et du sang [2]. L'essence divine étant absolument simple, puisqu'elle nous représente l'unité suprême, toutes les idées de Dieu se ramènent à une seule, l'idée du monde. Dieu a donc pensé éternellement, Dieu a voulu éternellement ce monde qui lui doit l'existence et qui participe à son unité. Tout ce qui est possible se trouve réalisé en lui, aucun degré ni aucune forme de l'existence ne lui manque, depuis le plus humble atome de matière jusqu'aux pures intelligences qui règlent la marche du ciel.

Pomponace, dominé à son insu par la tradition du moyen âge et par le culte de la Renaissance pour les

---

1. *De immortalitate*, c. XIV.
2. *De incantationibus*, c. III.

auteurs de l'antiquité, se laisse quelquefois entraîner jusqu'à dire qu'il lui appartient aussi peu de contredire Aristote qu'à une puce de lutter contre un éléphant[1]; et en effet, il le suit de très-près, de plus près même que ne le fait la scolastique, dans ses opinions sur la nature de l'âme et sur le système du monde. Mais ici nous ne reconnaissons plus la même influence. Ce Dieu dont l'essence, dont l'indivisible perfection se réfléchit dans le monde, ce Dieu qui a pensé le monde et qui l'a voulu de toute éternité, ce n'est pas le Dieu d'Aristote, du deuxième livre de la *Métaphysique*, un Dieu qui ne connaît que lui-même, qui ne pense que lui-même et qui agit sur le monde sans le connaître, en qualité de cause finale ; non, c'est le Dieu de Platon qui s'est révélé à Pomponace dans la traduction de Marsile Ficin.

Mais en se séparant d'Aristote pour se rapprocher de Platon, Pomponace s'est-il également rapproché du christianisme ? Accepte-t-il le dogme de la création *ex nihilo ?* Il voudrait le faire croire, mais on s'aperçoit bien vite que ce n'est qu'un stratagème mêlé d'ironie, comme celui dont il s'est déjà servi plusieurs fois, et où l'ironie tient certainement la plus grande place.

Si Dieu a voulu le monde éternellement, n'a-t-on pas le droit d'en conclure que le monde est éternel, ainsi que l'affirment les péripatéticiens ? Non, dit Pomponace, d'abord parce que l'Église nous enseigne que le monde a été créé et que l'Église ne peut faillir ; ensuite parce qu'il y a une différence entre vouloir et faire, entre la décision et l'action. Dieu, de toute éternité, s'est contenté de vouloir que le monde existât, il l'a fait

---

1. *De fato,* lib. II, c. v; *De immort.,* c. VIII.

quand cela lui a convenu[1]. La différence de la volonté et de l'action se comprend chez un être qui, pour manifester sa volonté, a besoin d'un instrument, d'un organe. Mais Dieu étant affranchi de cette nécessité, comme Pomponace vient de le remarquer lui-même, sa volonté est son action, ce qu'il veut et ce qu'il fait sont absolument identiques. Pomponace en est si persuadé que, ne comptant pas beaucoup sur le premier argument, il le remplace par un autre qui le contredit tout à fait et ne laisse plus rien subsister ni de la perfection du monde, ni de l'éternité de la volonté divine. On observe chez l'homme, dit Pomponace, une volonté contingente et variable, une volonté accidentelle, comme l'appelle Aristote. Pourquoi donc ce genre de volonté serait-il exclu de la nature divine? Par exemple, le monde aurait pu être plus grand ou plus petit. Au lieu d'un seul monde, Dieu aurait pu en produire plusieurs; il aurait pu le rendre plus parfait qu'il n'est. S'il ne l'a pas fait, c'est qu'il ne l'a pas voulu, il n'est pas besoin d'en chercher une autre cause[2]. Voilà ce qu'on peut appeler une absurdité préméditée ou un sanglant sarcasme à l'adresse de ces esprits routiniers qui passent par dessus les plus énormes difficultés, pourvu qu'on y réponde par un syllogisme en forme. Il n'y a pas un seul mot de ce raisonnement qui ne soit la négation directe de tout ce qui a été tout à l'heure démontré avec tant de soin. Une volonté accidentelle est absolument incom-

---

1. « Dico igitur quod Deus ab æterno voluit producere hoc universum « quod videmus, non tamen pro æterno, sed pro novo, veluti Ecclesia « determinat. » (*De fato*, lib. II, c. v; lib. V, c. IV.)

2. *De fato*, lib. V, c. IX. « Deus potuisset facere universum majus et « minus quam hoc sit. Quod autem non fecerit est quoniam noluit, etc. »

patible avec une volonté éternelle. Puisque le monde, tel qu'il existe, est la plus haute expression de la pensée divine, il ne saurait être autre, il ne saurait être meilleur qu'il n'est. Enfin, puisque l'unité, qui est dans l'essence divine, doit se manifester aussi dans l'œuvre de Dieu, il n'est pas admissible qu'il aurait pu exister plusieurs mondes indépendants les uns des autres, ou que l'univers aurait pu ne pas former l'ensemble harmonieux dont il nous offre le spectacle. Aussi Pomponace, afin de ne laisser aucun doute sur son intention, a-t-il la précaution d'ajouter : « Pour des oreilles de philosophes, « tout ce que nous venons de dire est un tissu d'extra- « vagances ; mais c'est notre devoir de nous conformer « à l'autorité de la sainte Écriture [1]. »

Il est une autre question que Pomponace n'a pas traitée avec moins de liberté que celle de l'origine des choses : c'est la question de la Providence dans ses rapports avec la liberté humaine. Il est nécessaire, selon lui, que le philosophe qui aborde ce sujet se prononce pour l'un ou l'autre de ces trois systèmes : le système d'Aristote, celui des stoïciens et le dogme chrétien. Selon le système d'Aristote, tout se lie et s'enchaîne dans l'univers, tout est soumis aux révolutions des astres, tout mouvement est l'effet nécessaire d'un mouvement antérieur. Une telle doctrine semble exclure à la fois la Providence et la liberté, et cependant Aristote les reconnaît toutes deux ; il est donc doublement inconséquent. Puis la Providence, telle qu'il la conçoit, en supposant qu'elle soit possible avec ses idées sur la

---

1. « Et quanquam auribus philosophorum ista videantur deliramenta, « tamen standum est auctoritati canonicæ Scripturæ. Ubi supra. »

structure de l'univers, renferme une autre inconséquence. Il ne veut pas qu'elle puisse descendre au-dessous de l'orbite de la lune et exercer son action sur la terre. Il lui défend également de s'occuper d'autre chose que des espèces et des genres, et des lois générales de l'univers. Mais pourquoi ces deux restrictions ? Est-ce que la terre ne fait point partie du monde ? Est-ce que dans les espèces ne se trouvent point compris les individus ? dans les lois générales les faits particuliers ? Autant l'athéisme que cette façon de comprendre les relations de Dieu avec l'humanité [1].

Le stoïcisme, acceptant l'idée de la Providence et repoussant celle de la liberté, a du moins le mérite de ne pas se contredire ; mais il donne prise à d'autres objections non moins graves que celles que l'on peut faire contre la doctrine péripatéticienne. Si l'homme n'est pas libre, s'il n'est qu'un instrument dont se sert la Providence pour accomplir ses desseins, alors c'est la Providence qui est l'auteur du mal, c'est à elle qu'il faut faire remonter la responsabilité du péché. S'il n'y avait que le mal physique, on ne pourrait pas en faire un sujet de reproche contre l'auteur des choses et la raison qui gouverne l'univers, car le mal physique n'est, à proprement parler, pas un mal ; c'est la conséquence nécessaire de la multiplicité des êtres et de la diversité des existences. Par cela seul que les êtres sont multiples, il est impossible qu'ils soient infinis et que chacun d'eux en particulier possède la perfection. Les dons de l'existence sont partagés entre eux, ils les possèdent à des degrés divers, et cette variété que nous observons dans la na-

1. *De incant.*, c. XIII ; *De fato*, lib. XXII, c. I.

ture est précisément ce qui en fait la beauté et l'harmonie. Mais il en est autrement du mal moral et du péché. Le péché n'est pas nécessaire, le péché est un mal véritable; donc il ne saurait être attribué à Dieu, dont l'essence exclut le mal. Il ne saurait être attribué à la nature, qui est dans la main de Dieu. Il est l'œuvre de la liberté, que le stoïcisme ne reconnaît pas.

Le même reproche ne saurait être adressé au christianisme. Il admet la liberté et il admet la Providence; c'est par là qu'il se distingue, à son avantage, des deux autres systèmes; car ni la liberté, ni la Providence, quand on les considère séparément, ne peuvent être niées. L'idée de la Providence, c'est l'idée même de Dieu; un Dieu sans providence étant la même chose qu'un Dieu sans intelligence, sans bonté, sans raison, autant dire que l'absence de Dieu. La liberté est un fait d'expérience qu'aucun raisonnement ne saurait détruire. Nous sentons intérieurement que nous avons le choix de nos actions, que nous sommes les maîtres d'agir ou de ne pas agir [1]. Il est vrai qu'on peut objecter à cela que nous n'agissons pas sans motif, que notre volonté est toujours déterminée par un raisonnement, et que la conclusion d'un raisonnement n'étant pas libre, la volonté ne l'est pas davantage. Mais Pomponace répond avec beaucoup de finesse que le raisonnement lui-même est en notre pouvoir, que nous avons le choix de l'interrompre ou de le poursuivre, et que c'est là certainement une preuve de liberté [2]. Notre libre arbitre peut être gêné quelquefois par les motifs

1. *De fato*, lib. XXII, c. I.
2. *Ibid.*, lib. III, c. II.

qui nous sollicitent dans un sens ou dans un autre, ils n'ont pas le pouvoir de le contraindre.

Mais si la religion chrétienne reconnaît simultanément ces deux vérités incontestables, la Providence divine et la liberté humaine, nous enseigne-t-elle le moyen de les concilier? Sans le dire expressément, Pomponace nous donne à entendre qu'il ne le croit pas, puisqu'il trouve le stoïcisme plus conséquent que le christianisme[1]. Et, en effet, la prétendue conciliation qu'il emprunte à la philosophie scolastique n'était certainement pas de nature à satisfaire un esprit aussi difficile que le sien. La divine Providence, dit-il, prévoit nos actions sans en être la cause directe; elle les prévoit comme contingentes en un sens, mais comme déterminées dans un autre; comme contingentes relativement au temps, et comme déterminées relativement à l'éternité, parce que l'éternité confond tous les temps dans un instant indivisible. Par la même distinction on prouve que, sans faire tort à notre liberté, Dieu est cependant l'auteur de nos actions. Ce que vaut ce raisonnement dans son opinion, Pomponace nous le laisse apercevoir clairement lorsqu'il ajoute que, dans la crainte de s'écarter de la vérité, il a voulu ici, comme partout où la religion est intéressée, se soumettre d'abord à l'Église romaine[2].

Ce n'est donc pas une apologie, c'est la critique du christianisme que Pomponace a voulu faire à propos

---

1. *Ibid.,* lib. XXII, c. VII.
2. « Ideo, salva veritate, et me subjiciendo in hoc et in cæteris Romanæ Ecclesiæ, dicam quod Deus et talium actuum est causa, et talium actuum quoquomodo non est causa. » (*De fato,* lib. III, c. XII Fiorentino, p. 444.)

de la Providence et de la liberté, comme il a fait celle du stoïcisme et de la doctrine d'Aristote. Il la poursuit en exprimant, en termes voilés, à la faveur d'une distinction, ce qu'il pense de la prédestination et de la grâce. Selon lui, les dogmes de la prédestination et de la grâce ne doivent point être entendus dans un sens absolu, mais, au contraire, dans un sens restreint et purement relatif. Dire que les hommes sont prédestinés, d'une manière irrévocable, les uns au salut, les autres à la damnation, c'est les réduire au dernier terme du désespoir et les précipiter tous, prédestinés ou non, dans le vice et dans le crime[1]. Dieu a voulu, au contraire, de toute éternité, que tous les hommes fussent bienheureux. Mais il y a deux espèces de béatitudes. Il y en a une qui appartient de droit à l'espèce humaine, en vertu des lois de sa nature (*quæ debetur homini in puris naturalibus*), et à laquelle nous arrivons par le bon usage que nous avons fait de nos facultés. Un grand nombre de païens y sont parvenus en vivant d'une manière conforme à la loi naturelle. Il y en a une autre, d'un ordre plus élevé, que Dieu réserve à quelques hommes privilégiés et qui, ne pouvant être acquise par nos moyens naturels, est nécessairement un don de la grâce[2]. Mais dans les limites mêmes où elle s'exerce, la grâce ne suffit pas sans la liberté. En vain l'aurons-nous reçue, si nous n'en faisons pas un bon usage, elle ne nous conduira pas à la gloire, c'est-à-dire à la possession de la béatitude surnaturelle; il

---

1. « Certe istud est ponere homines in extremam desperationem et « provocare omnes homines, sive prædestinatos, sive non prædestinatos, « ad vitia et flagitia. » (*De fato*, lib. V, c. vi.)

2. *Ibid., ibid.*, c. vii.

est même possible que nous en abusions à ce point que nous méritions de descendre au rang des réprouvés. Ce que nous appelons des réprouvés, ce sont simplement des hommes qui ont abusé de la grâce[1].

Les conséquences de cette libre exégèse ne sont pas difficiles à apercevoir. S'il y a une béatitude naturelle que l'on obtient nécessairement en obéissant fidèlement aux lois de la conscience, à quoi sert la béatitude surnaturelle ? Et si la grâce elle-même est impuissante sans la liberté, si la liberté a le pouvoir de la convertir en une cause de déchéance, de quel avantage est-elle pour l'homme ? Pour Pomponace la prédestination et la grâce ne sont pas autre chose, en réalité, que les divers talents, les diverses aptitudes que nous avons reçues de la nature et qui nous assignent, dès notre naissance, la tâche que nous sommes appelés à remplir dans la société, la tâche qui ne peut cependant être accomplie que par la liberté. C'est par là que l'humanité nous présente, comme le croyaient les anciens, un abrégé de l'univers ; car nous y trouvons la même variété et la même harmonie. C'est par là que la société forme un corps dont chaque individu peut être considéré comme un membre indispensable[2].

On voit, par l'ensemble de ses opinions, que ce qui distingue Pomponace, non-seulement de ses devanciers, mais des philosophes de son temps, c'est l'esprit critique, dans la mesure où il lui est permis de s'exercer contre l'autorité encore toute-puissante de l'Église et le culte enthousiaste de l'antiquité. Pomponace passe en revue et soumet à sa libre appréciation non-seulement

---

1. *Ibid., ibid.,* c. VII.
2. *De immort.,* c. XIV.

les systèmes philosophiques, tous ceux du moins qu'il connaît, mais les croyances religieuses, les dogmes essentiels du christianisme. En acceptant d'Aristote son système du monde, alors universellement consacré, et ses idées sur la nature de l'âme, ses doutes sur l'immortalité, il le contredit sur tous les autres points, il le combat la tête baissée devant lui, dans l'attitude du respect et de l'obéissance. C'est de la même manière qu'il combat les dogmes chrétiens et le principe même de la foi, la croyance au surnaturel. C'est ainsi qu'il nous offre dans ses œuvres comme un essai d'une philosophie des religions et d'une philosophie de la nature. Il est rarement dogmatique comme les péripatéticiens de la vieille école et comme les platoniciens nouveaux. Il n'est pas sceptique non plus ; le doute n'est pas pour lui un but. Il discute, il examine, il apprécie, il oppose les doctrines les unes aux autres pour obliger l'esprit humain à aller plus loin. Il croit au progrès quand le mot n'est pas encore inventé. Il croit que les sciences se forment peu à peu par accroissements successifs : *Scientiæ fiunt per additamenta*[1]. Il croit que le doute est nécessaire à notre avancement intellectuel. C'est par là beaucoup plus que par ses idées personnelles qu'il tient une place importante, sinon la première dans la philosophie de la Renaissance, et qu'il a préparé l'avénement de la philosophie moderne.

---

1. *De reactione*, lib. XXII, c. i ; *De incantationibus*, c. III.

GALILÉE

LA RAISON ET L'AUTORITÉ AU COMMENCEMENT DU XVIIe SIÈCLE [1]

Malgré les nombreux écrits qui ont paru sur Galilée, et peut-être à cause de ces écrits, il reste encore bien des nuages sur la vie de ce grand homme, sur la marche et la succession de ses travaux, sur la méthode qu'il a suivie, sur l'influence qu'il a reçue de ses devanciers, sur celle qu'il a exercée à son tour, et surtout sur son procès. Les passions les plus opposées se sont emparées de son nom et ont essayé de l'exploiter à leur profit. Les uns, n'admettant pas que l'autorité puisse se tromper et qu'une condamnation prononcée par un tribunal régulier ne soit pas toujours juste, ont cherché à Galilée mille torts imaginaires, ont cru apercevoir dans ses ouvrages des témérités et des malices dont il est parfai-

---

[1]. Galilée, *les Droits de la science et la méthode des sciences physiques*, par Th. Henri Martin. 1 volume in-18, à la librairie académique de Didier et Cᵉ, 35, quai des Augustins, à Paris.

tement innocent. D'autres, au contraire, prenant parti pour la victime, pour l'homme de génie persécuté, ont pensé qu'ils ne pouvaient se faire une idée exagérée de son héroïsme et de son martyre. Ils ont donc accueilli avec une aveugle confiance tout ce qui venait à l'appui de cette opinion préconçue, non-seulement les allégations précises, soutenues, à défaut de preuves, par l'autorité d'un nom propre, mais les rumeurs les plus vagues et les plus obscures. Puis, quand la vérité s'est montrée à leurs yeux, quand à la place d'un héros ils n'ont aperçu qu'un homme, leur enthousiasme s'est changé en colère, et peu s'en est fallu qu'ils n'applaudissent à la sentence de l'Inquisition romaine. D'autres ont fait de Galilée un prétexte pour donner carrière à leurs animosités personnelles, se déclarant pour lui ou contre lui, se plaisant à l'exalter ou à l'abaisser, selon qu'il avait été attaqué ou défendu par leurs ennemis. Il en est, enfin, qui, ne cherchant que la vérité et n'obéissant qu'à l'amour de la justice, n'ont pu donner satisfaction à ce double intérêt, parce que toutes les pièces qui leur étaient nécessaires pour rendre un jugement équitable n'étaient pas encore découvertes ou mises au jour. En effet, parmi les documents les plus importants qu'on peut consulter aujourd'hui sur Galilée et ses démêlés avec l'Église, il y en a qui ne sont connus que depuis quelques années, et d'autres seulement depuis 1867.

Dissiper toutes ces obscurités, détruire toutes ces préventions et ces erreurs, combler toutes ces lacunes, tel est le but que M. Th. Henri Martin s'est proposé dans le savant et curieux volume qu'il vient de publier. Voulant nous faire connaître le vrai Galilée, le Galilée de l'histoire, non celui que la passion et la légende nous ont montré jusqu'ici, il s'est fait un devoir de ne s'appuyer que sur des témoignages irrécusables : d'abord celui de Galilée lui-même, c'est-à-dire ses nombreux ouvrages, aujourd'hui réunis et devenus accessibles à tout le monde dans la belle édition de M. Albéri; ensuite sa correspondance, en y comprenant non-seulement les lettres qu'il a écrites, mais celles qu'il a reçues, et en y ajoutant celles dont, à son insu, il a été le sujet; enfin les dépêches de l'ambassade de Toscane à Rome et les pièces relatives à ses deux procès.

Mais les documents les plus authentiques, les plus certains, peuvent être altérés par la façon dont ils sont analysés ou interprétés, et même par les citations partielles qu'on en tire. Les faits et les textes, quand on y met un peu d'habileté, se plient toujours aux intentions de celui qui invoque leur autorité. L'histoire, interrogée par des juges partiaux, n'a-t-elle pas toujours, comme un témoin suborné, rendu des réponses conformes à leurs passions? Ce danger n'était pas à craindre avec M. Martin. Son impartialité est égale à sa vaste et rare érudition, et la droiture de son jugement à sa passion pour la vérité. Animé d'une piété profonde et ardente, il apporte la même chaleur d'âme dans la défense des droits de la raison. Il ne comprend pas que la science, c'est-à-dire la vérité démontrée, soit un danger pour la religion, et il a pris pour devise ces paroles tirées d'une lettre adressée à Galilée par Stelliola : « Ceux qui cher-
« chent à mettre la discorde entre la science et la reli-
« gion sont peu amis de l'une et de l'autre. » A la science elle-même vient se joindre, chez M. Martin, une haute et solide philosophie, qui lui permet d'en

apprécier les diverses méthodes et le désigne naturellement pour en écrire l'histoire ; aussi croyons-nous que cette nouvelle production de sa plume infatigable est de nature à satisfaire à la fois les philosophes et les savants. Les graves qualités par lesquelles elle se distingue n'excluent pas, dans la discussion de quelques écrits contemporains, le ton de l'ironie et certaines vivacités de langage ; mais il n'y a guère que le charlatanisme avéré et la passion volontairement aveugle qui aient le privilége, si c'est est un, de faire sortir M. Martin de son calme et de son indulgence habituels.

Nous n'avons pas qualité pour suivre M. Martin pas à pas dans ses considérations sur les découvertes et les travaux scientifiques de Galilée, et nous ne croyons pas d'une importance capitale les nouveaux détails qu'il nous donne sur sa biographie. Notre dessein est de nous arrêter seulement sur deux points, dont l'un intéresse l'histoire et l'autre la philosophie : nous voulons parler des deux procès de Galilée et de la méthode qu'il a appliquée aux sciences physiques, ou, comme on les appelait de son temps, à la philosophie naturelle. Au reste, c'est en traitant ces deux questions que M. Martin fait le mieux apprécier la valeur de sa critique et de ses idées personnelles.

On croit généralement que Galilée n'a été poursuivi qu'une fois par l'Inquisition romaine, qu'il n'a eu à se défendre contre elle que dans un seul procès, celui qui lui fut intenté en 1632, à l'occasion de son *Dialogue sur les systèmes du monde*, et à la suite duquel il a été condamné. C'est une erreur. Ses persécutions remontent beaucoup plus haut, et, seize ans avant la sentence qui a laissé tant de traces dans la mémoire de la postérité, il avait éprouvé une première fois les rigueurs du Saint Office.

Quoique nourri par ses maîtres des plus pures doctrines de l'École, Galilée, déjà célèbre à l'âge de vingt-cinq ans, quand il enseignait les mathématiques à l'université de Pise, avait adopté de bonne heure le système de Copernic. Dans une lettre écrite à Kepler le 4 août 1597, il déclare être gagné à ce système *depuis un grand nombre d'années* et en avoir fait le sujet de plusieurs ouvrages qu'il n'ose publier, dans la crainte de passer pour fou aux yeux des ignorants et des faux savants. Les découvertes astronomiques qu'il fit plus tard à l'aide du télescope, les montagnes et les vallées de la lune, les taches du soleil, les phases de Vénus, les quatre satellites de Jupiter, n'étaient pas de nature à affaiblir sa conviction. Aussi, malgré la réserve qu'il s'était imposée d'abord, ne put-il s'empêcher de la produire, au moins dans ses leçons orales. En 1604 l'apparition d'une étoile nouvelle dans la constellation du Serpentaire lui fournit une première occasion d'attaquer dans sa chaire la doctrine péripatéticienne de l'immutabilité des cieux, et nous avons lieu de croire que son audace s'accrut avec le succès et avec le nombre des arguments que lui fournissaient ses observations sur les corps célestes. On commença par nier les faits qu'il avait constatés, on répondit à ses démonstrations par des injures, on accusa le télescope de n'être qu'un instrument d'illusion. Mais, comme toutes ces dénégations étaient incapables de tenir contre l'évidence, contre le témoignage des yeux, et que la nouvelle doctrine se propageait de proche en proche, les péripatéticiens, vaincus sur le terrain de la science, appelèrent à leur secours la théologie. On fit valoir en faveur d'Aristote l'autorité de la Bible.

Dès l'année 1611, l'archevêque de Florence, Marzi Medici, commença à gronder sourdement contre le mathématicien du grand-duc. C'était le titre que portait alors Galilée, rentré depuis peu dans sa ville natale. D'autres ennemis, plus obscurs, ourdissaient contre lui de mystérieuses intrigues à Rome. Mais ce n'est que trois ans plus tard, après que, dans ses *Lettres sur les taches solaires*, il s'est publiquement prononcé en faveur du système de Copernic, que l'orage qui s'est formé contre lui devient menaçant. Dans les premiers mois de l'année 1614, le moine dominicain Caccini, en prêchant dans l'église de Santa Maria Novella de Florence, juge à propos de défendre l'immobilité de la terre et le miracle de Josué comme deux causes inséparables. Il prend pour texte de son sermon ces paroles de l'Évangile : *Viri Galilæi, quid statis aspicientes in cœlum?* Et jouant sur le mot *Galilæi*, il attaque de la façon la plus injurieuse, non-seulement Galilée, mais tous les mathématiciens et les mathématiques elles-mêmes. Il ne voit dans cette prétendue science qu'une invention du diable, qu'il faudrait bannir, avec ceux qui les professent, de tous les États chrétiens.

Galilée ne supporta pas d'être ainsi insulté et signalé à la haine publique dans une chaire d'où ne devraient descendre que des paroles de conciliation et des préceptes de charité. Il se plaignit amèrement au général des dominicains. Mais le P. Caccini, loin d'être puni ou seulement réprimandé, obtint de l'avancement. Il fut appelé avec un grade et des fonctions plus élevés au couvent de Santa Maria della Minerva à Rome.

Non contents de lui refuser satisfaction, les dominicains résolurent de faire ce qui était en leur pouvoir pour le perdre. L'un d'entre eux, le P. Lorini, envoya contre lui, de Florence, une dénonciation secrète à l'Inquisition romaine ; et c'est son ennemi, son diffamateur, le P. Caccini, qui, sur un ordre émané du pape Paul V, fut appelé à compléter par son témoignage verbal l'accusation écrite du moine florentin. Le P. Caccini alla si loin dans sa déposition, qui, d'ailleurs, ne pouvait être contredite par l'accusé absent, que les inquisiteurs eux-mêmes se virent obligés d'en rejeter la plus grande partie. Il représenta Galilée comme le chef d'une secte, celle des galiléens, qui rejetait non-seulement la foi chrétienne, mais la croyance en Dieu. Il lui faisait un crime de son affiliation à l'académie des Lincei et de sa célébrité même, de sa vaste correspondance avec des savants étrangers, notamment avec Kepler et d'autres Allemands, tous suspects d'hérésie aux yeux du fougueux dominicain. De tous ces chefs d'accusation le Saint Office n'en garda qu'un seul, c'est que Galilée enseignait publiquement le double mouvement de la terre.

Chose étrange ! le double mouvement de la terre avait déjà été enseigné, au xv⁵ siècle, par Nicolas de Cus, et cette proposition ne l'avait pas empêché de devenir cardinal. En 1533, un Allemand, du nom de Widmanstadt, avait soutenu la même doctrine à Rome, en présence du pape Clément VII, et le souverain pontife, en témoignage de sa satisfaction, lui fit présent d'un beau manuscrit grec. En 1543, un autre pape, Paul III, acceptait la dédicace de l'ouvrage où Copernic développait son système. Pourquoi donc Galilée, soixante et dix ans plus tard, rencontrait-il tant de résistance, soulevait-il tant de colères? C'est qu'il ne s'est pas contenté, comme ses devanciers, d'une démonstration abstraite, purement mathématique, et accessible seulement à un petit nombre de calmes intelligences : il a appelé à son secours l'observation, l'expérience, la preuve par les yeux ; tandis que Kepler, par des raisons mystiques, tirés des propriétés des nombres, se refusait à admettre plus de sept planètes, il peuplait, en quelque façon, l'espace de mondes jusqu'alors inconnus, et menaçait de conquérir à la nouvelle doctrine, non-seulement la terre, mais l'immensité des cieux. Enfin, il était, lui aussi, un apôtre, et paraissait vouloir élever autel contre autel. Ce n'est point sans inquiétude, ni peut-être sans envie, que ceux qui se regardaient comme investis du privilége jusque-là incontesté d'être les ministres de la parole, voyaient se presser autour d'une chaire profane des milliers d'auditeurs accourus de toutes les parties de l'Europe, et parmi lesquels on comptait plusieurs princes.

Galilée ignorait ce qui se passait à Rome, car l'œuvre de l'Inquisition s'accomplissait dans le plus grand secret; mais il sentait qu'une trame mystérieuse s'ourdissait contre lui, et, sans savoir précisément de quoi il était accusé, il préparait sa défense. S'adressant à un prélat romain, Mgr Dini, qui avait été son élève et qui était resté son ami, il lui expliquait ses opinions et allait au-devant des conséquences qu'on pourrait tirer d'une lettre écrite par lui, peu de temps auparavant, à un autre de ses élèves devenu professeur de mathématiques à l'université de Pise, le bénédictin Benedetto Castelli. Il désirait qu'on fît connaître sa pensée à quelques membres influents de l'ordre des jésuites, ainsi qu'au cardinal Bellarmin, adversaire déclaré du système de Copernic, et au cardinal Barberino, que nous retrouverons tout à l'heure sur notre chemin sous le nom d'Urbain VIII.

Les amis de Galilée, aussi mal informés que lui, s'efforcent de le rassurer, mais néanmoins lui conseillent la prudence. Ils lui recommandent de s'interdire toute explication de l'Écriture, et de se renfermer rigoureusement dans les limites de la science. Ils lui insinuent que, même sur le terrain scientifique, il ferait bien de présenter le système de Copernic comme une hypothèse commode, mais dépourvue de fondement. Galilée, alors plus fier qu'en 1633, parce que le danger était plus éloigné, refuse de descendre à cet acte de dissimulation. Le double mouvement de la terre est pour lui la vérité, et il le soutiendra, dit-il, en toute occasion. Quant à le concilier avec le texte des Livres saints, c'est l'affaire des théologiens, non la sienne, et il déplore qu'on ait porté la discussion sur ce terrain, où elle ne peut être favorable à personne. Dans un mémoire apologétique, auquel il donna la forme d'une *Lettre à la grande-duchesse Christine*, et qui, après avoir circulé manuscrit en 1615, ne fut imprimé qu'en 1633, il revient sur cette idée qu'il développe avec un rare bon sens : la religion enseigne le dogme et la morale, non la physique et l'astronomie. C'est compromettre l'autorité de l'Écriture sainte que de la faire intervenir dans les questions de philosophie naturelle ; et Galilée, sans sortir de l'Italie et de l'histoire de son temps, en cite des exemples assez curieux. Un de ses adversaires n'avait-il pas soutenu récemment que la lune ne pouvait emprunter sa lumière du soleil, parce que la Genèse, qualifiant ces deux astres de grands luminaires, leur attribuait nécessairement le même rang, et ne permettait pas de croire que l'un fût subordonné à l'autre? Un autre, prenant le chandelier à sept branches pour un symbole astronomique, n'admettait pas qu'on pût affirmer sans impiété qu'il y a plus de sept planètes. Nous l'avons déjà dit, Kepler, par d'autres motifs, était attaché à la même erreur, et c'est devant la lumière de l'évidence qu'il s'écria, en détournant de son sens primitif le fameux mot de l'empereur Julien : « *O Galilæe, vicisti!* O Galilée, tu l'emportes! »

Poursuivant sa défense, Galilée démontre très-bien que le système péripatéticien, que l'on veut absolument placer sous la protection de la Bible, n'est pas plus favorable au miracle de Josué que le système de Copernic; car, d'après la doctrine d'Aristote, ce n'est pas seulement le soleil que le général hébreu aurait dû arrêter, mais aussi la lune et les planètes, puisqu'on les représente comme attachés à une même sphère, qui les emporte dans sa révolution diurne d'orient en occident. L'Italie, ajoute Galilée, est aussi intéressée que lui-même à la libre propagation de la nouvelle doctrine; car ce serait une tache à sa gloire qu'une vérité démontrée fût repoussée de son sein, et il serait regrettable que cette honte, sans autre intérêt que celui de défendre les opinions d'un vieux philosophe grec, lui fût infligée par l'Église.

Ces sages considérations n'eurent aucune prise sur l'Inquisition; on peut même douter qu'elle daignât en prendre connaissance. Onze théologiens consulteurs du Saint-Office, ayant reçu l'ordre d'émettre un avis sur

le nouveau système, rendirent la décision suivante :
Dire que le soleil est immobile, c'est une proposition
absurde et fausse en théologie et formellement hérétique ; dire que la terre tourne autour du soleil et sur
elle-même, c'est une proposition absurde et fausse en
philosophie, et pour le moins erronée au point de vue
théologique. Moins subtil que les consulteurs, et réunissant dans un même arrêt l'immobilité du soleil et
le mouvement de la terre, le tribunal de l'Inquisition
rendit un décret qui condamnait simplement le système
de Copernic comme *faux et tout à fait contraire à
l'Écriture sainte*. Il ajoutait que ce système ne pouvait
être ni professé ni défendu, et il interdisait tous les
écrits où il était enseigné.

Ce décret porte la date du 5 mars 1616. Le 26 février de la même année, Galilée, qui se trouvait à Rome
par un ordre secret du Saint-Office, est appelé au palais du redoutable tribunal, et là, en présence du cardinal inquisiteur Bellarmin, qui commence par l'exhorter paternellement à changer d'opinion, il reçoit, au
nom du pape, l'injonction de s'abstenir à l'avenir de
soutenir, enseigner ou défendre d'une manière quelconque, par paroles ou par écrits, que le soleil est immobile et que la terre se meut. On le menace, s'il n'obéit pas, de poursuites contre sa personne, complètement
épargnée jusqu'alors, puisque son nom même n'est pas
prononcé dans la sentence. Que pouvait faire Galilée ?
se livrer à ses bourreaux dans la force de l'âge et dans
la maturité de son génie, quand la science avait encore
tant à attendre de lui ? Il ne le pensa pas. Il promit tout
ce qu'on voulut, et sortit sain et sauf de son premier
procès. La rétractation à laquelle il se résigna plus tard,

à la fin de sa carrière, est certainement un acte de faiblesse ; mais l'engagement qu'il prit en ce moment, sans avoir droit de compter sur l'approbation d'une conscience intègre, peut être jugé avec plus d'indulgence.

Il nous est impossible de partager l'illusion de M. Martin lorsqu'il soutient que cet engagement de Galilée était parfaitement sincère. Non ; Galilée n'était point décidé à obéir aux ordres absurdes de l'Inquisition, car il n'était point en son pouvoir de bannir de son enseignement et de ses ouvrages une vérité qui était le fondement nécessaire et la conclusion inévitable de ses recherches et de ses découvertes. S'interdire, comme on l'exigeait follement de sa docilité, de la produire sous une forme quelconque, c'était renoncer à parler, à écrire et même à penser. Or, s'il y avait une résolution arrêtée dans son esprit, c'était de poursuivre sa carrière en se moquant, comme il l'avait toujours fait, des ignorants et des sots qui prétendaient lui imposer les bornes de leur intelligence, ou qui prenaient un coup d'autorité pour une démonstration. Aussi peut-on affirmer hardiment que le second procès de Galilée et la condamnation à laquelle il est venu aboutir ont été les conséquences nécessaires du premier.

Convaincu de l'absolue nécessité de manquer à sa promesse, s'il ne voulait pas commettre un véritable suicide, Galilée s'y voyait en quelque sorte encouragé par la faveur dont il a joui pendant quelque temps auprès du successeur de Paul V. Non-seulement le cardinal Barberino avait été pour lui, en toute occasion, un zélé protecteur, mais il avait adhéré à sa doctrine ; il avait même chanté en vers ses découvertes astronomiques; puis, arrivé à la chaire pontificale sous le nom d'Urbain VIII, il lui conserva d'abord son ancienne bienveillance ; il lui accorda des pensions pour son fils et pour lui-même, et, ce qui est beaucoup plus significatif, il accepta la dédicace du *Saggiatore*, un des ouvrages les plus mordants que Galilée ait publiés contre ses adversaires ; et un des plus grands plaisirs du nouveau pape était de se le faire lire pendant ses repas. Or, dans ce livre, Galilée ne se gêne pas pour défendre Copernic et Kepler contre les astronomes de la vieille école, et pour montrer que la doctrine du double mouvement de la terre est la seule qui s'accorde avec les observations faites à l'aide du télescope. Il ajoute, à la vérité, que cette doctrine étant condamnée par l'Église, il faut en chercher une autre sans revenir au péripatétisme. Mais quel fonds de candeur ne faudrait-il pas posséder pour ne pas apercevoir dans cette réserve une sanglante ironie?

Il n'y a donc pas une grande différence, pour le fond, entre le *Saggiatore* et ce fameux *Dialogue sur les deux principaux systèmes du monde*, qui a soulevé tant d'orages et qui a été si fatal tant à Galilée qu'à ses juges. Le dernier de ces ouvrages, comme le premier, est une défense à peine dissimulée du système de Copernic. On peut même ajouter que les précautions prises par l'auteur sont plus grandes dans le *Dialogue*. Galilée n'intervient point sous son nom dans la discussion qui s'engage entre les défenseurs des deux doctrines contraires ; il s'abstient de conclure. Son livre est examiné et admis à l'impression par les censeurs romains et le grand inquisiteur de Florence. Il ne contient pas même l'ironie que nous avons signalée dans le *Saggiatore*, ou du moins, si elle y est, elle ne vient pas de lui, mais de l'Inquisition elle-même. C'est elle qui dans une préface qu'elle lui avait imposée, et que naturellement il n'avait point rédigée, lui faisait dire qu'il adhérait complétement au fameux décret de 1616, c'est-à-dire que le système en faveur duquel il allait déployer toutes les ressources de sa science et de sa dialectique, n'était à ses yeux qu'une absurdité. M. Martin essaye de prouver que c'est Galilée lui-même qui suggéra cette idée au P. Ricardi, chargé de l'examen de son manuscrit. Soit; mais il faut avouer que le P. Ricardi avait bien peu de perspicacité, ou que le rôle de censeur est parfois bien difficile.

Le public italien fut plus clairvoyant. Il vit dans le *Dialogue sur les deux principaux systèmes du monde*, une démonstration complète, non moins spirituelle que savante, du double mouvement de la terre, et il est facile de comprendre ce que devaient lui donner de piquant les réticences calculées de l'auteur et la préface imposée par la censure romaine. Aussi l'effet produit par ce livre fut-il immense. Les amis de Galilée et les partisans de la nouvelle doctrine, ou simplement de la liberté intellectuelle, poussèrent des cris de triomphe auxquels répondirent les cris de fureur de ses ennemis. On imagine quelles devaient être la honte et la colère de l'Inquisition. Cette fois, ce n'étaient pas les idées de Galilée qu'elle songeait à punir, puisqu'il n'avait rien publié qu'elle ne connût d'avance et qu'elle n'eût approuvé; ce qui allait allumer ses foudres, ce qui lui a inspiré cette sentence qui l'a déshonorée à jamais, c'est le succès de Galilée.

Pour expliquer le procès qui lui fut intenté et la

condamnation qu'il encourut en 1632, il n'est pas besoin de recourir à d'autres causes. Aussi n'accordons-nous qu'une médiocre importance aux dénonciations des jésuites, devenus, à cette époque, les persécuteurs acharnés de Galilée, comme les dominicains l'avaient été en 1616. Nous ne croyons pas davantage à l'inimitié personnelle d'Urbain VIII, aigri, dit-on, contre son ancien protégé par de faux rapports et de basses intrigues. Quant à l'intention qu'aurait eue Galilée de mettre en scène le souverain pontife sous le nom significatif de Simplicius, M. Martin démontre très-bien qu'elle est purement imaginaire, et que ce nom de Simplicius, étant celui d'un des plus illustres commentateurs d'Aristote, devait désigner naturellement un défenseur de la doctrine péripatéticienne. Alors même que toutes ces suppositions se trouveraient justifiées, elles ne nous présenteraient encore que des incidents secondaires, incapables de rien expliquer. C'est dans la nature même des choses, c'est dans la situation respective de Galilée et de l'Inquisition qu'il faut chercher la raison de ce qui est arrivé. Un tribunal est institué pour contenir la raison humaine et la science dans certaines limites, pour les arrêter à un certain point où il a placé la vérité absolue ; il se trouve que la raison humaine et la science ont franchi ces limites, ont dépassé ce point culminant ; il faut alors nécessairement ou que ce tribunal cesse d'exister, comme une institution absurde en elle-même et devenue impossible en raison des circonstances, ou que la raison, la science, l'évidence même, soient frappées d'une peine exemplaire.

Quant aux termes de la sentence et aux circonstances

dans lesquelles elle a été rendue, les pièces authentiques que M. Martin a consultées dissipent tous les doutes et font justice de toutes les exagérations que, dans des vues opposées, on avait répandues sur ce sujet. Non, Galilée n'a pas souffert la torture, il a seulement été menacé de la torture par un ordre exprès du pape. C'est bien assez pour le temps où l'on vivait ; il n'était pas possible de recommencer la procédure à la suite de laquelle Jordano Bruno, dans cette même ville de Rome, par une sentence du même tribunal, et en grande partie pour les mêmes opinions, périt sur le bûcher. Galilée se rétracta, cela est certain ; il offrit même d'ajouter à son livre deux nouveaux dialogues pour défendre le système de Ptolémée, qu'il avouait avoir sacrifié au système contraire en prêtant à celui-ci les arguments les plus concluants. Cette proposition, heureusement pour sa gloire, ou n'a pas été acceptée, ou fut bien vite oubliée. On voulait qu'il se reconnût coupable non-seulement de fait, mais d'intention. Il eut le courage et la dignité de s'y refuser, malgré la menace dont nous venons de parler. Il n'en fut pas moins condamné à la réclusion perpétuelle et à trois ans de prières pour demander pardon à Dieu du crime irrémissible d'avoir connu et démontré le vrai système du monde. On lui imposait, en outre, l'obligation injurieuse de dénoncer à l'Inquisition tous ceux qu'il savait coupables de l'hérésie qu'il venait de confesser, c'est-à-dire ses disciples et ses amis. Ce n'est point la condamnation de Galilée, c'est sa propre condamnation que l'Inquisition venait de signer, c'est elle-même avec ses complices et ses imitateurs qu'elle dénonçait au jugement de la postérité.

Après avoir raconté la vie de Galilée et exposé successivement toutes ses découvertes, M. Martin nous donne une idée de la méthode de ce grand physicien et de ses vues générales sur les sciences et sur la nature. Les quatre chapitres que M. Martin a consacrés à cette question essentiellement philosophique ne sont pas assurément les moins intéressants ni les moins instructifs de son livre. Ce sont ceux où nous découvrons le mieux ses vues personnelles sur l'alliance de la philosophie et des sciences.

Galilée n'était point un de ces savants comme on en voit en si grand nombre de nos jours, qui croient servir d'autant mieux les intérêts de la science qu'ils montrent plus de mépris pour la philosophie. Il appartient à la grande famille des Descartes, des Leibniz, des Newton, des savants du xviie siècle ; il en est en quelque sorte le patriarche, car elle commence véritablement avec lui. Il était philosophe dans la plus haute acception du mot, dans le même sens que les hommes de génie qui lui ont succédé et qu'il a en partie suscités par son exemple. Non-seulement il aimait la philosophie en général, mais il faisait grand cas de celle d'Aristote, malgré la guerre sans relâche qu'il faisait à sa physique. Il se sentait bien plus entraîné cependant du côté de Platon. Il admirait cette métaphysique hardie et profonde qui ramène l'esprit de l'homme à sa source divine ; il en suivait les développements chez les Pères de l'Église, particulièrement dans saint Augustin, comme il suivait la fortune d'Aristote dans saint Thomas d'Aquin. Tout en évitant avec soin les rêves de Kepler sur les propriétés des nombres, il savait rendre justice à l'école pythagoricienne et reconnaissait que leurs hypothèses n'avaient pas été sans influence sur la régénération de l'astronomie.

Il lui est resté de ses études philosophiques un profond respect pour deux principes sans lesquels il n'y a pas de véritable science ou sans lesquels la science est condamnée à rester muette sur les plus grands problèmes de la nature : nous voulons parler du principe des causes efficientes et de celui des causes finales. Ces deux principes lui ont porté bonheur, non-seulement parce qu'ils lui ont permis de remonter des causes secondes à la cause première, dont il reconnaît expressément l'action créatrice comme la seule explication possible de l'origine des choses, mais parce qu'ils l'ont mis sur la voie de la vraie méthode scientifique.

La méthode de Galilée, antérieure à celle de Bacon et de Descartes, leur est supérieure à toutes deux. Descartes, en effet, ne reconnaissant d'autre procédé que le raisonnement mathématique, le procédé des géomètres, *more geometrico*, comme disent après lui ses disciples, a méconnu les droits de l'observation et de l'induction, et, par suite de cet oubli, a ouvert une large porte à l'hypothèse. Sa théorie des tourbillons nous montre quels sont les dangers de cette méthode à la fois incomplète et absolue. Bacon, en ne tenant compte que de l'observation et de l'induction, et en exilant en quelque sorte les mathématiques de la science de la nature, a dépouillé l'expérience de toute rigueur, de toute exactitude, et privé la philosophie naturelle de son plus puissant moyen d'investigation. C'est à Galilée qu'appartient la gloire d'avoir appliqué les mathématiques à la physique, d'avoir réuni les deux procédés, les deux moyens de découverte que ses deux illustres contemporains ont séparés, et, en les réunissant, de les avoir fécondés l'un par l'autre. Cette méthode, Galilée ne s'est pas contenté de la prescrire, il l'a pratiquée toute sa vie et il en a tiré les résultats que nous savons.

Pour donner une idée du tour animé et piquant qu'il savait donner à ses pensées, nous empruntons à M. Martin les citations suivantes :

« La philosophie tout entière n'est connue que d'un « seul être, qui est Dieu; quant à ceux qui en ont su « quelque chose, le nombre en est d'autant moindre « qu'ils en ont su davantage ; mais le nombre le plus « grand, et pour ainsi dire infini, est resté aux igno- « rants.

« Si l'action de discourir sur un problème difficile « était comme la tâche de porter des fardeaux, tâche « dans laquelle beaucoup de chevaux porteraient, par « exemple, plus de sacs de grains qu'un cheval seul, « je vous accorderais que l'opinion de plusieurs dis- « coureurs ferait plus que celle d'un seul ; mais l'ac- « tion de discourir est comparable à celle de courir et « non à celle de porter, et un cheval barbe tout seul « courra plus vite que cent chevaux frisons. »

Ailleurs, en parlant de l'obstination des péripatéticiens de son temps en présence des découvertes faites à l'aide du télescope, il s'exprime ainsi : « Plutôt que « de mettre quelque altération dans le ciel d'Aristote, « ils veulent impertinemment nier celles qu'ils voient « dans le ciel de la nature. »

Peut-être M. Martin aurait-il pu reproduire des fragments plus nombreux des ouvrages de Galilée et quelques-unes de ses lettres. Mais nous n'aurons pas le courage de lui reprocher cette lacune. Nous aimons mieux, en terminant, le féliciter encore une fois des rares connaissances, des précieuses facultés et de l'impartialité exemplaire dont il a fait preuve dans ce livre.

DESCARTES ET LE CARTÉSIANISME

OU LA PHILOSOPHIE AU XVIIe SIÈCLE [1]

I

Une histoire de la philosophie cartésienne arrivée dans l'espace de peu d'années à une troisième édition, c'est un succès qui fait honneur, non-seulement à l'auteur de cet excellent livre, mais à notre génération. Malgré la place qu'ont prise dans son esprit les intérêts matériels et les préoccupations politiques, malgré les efforts d'une certaine science pour discréditer à ses yeux les études spéculatives, elle aime encore la philosophie pure et se plaît à la suivre à travers ses desti-

---

1. *Histoire de la philosophie cartésienne*, par Francisque Bouillier, directeur de l'Ecole normale supérieure, correspondant de l'Institut. 3e édition, 2 volumes in-8°. Paris, 1868, chez Delagrave et Ce, 78, rue des Écoles.

nées depuis ses premiers commencements jusqu'à nos jours. La naissance et le développement du cartésianisme représentent d'ailleurs une de ces époques de l'histoire intellectuelle du genre humain à laquelle, depuis les jours les plus brillants de la philosophie grecque, nulle autre n'est comparable. Ce n'est pas moins que la naissance et le développement de l'esprit moderne lui-même. La philosophie cartésienne, en effet, étendant son influence hors de son domaine propre, hors du cercle où se renferment aujourd'hui la plupart des discussions métaphysiques, s'est emparée en peu de temps de la science, de la théologie, de la littérature, de la morale, de l'esprit même de la société. Née en France, ou, ce qui est plus exact, créée par le génie français, elle a fait la conquête des pays étrangers, de tous ceux du moins qui jouaient alors un rôle dans l'histoire de la civilisation européenne, et, chose plus étonnante, les esprits qui ont essayé de la combattre, même les plus grands, sans en excepter Leibniz, ont été forcés de subir son ascendant. Sa puissance ne s'est pas moins manifestée par la durée que par l'étendue et la rapidité de ses conquêtes. Après avoir régné presque sans partage pendant près d'un siècle et demi, à peine interrompue par quelques années de persécution, elle a trouvé dans le siècle où nous vivons une brillante renaissance qui, au prix des quelques sacrifices commandés par le temps et par une application plus générale de son principe, pourrait bien se prolonger encore ou se renouveler sous une autre forme.

C'est ce qu'a très-bien compris M. Bouillier. Unissant la variété à l'exactitude et à la profondeur, ne séparant pas l'analyse des idées du récit des faits qui en sont la conséquence extérieure, il a pu, en restant strictement fidèle à son sujet, embrasser une période qui s'étend de la publication du *Discours de la Méthode* jusqu'à la fin de la carrière de M. Cousin, et passer en revue, sans distinction de nationalité, tous les hommes et toutes les œuvres qui ont laissé une trace dans les annales de la pensée humaine. Aussi les philosophes et leurs systèmes, quoiqu'ils tiennent naturellement la première place dans son beau travail, sont-ils loin de le remplir tout entier. A côté des noms de Descartes, de Gassendi, de Hobbes, de Spinoza, de Malebranche, de Leibniz, il nous en offre un grand nombre d'autres qui se rattachent à des idées et à des occupations bien différentes : des noms de théologiens et d'orateurs comme ceux de Bossuet, de Fénelon, d'Arnauld, de Nicole, de Sacy, de Quesnel, de Mabillon ; des noms d'écrivains, de poëtes, de savants, de magistrats, comme ceux de La Fontaine, de Labruyère, de Pascal, de Fontenelle, de Claude Perrault, de Séguier et de Daguesseau ; des noms de princes, de grandes dames, de personnages politiques, parmi lesquels nous citerons ceux du prince de Condé, de la princesse Élisabeth, de Christine, reine de Suède, des cardinaux de Retz et de Polignac, de madame de Sévigné et de madame de Grignan, sa fille, de la marquise de Sablé, de la duchesse du Maine. Il semble que le cartésianisme ait confondu toutes les sciences en une seule, qu'il ait supprimé les distances qui séparaient alors les différentes classes de la société, renversé les barrières qui s'élevaient entre le cloître et le monde, et fait des peuples les plus civilisés de l'Europe un seul et même peuple.

Ne pouvant pas suivre M. Bouillier dans la vaste carrière qu'il s'est tracée, nous nous bornerons à signaler les parties les plus importantes de son ouvrage en nous arrêtant de préférence sur ce qui pourra donner une idée de sa saine critique et de sa solide érudition. Pendant quelque temps le nom de Descartes était parmi nous comme un cri de ralliement ; on le prononçait à tout propos pour distinguer ses amis de ses adversaires, et l'on se croyait obligé d'être cartésien pour être spiritualiste. Cette époque est déjà éloignée de nous. Aussi M. Bouillier a-t-il fait acte de sagesse en se montrant dans sa troisième édition moins dogmatique que dans les deux précédentes. La vérité philosophique n'y a rien perdu, et la vérité historique, grâce à une exposition plus complète et plus fidèle des systèmes, y a beaucoup gagné.

Dans une histoire du cartésianisme, le point capital c'est de faire connaître exactement la doctrine de Descartes, celle qu'il a lui-même développée dans ses écrits, non celle que lui ont attribuée ses disciples, involontairement entraînés à confondre leurs opinions personnelles avec celles de leur maître. Mais pour placer la doctrine de Descartes à son rang, pour donner une idée de l'impulsion qu'elle a donnée aux esprits, et de l'œuvre de régénération qu'elle a accomplie dans l'ensemble des connaissances humaines, il est indispensable de rappeler sommairement les écoles et les systèmes qui, au moment où elle a paru, se disputaient l'empire des intelligences.

Ce qui a précédé immédiatement l'avénement du cartésianisme, c'était, nous n'oserions pas dire la philosophie, mais la confusion philosophique de la Renaissance. Idolâtre de l'antiquité, dont les chefs-d'œuvre, subitement mis à sa portée, lui ont paru la perfection de l'éloquence et de la sagesse, la Renaissance, particulièrement à son début, ne semblait pas avoir d'autre but que de ressusciter tout ce qui avait laissé un nom chez les Grecs, chez les Romains et chez les peuples de l'Orient. Les doctrines de Pythagore, de Platon, d'Aristote, de l'Aristote grec opposé à celui du moyen âge, les systèmes d'Épicure, des stoïciens, de Cicéron, des néoplatoniciens, des mystiques hébreux ou des kabbalistes lui semblaient également bons à reprendre et à faire revivre. On croyait même avoir retrouvé l'antique sagesse de Zoroastre, des Chaldéens, des Égyptiens et de Mercure trismégiste. D'autres se contentaient de remonter à Parménide, à Anaxagore et à Démocrite. Par exemple, Bernardino Telesio, plus original qu'il n'ose le dire et peut-être qu'il n'ose se l'avouer lui-même, a la prétention de n'être qu'un disciple de Parménide. Juste Lipse est le restaurateur du stoïcisme, Gassendi de la philosophie d'Épicure, Guillermet de Bérigard recule jusqu'à Anaxagore et aux cosmogonies de l'école ionienne.

Quand ce n'est pas simplement un retour plus ou moins éclairé, ou plus ou moins sincère, vers d'anciennes spéculations, ce sont des tentatives chimériques et désordonnées comme celles de Jordano Bruno et de Campanella, des tentatives avortées et superficielles comme celle de Ramus; ou c'est pis encore, c'est un mysticisme sans frein, sans règle, sans méthode, qui se propose comme celui de Paracelse, de Jacob Bœhm et de Van Helmont, de confondre ensemble la métaphysique, la théologie et la science de la nature. La pensée indépendante, la libre réflexion reprend ses droits chez Montaigne et Charron ; mais elle s'arrête au scepticisme sans oser faire même du scepticisme un système. L'auteur espagnol Sanchez s'arrête à la même limite tout en se couvrant de la gravité de l'École, tandis que les deux auteurs français, renouvelant la langue en même temps que les idées, s'adressent aux gens du monde.

Il est vrai qu'avant Descartes un homme dont le nom est habituellement associé au sien, Bacon a, lui aussi, conçu le plan d'une réforme radicale de la philosophie et des sciences, et cet ambitieux dessein, il s'est flatté de l'avoir réalisé en grande partie. Mais nous pensons avec M. Bouillier que les services rendus à l'esprit humain par l'auteur de l'*Instauratio magna* ont été singulièrement exagérés par les philosophes du xviii° siècle. Bacon est un grand esprit, un brillant écrivain, un fin moraliste, nous voulons dire un observateur pénétrant des caractères et des mœurs. Il a des vues ingénieuses et profondes sur la méthode qui convient aux sciences naturelles, sur la nécessité de joindre l'expérimentation à l'expérience et sur la variété des procédés de l'induction. Mais si nombreuses qu'elles soient, peut-être même parce qu'elles sont trop nombreuses et trop particulières, les règles qu'il expose dans le *Novum organum* ne forment pas un système de logique comparable à celui d'Aristote. Encore moins a-t-il un système de philosophie. Il ne paraît pas comprendre que la méthode d'observation s'applique aussi bien à l'esprit qu'à la matière, puisqu'il soutient que l'âme ne se connaît elle-même que par un rayon réfléchi. Aussi ne lui demandez pas ce qu'il pense de sa nature et de ses facultés, ne l'interrogez pas sur le principe et sur l'origine des choses, il vous renverrait à la théologie. Il ne se prononce pas davantage sur le principe et sur l'origine des idées, et rien dans ses œuvres ne justifie la réputation qu'on lui a faite, au siècle dernier, d'être le patriarche, le vrai fondateur de l'école de la sensation.

S'il ne peut être considéré ni comme le chef d'une école ni comme l'auteur d'un système de philosophie, a-t-il du moins servi directement l'avancement des sciences? En physique, toutes ses théories sont fausses, toutes ses expériences ont échoué. Les mathématiques, il les méprise, parce qu'il les ignore, par conséquent il ignore également l'utilité qu'en retire la physique. En astronomie, il repousse le système de Copernic. Il n'a exercé aucune influence sur les savants de son temps, en y comprenant ceux de son pays, et il est bien douteux qu'il en ait eu davantage sur ceux des temps suivants. Mais il lui reste cependant deux grands mérites : il a compris que le passé, c'est-à-dire l'antiquité et le moyen âge, avait accompli son œuvre, et s'il n'a pas été autant qu'il le croyait le législateur, on peut dire qu'il a été le prophète de l'avenir ; il a prévu, avec une sagacité admirable, les brillantes destinées qui attendaient la science et l'industrie.

Tout autre a été le rôle de Descartes. En lui se montre, pour la première fois, nous ne dirons pas la philosophie, nous ne dirons pas la science, mais l'esprit moderne tout entier avec ses exigences d'unité, de rigueur, d'absolue liberté. La philosophie, telle qu'il la comprend, telle qu'il la définit dans la préface de son livre des *Principes*, c'est la parfaite connaissance de toutes les choses que l'homme peut savoir, tant pour la conduite de sa vie que pour la conservation de sa santé et l'invention de tous les arts. C'est dire que la philosophie est inséparable des sciences sans pourtant se confondre avec elles, car où trouver la parfaite connaissance des choses sinon dans les principes? Or, les principes sont précisément l'objet propre de la philosophie.

Il y a deux espèces de principes : ceux de la connaissance ou qui appartiennent à l'ordre intellectuel, qui nous découvrent l'existence de l'âme et de Dieu, et ceux des choses matérielles, ceux qui président à l'ordre et à la composition de l'univers. Les premiers sont l'objet de la métaphysique, les derniers de la physique. La philosophie tout entière est formée par la réunion de ces deux sciences supérieures; l'une en est la racine, l'autre en est le tronc. De ce tronc partent trois branches principales, qui sont la mécanique, la médecine et la morale. Si la morale est nommée la dernière, c'est qu'elle n'est point, pour Descartes comme pour Kant, une science uniquement fondée sur la raison pure et sur des principes *a priori*, mais elle suppose toutes les autres sciences et représente le plus haut degré où la sagesse humaine puisse atteindre. Ainsi donc tout rentre dans le domaine ou tombe sous la juridiction et subit l'influence de la philosophie. Par les principes de la métaphysique, elle dirige et développe les sciences proprement dites; par les sciences elle amène le perfectionnement des arts et de l'industrie, la diminution des maux et l'accroissement des biens de la vie humaine.

On remarquera qu'il n'y a pas de place pour la logique dans cette hiérarchie des connaissances. C'est que la logique, pour Descartes, n'est ni une science ni un art, mais la nomenclature stérile des formes du syllogisme. Aussi ne songe-il point à la réformer, il aime mieux lui substituer, sous le nom de *méthode*, un petit nombre de règles prescrites par le bon sens et qui ne sont pas autre chose que les opérations mêmes de la pensée appliquée à la recherche de la vérité dans les sciences. N'admettre comme vrai que ce qui porte le caractère de l'évidence, diviser les difficultés pour les résoudre, procéder du simple au composé, tenir compte de tous les éléments d'une question et les passer tous en revue pour n'en omettre aucun, telles sont, en effet, les conditions hors desquelles il n'y a pas de science possible, pas de connaissance véritable, et ces conditions si claires, si nécessaires, si universelles, nous représentent les seules règles de la méthode cartésienne. Quel contraste avec les prescriptions innombrables de l'*Organum* d'Aristote et du *Novum organum* de Bacon! Cette parfaite simplicité, ce clair bon sens, si chers au génie de Descartes, suffiraient, à défaut des autres preuves citées par M. Bouillier, pour démontrer que le *Discours de la Méthode* est d'une date postérieure à celle du traité plus compliqué des *Règles pour la direction de l'esprit*.

Ayant simplifié la méthode en rendant la pensée à sa marche naturelle par la suppression des formules, on pourrait dire des formalités fastidieuses de la vieille logique, Descartes se propose de simplifier de la même manière la science en la reconstruisant tout entière sur un seul fondement, sur une seule vérité parfaitement évidente, modèle et condition de toute évidence. Cette vérité, la seule qui résiste à l'effort qu'il a fait pour douter de tout, afin de s'assurer qu'il existe quelque chose d'indubitable, c'est la fameuse proposition : « Je pense, donc je suis. » Descartes savait-il que saint Augustin, en combattant le scepticisme académique, avait dit à peu près la même chose[1] ? Il le nie absolument, et l'on peut l'en croire sur parole ; mais tout en se montrant reconnaissant à Arnauld de lui avoir signalé ce fait d'où il pouvait tirer tant d'avantage pour lui-même, il fait remarquer qu'il y a cependant une différence capitale entre la proposition de saint Augustin et la sienne. La première ne présente qu'un intérêt théologique, puisqu'elle sert à démontrer, autant qu'un mystère est démontrable, le dogme de la Trinité. La seconde est destinée à fournir à la philosophie et à la science en général un point d'appui qui leur a manqué jusqu'alors.

Descartes avait raison. Montrer que toute connaissance suppose d'abord celle de notre existence, et que notre existence se montre à nous comme un fait absolument identique à notre pensée, c'est montrer que la science de l'esprit est le fondement de toutes les autres sciences, que l'esprit est le fondement ou le principe de toute existence, et que l'esprit ne peut se concevoir sans la conscience, puisqu'il est dans la nature de l'esprit de penser, et dans la nature de la pensée de se connaître ou de se penser elle-même.

La proposition de Descartes va beaucoup plus loin : elle annonce une révolution, non-seulement dans la

---

1. *Si fallor, sum.*

métaphysique, mais dans la physique et dans les sciences naturelles. Si, en effet, l'esprit est le fondement, le principe de toute existence, et la connaissance de l'esprit celui de toute connaissance, il en résulte que la nature est soumise aux lois de l'esprit, et qu'il est impossible de ne pas tenir compte de ces lois, de ne pas les rencontrer dans la science de la nature. Il faudra bannir de la physique et de l'histoire naturelle, comme de la philosophie, l'empirisme pur, cette expérience mutilée qui ne recherche que les faits sans s'occuper des lois; tout aura sa loi, sa raison d'être, sa raison suffisante, comme dira Leibniz.

Il fallait que les habitudes de la scolastique fussent au milieu du xviie siècle encore bien puissantes sur les intelligences les plus libres en apparence, pour qu'on ait pu voir dans le *cogito ergo sum* un syllogisme appuyé sur cette proposition générale : « Tout ce qui pense existe. » Descartes a voulu simplement constater un fait sans lequel nous sommes hors d'état de nier ou d'affirmer quoi que ce soit, sans lequel le doute même est impossible, à savoir sa propre pensée; et ce fait particulier de sa pensée, il le voit absolument confondu avec celui de son existence. S'il faut se garder de placer là un raisonnement, il ne faut pas non plus supposer, comme on l'a fait, que l'intention de Descartes était d'unir ensemble deux affirmations qui ne peuvent pas se séparer l'une de l'autre : celle de sa pensée d'abord, et ensuite que sa pensée se rapporte nécessairement à un moi pensant. Nulle part il ne fait cette distinction entre sa pensée et son moi, entre la pensée elle-même et la substance pensante, car il aurait été obligé de reconnaître une substance qui est plus ou autre chose que la pensée, dont la pensée n'est pas nécessairement le seul attribut, et il aurait manqué ainsi à la première règle de sa méthode et à son doute méthodique; il aurait admis quelque chose d'inconnu et d'infini. Il dit, au contraire, et il ne cesse de répéter que son existence est tout entière dans la pensée, que la pensée est toute son essence, et qu'il ne connaît pas autre chose de lui. Il plaît à Molière de faire dire à un de ses personnages sous les traits duquel il cherche à railler le cartésianisme :

> La substance qui pense est la seule reçue
> Et nous en bannissons la substance étendue.

Mais Descartes ne s'exprime pas ainsi.

D'ailleurs la pensée, telle qu'il la comprend et telle qu'il la définit, renferme véritablement tout, c'est-à-dire l'esprit tout entier, l'âme tout entière; de sorte qu'elle n'a besoin que d'elle-même pour former une existence complète. « Par le nom de pensée, dit-il[1], je
« comprends tout ce qui est tellement en nous que
« nous l'apercevons immédiatement pour nous-mêmes
« et en avons une connaissance intérieure : ainsi toutes
« les opérations de la volonté, de l'entendement, de
« l'imagination et des sens sont des pensées. » —
« Vouloir, entendre, imaginer, sentir, etc., ne sont
« que des diverses façons de penser, qui toutes appar-
« tiennent à l'âme[2]. »

L'identification de la volonté et de l'intelligence est, sans doute, difficile à défendre au point de vue des faits

---

1. *Réponse aux deuxièmes objections,* passage cité par M. Bouillier, t. I, p. 76.
2. *Ibid., ibid.,* p. 118.

ou de l'analyse psychologique; mais quand on remonte jusqu'à leur principe, ou, comme dit Descartes, à leur essence, quand on les considère comme deux fonctions d'une force unique, la proposition de Descartes est conforme à la vérité et répond d'avance au reproche qu'on lui a adressé plus tard d'avoir méconnu l'activité de l'âme, et, par suite, le caractère propre de la substance.

Descartes est si éloigné de cette erreur qu'il fait de la volonté ou, ce qui est la même chose, de la liberté, la maîtresse faculté de l'âme, celle qui nous rapproche le plus de la nature divine et qui nous prouve le plus clairement son existence. « La volonté, dit-il[1], ou la « liberté du franc arbitre que nous expérimentons en « nous, est si grande que nous ne concevons pas l'idée « d'une autre faculté plus grande et plus étendue, en « sorte que c'est elle principalement qui nous fait con- « naître que nous portons l'image et la ressemblance « de Dieu. » De la volonté dépendent nos jugements; car, suivant la psychologie cartésienne, c'est la volonté qui juge et non l'entendement. L'entendement se borne à concevoir les choses ou les idées qui nous les représentent; la volonté les affirme ou les nie; c'est donc elle qu'il faut accuser de nos erreurs. De la volonté dépendent aussi nos passions; non pas qu'elle les produise, comme on suppose qu'elle produit nos jugements; mais elle les domine et les gouverne à son gré. Voici une phrase du traité des *Passions* qu'on dirait empruntée à Sénèque ou à Epictète : « Il n'y a point

---

1. *Méditations métaphysiques, quatrième méditation;* M. Bouillier, t. I, p. 118-119.

« d'âme si faible qu'elle ne puisse, étant bien conduite,
« acquérir un pouvoir absolu sur ses passions. »

Enfin, la volonté n'est pas sans avoir quelque prise sur nos idées, ou, pour nous exprimer d'une manière à la fois plus générale et plus claire, nos idées, aussi bien que nos jugements et nos libres déterminations, attestent l'activité de l'âme. M. Bouillier prouve surabondamment par des citations multipliées que, contrairement à la supposition de ses contradicteurs Gassendi et Hobbes, jamais Descartes n'a considéré les idées dites innées comme des idées toutes formées que nous apportons en naissant et qui sont présentes à notre esprit à tous les instants de la vie. Il croyait seulement qu'elles étaient en nous à l'état de dispositions ou en puissance, et qu'il fallait, pour leur donner une existence effective, le développement, l'exercice, l'activité de la pensée. La pensée humaine, dans la doctrine cartésienne, n'est donc point, comme dans le système de Spinosa, un état passif, simple mode d'une pensée plus générale, qui n'est elle-même qu'un des attributs d'une substance insaisissable; elle a tout ce qui constitue notre personnalité : l'activité intellectuelle, l'activité volontaire et la conscience. Voilà justement pourquoi elle est identifiée avec l'âme et que, sous ce dernier nom, l'on ne désigne pas autre chose qu'elle-même.

La façon dont Descartes comprend l'âme ou la pensée humaine ne nous laisse aucun doute sur sa façon de comprendre la nature divine. C'est par l'idée de l'infini et celle de la perfection qu'il s'élève de l'existence de l'homme à celle de Dieu. Mais ni l'une ni l'autre de ces deux idées ne doit être entendue dans un sens abstrait et indéterminé, de manière à nous donner aussi un Dieu abstrait comme la substance de Spinosa. C'est en remarquant les limites et l'imperfection de notre propre pensée que l'auteur des *Méditations métaphysiques* conçoit l'idée d'un être infini et parfait, dont il se voit bien vite amené à affirmer l'existence. Donc cet être n'est pas autre chose que l'infinitude et la perfection de ce que nous sommes, de notre propre essence, de notre propre pensée; ce qui revient à dire que le Dieu de Descartes est un Dieu libre et personnel. C'est ce qui met les preuves cartésiennes de l'existence de Dieu bien au-dessus de celles de l'École, et ce qui distingue l'une d'entre elles de celle de saint Anselme de Cantorbéry, avec laquelle on l'a confondue.

Dieu est libre dans le système de Descartes, cela est incontestable. Nous avons cité tout à l'heure un passage qui l'affirme expressément. Mais la liberté divine, telle que Descartes la comprend, s'étend-elle jusque-là qu'elle a créé par un acte souverain les lois mêmes de l'intelligence, ou ce que nous appelons les vérités éternelles, les vérités absolues, et que, par conséquent, les vérités de cet ordre sont entièrement dans sa dépendance? Il y a plusieurs passages qui semblent le faire croire, entre autres celui-ci, tiré d'une lettre au père Mersenne : « Les vérités métaphysiques, lesquelles vous « nommez éternelles, ont été établies de Dieu et en dé- « pendent entièrement, aussi bien que tout le reste des « créatures; c'est en effet parler de Dieu comme d'un « Jupiter ou d'un Saturne et l'assujettir au Styx et aux « destinées que de dire que ces vérités sont indépen- « dantes de lui. Ne craignez point, je vous prie, d'as- « surer et de publier partout que c'est Dieu qui a éta- « bli ces lois en la nature, ainsi qu'un roi établit les

« lois en son royaume[1]. » Mais Descartes nous donne lui-même l'explication de ces paroles, qu'on ne peut citer séparément sans en altérer le sens. Quand il affirme que Dieu a créé les vérités premières, c'est pour donner à entendre qu'aucune vérité ne précède la connaissance que Dieu en a, et que la connaissance de Dieu se confond avec son action, que pour lui ce n'est qu'un de vouloir et de connaître. Toutes les vérités, d'ailleurs, procèdent d'une seule, qui est l'existence de Dieu ; et si Dieu ne peut changer, comment la vérité changerait-elle ?

La liberté divine n'est donc pas une liberté d'indifférence. Elle est soumise à des lois qu'elle-même s'est données, sans doute dans ce sens qu'elle ne les a point reçues d'une puissance supérieure et qu'elles n'ont point précédé sa propre existence, mais qui sont éternelles comme elle. La liberté d'indifférence n'étant, selon Descartes, que le plus bas degré de la liberté chez l'homme, est absolument incompatible avec la nature divine. Il a raison, et rien de plus sensé que ces paroles : « L'indifférence que je sens lorsque je ne suis
« point emporté vers un côté plutôt que vers un autre
« par le poids d'aucune raison, est le plus bas degré de
« la liberté, et fait plutôt paraître un défaut dans la con-
« naissance qu'une perfection dans la volonté ; car, si
« je connaissais toujours clairement ce qui est vrai et
« ce qui est bon, je ne serais jamais en peine de déli-
« bérer quel jugement et quel choix je devrais faire, et
« ainsi je serais entièrement libre, sans jamais être in-
« différent[2]. »

1. Voir M. Bouillier, t. I, p. 98.
2. *Quatrième méditation*; M. Bouillier, t. I, p. 99-100.

M. Bouillier fait remarquer avec beaucoup de justesse que si, dans la doctrine cartésienne, la liberté de Dieu était réellement, comme on l'a cru, supérieure et indifférente aux lois de la raison, Descartes n'aurait pu dire que Dieu veut toujours le meilleur et qu'il a donné à l'univers toute la perfection dont il est capable. Le meilleur, le parfait n'existe pas dans l'indifférence. Or il est constant que le principe de l'optimisme, développé avec tant d'éclat par Malebranche et Leibniz, existe déjà dans les *Méditations métaphysiques* et dans le livre des *Principes*.

Il est étonnant qu'un observateur et un logicien comme Descartes n'ait pas suivi jusqu'au bout la voie qu'il s'est tracée lui-même. Puisque la pensée ou l'intelligence de l'homme, même quand elle est éclairée par la lumière de l'évidence, est inférieure à la pensée divine, pourquoi n'y aurait-il pas des intelligences encore plus incomplètes, qui seraient loin d'égaler celle de l'homme? Est-ce que celle-ci même se ressemble toujours et se maintient sans interruption à un égal degré de conscience? Descartes reconnaît l'existence du sommeil et des rêves, puisqu'il en fait un argument en faveur de son doute méthodique. Il aurait donc pu reconnaître aussi, au moins comme possibles, en attendant que leur existence lui fût démontrée par l'observation, des intelligences qui sont toujours endormies, qui ne cessent pas de rêver et qui, au lieu d'idées, n'ont que des sensations et des images. En admettant cette supposition, que l'expérience n'eût point tardé à convertir en fait, Descartes serait resté fidèle à son principe que la pensée admet des inégalités de perfection, des inégalités de clarté, et il aurait évité l'insoutenable chimère de l'automatisme des bêtes.

Autre inconséquence, qui est la source d'une nouvelle erreur. Puisque la pensée, d'après la définition de Descartes, renferme le principe de l'action; puisqu'elle est activité aussi bien qu'intelligence, et que l'activité de l'homme est très-inférieure à celle de Dieu, pourquoi ne pas admettre un principe d'action, encore moins développé et moins intelligent que celui que l'on aperçoit dans la pensée humaine? Ici la preuve que l'on peut tirer du sommeil, de la maladie, de l'enfance, est inutile. A tous les instants de notre vie, l'activité intelligente que nous sommes est bornée, contrariée, arrêtée par quelque chose qui n'est pas elle et qui est inférieur à elle. Cet obstacle ne peut être qu'une autre activité, une autre force; car il n'y a qu'une force qui puisse résister à une force. Celle qui n'oppose à une activité intelligente qu'une résistance aveugle, qu'une simple limitation dans l'espace, est nécessairement privée d'intelligence. Or tel est le caractère que nous présente la matière; donc, la matière n'est pas simplement de l'étendue, et il n'est pas besoin, pour que nous croyions à son existence, de faire intervenir la véracité divine. La matière démontrée par la véracité divine, c'est la source de la vision en Dieu de Malebranche. La matière réduite à l'étendue, c'est la matière confondue avec l'espace infini, avec l'infini lui-même considéré d'un certain point de vue; c'est presque la moitié du système de Spinosa.

De la même idée découle la théorie des causes occasionnelles, qu'on trouve déjà très-prononcée dans Descartes, bien qu'elle n'ait reçu son complet développement que dans les écrits de Malebranche. Comment, en effet, une chose inerte et insaisissable, un être de raison comme l'étendue pourrait-il agir sur l'âme? Comment l'âme pourrait-elle agir sur une essence aussi abstraite et dont l'existence même ne lui est pas démontrée, puisqu'elle ne l'admet que sur la foi de la véracité de Dieu? Il est donc absolument nécessaire que Dieu intervienne sans interruption pour accorder ensemble deux natures si étrangères l'une à l'autre ; et, en intervenant directement dans les modifications qui leur sont propres, il est inévitable qu'il les absorbe dans sa propre activité. C'est un nouveau secours prêté d'avance au spinosisme. Il ne lui manquera presque plus rien lorsqu'à la doctrine des causes occasionnelles viendra se joindre celle de la création continue, ou lorsque la création continue sera invoquée en faveur des causes occasionnelles. Les deux hypothèses se valent et ne peuvent guère se passer l'une de l'autre. L'une et l'autre, ainsi réunies, ont pour conséquence l'annihilation de l'activité humaine, remplacée partout et toujours par l'activité divine. En même temps que notre activité disparaît notre personnalité, emportant avec elle jusqu'à notre conscience ; car, cessant d'être active, par conséquent personnelle, la pensée n'aura plus qu'un caractère abstrait, indéfini, inconscient, qui permettra à Spinosa de la placer sur le même rang que l'étendue, pour faire de l'une et de l'autre deux attributs parallèles et équivalents de la substance universelle.

Les erreurs de Descartes, et celles que, sans le vouloir, il a autorisées après lui, ne viennent donc point de sa méthode et de ses principes, mais de l'application incomplète qu'il en a faite en les réservant pour des objets privilégiés. Après avoir reconnu l'identité de la pensée et de l'existence, s'arrêtant à la pensée humaine dans son complet développement, à la pensée consciente et réfléchie, comme à la dernière limite de l'intelligence et de l'activité, il a été fatalement entraîné à un double excès. D'une part, mû par la crainte d'imposer des bornes à l'intelligence et à l'activité divine, il lui sacrifie, par la doctrine des causes occasionnelles et de la création continue, ce qui avait été pour lui d'abord le point d'appui de toute vérité et de toute science, c'est-à-dire l'existence effective de la personne humaine. D'une autre part, n'admettant pas qu'au-dessous de la conscience et de l'activité réfléchie de l'homme il y ait autre chose qu'une matière inerte, susceptible seulement d'être mise en mouvement par une impulsion étrangère, il s'est vu forcé de nier la vie et d'absorber la physiologie et l'histoire naturelle dans la mécanique.

« Donnez-moi, disait-il, le mouvement et l'étendue, « et je construirai le monde. » Dans ces mots se résume toute sa physique, et ce qu'il appelle ainsi n'est pas autre chose, on s'en souvient, que toute la science de la nature, celle qui rend compte, non-seulement des phénomènes, mais de l'origine et de la formation de l'univers. Il n'est donc pas étonnant que Descartes ait banni de cette science les causes finales. Comment la matière inerte, et moins que cela, comment l'étendue pure se proposerait-elle une fin? Dieu lui a imprimé le mouvement une fois pour toutes; il lui a, selon l'expression de Pascal, donné une chiquenaude; le reste n'est que la conséquence fatale, absolument nécessaire, la conclusion mathématique de cette première impulsion. Aussi Descartes va-t-il plus loin que personne, aussi loin assurément que Spinosa et que certains philosophes et savants de nos jours, dans la proscription des causes finales. Il ne veut pas même qu'on puisse affirmer que l'œil est fait pour voir.

Ce qu'il y a de plus singulier dans cette opinion, c'est que nous paraissant aujourd'hui et ayant toujours paru panthéiste ou athée, Descartes se croie autorisé à la soutenir dans l'intérêt de la grandeur et de la sagesse de Dieu. « Nous ne nous arrêterons pas, dit-il [1], à exa-
« miner les fins que Dieu s'est proposées en créant le
« monde et nous rejetterons entièrement de notre phi-
« losophie la recherche des causes finales, car nous ne
« devons pas tant présumer de nous-mêmes que de
« croire que Dieu nous ait voulu faire part de ses con-
« seils. » Il complète sa pensée en écrivant à Gassendi qu'en matière de morale, où les conjectures sont permises, il peut être édifiant de rechercher quelle fin Dieu s'est réservée en créant l'univers. « En physique, où
« toutes choses doivent être appuyées de solides rai-
« sons, cela serait inepte [2]. » Est-ce pousser assez loin le mépris de ce genre de spéculation qu'un des plus éloquents disciples de l'école cartésienne, Fénelon, développera un jour avec tant de complaisance dans le *Traité de l'existence de Dieu?*

Cependant, en dépit des explications soit de la mécanique, soit de la physique et de la chimie, on ne pourra jamais séparer l'idée de finalité de l'idée même d'organisation et de vie. Mais en dehors des limites de la vie, dans le domaine de la physique proprement dite, Descartes avait raison. Aussi, que de services n'a-t-il

---

1. *Principes*, 1ʳᵉ partie; M. Bouillier, t. I, p. 174.
2. *Réponse aux objections de Gassendi;* M. Bouillier, *ibid*.

point rendus à cette science, en dépit des hypothèses qu'il y a introduites ! D'abord il l'a affranchie des formes substantielles, des qualités occultes, des sympathies et des antipathies, et de tant d'autres chimères qui tenaient la place de l'observation et du calcul. Ensuite il y a fait des découvertes réelles, comme celles des lois de la réfraction et des rapports qui existent entre les révolutions de la lune et le phénomène des marées. Sa théorie de la lumière et de la chaleur est à peu près celle qui est adoptée aujourd'hui. Pour lui aussi, la chaleur n'est que du mouvement, et, par conséquent, le mouvement peut se convertir en chaleur. C'est à lui que la mécanique est redevable de ce principe : que le mouvement ne se perd pas et qu'il y a toujours, dans le monde, la même quantité de mouvement. Ce principe, que Leibniz lui a emprunté en le transportant à la force vive, c'est la revanche de la définition qui réduit la matière à l'étendue, et la réconciliation de sa physique avec sa métaphysique. Il n'y a pas jusqu'à l'hypothèse des tourbillons, la plus belle, selon d'Alembert, que jamais le génie de l'homme ait conçue, qui n'ait contribué à affranchir l'astronomie de la servitude théologique qui pesait encore sur elle, et à lui préparer dans l'avenir de plus brillantes destinées.

Nous allons voir comment ces idées furent accueillies par la société du xviiie siècle et quelle influence elles exercèrent sur les esprits.

II

C'est en Hollande, où il passa la seconde partie de sa vie et où il publia tous ses ouvrages, que Descartes rencontra ses premiers disciples et jeta les fondements de cette domination intellectuelle qui, s'étendant bientôt à la France, à l'Italie, à l'Allemagne, à la Suisse et à l'Angleterre, ne devait pas durer moins d'un siècle et demi. Les Hollandais, au commencement du xviie siècle comme aujourd'hui, et peut-être plus qu'aujourd'hui, étaient un peuple de marchands médiocrement curieux de spéculations philosophiques et trop occupé de ses affaires intérieures pour se mêler de celles de l'univers. Aussi n'est-ce point dans la société, ou ce qu'on appelle particulièrement le monde, que Descartes répandit les germes de sa doctrine, mais dans les corporations vouées à l'enseignement, à la méditation et à la science, dans les universités et les églises. On ne peut pas faire une exception pour la princesse Elisabeth, que l'auteur des *Méditations,* pendant son séjour à Endegeest, près de la Haye, initia une des premières à sa méthode et à ses idées ; car la fille de l'Electeur palatin Frédéric V n'était point du pays. Réfugiée avec sa mère dans la capitale de la Hollande, elle devait la quitter bientôt pour son abbaye de Herforden, dont elle fit une académie entièrement vouée au culte du cartésianisme.

Ne relevant que d'elles-mêmes dans une république fédérative où les villes et les provinces unies avaient gardé une grande indépendance, et joignant aux avantages de cette situation exceptionnelle le principe protestant du libre examen, les universités et les églises hollandaises étaient parfaitement préparées à accueillir dans leur sein la nouvelle philosophie. Il ne faut donc pas nous étonner si en 1638, un an après la publication du *Discours de la Méthode*, la Hollande comptait déjà deux professeurs cartésiens, Réneri et Regius, suivis de près par Van Hoogland, professeur de médecine à l'université de Leyde. Ils avaient reçu directement, à l'exception de Regius, les leçons du maître, et celui-ci, avant de quitter les Pays-Bas pour aller mourir en Suède, eut la satisfaction de voir une nombreuse jeunesse se presser autour des chaires qui s'étaient vouées à la propagation de ses pensées.

Toutes les universités sont gagnées successivement par l'esprit nouveau. L'exemple donné par celles d'Utrecht et de Leyde est suivi par celles de Groningue, de Franéker, de Nimègue, et il n'y a pas jusqu'à l'*Ecole illustre* de Bréda qui ne finisse par devenir une école cartésienne. Ce ne sont pas seulement les professeurs de médecine, de physique ou de philosophie qui enseignent la méthode et les principes du cartésianisme, mais aussi les professeurs de théologie. Ce sont de graves docteurs et des ministres de l'Evangile chargés de préparer la jeunesse aux fonctions du sacerdoce, qui appliquent le doute méthodique à l'interprétation des saintes Ecritures. Tel est le but que poursuivent, avec plus ou moins de franchise, Heerebord, Pierre Burmann, Abraham Heidanus, Wittichius, Maresius, Jean Schuler, Lambert Welthuysen, tous professeurs de théologie ou docteurs de la même

Faculté. L'un d'entre eux, Wittichius, professeur à l'université de Leyde, poussa la hardiesse jusqu'à se faire révoquer par un synode. Un autre, Abraham Heidanus, voyant un cartésien de l'université de Louvain, un prédécesseur de Spinosa, Geulinx, chassé de sa chaire à cause de ses doctrines, ne craignit pas, au risque de passer pour son complice, de lui offrir un asile et de le couvrir publiquement de sa protection. C'est à Maresius que nous devons une traduction française du *Traité des passions de l'âme*.

En France, les choses se passèrent autrement. Placées sous la double autorité du roi et de l'Église, surveillées en outre par les parlements, qui avaient défendu à Ramus, *sous peine de la hart*, d'enseigner une autre logique que celle d'Aristote, les universités ne se prêtaient pas facilement à un changement de doctrine. Les nouveautés leur étaient trop funestes pour qu'elles ne missent pas le plus grand soin à les exclure de leur sein. Quand elles consentirent à les admettre, c'est qu'elles avaient cessé depuis longtemps d'être des nouveautés. Aussi n'est-ce qu'au milieu du xviiie siècle qu'on les voit lentement se convertir à la philosophie cartésienne, quand Descartes commence à être détrôné dans l'opinion publique par Locke et par Condillac.

Soit parce qu'elles sont moins surveillées du dehors en raison de la confiance qu'elles inspirent naturellement, soit parce que la solitude, l'absence des soucis de la vie et l'habitude de la méditation les rendent plus curieuses des recherches de l'esprit humain dans les voies de la spéculation pure, les congrégations religieuses se montrent plus hardies. La philosophie cartésienne trouve tout d'abord au milieu d'elles de nombreux et zélés partisans ; oratoriens, bénédictins, génovéfains, minimes, semblent également tenir à honneur de lui fournir quelques adeptes. Il n'y a pas jusqu'aux jésuites, avec lesquels Descartes, soit par calcul, soit par goût, avait toujours conservé des relations d'amitié, qui, en attendant la décision de leur ordre tout entier ou plutôt de leur général, ne lui aient prodigué les encouragements et les marques d'approbation. Naturellement c'est dans la savante congrégation de l'Oratoire et dans la société de Port-Royal que la nouvelle philosophie devait trouver le plus d'appui. Entre la grâce augustinienne et le principe de la création continue, entre le jansénisme réfractaire à l'autorité et un système philosophique qui fait du témoignage de la conscience le fondement de toute vérité et de toute certitude, il y a une alliance intime qui a été signalée de bonne heure par les amis comme par les ennemis des deux doctrines. « Janséniste, c'est-à-dire cartésien, « dit Mme de Sévigné en parlant du père Lebossu. » Les jésuites ne séparent pas non plus les deux titres, qui deviennent pour eux, dès que l'autorité a parlé, des titres de proscription. Jurieu est de leur avis quand il reproche à l'Oratoire de n'être pas moins attaché à la philosophie de Descartes qu'à la foi de l'Evangile.

Mais nulle part, à partir de la publication des *Méditations métaphysiques*, qui sortirent des presses de la Hollande en 1641, le cartésianisme ne fit des progrès plus rapides que dans le cœur même, nous voulons dire dans les classes éclairées de la société française, parlement, barreau, clergé séculier, gens de cour et gens du monde. La société française du xviie siècle, ou du moins ce qu'on appelle plus particulièrement la société polie, ne ressemblait pas tout à fait à la société de nos jours. Grâce à l'hérédité des fonctions et à l'immobilité des fortunes, elle avait du loisir. La vie politique lui étant interdite, elle dépensait son activité intellectuelle à augmenter l'élégance de ses mœurs et la culture de son esprit. La presse quotidienne qui effleure toutes les questions sans en approfondir aucune, le journal qui se substitue au livre et qui détruit le goût des lectures sérieuses, n'étant pas encore créés, ou, ce qui est presque la même chose, n'ayant pas encore pris les proportions qu'ils ont acquises plus tard, elle était obligée de prendre une connaissance directe des œuvres importantes de la littérature et des sciences, et de suivre par elle-même, non par les yeux d'un intermédiaire plus ou moins intelligent ou désintéressé, les discussions philosophiques ou même théologiques qui s'engageaient en sa présence. Une nouvelle façon de comprendre la grâce ou les états d'oraison, une nouvelle méthode d'investigation appliquée aux vérités spéculatives, des vues nouvelles sur l'essence de l'âme et du corps, sur l'ordre général de la nature, n'avaient presque pas moins d'intérêt pour elle que n'en a aujourd'hui pour nous une révolution dans l'Etat.

Cela nous explique comment, au bout de quelques années, on ne distinguait plus guère dans son sein que des cartésiens et des anticartésiens : il fallait être l'un ou l'autre, sous peine de n'être rien. Mais nous ne pouvons mieux faire que de donner ici la parole à M. Bouillier, qui peint cette situation dans un excellent langage.

« Repoussé des écoles, le cartésianisme français se

« répandit rapidement dans toutes les classes de la
« société savante, lettrée et polie du xviie siècle. Dès la
« publication des *Méditations métaphysiques,* Des-
« cartes, comme le dit Baillet, fit la matière de toutes
« les conversations savantes dans Paris et dans les
« provinces. Pendant plus d'un demi-siècle, il n'a pas
« paru en France un seul livre de philosophie, il n'y a
« pas eu une seule discussion philosophique qui n'eût
« Descartes pour objet, qui ne fût pour ou contre son
« système. Dans le clergé, dans les congrégations reli-
« gieuses, dans les académies, dans le barreau, dans
« la magistrature, dans le monde, dans les châteaux,
« dans les salons, et même à la cour, partout nous
« rencontrons des disciples fervents de la nouvelle
« philosophie, qui la portent par-dessus les nues, qui
« travaillent ardemment à la répandre [1]. »

Parmi les châteaux auxquels M. Bouillier fait allusion dans le passage que nous venons de citer, il faut comprendre celui de Chantilly. Le grand Condé se plaisait à y appeler Régis, le plus éloquent et le plus populaire des interprètes de la nouvelle doctrine, un véritable missionnaire du cartésianisme, qui lui expliquait la pensée du maître avec un tel succès, si nous en croyons Fontenelle, qu'il la faisait accepter comme vraie. Le vainqueur de Rocroi aimait aussi à s'entretenir avec Malebranche, dont il lisait les ouvrages. Il lui arriva une fois de l'écouter pendant trois jours lui exposant ses idées sur la nature divine. Pendant son séjour en Hollande, il voulut avoir une entrevue avec Spinosa ; mais au moment où ce philosophe arrivait au rendez-

---

[1]. T. I, p. 430.

vous qu'il lui avait donné à Utrecht, un ordre subit du roi l'avait rappelé en France.

Chantilly nous fait penser à la petite cour de Sceaux. Là aussi le cartésianisme est triomphant. Les hôtes habituels du lieu, le cardinal de Polignac, de Malézieu, l'abbé Genest, sont de fervents disciples de Descartes. La duchesse du Maine elle-même se pique de cartésianisme. « Son catéchisme et la philosophie de Descartes, « dit Mlle de Launay, sont deux systèmes qu'elle en- « tend également. » D'ailleurs, Mlle de Launay est animée du même esprit que sa maîtresse ; mais elle partage son culte entre Descartes et Malebranche. Elle avait, dès sa jeunesse, pendant qu'elle était encore au couvent, fait une étude approfondie de la *Recherche de la vérité*.

Un autre château où le cartésianisme rencontre de chaleureux défenseurs, c'est celui de Commercy, qui servit à la fois de lieu d'asile et de retraite au cardinal de Retz. Rappelé en France en 1675, le turbulent coadjuteur se renferma jusqu'à sa mort, c'est-à-dire jusqu'en 1679, dans cette paisible demeure, dont il fit une académie cartésienne. Il y présidait avec beaucoup d'activité des conférences philosophiques, où il avait pour auditeurs et quelquefois pour contradicteurs les bénédictins de l'abbaye de Saint-Mihiel, située dans le voisinage. L'un d'entre eux, qui s'est acquis un grand renom par la hardiesse et par la bizarrerie de ses opinions, dom Robert Desgabets, était son adversaire habituel. Le cardinal de Retz s'efforçait de le ramener à des idées plus justes et plus conformes à celles de leur maître commun. Il paraît avoir montré en philosophie autant de bon sens et de modération qu'il en a montré peu en politique.

Ce que nous disons de Chantilly et du château de Commercy s'applique également aux châteaux du duc de Luynes, des ducs de Nevers et de Vivonne, du marquis de Vardes. Régis est mort chez le duc de Rohan, qui, non content de lui faire une pension, lui avait donné un appartement dans son hôtel. Quelque sévère qu'on soit pour l'aristocratie de l'ancien régime, il faut convenir que les millionnaires de nos jours n'ont pas hérité de cette passion pour la philosophie et les philosophes, pour la science et les savants.

Les grandes dames qui étaient en même temps des femmes d'esprit suivaient l'exemple donné par les grands seigneurs. La fille de Mme de Sévigné, Mme de Grignan, « savait à miracle, au dire de Corbinelli, la « philosophie de Descartes et en parlait divinement. » Mme de Sévigné s'y intéressait aussi, « non pour jouer, « comme elle dit spirituellement, mais pour voir jouer, « pour comprendre sa fille quand elle lui parlera de son « père Descartes. » Il y a dans une de ses lettres[1] un charmant passage sur les relations d'amitié qu'elle a engagées avec une nièce du philosophe. « Il me semble, « dit-elle, qu'elle vous est quelque chose du côté pater-« nel de M. Descartes, et dès là je tiens un petit morceau « de ma fille. » Son salon est occupé habituellement par des adeptes de la nouvelle philosophie. C'est d'abord Corbinelli, son ami et son secrétaire; c'est l'évêque de Léon, « cartésien à brûler; » l'abbé de la Mausse, le père Damaie, et jusqu'au fils de la maison, philosophe à ses heures. Dans ce petit cercle on disserte à perte de vue sur les tourbillons, la matière subtile, les causes

---

1. Lettre 1026, cité par M. Bouillier, t. I, p. 438.

occasionnelles, les esprits animaux ou les *petits esprits*, comme Mme de Sévigné les appelle ironiquement, sur l'automatisme des bêtes. Cette dernière opinion n'a aucun succès auprès d'elle, ni, on peut le croire, auprès de ses hôtes. Elle a une chienne qu'elle nomme Marphise, à laquelle elle reconnaît tant d'intelligence et de bons instincts, qu'elle ne peut se résoudre à lui refuser une âme.

Le salon de Mme de Sablé offre le même spectacle, avec cette différence que la théologie et la métaphysique y tiennent plus de place que la physique et la physiologie ou la grande question des idées innées. Il s'agit de savoir si la philosophie de Descartes contient ou non le système de Spinosa, et si, en faisant consister l'essence de la matière dans l'étendue, elle ne détruit pas le mystère de la transsubstantiation dans l'eucharistie.

Aux discussions et aux conversations viennent se joindre les conférences publiques, qui ne sont pas une invention de notre temps. Rohault, à Paris, dans sa maison, en fait régulièrement tous les mercredis sur la physique cartésienne, qui sont suivies avec passion par des auditeurs sortis de tous les rangs de la société, et accourus de tous les points de la province aussi bien que de la capitale. On y venait même de l'étranger, et l'on y voyait, comme dans les réunions semblables de nos jours, ou comme dans les salles du Collége de France, un certain nombre de siéges réservés pour les dames et toujours occupés.

Régis fait encore mieux. Il parcourt la France en véritable apôtre de la philosophie nouvelle. Une société cartésienne, établie à Paris depuis plusieurs années, lui a confié cette mission. Il s'arrête pendant quelque temps à Toulouse, où son éloquence a un tel succès que les magistrats de la *ville palladienne* lui assurent une pension sur leur hôtel de ville. Revenu à Paris, il continue les conférences que la mort de Rohault a laissées interrompues ; la foule qui se presse autour de lui est plus nombreuse encore que celle qu'attirait son prédécesseur, quand tout à coup un ordre venu de l'archevêché, sous forme de prière, change cet enthousiasme en silence et en désolation.

Il y a aussi des femmes qui soutiennent publiquement des thèses, qui ouvrent des conférences, qui font, sous toutes les formes, une active propagande en faveur du cartésianisme, soit pur, soit transformé par la doctrine de Malebranche. On cite dans ce nombre Mlle Dupré, nièce de Desmarets-Saint-Sorlin, savante comme Mme Dacier, et joignant à l'érudition le don de la poésie ; une autre femme poëte, du nom de Mlle de la Vigne, et Mlle de Wailly, une parente de l'auteur de la *Recherche de la vérité*.

Le cartésianisme, depuis sa naissance jusqu'au jour où il a été détrôné, en physique par Newton, en philosophie par Locke et par Condillac, n'a pas plus manqué d'adversaires que d'apologistes. Comment s'en étonner quand on songe au coup mortel qu'il portait à l'autorité en présentant le doute comme la première condition et l'évidence comme l'unique critérium de la vérité ? Tout le monde n'avait pas la sagesse de respecter la barrière élevée par Descartes et quelques-uns de ses plus éminents disciples entre la philosophie et la théologie. Aussi la doctrine contenue dans les *Méditations* et le *Discours de la Méthode*, complétée plus tard par les *Principes*, a-t-elle été accusée, en Hollande, de ruiner le pouvoir du stathouder et la constitution de l'église protestante, en France, d'être hostile à l'autorité de l'Église et à celle du roi. Dans les deux pays elle avait des ennemis implacables, qui trouvaient en elle le germe de toutes les révoltes, de toutes les hérésies, même celui de l'athéisme.

Parmi ceux qui se laissaient emporter jusqu'à cette extrémité, le premier en date est le théologien Gisbert de Voët ou Voétius, recteur de l'université d'Utrecht au moment où le cartésianisme venait d'y être introduit, avec de graves altérations et sous une forme très-irritante, par le professeur Regius et son disciple Ræy. Voétius se pressa un peu trop de faire remonter jusqu'à Descartes les thèses qu'il entendait soutenir par deux de ses partisans déclarés, et qui blessaient non-seulement la vieille philosophie et les dogmes les plus essentiels de la religion, mais le cartésianisme lui-même dans ses principes spiritualistes. A ce premier tort Voétius en ajouta un second. Il traduisit Descartes devant la justice du pays; il le fit sommer au son des cloches de venir se justifier devant les magistrats de la double accusation d'athéisme et de calomnie. Mais parce qu'il a manqué d'équité et de modération dans la forme, ce n'est pas une raison de penser qu'il ait eu également tort quant au fond. Calviniste rigide de la secte des Gomaristes, animé, comme le reconnaît Descartes lui-même, d'un zèle ardent pour la religion, dont il était devenu, par sa science et son éloquence, le principal soutien aux yeux de l'opinion publique, il ne pouvait pas voir sans inquiétude pénétrer dans les écoles ce système et surtout cette méthode redoutable qui remettait tout en question et dont les premiers interprètes en Hollande élevaient des doutes sur la spiritualité de l'âme et les preuves de l'existence de Dieu.

D'ailleurs n'avait-il pas vu le cartésianisme s'emparer, non-seulement de la métaphysique et de la physique, mais de la théologie elle-même? C'est un fait incontestable que la théologie rationaliste, objet d'abomination pour le calvinisme pur, par conséquent pour le gomarisme, s'est répandue en Hollande sous le masque de la philosophie cartésienne. D'après les faits qui se passaient sous ses yeux, il n'était pas difficile à Voétius de prévoir le jour où un ministre de l'Évangile, Balthazar Bekker, en viendrait jusqu'à soutenir que le doute méthodique est applicable à la religion comme à la science, que la philosophie doit décider en dernier ressort du sens qu'il faut attacher à l'Écriture sainte, et qu'elle ne saurait admettre que celui qui s'accorde avec les lois de la nature et de la raison ; qu'en conséquence il n'y a aucun motif de croire à l'existence des anges et des esprits.

M. Bouillier, généralement si impartial dans ses jugements, fait un crime à Voétius d'avoir écrit au père Mersenne, dont il ignorait les relations d'amitié avec Descartes, pour le prier d'obtenir des catholiques de France de s'unir aux calvinistes de Hollande contre un système qu'il regardait comme également pernicieux à toutes les religions. Mais il n'y a rien dans cette démarche qui ne soit conforme aux règles les plus élémentaires de la politique, et la politique religieuse est soumise aux mêmes conditions que la politique d'État. N'a-t-on pas vu, il y a quelques années, parmi nous un protestant illustre joindre ses efforts à ceux du parti ultramontain pour défendre le pouvoir temporel du pape? Il croyait, à tort ou à raison, toutes les églises chrétiennes intéressées à la conservation des États du Saint-Siége, et personne ne songeait à mettre en question sa loyauté et sa bonne foi. Rien ne donne le droit de supposer que le recteur gomariste de l'université d'Utrecht n'ait pas obéi à des motifs aussi honorables.

Au reste, les successeurs de Voétius ont suivi exactement la même conduite. Voyant l'interprétation des livres saints de plus en plus abandonnée à l'arbitraire individuel, sous l'influence ou sous le masque du cartésianisme; voyant jusque dans les chaires de théologie les dogmes les plus essentiels de la religion sacrifiés aux doctrines de Descartes, les synodes de Dordrecht et de Delft firent défense aux théologiens de se servir en aucune occasion d'un raisonnement ou d'un principe cartésien, et rendirent un décret aux termes duquel quiconque aurait fait acte d'adhésion à la philosophie nouvelle serait exclu des chaires de théologie et des dignités ecclésiastiques. On ne saurait en vouloir aux gens d'être conséquents avec eux-mêmes et d'agir conformément aux principes dont ils font publiquement profession. C'est le contraire qui serait regrettable, parce qu'il donnerait une médiocre opinion de la nature humaine.

La même raison fait un devoir à l'historien de la philosophie de n'être point trop sévère pour les ennemis que le cartésianisme a rencontrés en France. La physique de Descartes est venue d'abord se heurter contre un dogme fondamental de la foi catholique, nous voulons parler du mystère de la transsubstantiation dans l'eucharistie. Avec l'ancienne doctrine, la doctrine péripatéticienne, qui fait une différence entre la substance et les accidents, entre la substance étendue et l'étendue elle-même, ainsi que ses différents modes, on pouvait dire que la substance est changée dans l'hostie consacrée, quoique les qualités sensibles, les accidents ou les modes demeurent les mêmes. Mais du moment que, dans la matière en général et dans chaque corps en particulier, la substance n'est pas autre chose que l'étendue, il n'y a plus de miracle, puisque avant comme après, l'étendue est la même. Descartes, pour écarter cette objection, fait de vains efforts et descend à des subtilités indignes de son génie. Elles n'ont pas d'autre résultat que de lui attirer des difficultés nouvelles et d'envenimer une discussion sans issue, car elle avait son origine dans un des principes fondamentaux de son système.

Cela seul suffisait déjà pour exciter contre le cartésianisme naissant l'hostilité ou la défiance des théologiens rigides, de la partie militante de l'Église. Mais à ce motif particulier d'éloignement venait se joindre le motif général que nous connaissons déjà, le même qui avait agi sur les églises réformées de Hollande, l'esprit d'indépendance, sinon d'insurrection, l'amour de la nouveauté, l'esprit sévèrement critique qui respire dans la philosophie de Descartes. Descartes pouvait dire : « Je suis de la religion du roi et de ma nourrice. » Mais ni ses amis ni ses ennemis n'étaient obligés par ses principes de prendre au sérieux cette déclaration. Il n'y a donc pas à s'étonner que, suspect en Hollande à l'orthodoxie calviniste comme un allié secret du socinianisme et du rationalisme, il ait été signalé en

France par l'orthodoxie catholique comme un allié des calvinistes et des jansénistes. Des deux accusations qu'il rencontrait dans son propre pays, la première était difficile à soutenir; mais la seconde, comme nous l'avons déjà remarqué, était complétement justifiée par les faits. Il est certain que les jansénistes ou ceux qui inclinaient seulement au jansénisme étaient tous cartésiens, et d'autant plus décidés dans leurs opinions philosophiques qu'ils étaient plus avancés dans leurs opinions religieuses.

On sera peut-être tenté de faire une exception pour Pascal; mais il faut remarquer que la vie de Pascal se partage en deux périodes bien différentes. Dans la première, ne poussant pas la doctrine augustinienne de la grâce plus loin que ses amis et ses compagnons de Port-Royal, il se montre cartésien pur. Il professe, comme tous les cartésiens, la doctrine du progrès indéfini de l'esprit humain. Il compare l'humanité à un seul homme qui subsiste toujours et qui apprend continuellement. Il recommande de ne rien admettre que sur la foi de l'évidence ou après démonstration. Il distingue entre la philosophie et la théologie, réclamant pour celle-là une entière liberté et ne faisant de la foi une obligation que pour celle-ci. Il proteste contre la condamnation de Galilée, et, non content d'admettre le mouvement de la terre, il croit avec Descartes que le monde est infini, puisqu'il le représente sous l'image d'une sphère dont le centre est partout et la circonférence nulle part. En physique, il est partisan du mécanisme universel, du plein, de la matière unique, de la théorie cartésienne de la lumière et de la chaleur, et en physiologie de l'automatisme des bêtes.

Dans la seconde période de sa vie, lorsqu'il ne lui reste plus qu'une seule pensée, celle d'assurer le règne de la grâce par l'anéantissement de la nature, et le triomphe de la foi par l'excès du doute et du désespoir, il se montre, il est vrai, un adversaire passionné de Descartes; il l'accuse d'impiété et presque d'athéisme. « Il aurait
« bien voulu, dit-il, dans toute sa philosophie, pouvoir
« se passer de Dieu, mais il n'a pu s'empêcher de lui
« faire donner une chiquenaude pour mettre le monde
« en mouvement. » Il répudie sa physique comme chimérique et fastidieuse autant que préjudiciable à la foi. « Il faut dire en gros, cela se fait par figure et par
« mouvement, car cela est vrai; mais de dire quels, et
« composer la machine, cela est ridicule, car cela est
« inutile et incertain et pénible. » Aux preuves cartésiennes de l'existence de Dieu, il préfère la règle des partis, le calcul des probabilités, un motif de croyance tiré de l'intérêt de l'homme. Mais quand Pascal renie ainsi la philosophie de Descartes, c'est qu'il renie toute philosophie et qu'il en est venu jusqu'à dire : « Nous
« n'estimons pas que toute la philosophie vaille une
« heure de peine... Se moquer de la philosophie, c'est
« vraiment philosopher. » Quand Pascal renie la philosophie, c'est qu'il a rompu avec la raison elle-même; il la trouve *sotte* et ne voit pas qu'on ait quelque chose à perdre en la perdant : « Abêtissez-vous! » Toujours est-il que tant qu'il resta philosophe il resta cartésien.

C'est un autre janséniste, et non certainement un des moins ardents, par conséquent un autre cartésien, dont nous avons vainement cherché le nom dans le livre de M. Bouillier, c'est Domat, l'auteur du *Traité*

des lois civiles, qui avait coutume de dire : « Quand
« verrons-nous sur la chaire de saint Pierre un pape
« chrétien? »

Dans cette situation, le cri d'alarme et bientôt après
le cri de guerre devait venir surtout de la partie militante de l'Église, d'un corps institué pour combattre
toute nouveauté, soit qu'elle invoque le nom de la philosophie ou celui de la théologie ; il devait venir de la
compagnie de Jésus. En effet, si quelques membres de
la Société, cédant à un sentiment d'amitié pour l'auteur
ou à un sentiment d'admiration pour l'œuvre, ont pu
individuellement accueillir d'abord avec bienveillance
la philosophie de Descartes, le corps tout entier ne tarda
pas à la combattre par tous les moyens qui étaient en
son pouvoir, par la plaisanterie, par l'argumentation,
par la dénonciation. C'est par la dénonciation surtout
qu'il se flatta de triompher et qu'il triompha effectivement, pendant quelques années, de la doctrine suspecte. Il la dénonça à la cour de Rome, qui la fit condamner par la congrégation de l'Index. Il la dénonça
à l'assemblée générale du clergé de France, en 1682,
demandant par la bouche du P. Valois qu'elle fût proscrite dans toute la catholicité comme complice du calvinisme et du jansénisme. Il la dénonça enfin au pouvoir royal et obtint qu'elle fût bannie des chaires de
médecine aussi bien que des chaires de théologie et de
philosophie. Il fut même question un instant d'obtenir
du parlement un arrêt qui la bannît expressément,
sous les peines les plus graves, de tout le royaume, et
le parlement, vivement sollicité, aurait cédé peut-être
sans le ridicule dont cette mesure était couverte d'avance par l'arrêt burlesque de Boileau. Pendant quinze

ans, de 1675 à 1690, le cartésianisme reste frappé d'interdiction ; il n'est pas seulement exclu de l'enseignement officiel, mais aussi de l'enseignement libre, comme nous dirions aujourd'hui, et de l'enseignement écrit. Les conférences cartésiennes sont prohibées et le *privilége du roi*, c'est-à-dire la permission de voir le jour, est refusé à tout ouvrage manifestement favorable aux idées de Descartes. Malebranche est obligé de faire imprimer les siens à l'étranger. Il va sans dire que la philosophie cartésienne est proscrite dans toutes les maisons de la compagnie de Jésus. Par une décision d'un de ses généraux, Michel-Ange Tamburini, il est défendu de la soutenir même à titre d'hypothèse.

On s'est étonné de l'acharnement des jésuites contre Descartes, tandis qu'ils ont laissé en paix Gassendi, le restaurateur du système des atomes, l'apologiste du système d'Épicure ; rien n'était cependant plus logique. La cause de l'autorité leur était plus chère que celle de toute philosophie, quelle qu'elle fût, et Gassendi ne s'est jamais attaqué à l'autorité ; ses opinions n'étaient point en opposition directe avec certains dogmes, comme la théorie cartésienne de la matière avec le mystère de la transsubstantiation, comme le spiritualisme cartésien ou la distinction absolue de la matière et de l'esprit avec le dogme de la résurrection des corps. Ajoutez à cela que l'auteur du *Syntagma*, goûté de quelques faciles et libres esprits, n'était pas appelé à exercer une influence dangereuse. Les épicuriens, quand on les a contre soi, sont des adversaires pacifiques. Le P. Daniel lui sait même gré de ses idées équivoques sur la nature de l'âme. « Il paraît être, dit-il, un peu pyrrho-

« nien en métaphysique, ce qui, à mon avis, ne sied
« pas mal à un philosophe[1]. »

Comme une condition nécessaire du règne de l'autorité et de l'intégrité de la foi, les jésuites estimaient par-dessus tout l'immobilité des idées, la conservation des mêmes méthodes et des mêmes doctrines philosophiques aussi bien que des mêmes traditions philosophiques. Ils auraient mieux aimé une vieille erreur passée dans les habitudes de l'esprit qu'une vérité nouvelle capable de les troubler; mais comme la vérité pour eux n'était pas là et qu'il ne s'agissait pas même de vérité, ils ne faisaient aucun sacrifice en barrant le chemin à toute innovation importante. De là vient que, malgré sa parenté avec le matérialisme et le scepticisme, la vieille maxime de l'école : *Nihil est in intellectu quod non prius fuerit in sensu*, leur paraissait préférable aux idées innées et à toute la métaphysique de Descartes. Le P. Daniel, que nous citions tout à l'heure, l'avoue franchement quand il prend pour son propre compte, c'est-à-dire pour le compte de sa compagnie, ces paroles qu'il met dans la bouche de Colbert : « Folie
« ancienne, folie nouvelle, je crois qu'ayant à choisir,
« il faut préférer l'ancienne à la nouvelle. » En vain Malebranche et ses disciples invoqueront-ils l'autorité de saint Augustin en faveur de toutes les doctrines que repoussait la compagnie de Jésus ; les jésuites, au fond du cœur, n'aimaient pas plus saint Augustin que Descartes. Le premier, avec son platonisme extrême, avec son mysticisme ardent, ne paraissait pas plus favorable que le second à leur étroite discipline, à leurs minu-

---

1. *Voyage du monde* de Descartes.

tieuses pratiques, à la petite dévotion idolâtre qu'ils ont introduite dans l'Église, évidemment avec le dessein de détourner les esprits de toutes les grandes questions et de maintenir les âmes à la portée de leur domination. Puis ils avaient cette fortune de défendre une belle cause, celle du libre arbitre, à la fois contre le cartésianisme et contre le jansénisme, car l'hypothèse des causes occasionnelles et l'idée de la création continue ne la mettaient pas moins en péril que la doctrine augustinienne de la grâce.

Il arrive cependant un moment où les jésuites se réconcilient avec la philosophie cartésienne et trouvent, en lui appliquant sans restriction les expressions dont le P. Rapin s'est servi en parlant de la physique de Descartes, « qu'elle est remplie d'idées curieuses et de « belles imaginations. » L'un d'entre eux, le P. Guénard, partage avec Thomas le prix proposé par l'Académie française pour l'éloge de Descartes. Mais c'était en l'année 1755, quand le cartésianisme, momentanément détrôné par les doctrines de Locke et de Condillac, pouvait leur sembler décidément mort, *perinde ac cadaver*, comme disent leurs constitutions.

Il faut rendre cette justice aux jésuites que dans leur polémique contre le cartésianisme, même en y comprenant les paradoxes et les excentricités du P. Hardouin, ils ont toujours gardé une certaine mesure, une certaine modération relative, qui est dans leur ton et dans leur langage quand elle n'est point dans leur esprit. Cette limite a été franchie par Huet, tour à tour leur protégé et leur protecteur, toujours leur ami, et qui, après avoir été un zélé champion de la philosophie de Descartes et même un de ses apôtres, puisqu'il lui a donné Cally et Desgabets, s'est brusquement tourné contre elle, moitié par intérêt, moitié par dépit. Il voyait bien qu'en restant fidèle à une doctrine doublement proscrite, par le grand roi et par un ordre religieux qui passait à juste titre pour la plus grande puissance de l'Église, il se fermait le chemin des dignités et des honneurs. Il comprenait, après y avoir réfléchi, que le cartésianisme, en recommandant l'étude directe de l'âme et de la nature, était mortel à l'érudition, le seul fondement de sa renommée, le seul but et le seul résultat de ses labeurs. Cette conversion plus que suspecte ne lui porta point bonheur ; elle lui inspira deux misérables ouvrages, la *Censure de la philosophie cartésienne* et le *Traité de la faiblesse de l'esprit humain*, qui n'ont jamais prouvé autre chose que la faiblesse de son propre esprit. Par là même il justifiait le dédain de Descartes et de son école pour ceux qui ne sont que des érudits et qui, au lieu de penser eux-mêmes, s'inquiètent uniquement de savoir ce que les autres ont pensé.

Tous les adversaires du cartésianisme n'étaient point des théologiens et n'appartenaient point à la compagnie de Jésus. Quelques-uns d'entre eux étaient des péripatéticiens attardés et d'autres des disciples de Gassendi. Au nombre de ces derniers, nous rencontrons Guy Patin, qui, apprenant que Gassendi vient de mourir, écrit dans une de ses lettres : « J'aimerais mieux que « dix cardinaux de Rome fussent morts. » A côté de Guy Patin viennent se placer naturellement Bernier et Sorbière, le premier, élève et ami de Gassendi, le second son complaisant et son biographe.

Faut-il aussi comprendre parmi eux Molière ? Sans

aucun doute Molière a été un élève, il est peut-être resté toute sa vie un disciple de Gassendi. Il a reçu directement ses leçons avec Chapelle et Bernier ; mais qu'il ait été l'adversaire de la philosophie de Descartes au profit de celle de son ancien maître, c'est-à-dire au profit de celle d'Épicure ou de Lucrèce, dont il a, dans sa jeunesse, traduit le poème en vers français, cela, il nous est impossible de l'accorder à M. Bouillier. Molière mettait en scène, pour les couvrir de ridicule, toutes les exagérations, tous les excès, les excès de doctrine comme les autres. A ce titre, il poursuit de sa verve certaines interprétations du cartésianisme aussi bien que la pédanterie intolérable et les puériles distinctions des prétendus sectateurs d'Aristote. Ce n'est pas Aristote qui est blessé par l'emportement comique de Pancrace contre ceux qui disent *la forme d'un chapeau* au lieu de dire *la figure d'un chapeau*. Ce n'est pas non plus Descartes qui est livré à la risée publique sous les traits de Bélise, de Philaminte ou d'Armande. Ces portraits sont ceux de quelques cartésiens ignorants ou prétentieux, des femmes pour la plupart, qui confondent l'esprit précieux avec le langage et les principes de la nouvelle école. Ce n'est pas Descartes qui aurait dit :

Le corps, cette guenille, est-il d'une importance,
D'un prix à mériter seulement qu'on y pense?

Ce n'est pas Descartes qui aurait dit :

Ce n'est qu'à l'esprit seul que vont tous les transports,
Et l'on ne s'aperçoit jamais qu'on ait un corps.

Descartes disait au contraire : « Les passions sont toutes

« bonnes de leur nature, et nous n'avons rien à éviter
« que leur mauvais usage ou leurs excès [1]. » Descartes
dit encore dans une lettre que cite M. Bouillier [2] : « La
« philosophie que je cultive n'est pas si barbare ni si
« farouche qu'elle rejette l'usage des passions ; au con-
« traire, c'est en lui seul que je mets toute la douceur
« et toute la félicité de cette vie. » On peut même lui
reprocher d'aller un peu loin dans l'influence qu'il
accorde à la matière sur l'esprit, puisqu'on lit dans le
Discours de la méthode le passage suivant : « L'esprit
« dépend si fort du tempérament et des organes du
« corps que, s'il est possible de trouver quelque moyen
« qui rende communément les hommes plus sages et
« plus habiles qu'ils n'ont été jusqu'ici, je crois que
« c'est dans la médecine qu'on doit le chercher. »

M. Bouillier croit reconnaître la caricature du doute
méthodique dans le plaisant personnage de Marphurius,
ce douteur obstiné qu'on ne ramène au bon sens qu'à
coups de bâton. Comment cela serait-il possible, puisque
Descartes fait du doute le chemin de la vérité, qu'il
croit avoir trouvée à la fin, et que sa philosophie, prise
dans son ensemble, est aussi dogmatique que l'ait jamais été aucune autre. Marphurius, ce n'est pas un
philosophe cartésien, c'est la contre-partie de Pancrace,
c'est un philosophe sceptique, et des sceptiques, il n'en
manquait pas au temps de Molière. Montaigne, Charron, Sanchez, La Mothe Le Vayer avaient conservé des
disciples et ont trouvé un continuateur dans l'abbé
Foucher.

---

1. *Passions de l'âme*, 3ᵉ partie, article 211. Ce passage est cité par
M. Bouillier, t. I, p. 126.
2. *Ubi supra*.

On ne peut soutenir avec plus de raison que c'est l'atomisme de Gassendi ou, d'une manière générale, le sensualisme que Molière a voulu glorifier par la bouche de quelques-uns de ses personnages. Le bonhomme Chrysale semble d'abord confirmer cette supposition lorsqu'il dit :

... Mon corps, c'est moi-même, et j'en veux prendre soin.

Mais le vers suivant corrige tout de suite ce qu'il y a d'excessif dans la pensée :

Guenille, si l'on veut, ma guenille m'est chère.

D'ailleurs, le bonhomme Chrysale ne peut avoir la prétention de représenter un système de philosophie. Quant à Clitandre, il est strictement dans le vrai, sans allusion à aucun système, lorsqu'il répond aux exigences de la prude Armande :

... Pour moi, par malheur, je m'aperçois, madame,
Que j'ai, ne vous déplaise, un corps tout comme une âme.

Est-ce donc aussi une doctrine philosophique que défend Alceste dans le *Misanthrope*, et Philinte a-t-il l'intention de la combattre par une doctrine contraire ? Non. Molière ne tient pas école de philosophie dans ses pièces inimitables ; il n'est ni l'adversaire de Descartes, ni le défenseur de Gassendi ; il est l'adversaire de tous les travers de l'esprit et du caractère ; il est le défenseur de l'honnêteté, du bon goût et du bon sens.

III

La puissance d'une philosophie ne se manifeste pas seulement par le nombre de ses disciples et de ses adversaires, mais aussi par celui des systèmes indépendants ou tout à fait originaux qui se sont développés sous son nom, et qui, en acceptant ses principes, en ont tiré des conséquences entièrement nouvelles où elle cesse de se reconnaître. C'est ainsi que, dans l'antiquité, la doctrine de Socrate a donné naissance à celles de Platon et d'Aristote; que de la doctrine de Kant, à la fin du xviiie siècle et au commencement du xixe, sont sorties celles de Fichte, de Reinhold, de Baader, de Schelling et de Hegel. C'est une opinion accréditée chez les Musulmans, qu'une religion est d'autant plus près de la vérité et, par conséquent, est d'autant plus forte et plus durable qu'elle compte dans son sein un plus grand nombre d'hérésies ou de sectes dissidentes. Cette règle est parfaitement applicable à la philosophie, si par hérésies philosophiques l'on entend ces libres développements dont nous venons de parler. Dans le domaine de la pensée comme dans celui des faits, l'uniformité c'est l'immobilité et la mort; la diversité c'est le mouvement et la vie. Cette preuve de fécondité et de vigueur, il y a peu de systèmes qui la présentent au même degré que le cartésianisme.

Voici d'abord Clauberg qui, poussant à leurs dernières conséquences le principe de la création continue et la théorie des causes occasionnelles, arrive à dire que les créatures sont par rapport à Dieu ce que nos pensées sont par rapport à notre esprit, et quelque chose de moins substantiel encore ou de moins indépendant : car nous ne sommes pas maîtres de nos pensées, nous ne les produisons pas à volonté et elles persistent souvent malgré nous ; tandis que Dieu est tellement maître de ses créatures, qu'il suffit qu'il retire sa pensée de l'une d'entre elles pour qu'elle rentre à l'instant même dans le néant.

Après Clauberg vient Geulinx, que M. Bouillier appelle, non sans raison, le Malebranche de la Hollande. En effet, l'on trouve chez lui le germe de la vision en Dieu. Mais il peut aussi être regardé comme un devancier de Spinoza et, à certains égards, de Leibniz. A l'exemple de Clauberg, il refuse à l'âme toute activité propre, toute efficace sur elle-même, à plus forte raison sur son corps et le monde extérieur en général. Mais il soutient cette opinion par d'autres arguments, en même temps qu'il lui donne un tour plus systématique et un caractère plus prononcé. L'âme ayant pour essence la pensée, ne peut, selon lui, produire que des actes dont elle se rend parfaitement compte, dont elle aperçoit clairement la nature et le mode d'exécution ; or nous n'en connaissons pas qui remplissent cette condition ; donc il n'y en a pas dont nous soyons vraiment les auteurs. Si l'âme, malgré sa conscience et son intelligence, est incapable d'exercer aucun pouvoir sur elle-même, encore bien moins sommes-nous en droit d'attribuer une telle perfection à l'étendue inconsciente et inintelligente, à la matière en général, et par conséquent, à notre corps. Il résulte de là que l'âme et le corps ne sont que deux instruments entièrement placés dans les mains de Dieu et dont lui seul fait jouer tous les ressorts, qui n'ont entre eux aucune communication. Mais par cela seul qu'il les fait servir simultanément à ses desseins, il les met d'accord. Ce sont deux horloges qui, parfaitement indépendantes l'une de l'autre, marquent cependant la même heure, parce qu'elles sont réglées toutes deux sur le cours du soleil. Cette comparaison, on la trouvera plus tard chez Leibniz, qui, après Geulinx, n'a pas eu à faire beaucoup de frais d'imagination pour inventer l'hypothèse de l'harmonie préétablie.

Voici maintenant chez le même philosophe un des traits les plus essentiels de la doctrine contenue dans la *Recherche de la vérité*. Doués d'intelligence et privés de toute activité, nous ne sommes dans l'univers que de simples spectateurs; nous voyons ce qui s'y passe; mais rien de ce qui s'y passe ne vient de nous et ne nous appartient, pas même cette vision qui fait de nous des témoins étrangers et impuissants. C'est à Dieu seul que nous en sommes redevables, c'est en lui qu'il nous montre toutes les choses que nous croyons apercevoir dans le monde extérieur; car notre raison ne conçoit rien, ne connaît rien par elle-même; la lumière qui l'éclaire est celle que lui répartit la Raison infinie. A proprement parler, il n'y a qu'une seule raison à laquelle participent, dans des proportions différentes, toutes les intelligences, et dont les lois, éternelles et universelles, s'appliquent indistinctement à tout ce qui est.

Ce qu'il dit des esprits, Geulinx, poussé par la force irrésistible de la logique, ne manque pas de l'étendre aux corps. De même que les esprits particuliers ne sont que des modes de l'esprit universel, ainsi les corps particuliers ne sont que des modes d'un corps en soi, c'est-à-dire de l'étendue intelligible qui, ainsi que l'intelligence elle-même, ne peut subsister qu'en Dieu. Nous voilà tout près de Spinoza, et en effet, parmi les disciples indépendants de Descartes, c'est son nom que nous trouvons immédiatement après celui de Geulinx.

Avec une franchise qui l'honore et, ce qui vaut encore mieux que la franchise, avec l'autorité que lui donnent des preuves irrécusables, M. Bouillier rend à Spinoza, considéré comme philosophe, son origine cartésienne, si vivement contestée, il y a quelques années, par un maître illustre et à jamais regretté. En vain Colerus, dans sa *Vie de Spinoza,* avait-il attesté le fait dans ces termes significatifs : « Les œuvres de Descartes étant tombées entre ses mains, il les lut avec avidité, et dans la suite il a souvent déclaré que c'était de là qu'il avait puisé tout ce qu'il savait en philosophie. » Sans tenir compte du témoignage d'un homme aussi bien informé, on a essayé de démontrer, à force d'esprit et d'éloquence, que Spinoza n'avait rien de commun avec l'auteur des *Méditations métaphysiques,* que c'était un fils spirituel de son coreligionnaire Moïse Maïmonide, et que son système n'était pas autre chose, sous une forme plus systématique, que la doctrine contenue dans le *Guide des égarés.* Ce n'est qu'à la fin de sa vie et pour affranchir le cartésianisme d'une filiation compromettante, que M. Cousin a soutenu cette opinion. M. Bouillier la combat victorieusement.

C'est dans l'*Éthique* que Spinoza a développé son système personnel de philosophie ; c'est donc là qu'il faut chercher les idées qu'il aurait empruntées à son prédécesseur du xii⁰ siècle. Mais quelle ressemblance y a-t-il entre le spinozisme et le péripatétisme arabe que Maïmonide a essayé de concilier avec le dogme biblique de la création? Spinoza n'admet ni la création, ni les hypothèses des philosophes arabes sur la matière première, sur les intelligences séparées, sur l'intellect actif, sur la conjonction, sur l'influence des astres et la composition de l'univers. Toutes ces suppositions, qui tiennent une si grande place dans le *Moré-Nébouchim*, lui sont absolument étrangères, et sa méthode ne s'en éloigne pas moins que le fond de sa pensée. Au lieu de la forme du commentaire, adoptée sans distinction par les philosophes musulmans et juifs du moyen âge, les uns se proposant d'expliquer les œuvres d'Aristote et les autres les textes de l'Écriture sainte, il se pique de procéder à la façon des géomètres, *more geometrico*, et de n'avancer qu'une série de propositions étroitement enchaînées entre elles et rigoureusement déduites les unes des autres. On peut accorder à Leibniz « qu'il joue à la démonstration » plutôt qu'il ne démontre réellement. Mais sa méthode n'en est pas moins celle de Descartes, devenue comme une tradition générale de son école. Tous ses disciples ont la prétention de prouver géométriquement chacune de leurs assertions, et Spinoza devait la pousser plus loin que personne, car elle s'accorde complétement avec son opinion sur la source et la valeur de nos connaissances. Dans son *Traité de la réforme de l'entendement*[1], que M. Bouil-

---

1. *Tractatus de intellectus emendatione et de via qua optime in veram rerum cognitionem dirigatur*, dans le recueil des *Œuvres posthumes* de Spinoza, publié par Meyer.

lier appelle justement son *Discours de la méthode*, il professe en effet cette doctrine, que l'expérience, pas plus celle de la conscience que celle des sens, ne peut être considérée comme un moyen de découvrir la vérité, et qu'une seule idée vraie, conçue par l'entendement, pourvu qu'on l'exprime avec une rigoureuse exactitude et qu'on sache en déduire toutes les conséquences, peut contenir toute la science de Dieu, de l'homme et de la nature. C'est précisément le but qu'il poursuit et qu'il se flatte d'avoir atteint dans son principal ouvrage.

On a voulu reconnaître l'influence du panthéisme arabe dans la définition que Spinoza donne de la substance. « La substance, dit-il, est ce qui est en soi et ce qui est conçu par soi, c'est-à-dire ce dont le concept peut être formé sans avoir besoin du concept d'une autre chose. » Mais Descartes n'avait-il pas dit avant Spinoza : « La substance est une chose qui existe en telle façon qu'elle n'a besoin que d'elle-même pour exister? » La définition qu'on le soupçonne d'avoir empruntée au péripatétisme oriental est donc purement cartésienne. En tout cas, elle n'est point d'origine juive ou arabe, car les philosophes juifs et arabes, à l'imitation de ceux de l'école d'Alexandrie, s'interdisent toute définition soit de la substance, soit de la nature divine; ils pensent que la définir, c'est la limiter, et par conséquent, la nier. Le même principe les a amenés à refuser à Dieu toute espèce d'attributs positifs, même celui de l'existence, et à ne lui laisser que des attributs négatifs. Persuadés que l'infini est inaccessible à la raison de l'homme, puisque rien de fini ne peut le contenir ni le concevoir, ils en concluent que nous pouvons dire ce qu'il n'est pas, mais non ce qu'il est. Spinoza, au contraire, ne sépare pas l'idée de ses attributs de l'idée de son existence; car il n'existe, selon lui, que par ses attributs; d'où il tire cette conséquence qu'ils sont infinis, non-seulement par leur nature, mais par leur nombre. S'il n'a parlé que de l'étendue et de la pensée, qui sont bien, s'il en fut, des attributs positifs, c'est parce que les autres sont inaccessibles à notre entendement.

Même quand il s'écarte de Descartes, Spinoza ne suit point pour cela les traces de l'aristotélisme oriental; mais il est lui-même et il suit la direction de son propre génie. Nous en avons un exemple dans l'idée qu'il se fait de l'étendue. Descartes se représente l'étendue comme quelque chose d'inerte et d'abstrait, assez semblable à la matière première des péripatéticiens et des philosophes anciens en général. Dans l'opinion de Spinoza, l'étendue est quelque chose d'actif et de réel, il y a en elle une force qui est l'essence vivante de Dieu et qui se manifeste dans les corps par le mouvement, dans les âmes par le désir. L'étendue étant sans limite et sans interruption, il en résulte que la force et la vie sont partout, qu'il n'y a nulle part inertie et matière sans forme, c'est-à-dire que Descartes et Aristote sont également dans l'erreur. Spinoza prépare ici la voie à Leibniz; car la force vivante une fois admise comme un principe universel, il n'était pas difficile de la multiplier à l'infini sous le nom de monades.

Ceux qui, à l'exemple de Wachter et de l'auteur de la Monadologie, n'ont voulu voir dans Spinoza qu'un restaurateur déguisé de la Kabbale, peuvent donner au moins à leur supposition un certain fondement. Il y a, en effet, dans la métaphysique spinoziste, quelque chose qui ressemble à la doctrine de l'émanation : ce sont les modes éternels qui viennent s'interposer entre les attributs de Dieu et les modes fugitifs de la nature. Par exemple, entre la pensée éternelle, infinie, attribut nécessaire de l'essence divine, et les modes déterminés, limités, transitoires de la pensée humaine, il y a l'entendement divin qui, suivant les expressions mêmes de Spinoza, n'a pas plus de ressemblance avec le nôtre que le Chien, signe céleste, avec le chien animal aboyant. Parmi les modes éternels nous voyons figurer aussi l'idée de Dieu dans laquelle sont comprises toutes les autres idées ; le mouvement éternel, d'où naissent tous les mouvements particuliers des corps ; et le repos ou la stabilité générale, la persistance générale de l'être dans son existence, d'où résulte sans doute la conservation temporaire de chaque existence dans un mode déterminé.

Ces modes éternels et d'ailleurs assez mal définis que Spinoza, se servant du langage métaphorique de la théologie orientale, appelle les premiers nés de Dieu, parce qu'ils procèdent de lui immédiatement et de toute éternité [1], ressemblent fort aux sephiroth de la Kabbale, qui, elles aussi, sont une émanation directe de l'essence divine, et forment dans leur ensemble le premier né de Dieu, l'homme primitif, l'Adam Kadmon, intermédiaire nécessaire entre Dieu et l'univers. Mais il n'y a aucune conséquence à tirer de cette ressemblance qui ne porte que sur un seul point et qui

---

1. Immediata Dei creatura ob omni æternitate et in omnem æternitatem manens. » (*De Deo et homine*, 1re partie, ch. IX.)

s'explique encore mieux par une nécessité logique que par une réminiscence ou une imitation volontaire. Si les êtres dont se composent l'humanité et la nature ne possèdent par eux-mêmes aucune efficace, aucune force d'action ou de résistance, aucun principe d'identité et d'individualité, il est absolument impossible de concevoir que du sein de l'éternel et de l'infini jaillissent immédiatement, sans le concours d'un terme moyen, les phénomènes fugitifs et bornés qui frappent notre conscience et nos sens. Aussi toute métaphysique panthéiste est-elle entraînée par une pente fatale à la doctrine de l'émanation. Il n'y a pas jusqu'au panthéisme logique de Hegel qui, malgré sa prétention d'effacer toutes les contradictions et de combler toutes les distances, ne puisse être regardé comme une confirmation de cette loi générale ; car, puisque ici la pensée et la réalité se confondent, et que les idées sont les choses, ce qu'on appelle le *procès dialectique*, c'est une série d'émanations qui se développe suivant certaines règles de l'intelligence.

A part l'unité de substance et les modes éternels, si l'on compare attentivement, sans parti pris, le système de Spinoza à celui qui est contenu dans le *Livre de la création* et dans le *Zohar*, on ne trouvera entre eux que des différences. La langue, la méthode de Spinoza et ses principales théories, celles du désir, des passions, de la volonté, des rapports de l'âme avec le corps, nous placent dans un ordre de spéculations absolument étranger à celui que nous présentent les livres kabbalistiques, nous révèlent une manière de penser et de raisonner que ne soupçonnent point les auteurs de ces anciens écrits. Ainsi, pour en citer un exemple, les kabbalistes, plus soucieux de la vérité morale que des exigences de la logique, s'efforcent de concilier comme ils peuvent la liberté humaine avec le principe de l'émanation. Suivant Spinoza, la liberté est une illusion d'enfant et d'homme ivre, non moins digne de risée que le serait celle d'une pierre, persuadée qu'elle tombe parce qu'il lui plaît de tomber. La volonté, pour lui, est la même chose que l'entendement, et l'ordre qui préside à la succession de nos actes ne diffère pas de celui qui dirige la succession de nos idées.

Cela ne veut pas dire que la première éducation de Spinoza, que ses premières lectures, que l'étude approfondie qu'il avait faite des plus célèbres docteurs de la synagogue, n'ont exercé sur son esprit aucune influence. On pourrait citer plus d'une preuve du contraire. Il y en a deux surtout qui méritent d'être signalées. Spinoza, dans l'*Éthique*, exprime une opinion étrange sur l'immortalité de l'âme. L'immortalité, pour lui, n'est pas une conséquence nécessaire de notre nature, et n'appartient pas à toutes les âmes. Elle n'existe que pour certaines âmes d'élite qui ont acquis ce privilége par l'exercice des plus hautes facultés de l'intelligence et par la contemplation assidue de ce qui est éternel et divin. Mais les âmes ainsi conservées à l'existence parce qu'elles ont su se détacher du corps, ne gardent pas d'autre faculté que celle de penser, n'ont pas d'autres idées que des idées éternelles et universelles; elles perdent la mémoire, l'imagination, les passions, et par conséquent la conscience; car il n'y a pas de conscience sans individualité, ni d'individualité sans la sensibilité, sans les affections qui prennent leur origine dans les sens. Cette doctrine est, dans son ensemble et dans ses détails, absolument identique à celle que Maïmonide a développée dans le *Guide des égarés* et dans les *Chapitres de la Béatitude* (*Pirké çéla'ha*).

C'est aussi à Maïmonide que Spinoza a emprunté la théorie par laquelle, dans le *Traité théologico-politique*, il essaye de faire rentrer la prophétie dans l'ordre des phénomènes naturels. Les prophètes, selon lui, ne sont pas mieux informés de la vérité que les autres hommes. S'ils ont une supériorité, elle est dans leur imagination, non dans leur intelligence; et c'est précisément parce que l'imagination chez eux l'emporte sur la raison, qu'ils nous représentent la Divinité sous des formes matérielles. Chacun d'eux parle des choses divines dans le langage qui se prête le mieux à son caractère, à ses préjugés, à ses passions, à la pente de son esprit. Ceux qui ont une imagination sombre nous annoncent des guerres et des massacres, nous menacent de toutes les calamités. Ceux qui ont une imagination douce et riante ne prévoient que des fêtes splendides et une succession de triomphes. Tous prêtent à Dieu leur ignorance et leurs erreurs. La vision prophétique est donc très-inférieure à la connaissance métaphysique. Au reste, la prophétie est un phénomène général de l'esprit humain. D'après le témoignage même de l'Écriture, on rencontre des prophètes chez les païens aussi bien que chez les juifs. Toutes ces idées font la matière de plusieurs chapitres de la troisième partie du *Guide des égarés*, et c'est là certainement que Spinoza les a prises, les trouvant d'ailleurs parfaitement conformes à son propre système. Nous n'irons donc pas aussi loin que M. Bouillier; nous n'oserions pas affirmer que les hardiesses religieuses du *Traité théologico-politique* sont nées comme les hardiesses métaphysiques de l'*Éthique*, sous la seule influence du cartésianisme et du génie personnel de Spinoza.

Mais ces emprunts isolés, au nombre de deux ou trois (il serait difficile d'en citer un plus grand nombre), ne portent aucune atteinte à la filiation cartésienne si unanimement reconnue et que M. Cousin lui-même a longtemps admise. N'a-t-il pas appelé Spinoza, quelque part dans ses *Fragments*[1], un enfant de Descartes et un frère de Malebranche ? C'est là qu'est la vérité. D'ailleurs, comme M. Bouillier le remarque avec raison, Clauberg et Geulinx sont absolument étrangers à l'œuvre de Maïmonide et aux livres de la Kabbale, et cependant ils sont aussi près que possible de Spinoza, et Spinoza lui-même est si près de Malebranche, que M. Cousin, en parlant de celui-ci, n'a pas craint de l'appeler un Spinoza chrétien. On trouve en effet, dans l'*Éthique*, plus d'une proposition que l'auteur de la *Recherche de la vérité* n'aurait point désavouée ; celles-ci par exemple : « Notre âme, en tant qu'elle connaît son corps et soi-même sous le caractère de l'éternité, possède nécessairement la connaissance de Dieu, et sait qu'elle est en Dieu et qu'elle est conçue par Dieu [2]. » — « En tant que nous concevons Dieu comme cause de la tristesse, nous éprouvons de la joie [3]. » — « Dieu, en tant qu'il s'aime lui-même,

---

1. *Fragments de philosophie cartésienne* ou *Rapports du spinozisme et du cartésianisme.*
2. *Eth.*, 5ᵉ partie, propos. 30.
3. *Id., ibid.,* propos. 18, scholie.

aime aussi les hommes, et, par conséquent, l'amour de Dieu pour les hommes et l'amour intellectuel des hommes pour Dieu ne sont qu'une seule et même chose. Ceci nous fait clairement comprendre que notre salut, notre béatitude, en d'autres termes notre liberté, consiste dans un amour constant et éternel pour Dieu, ou si l'on veut, dans l'amour de Dieu pour nous. Les saintes Écritures donnent à cet amour, à cette béatitude le nom de gloire, et c'est avec raison. Que l'on rapporte, en effet, cet amour soit à Dieu, soit à l'âme, c'est toujours cette paix intérieure qui ne se distingue véritablement pas de la gloire [1]. »

Cet accord incontestable sur des points essentiels, entre des doctrines qui ont été conçues et qui se sont développées séparément, ne peut s'expliquer que par une seule cause : par leur origine commune ou par l'impulsion qu'elles ont reçue du cartésianisme à l'insu l'une de l'autre, et qui s'est modifiée en elles suivant les dispositions personnelles des hommes. Aussi, après les études approfondies qui ont été faites depuis le commencement de ce siècle sur Descartes et Spinoza, n'y a-t-il rien à changer à ces paroles de Leibniz : « Spinoza n'a fait que cultiver certaines semences de la philosophie de M. Descartes. » — « L'erreur de Spinoza vient de ce qu'il a poussé la suite de la doctrine de Descartes qui ôte la force et l'action aux créatures. »

Dans Malebranche, ce n'est plus Descartes qu'on aperçoit tout seul, bien ou mal compris, interprété selon la raison ou avec le parti pris et l'exagération de

---

1. *Id.*, 5ᵉ part., propos. 36, corollaire et scholie.

l'esprit de système ; c'est Descartes uni à Platon par saint Augustin. Platon et saint Augustin avaient toujours été en honneur au sein de l'Oratoire, et au culte de ces deux philosophes le fondateur de l'ordre, le cardinal de Bérulle, et après lui le père André Martin, plus connu sous le nom d'Ambrosius Victor, ont ajouté celui de Descartes. Le père André Martin est bien plus encore que Geulinx, et plus directement, un précurseur de Malebranche. Ainsi que l'auteur de la *Recherche de la vérité* et presque dans les mêmes termes, il soutient que nous voyons toutes les vérités éternelles dans l'essence divine, et que Dieu, de son côté, ne voit les êtres périssables que dans les idées toujours présentes à sa pensée et immuables comme lui. Ajoutez à ces deux propositions la définition cartésienne de la substance, et les conséquences défavorables qu'on en a tirées pour l'activité et l'existence propre des créatures, vous aurez dans ses traits les plus essentiels la doctrine de Malebranche.

Pour Malebranche, la substance et l'intelligence de l'homme ne sont que la substance et l'intelligence de Dieu ; car l'homme est un être purement passif. Son corps se réduit à l'étendue, et son âme à deux facultés, l'entendement et la volonté, dont l'une n'est que la capacité de recevoir des idées, et l'autre celle de recevoir des inclinations. Ni les idées ni les inclinations ne sont en notre pouvoir ; nous les subissons, nous ne les produisons pas. Nous n'agissons ni sur notre esprit, ni sur notre corps, et notre corps, réduit comme nous le disions tout à l'heure, à la seule étendue, n'agit point sur nous. Il y a seulement certaines idées et certaines inclinations qui naissent en nous à l'occasion des changements de l'étendue ou des mouvements du corps, et certains mouvements du corps qui se produisent également à l'occasion de nos idées et de nos sentiments. Ce que nous appelons les qualités des corps, qualités auxquelles nous attribuons la vertu d'exercer sur nous une certaine influence, comme la lumière et la chaleur du soleil, ce ne sont que les sentiments de notre esprit, et ces sentiments, à leur tour, ce sont des pensées qui nous viennent par le ministère des sens ou de l'imagination. En sorte que la sensiblité rentre dans l'entendement, et que dans l'entendement il y a lieu de distinguer deux sortes de pensées : les pensées obscures et troublées que nous croyons recevoir des objets extérieurs par le canal de nos sens, et les idées qui appartiennent à l'entendement pur. Les unes et les autres nous viennent de Dieu, Dieu est la seule cause de nos idées et de nos sentiments.

Il est impossible de ne pas reconnaître ici quelques-unes des propositions les plus importantes de Spinoza : Dieu, seule substance, parce qu'il est la seule cause, le principe unique et immédiat de tout ce qui arrive, soit dans l'âme, soit dans la nature; l'âme réduite à la pensée, et les corps, la matière en général, à l'étendue; la pensée et l'étendue, seuls attributs de tous les êtres, par conséquent seuls attributs connus de Dieu; des sentiments et des pensées qui ne diffèrent pas plus les uns des autres que les pensées et les affections, qui ne sont que des idées obscures et des idées claires, des idées adéquates et des idées inadéquates. Et cependant Malebranche appelle Spinoza un athée, un fou, un misérable, et le spinozisme une épouvantable et ridicule chimère; mais il croit échapper au spinozisme par la théorie de la vision en Dieu, qui n'en est qu'une expression plus brillante et, par là même, plus dangereuse.

M. Bouillier établit par des preuves irrécusables que la théorie de la vision en Dieu a occupé Malebranche pendant toute sa vie, et il ne pouvait guère en être autrement, parce qu'elle est le point culminant de sa philosophie. Réduite à l'état d'ébauche et revêtue d'une forme assez obscure dans la *Recherche de la vérité*, elle n'atteint son complet développement que dans les *Eclaircissements* et les écrits qui leur ont succédé. Nous devons nous borner à rappeler ici ses traits les plus arrêtés et les plus essentiels.

Nous connaissons les choses de deux manières : par l'entendement pur et par la sensibilité, ou, pour employer les expressions mêmes de Malebranche, par lumière et par sentiment. Le sentiment, toujours obscur et confus, ne nous informe que de l'existence des êtres; l'entendement pur, la lumière, les idées proprement dites nous éclairent sur leur essence, sur les rapports qui les unissent les uns avec les autres et tous ensemble avec Dieu. Le sentiment, avec ses obscurités et ses imperfections, nous appartient, il est en nous. C'est en nous qu'est le sentiment des choses matérielles, et c'est lui que nous appelons la lumière, la chaleur, la couleur, etc.; mais les idées de ces mêmes choses, la lumière qui nous révèle ce qu'elles ont de général, d'invariable, d'éternel, cette lumière ou ces idées sont en Dieu. Or, ce que les choses matérielles ont de général, d'invariable, d'éternel, c'est l'étendue, non pas celle qui tombe sous le toucher et qui est un objet de sentiment, mais l'étendue intelligible; donc l'étendue intelligible est en Dieu.

Qu'est-ce que l'étendue intelligible? Si elle n'était qu'une idée, et que cette idée, comme nous venons de le dire de l'étendue elle-même, fût tout ce qu'il y a de réel, de persistant et d'invariable dans les corps, il en résulterait que les corps n'existent pas; nous aurions l'idéalisme avant Berkeley et avant Kant. Malebranche repousse cette supposition et soutient contre Arnauld que l'étendue intelligible existe en Dieu, non-seulement d'une manière idéale, mais d'une manière effective; qu'elle doit être comprise au nombre des perfections divines et qu'elle constitue la réalité éminente de la matière. Ici encore Malebranche, à son insu, donne la main à Spinoza; car si l'étendue n'est pas seulement une idée de Dieu, mais une de ses perfections, c'est-à-dire un de ses attributs, elle tient dans son essence le même rang que la pensée, puisque l'essence divine est indivisible, et Dieu est à la fois matière et esprit, ou, selon l'expression de Fénelon, ce qu'il y a de plus éminent dans l'esprit et dans la matière.

L'étendue intelligible existant en Dieu, c'est nécessairement en Dieu que nous la voyons; c'est Dieu qui la montre à notre esprit, en se montrant lui-même dans une de ses perfections infinies. Mais en apercevant l'étendue intelligible, nous apercevons en même temps les figures intelligibles, c'est-à-dire toutes les formes possibles des corps, puisqu'une figure n'est qu'une certaine délimitation ou une portion circonscrite de l'étendue. Les figures intelligibles se changent en figures sensibles ou deviennent des corps lorsqu'à chacune d'elles Dieu attache les sentiments particuliers que nous appelons les qualités physiques de la matière. La couleur est le plus important de ces sentiments ; c'est elle principalement qui donne un caractère particulier et une apparence d'extériorité physique à ces formes pures qui ne se révèlent qu'à l'entendement. C'est elle qui associe la vision de l'œil à la vision de l'esprit. L'étendue intelligible est donc la toile uniforme sur laquelle Dieu nous fait apparaître, par la diversité des couleurs, la diversité infinie des corps ; et comme l'étendue est en lui, les corps aussi sont en lui, et c'est en lui que nous les voyons, c'est par lui que nous les voyons. La dernière conséquence, mais la conséquence rigoureuse de ces prémisses, c'est que les corps, le monde extérieur, la nature, n'existent pas ; non pas qu'ils soient de pures idées ; ce sont des réalités, mais des réalités divines, qui se confondent avec la propre essence de Dieu, non des réalités extérieures, matérielles ou physiques ; c'est la réalité suprême, la substance divine qui s'est plu à tracer en elle-même des délimitations idéales que, par un acte de sa toute-puissance, entièrement renfermé dans la conscience humaine, elle nous fait prendre pour des délimitations effectives ou pour des portions d'existence réellement distinctes les unes des autres. Aussi Malebranche n'est-il pas d'accord avec lui-même lorsqu'il dit que Dieu est le lieu des esprits comme l'espace est le lieu des corps. Les corps et les esprits, et l'espace lui-même, puisqu'il n'est qu'un des aspects de l'étendue, sont en Dieu, et Dieu n'est pas seulement le lieu qu'ils occupent, il les a formés, il les forme éternellement de sa propre substance.

Après avoir dépouillé l'homme de toute spontanéité, de toute activité personnelle, si Malebranche, ainsi que le voulait impérieusement la logique, avait appliqué à l'âme la théorie par laquelle il explique la nature des corps et la connaissance que nous en avons ; s'il avait dit que l'âme, ayant pour essence la pensée, est une détermination particulière ou un point de vue circonscrit de la pensée divine, comme le corps est une détermination de l'étendue intelligible, il n'y aurait eu aucune différence entre lui et Spinoza. Comment donc a-t-il évité cette fâcheuse rencontre? En répudiant le principe le plus important de la philosophie de Descartes, le fameux *cogito, ergo sum*, d'où il résulte que ce que nous connaissons d'abord et ce que nous connaissons le mieux, c'est l'existence et la nature de notre moi, c'est-à-dire de notre âme. Malebranche soutient, au contraire, que nous ne connaissons pas notre âme, que nous ne faisons que la sentir, ou si nous la connaissons d'une certaine façon, nous en avons une idée moins claire que de l'étendue, et, par conséquent, du corps ; que nous savons ce qu'est l'étendue, mais que nous ignorons ce qu'est l'âme. « Je suis sûr, dit-il, que j'ai l'intelligence de l'étendue, et qu'en contemplant l'idée des corps, j'y découvre clairement qu'ils peuvent être ronds, carrés, etc.; je puis méditer éternellement sur les rapports de l'étendue et découvrir sans cesse de nouvelles vérités en contemplant l'idée que j'en ai. Mais je sens fort bien que je ne puis faire de même à l'égard de l'âme. Je ne puis, quelque effort que je fasse, connaître que je sois capable de douleur ni d'aucun autre sentiment, en contemplant son idée prétendue [1]. » C'est donc en quelque sorte à la faveur

---

[1]. Réponse au Livre des vraies et des fausses idées d'Arnauld, passage cité par M. Bouillier, t. II, p. 84.

des ténèbres que Malebranche se dérobe aux conséquences extrêmes de sa métaphysique. Sans l'obscurité qui enveloppe notre âme, rien n'aurait pu l'empêcher de l'absorber avec le corps dans la substance universelle.

En attendant qu'un jour plus pur vienne à luire sur notre esprit, ce que nous savons, selon Malebranche, de plus certain sur nous-mêmes, c'est que nous sommes unis à Dieu par notre raison; car la raison est une, et sauf les nuages qui l'obscurcissent en nous, elle est la même pour la créature que pour le créateur; elle est le Verbe de Dieu qui illumine tout homme arrivant en ce monde; elle est le soleil intelligible qui éclaire toutes les intelligences, comme le soleil sensible éclaire tous les yeux. « Tous les esprits la contemplent sans s'empêcher les uns les autres. Elle se donne à tous et tout entière à chacun d'eux, car tous les esprits peuvent, pour ainsi dire, embrasser une idée dans un même temps et en différents lieux, tous la posséder également, tous la pénétrer et en être pénétrés[1]. » C'est à cause de cette union de Dieu et de l'homme par la raison, qu'une idée de Dieu paraît inutile et impossible à Malebranche; inutile, puisque notre union avec lui nous permet de le connaître directement; impossible, parce que rien de fini ne peut représenter l'infini. Nous connaissons Dieu par lui-même, et tout le reste par lui.

Cette croyance à l'unité et à l'universalité de la raison est platonicienne, sans doute; de Platon elle a passé à saint Augustin et à d'autres Pères de l'Église;

---

1. *Traité de morale*, livre II; M. Bouillier, t. II, p. 87.

mais elle peut aussi être considérée comme spinoziste, elle fait corps avec le spinozisme. Elle a conduit Malebranche à une morale qui, fondée sur l'amour de la raison, ou ce qui est pour lui la même chose, sur l'amour de la perfection, diffère peu, au fond, de la morale de l'*Ethique* et emploie souvent les mêmes expressions. Elle l'a conduit en théologie à des hardiesses qui, sans être les mêmes que celles du *Traité théologico-politique*, l'ont cependant mis dans une gêne extrême à l'égard des dogmes chrétiens, d'ailleurs acceptés par lui avec une entière sincérité, et lui ont attiré ou les plus graves accusations ou les plus sévères critiques de la part des théologiens les plus autorisés.

Ainsi, par exemple, Balthasar Becker ou tout autre rationaliste aurait pu signer ce passage de la *Recherche de la vérité :* « En ne méditant que sur des principes évidents, on découvrira les mêmes vérités que dans l'Évangile, car c'est la même sagesse qui parle par elle-même à ceux qui découvrent la vérité dans l'évidence des raisonnements, et qui parle par les Écritures à ceux qui en prennent bien le sens [1]. » *Prendre bien le sens des Écritures,* le principe du libre examen est tout entier dans ces mots.

Mais voici qui heurte plus directement les enseignements et les traditions de l'Église. Ne pouvant éviter d'admettre la création sans se mettre en révolte ouverte contre l'Écriture sainte, Malebranche se console en la rendant continue, comme faisait Descartes, et en tirant de la continuité de l'acte créateur cette

---

1. VIe livre.

conséquence que, si le monde a commencé, il ne doit pas finir. Mais en vain le monde doit-il durer éternellement, il suffit qu'il ait commencé pour qu'il soit une œuvre finie, et une œuvre finie est indigne de Dieu. Comment donc le Créateur lui a-t-il ôté cette indignité? En s'unissant à lui par l'incarnation de son Verbe. « L'incarnation du Verbe, dit Malebranche [1], est le premier et le principal des desseins de Dieu; car c'est seulement en unissant son Verbe à leur ouvrage qu'il prononce l'infinité de ses attributs. Il n'y a que l'Homme-Dieu qui puisse joindre la créature au Créateur. » Cette manière d'expliquer l'origine et la raison des choses est beaucoup plus près de la doctrine orientale de l'émanation que du dogme chrétien; car si l'incarnation du Verbe est la condition nécessaire de la création des êtres, elle n'a plus pour but de racheter les hommes de la servitude du péché, et elle aurait eu lieu sans le péché originel; elle n'est plus alors que le premier degré, la première manifestation, ou, si l'on veut, le premier épanchement de sa substance divine.

Malebranche soutient une autre opinion qui n'est pas moins compromettante pour la foi. Il pense que Dieu n'agit que par des volontés générales, que les volontés ou les lois générales sont le propre de l'intelligence suprême, qui embrasse tout et qui a tout prévu, tandis que les volontés particulières sont le propre d'un ouvrier inhabile qui travaille, pour ainsi dire, au jour le jour. En appliquant ce principe à l'ordre de la grâce comme à l'ordre de la nature, il est évident qu'il met en ques-

---

1. *Entretiens sur la métaphysique,* 14e entretien.

tion l'idée même de la grâce, et non-seulement l'existence, mais la possibilité des miracles. C'est ce que lui reprochent à la fois trois théologiens d'opinions différentes, Arnauld, Jurieu et Fénelon. L'abbé Faydit, l'auteur de ce vers si connu, qu'on a faussement prêté à Voltaire :

Lui qui voit tout en Dieu, n'y voit pas qu'il est fou,

l'abbé Faydit va jusqu'à l'accuser de n'avoir point sur les événements surnaturels d'autres idées que celles de Spinoza, et il ajoute que c'est dans les écrits de ce philosophe qu'il les a puisées. Rien de plus faux assurément. Quand Malebranche se rapproche de Spinoza, ce n'est point par un effet de sa volonté, c'est par la pente irrésistible de son système, et lorsque, en dépit de ce système et des lois de la logique, il s'efforce de conserver les miracles en les faisant rentrer dans le plan éternel, par conséquent dans l'ordre général des choses, il nous rappelle, non l'auteur du *Traité théologico-politique*, mais celui du *Guide des égarés*.

Les ressemblances qui existent entre Spinoza et Malebranche ne sont pas une découverte de notre temps, elles ont été signalées à la fin du xviie siècle et au commencement du xviiie par les PP. Hardouin et Dutertre, et par le successeur de Fontenelle dans les fonctions de secrétaire perpétuel de l'Académie des sciences, Dortous de Mairan.

On en trouverait également de très-remarquables entre Spinoza et Fénelon. N'est-ce pas Fénelon qui, parlant de la raison éternelle, s'est exprimé dans ces termes, qu'on dirait empruntés à la langue de Platon ou de la Kabbale plutôt qu'à celle de Descartes : « Elle est comme un grand océan de lumière, nos esprits sont comme de petits ruisseaux qui en sortent et qui y retournent pour s'y perdre [1]. » C'est lui encore qui a dit : « Je suis un rien qui connaît l'infini, » et qui a appliqué à Dieu cette définition, que certainement Spinoza n'aurait pas désavouée : « Il a tout l'être du corps sans être borné au corps, tout l'être de l'esprit sans être borné à l'esprit [2]. »

L'unité et tout à la fois la diversité de la tradition cartésienne sont mises en lumière par M. Bouillier avec autant de franchise que de savoir, et avec ce sens critique sans lequel il n'y a pas de véritable connaissance des faits. Nous voudrions le suivre jusqu'à la fin de son œuvre et montrer avec lui quelles furent les destinées du cartésianisme jusqu'au milieu du siècle où nous vivons, quelle fut l'influence qu'il exerça sur ses adversaires comme sur ses partisans, par exemple sur Leibniz, Bayle, Vico, et quelles formes variées il revêtit successivement chez ses derniers interprètes. Mais, obligé de nous borner, nous finirons comme nous avons commencé, en recommandant aux amis de la philosophie et des lettres cette nouvelle édition de l'histoire de la philosophie cartésienne comme un des livres les plus instructifs, les plus utiles, les plus complets et à la fois les plus attachants qui aient été publiés depuis longtemps dans notre pays. Nous sommes sûrs de ne pas être contredit par M. Bouillier, si nous trouvons juste d'ajouter que c'est une des plus heureuses inspi-

---

1. *Télémaque*, livre VI.
2. *Traité de l'existence de Dieu;* Bouillier, t. II, p. 288.

rations de M. Cousin ; car c'est M. Cousin qui en a eu la première pensée en ouvrant sur ce sujet un concours à l'Académie des sciences morales et politiques ; il y a aidé sur plusieurs points par ses fragments de philosophie cartésienne et son histoire générale de la philosophie.

SPINOZA [1]

I

Le temps est loin de nous où Lessing pouvait dire : « On en use avec Spinoza comme avec le cadavre d'un chien. » Depuis que ces paroles ont été prononcées, le spinozisme a pris sa revanche en Allemagne. Il s'est emparé, dans ce pays, de toutes les issues de la pensée. Il a établi sa domination dans la philosophie, dans la poésie, dans la critique littéraire, dans les sciences naturelles, dans la théologie et jusque dans la chaire évangélique. Lessing et Herder ont ouvert la voie par laquelle se sont élancés avec impétuosité les Gœthe, les Novalis, les Schleiermacher, les Schelling, les Hegel et leur innombrable postérité. Il aurait été bien extra-

---

[1]. *La Doctrine politique de Spinoza* exposée pour la première fois par M. J. E. Horn. (*Spinoza's Staatslehre zum ersten Male dargestellt.*) — 2ᵉ édition, in-8º, Dresde, 1863.

ordinaire, avec les relations qui existent aujourd'hui entre les peuples, qu'une révolution aussi profonde et aussi rapide s'arrêtât aux bords du Rhin. Aussi la France n'a-t-elle par tardé à en recevoir le contre-coup, dont les effets, quoiqu'ils remontent à près d'un demi-siècle, ne sont pas encore épuisés.

Mais dans ce travail de résurrection il y a un côté du système de Spinoza qui est resté dans l'ombre, soit qu'on le trouvât moins original ou qu'il parût difficile à concilier avec le reste. C'est celui qui regarde la société civile, la politique et le droit. C'est particulièrement à ce côté que s'est attaché M. Horn dans le travail dont nous annonçons aujourd'hui la seconde édition. Ce remarquable écrit, qui nous montre M. Horn sous un aspect entièrement nouveau, au moins pour nous, a paru pour la première fois en 1851 à Dessau. C'était l'époque où la réaction politique et religieuse sévissait dans toute l'étendue de l'empire germanique ; où la théorie du droit divin, un instant humiliée, remontait sur les trônes ; où l'intolérance érigée en dogme était prêchée dans la *Gazette de la Croix* par d'anciens disciples de Hegel et de Feuerbach ; où à l'amertume de la défaite venait se joindre, pour les amis de la liberté, le supplice encore plus cruel d'entendre chaque jour insulter au nom de la raison l'objet de leur foi et de leurs espérances. A cette explosion de vengeance et de haine, à ces saturnales du despotisme et de la servilité, M. Horn ne voit rien à opposer de plus efficace que l'autorité de Spinoza et ses idées sur les rapports des gouvernements avec les peuples, de l'État avec les citoyens, de l'ordre social avec la loi naturelle, toute la doctrine qui fait la base du

Traité théologico-politique. C'est là qu'il trouve le dernier mot de la justice et de la sagesse, la solution de tous les problèmes qui agitent les nations modernes, le secret de l'avenir. Spinoza est pour lui, de tous les philosophes et de tous les écrivains politiques, celui qui a le mieux compris, qui a le plus aimé, qui a le mieux défendu la liberté. Seul il a posé les fondements et défini les conditions de la démocratie ; seul il a su éviter à la fois les chimères de la théorie et les entraves de la routine. Unissant l'esprit pratique au génie de la spéculation, voyant l'homme tel qu'il est, au lieu de rêver ce qu'il devrait être, il s'est rendu compte de la nature de la société et ne lui a prescrit que ce qui est conforme à ses besoins et à la portée de ses efforts.

D'ailleurs, si nous en croyons l'éloquente *Préface* que M. Horn a placée en tête de la seconde édition de son ouvrage, les principes de Spinoza auraient déjà reçu et recevraient dans ce moment même la sanction de l'expérience. N'est-ce pas, en effet, la démocratie qui triomphe sous une forme ou sous une autre chez les peuples les plus puissants, les plus civilisés des deux mondes? N'est-ce pas l'idée du *Contrat social*, idée que Rousseau a empruntée à Spinoza, qui semble aujourd'hui faire le tour de l'Europe? Une Constitution est-elle autre chose qu'un contrat, et n'est-ce point sur cette base que reposent, dans tous les pays libres, les rapports du souverain et de la nation? N'est-ce pas le seul lien qui unisse entre eux le roi et le nouveau peuple d'Italie, la Grèce et le jeune prince qui vient de répondre enfin à son appel désespéré, les Principautés du Danube et leur souverain constitutionnel? La durée des dynasties, l'autorité des rois et la prospérité des peuples ne sont plus possibles qu'à ce prix. C'est pour avoir méconnu cette vérité et voulu faire monter avec lui sur le trône le dogme absurde du droit divin, que le roi de Prusse se trouve engagé, depuis l'origine de son règne, depuis le fameux discours de Cologne, dans une situation aussi ridicule que périlleuse. Les vains efforts de la Russie pour vaincre par la dévastation et les supplices l'héroïque résistance de la Pologne sont un autre exemple de l'impuissance d'un pouvoir qui n'invoque que la conquête et ne repose que sur la force.

Il est incontestable que Spinoza doit être compté parmi les apôtres les plus chaleureux de la démocratie, c'est-à-dire de la justice dans l'ordre politique, et qu'il n'a pas moins aimé la liberté, sans laquelle la démocratie, comme les autres formes de gouvernement, ne tarde pas à devenir oppressive. Il a défendu surtout la liberté dans ses deux plus nobles applications : la liberté de conscience et la liberté de penser, c'est-à-dire d'exprimer et de publier sa pensée. Il a défendu ces droits dans un siècle où ils étaient niés et étouffés à peu près dans toute l'Europe, même en Angleterre et en Hollande. Il a proclamé la salutaire maxime dont bien des pays réputés libres pourraient encore aujourd'hui faire leur profit, que le gouvernement de l'État doit se borner aux choses qui intéressent la conservation et le bien-être de l'État, tandis que tout le reste doit être abandonné à la volonté de l'individu. Mais ces généreux sentiments font-ils autant d'honneur au génie de Spinoza qu'à son caractère? Peut-on les considérer comme une conséquence légitime de son système? M. Horn en est persuadé, et voici sur quel fondement il appuie sa conviction. Pour bannir l'arbitraire du gouvernement de la société, il faut d'abord l'exclure du gouvernement de l'univers. Or, l'arbitraire le plus absolu règne dans l'univers tant que nous lui donnons pour auteur et pour maître un Dieu personnel, distinct de la nature, extérieur ou plutôt étranger à l'homme en même temps qu'il partage toutes ses passions, « un despote capricieux (ce sont les expressions de M. Horn) qui, des hauteurs inaccessibles de l'Olympe, prend plaisir, selon sa fantaisie, ou à lancer ses foudres destructeurs, ou à répandre par un de ses regards la miséricorde et la vie [1]. » C'est la gloire de Spinoza d'avoir substitué à ce tyran imaginaire un souverain du monde dont les actions sont réglées d'une manière uniforme par des lois éternelles et dans lequel tous les êtres ont leur principe de vie et de conservation [2].

Il serait facile de démontrer à M. Horn que le pouvoir le plus aveugle et le plus hostile à l'homme, le plus étranger à l'ordre moral, aux idées de droit, de justice, de récompense et de peine, à tout ce qui sert de règle à la société, c'est précisément ce Dieu de Spinoza, qui ne pense pas, puisqu'il ignore sa pensée et ne sait pas même qu'il existe ; qui n'a par conséquent ni prévoyance, ni dessein, ni sagesse, ni amour ; qui confond dans son sein le bien et le mal, l'esprit et la matière, l'intelligence et la force brute, et n'accepte d'autre loi que celle de la nécessité. Mais cette discussion nous entraînerait trop loin du sujet que M. Horn a voulu traiter. J'aime mieux rester avec lui sur le terrain de la politique et du droit naturel. L'inconsé-

---

1. *Spinoza's Staatslehre*, 2ᵉ édition, p. 18.
2. *Ibid*.

quence de ce qu'on pourrait appeler le libéralisme de Spinoza n'a pas besoin, pour être reconnue, d'arguments empruntés d'ailleurs.

D'abord il semble étrange de chercher les fondements de la liberté politique et civile dans un système qui nie absolument la liberté morale. Que Spinoza ait nié la liberté morale, qu'il l'ait supprimée dans l'homme après l'avoir ôtée à Dieu, c'est ce qui ne peut être un seul instant révoqué en doute. Comment l'homme serait-il libre, puisqu'il n'est qu'un composé de deux ordres de phénomènes fatalement enchaînés les uns aux autres : ici nos idées et nos passions, là les affections de notre corps? Une idée dérive d'une autre idée, une passion d'une autre passion, comme l'égalité des rayons d'un cercle dérive de leurs rapports avec le centre et la circonférence. Et ce n'est pas assez que nos pensées et nos sentiments soient soumis à cet ordre inflexible, ils réfléchissent exactement les différents états de notre organisation ; en sorte que notre nature morale et intellectuelle, ou ce que nous appelons notre âme, est entièrement subordonnée aux lois de la matière. Au reste, que pourrait-on ajouter à ces paroles de Spinoza : « Et tout ce que je puis dire à ceux qui croient qu'ils peuvent parler, se taire, en un mot, agir en vertu d'une libre décision de l'âme, c'est qu'ils rêvent les yeux ouverts [1]? »

En niant la liberté, on supprime le droit ; car le droit, dans sa plus grande extension, dans son unité, dans son essence, n'est pas autre chose que la liberté même, la liberté rendue inviolable par le devoir, qui la

---

1. *Éthique.* Des Passions, proposition 2, traduction de M. Saisset.

réclame, également sainte chez tous les hommes, et parce qu'elle appartient à tous les hommes, limitée dans chacun d'eux par la liberté de tous les autres. Une telle idée ne pouvait se présenter à l'esprit de Spinoza. Et en effet, le droit, pour lui, ce n'est pas la règle d'après laquelle nous devons agir, la règle que la conscience et la raison nous imposent ; c'est la loi d'après laquelle vivent et agissent tous les êtres, la passion, l'instinct, l'appétit, aussi bien que la raison ; tout ce qui existe est conforme aux lois de la nature, et ce qui est conforme aux lois de la nature ne saurait être contraire au droit naturel. « Les poissons, dit Spinoza, sont naturellement faits pour nager ; les plus grands d'entre eux sont faits pour manger les plus petits ; et conséquemment, en vertu du droit naturel, tous les poissons jouissent de l'eau, et les plus grands mangent les petits [1]. »

Voilà précisément ce que sont les hommes les uns pour les autres, ou ce qu'ils sont, non-seulement en fait, mais en toute justice, sans qu'aucun d'eux ait le droit de se plaindre ou de s'indigner, tant qu'un autre ordre de choses, tant qu'une autre législation n'a pas remplacé le droit naturel. Tous les appétits étant légitimes et la raison n'ayant point d'autorité sur la passion, le droit se confond avec la force, ou, pour me servir des expressions de Spinoza, « le droit de chacun s'étend aussi loin que sa puissance. »

Cette proposition ne diffère pas de celle de Hobbes : *Jus omnibus in omnia*, « tous ont un droit sur toutes choses. » Cela est si vrai que les deux philosophes en

---

[1]. *Traité théologico-politique*, chap. XVI, traduction de M. Saisset.

ont tiré exactement les mêmes conséquences. L'état de nature, ont-ils dit, ne peut être que l'état de guerre ; car la force aux prises avec la force, sous l'aiguillon de la passion, avec un droit illimité des deux parts, c'est la lutte sans fin et sans relâche, la lutte de tous contre tous et de chacun contre chacun [1]. Or, une telle situation étant intolérable et complétement opposée à cet amour de bien-être dans lequel se résument tous nos désirs, les hommes ont été conduits, et, s'ils avaient à recommencer, se trouveraient amenés de nouveau à substituer à la loi naturelle une loi positive librement acceptée par eux, confiée à une puissance capable de la faire respecter, et qui, par compensation du sacrifice qu'elle leur impose en restreignant leur droit primitif, leur procurerait la paix et la sécurité. C'est ainsi que la société a pris naissance, et si elle n'a pas dans l'origine commencé de cette façon, c'est ainsi qu'elle s'explique et se justifie, c'est ainsi qu'elle doit se former là où elle n'existe pas encore. La société est donc le résultat d'une convention ou d'un contrat, et ce contrat, en fondant la société, a fondé en même temps tous nos devoirs, toutes les obligations que nous avons à remplir, soit envers l'État, soit envers chacun de nos concitoyens, et jusqu'à la distinction même du bien et du mal, du mien et du tien, du juste et de l'injuste. Pour Hobbes, on nous croira sans peine, puisqu'un des principes fondamentaux de sa philosophie c'est qu'il n'y a pas d'autre bien ni d'autre mal que le bien et le mal physiques. Mais Spinoza, lui aussi, s'est formellement prononcé sur ce point. « La justice, selon lui, c'est la

---

[1]. Ce sont les propres termes de Hobbes : *Bellum omnium adversus omnes et cujuscumque adversus quemcumque.*

résolution de rendre à chacun ce qui lui est dû d'après le droit civil. L'injustice consiste à ôter à quelqu'un, sous prétexte de droit, ce qui lui est dû d'après une interprétation légitime des lois. » Il va dans cette voie aussi loin que possible. « Je prouve, dit-il [1], que les souverains sont les dépositaires et les interprètes, non-seulement du droit civil, mais aussi du droit sacré ; qu'à eux seuls appartient le droit de décider ce qui est justice et injustice, piété et impiété. »

Aussi a-t-on lieu de s'étonner qu'un esprit aussi juste et aussi pénétrant que M. Horn ait méconnu cette ressemblance de Spinoza avec l'auteur du *Léviathan*, au point de vouloir la changer en antithèse. Mais cela même nous annonce l'élévation d'esprit de M. Horn ; car il n'aurait jamais pu s'éprendre d'un système qui a de pareilles alliances.

C'est sur le terrain de la politique, non sur celui du droit, que Hobbes et Spinoza se séparent l'un de l'autre. Celui-là veut que l'individu remette tous ses droits entre les mains d'un seul ; celui-ci qu'il les transporte à la société entière, à la communauté, chargée désormais, soit directement, soit par ses délégués, de substituer à la guerre et à l'anarchie de l'état de nature l'ordre et la paix. Le premier est un partisan de la monarchie absolue, et le second de la démocratie. En cela chacun d'eux se montre fidèle au principe fondamental de sa philosophie. Le matérialisme, n'ayant foi qu'au témoignage des sens, ne connaît que le particulier. C'est donc un seul qui représente pour lui les intérêts et la volonté de tous ; c'est une force individuelle qui

---

1. Préface du *Traité théologico-politique.*

doit écraser les autres et les contraindre au repos. Le panthéisme, au contraire, ne connaît que le général, l'unité universelle où se confondent et disparaissent tous les êtres. Appliquant son principe à l'ordre social, il est fatalement conduit à mettre le tout à la place de la partie, à absorber l'individu dans la communauté. Mais qu'est-ce que la liberté gagne à ce changement? Comment la démocratie, quand elle est comprise à la façon de Spinoza, lui serait-elle plus favorable que la monarchie absolue? Il y a deux espèces de démocratie : celle qui met le droit à la place du privilége et celle qui met la volonté du grand nombre, quelle qu'elle puisse être, à la place du droit. La première, c'est le but vers lequel tendent toutes les sociétés humaines, c'est la liberté pour tous, puisque droit et liberté sont deux termes synonymes, et qu'avec l'idée du droit la liberté de l'un se trouve nécessairement limitée par celle des autres. La seconde, c'est le despotisme de la multitude, ou tout au moins le despotisme de l'État ; et cette seconde espèce de démocratie est celle que préconise Spinoza, celle que lui impose sa doctrine de la toute-puissance du souverain dans les questions de justice, de propriété et de morale publique, celle que Rousseau a adoptée après lui dans le *Contrat social*.

Spinoza nous assure, il est vrai, que la toute-puissance de l'État est nécessairement limitée par son intérêt, ou, ce qui revient au même, par l'intérêt de la majorité des citoyens ; qu'il ne saurait entrer dans les voies de l'oppression et de la violence sans soulever contre lui ces mêmes passions contre lesquelles il a été institué, par conséquent sans mettre en danger son autorité et son existence ; que son but n'est pas de do-

miner les hommes, de les asservir par la crainte, de
les abaisser au rang des animaux, mais, tout au contraire, de leur offrir les moyens de vivre en sécurité
en développant librement leur esprit et leur corps;
que sa fin dernière, en un mot, c'est la liberté [1]. Oui,
mais Spinoza oublie que si le caractère auguste de la
justice est généralement facile à reconnaître, si l'iniquité se dénonce elle-même à l'indignation et à la
haine, il est bien difficile à un peuple de ne pas se tromper sur ses intérêts, et plus difficile encore de ne pas
préférer à ses intérêts ses passions. Il suffit, pour nous
en convaincre, de regarder ce qui se passe aujourd'hui
sous nos yeux. Le contrat social de la nouvelle Confédération qui s'était formée, il y a quelques années, d'une
portion des États-Unis de l'Amérique, consacrait sans
restriction l'esclavage. C'est le désir, non-seulement de
conserver, mais d'étendre indéfiniment cette odieuse
institution, qui fut la cause de sa rupture avec le
Congrès de Washington. Quel jugement porterons-nous sur cette politique? Les confédérés avaient-ils
raison? avaient-ils tort? Si la question doit être résolue par les principes du droit, de l'humanité, de la
justice, elle ne restera pas un instant douteuse, en
dépit des hypocrites qui extorquent à la religion des
arguments en faveur de la servitude. Si c'est une
question d'intérêt bien entendu pour les maîtres et
les oppresseurs, il sera permis d'hésiter. Enfin, si la
passion a sur nous les mêmes droits que la raison, il
ne reste plus qu'à s'incliner en silence.

Pourquoi, d'ailleurs, ceux qui ont quelque chance

---

1. *Traité théologico-politique,* chap. XX.

de s'emparer d'un pouvoir illimité et de gouverner sans conditions respecteraient-ils le contrat social, en supposant qu'il y en ait un? — L'intérêt général l'exige. — J'y consens ; mais leur intérêt particulier exige le contraire ; qu'avez-vous à dire? Le droit de chacun s'étend aussi loin que sa puissance, et il n'y a pas de droit contre le droit. Spinoza lui-même a dit : « Un pacte n'a de valeur qu'en raison de son utilité. Si l'utilité disparaît, le pacte s'évanouit avec elle et perd toute son autorité... Il y a donc de la folie à prétendre enchaîner à tout jamais quelqu'un à sa parole, à moins qu'on ne fasse en sorte que la rupture du pacte entraîne pour le violateur de ses serments plus de dommages que de profit. »

Enfin les relations humaines ne sont pas toutes renfermées dans l'État. Un État n'est pas isolé ; mais il rencontre nécessairement des associations semblables à lui, d'autres États sur lesquels il exerce une puissance quelconque. Comment se comportera-t-il envers eux? Sur quel principe devront reposer les relations internationales? Évidemment nous rentrons ici dans l'état de nature ; car on n'imagine pas un contrat social qui embrasserait tous les peuples et en vertu duquel chacun d'eux aurait abdiqué sa souveraineté en faveur du genre humain. Par conséquent, selon la définition que Spinoza a donnée de l'état de nature et du droit naturel, il n'existe pas, il ne peut pas exister d'une nation à une autre d'autre règle, d'autre droit que la force. Humanité, justice, foi des traités, fraternité des races et des croyances, chimère que tout cela ! La raison du plus fort sera toujours la meilleure ! C'est bien à la force qu'appartient en réalité la suprême décision. Mais ses arrêts ne sont pas tous acceptés pour légitimes. Il y en a qui encourent le mépris, d'autres qui excitent l'indignation et l'horreur. Il y a des vaincus avec lesquels on est fier et presque heureux de succomber. Il y a des vainqueurs que l'histoire a marqués d'une éternelle flétrissure, ou qui porteront dans l'avenir le sceau d'une réprobation ineffaçable. C'est que, au-dessus de la force, il y a la justice, il y a le droit ; non celui que créent les traités et les contrats, et qui n'est encore qu'une œuvre de la force, mais celui qui est écrit dans la nature de l'homme, dans sa raison, dans sa conscience.

Ces réflexions, quoique dirigées contre le philosophe dont il se déclare le disciple, me sont suggérées par M. Horn. Son ouvrage est du nombre de ceux qui font penser. Si, comme cela était inévitable, il se ressent de l'époque et du pays où il a vu le jour, il n'en renferme pas moins une appréciation profonde et en grande partie originale de la politique de Spinoza. L'admiration qu'il respire pour ce sombre génie, le fléau de notre siècle, vient d'un noble principe; car il prend sa source dans l'amour de la liberté. M. Horn a été conduit à absoudre les prémisses en l'honneur de la conclusion. Puis la délicatesse de son âme et la loyauté de son caractère ont été blessées de l'ingratitude dont l'Allemagne, à un certain moment, payait la mémoire de celui à qui elle doit tant. De là la chaleur de style qui se mêle dans ces pages à la vigueur de la pensée. M. Horn, qui n'écrit pas moins bien dans notre langue que dans celle de Gœthe et de Schelling, devrait se faire son propre interprète et traduire son travail en français.

II

M. Nourrisson [1] est un des plus savants professeurs de l'Université de France, un de ses écrivains les plus féconds et un des lauréats en quelque sorte habituels de l'Académie des sciences morales et politiques. Trois ouvrages philosophiques d'une égale importance, et dont le dernier, le plus considérable et le plus intéressant, la *Philosophie de saint Augustin*, vient de conquérir dans l'espace de quelques mois les honneurs d'une seconde édition, lui ont valu de la part de la cinquième classe de l'Institut un même nombre de couronnes[2]. Ces trois livres couronnés ne sont pas les seuls que M. Nourrisson ait publiés; il y a ajouté d'autres travaux, parmi lesquels on distingue deux Mémoires, l'un sur les manuscrits de Leibniz, l'autre sur les sources de la philosophie de Bossuet, qui nous montrent un esprit aussi exercé aux patientes recherches de l'érudit qu'aux libres spéculations du penseur. Aujourd'hui même il se présente devant le monde sa-

---

[1]. *Spinoza et le naturalisme contemporain*, par M. Nourrisson; un volume in-18, librairie académique de Didier et C⁰, Paris, 1866. — *Le Guide des égarés*, traité de théologie et de philosophie, par Moïse ben Maïmoun, dit *Maïmonide*, publié pour la première fois dans l'original arabe, et accompagné d'une traduction française et de notes critiques, littéraires et explicatives, par S. Munk, membre de l'Institut, professeur au Collège de France, tome troisième; un volume grand in-8°, chez A. Franck, Paris, 1866.

[2]. Aujourd'hui M. Nourrisson est un des membres de l'Académie qui a tant de fois récompensé ses ouvrages.

vant avec un nouveau volume dont le titre seul, selon le camp dans lequel on a planté sa tente, est une promesse ou une provocation.

En soumettant à un nouvel examen le système tant de fois et si diversement apprécié de Spinoza, M. Nourrisson ne se croit pas occupé d'une étude purement rétrospective; il est persuadé qu'il fait la guerre à plusieurs philosophes contemporains dont les doctrines, selon lui, dérivent en droite ligne du grand panthéiste du xviie siècle. Pourvu qu'il réussisse à frapper le premier coupable, le premier par le génie aussi bien que par l'ordre des temps, il se flatte d'avoir par là même fait justice de tous les autres, en évitant le désagrément de prononcer leurs noms et de s'attirer leurs représailles, ou de se donner l'apparence d'en vouloir à leurs personnes quand il ne s'attaque qu'à leurs principes. Cette façon d'intervenir dans les luttes intellectuelles de notre époque serait certainement très-commode, si elle était possible; mais je pense que M. Nourrisson se fait illusion. Aucun des écrivains de nos jours dont il se propose intérieurement de réfuter les doctrines ne se reconnaîtra dans celui qui est l'objet ostensible de sa critique. Chacun d'eux, convaincu de l'originalité encore plus peut-être que de la vérité de ses opinions, ne voudra accepter qu'une parenté éloignée avec tel ou tel philosophe d'autrefois; et ce qui le confirme dans cette haute estime de lui-même, dont un public inexpérimenté devient facilement le complice, c'est le dissentiment qui existe sur une foule de points essentiels entre lui et tous les autres. Au reste, il suffit qu'une idée déjà ancienne se présente sous une forme quelque peu rajeunie pour qu'il soit nécessaire, tout au moins utile, de la soumettre à une nouvelle épreuve. Dans l'ordre intellectuel, comme dans l'ordre matériel, la guerre est soumise à la même condition : on ne peut avoir raison de son adversaire qu'en l'attaquant directement et en face.

Mais à le prendre pour ce qu'il est, pour un travail critique et historique du spinozisme, le livre de M. Nourrisson offre les plus grands titres à notre intérêt. Il nous fournit quelques nouveaux aperçus, sinon sur le système lui-même, que des maîtres illustres, des historiens consciencieux ont exposé avec tant de précision et jugé avec tant d'impartialité, au moins sur la manière dont il a été préparé et dont il a été compris à son origine, sur les essais qui l'ont précédé, sur l'influence qu'il exerçait déjà quand il n'était pas encore connu par la presse. Presque tous ces détails ont été puisés dans un document publié depuis assez peu de temps en Hollande, un supplément aux œuvres de Spinoza, contenant, avec quelques lettres jusque-là inédites, un *Traité de Dieu et de l'homme*, un autre sur l'arc-en-ciel (*de iride*) et un court chapitre sur les démons [1].

Chacun de ces différents écrits nous montre Spinoza occupé depuis sa première jeunesse de la pensée qui a absorbé sa maturité et à laquelle il est resté fidèle, on peut dire de laquelle il a vécu jusqu'à son dernier moment. Le *Traité de l'arc-en-ciel* nous annonce le *Traité théologico-politique ;* car il a pour but d'établir que la façon dont la théologie ou la foi nous explique certains

---

1. « Ad Benedicti de Spinoza opera quæ supersunt omnia supplementum, continens tractatum hucusque ineditum de Deo et homine, tractatulum de iride, epistolas nonnullas ineditas, etc., » publié par J. Van Vloten. Amsterdam, 1862.

phénomènes de la nature est complétement démentie par la physique et par la géométrie, en un mot, par la science ; par conséquent, que la théologie et la science, la raison et la foi, sont absolument inconciliables entre elles, et qu'en choisissant l'une, on est condamné par cela même à répudier l'autre. Le *Traité de Dieu et de l'homme*, dont un des biographes de Spinoza, le pasteur Colerus, avait déjà entre les mains un exemplaire en 1652, est une esquisse développée de l'œuvre capitale de Spinoza, de l'*Éthique*, publiée seulement en 1677, l'année même de sa mort. Rédigé en flamand sous une forme beaucoup moins sévère que l'ouvrage posthume dans lequel il s'est absorbé, il a été traduit en latin par M. Van Vloten. Le chapitre sur les démons en fait partie, et naturellement est destiné à prouver, comme Maïmonide l'avait déjà fait quatre siècles et demi auparavant dans ses réflexions sur le *Livre de Job*, que les êtres de cette espèce n'existent pas ailleurs que dans notre imagination. Enfin, par les lettres inédites, nous apprenons que Spinoza, à l'âge de vingt-quatre ans, bien avant la publication de son premier ouvrage, était déjà l'âme d'un petit cénacle où ses doctrines étaient étudiées et commentées par des disciples, ou, pour mieux dire, par des adeptes fanatiques. L'un d'entre eux, Simon de Vries, lui rend compte de la manière dont s'y prennent les membres de cette association ou de ce club spinoziste pour se pénétrer de ses idées :

« L'un d'entre nous, mais chacun à son tour, lit d'un bout à l'autre, explique, selon qu'il les entend, et ainsi démontre toutes choses en suivant la série et l'ordre de vos propositions. Alors, s'il arrive que nous ne soyons pas capables de nous satisfaire les uns les autres, nous avons jugé qu'il importait de noter les difficultés et de vous écrire, afin que, s'il se pouvait, elles nous fussent éclaircies, et que sous vos auspices nous nous trouvions mis en état de défendre la vérité contre les superstitieux et les chrétiens, ou même de soutenir le choc du monde entier. »

Exilé d'Amsterdam comme un citoyen dangereux, Spinoza ne pouvait diriger que de loin la ferveur de ses jeunes amis. Mais on voit, par la lettre qui lui est adressée, qu'il lui restait peu de chose à leur apprendre sur le fond de son système. Seulement il ne pensait pas que le temps fût venu de le livrer au grand jour, et même de le révéler tout entier à tous ses disciples. Il voulait qu'avant d'arriver à lui on passât d'abord par le cartésianisme interprété à sa manière. C'est ainsi qu'il écrivit, à l'usage du jeune Albert Burgh, probablement dans le temps où il était réfugié chez lui à Rhinbourg, le premier et le moins lu de ses ouvrages publiés, l'*Exposition géométrique des principes de la philosophie de Descartes*. Mais dans ce traité même, un peu trop négligé par la plupart des historiens de la philosophie, et surtout dans l'*Appendice* qui l'accompagne, M. Nourrisson, avec une perspicacité qui lui fait honneur, découvre déjà les caractères les plus essentiels du spinozisme, ceux qui font de Spinoza moins un disciple et un commentateur qu'un hardi réformateur, ce serait trop de dire un adversaire, de la philosophie cartésienne.

En effet, même dans l'*Ethique*, Spinoza conserve, autant que le permet le principe général de sa métaphysique, les traits distinctifs du cartésianisme. Sa méthode, cette affectation qu'on lui a si justement reprochée de ne procéder que par déductions rigoureuses à la façon des géomètres, c'est, après tout, la méthode qu'affectionne Descartes, celle qu'il emploie de préférence, non-seulement en physique, mais en philosophie. C'est de Descartes qu'il a appris à ne tenir aucun compte de ce qui a été fait avant lui, à pousser jusqu'à la dernière limite le mépris de la tradition, de l'autorité, de l'histoire, et à ne regarder comme certaines que les choses qu'il a lui-même démontrées ou qui s'imposent à sa raison par la force de l'évidence. Enfin, jusqu'au sein de cette unique substance dans laquelle il a confondu et comme submergé tous les êtres, il laisse subsister le dualisme cartésien de la pensée et de l'étendue, ne permettant pas que l'une puisse jamais être substituée à l'autre, ni qu'on cherche entre elles aucune relation de cause à effet, mais les considérant comme éternelles, comme parallèles et inséparables. Est-il le seul, d'ailleurs, qui de certaines prémisses cartésiennes, pressées par une logique à outrance, ait fait sortir des conséquences panthéistes? Clauberg et Geulinx, ses deux contemporains, sont tombés dans la même faute, et qui sait? ni Malebranche ni Fénelon ne l'auraient peut-être évitée si leurs croyances religieuses n'étaient venues, en quelque sorte, se placer en travers de leurs idées philosophiques.

Un éloquent et illustre historien de la philosophie se refuse à voir dans Spinoza même un fils dégénéré, même un disciple rebelle de Descartes; il ne lui reconnaît de parenté qu'avec Maïmonide, et par Maïmonide, avec Averroës. Assurément il faudrait être aveugle pour soutenir que l'auteur du *Traité théologico-politi-*

que, si profondément versé dans toutes les branches de la littérature rabbinique [1], n'a pas connu les écrits de Maïmonide, tant son abrégé orthodoxe du *Talmud* que son fameux *Guide des égarés*. Ces écrits, il les cite et les définit, le dernier surtout, avec une admirable précision. Pour quiconque les a lus, il est hors de doute que Spinoza y a puisé sa libre façon d'interpréter, de commenter et de traduire l'Écriture, c'est-à-dire son système d'exégèse ou son rationalisme religieux. Mais ce n'est point là qu'il a pris son système de métaphysique. Comment un tel emprunt eût-il été possible? Maïmonide professe sur la nature divine deux opinions parfaitement contradictoires : l'une, qu'il tenait des péripatéticiens arabes, et particulièrement d'Avicenne; l'autre, que lui avaient suggérée les textes bibliques et son propre bon sens. Selon la première, Dieu est pour nous l'essence infinie, incompréhensible, indivisible, incommunicable; de sorte que nous pouvons bien dire ce qu'il n'est pas, mais non ce qu'il est; il comporte des attributs négatifs, comme ceux-là mêmes dont nous venons de nous servir; mais les attributs ou qualifications positifs lui répugnent comme autant de limitations ou de divisions arbitraires introduites dans son sein par notre esprit borné. Maïmonide et les Arabes ses maîtres poussaient l'horreur des qualités de ce genre jusqu'à ne pas oser reconnaître à Dieu l'exis-

---

1. A ce propos, nous ne pouvons nous empêcher de demander pourquoi M. Nourrisson, au lieu du mot *rabbinisme*, consacré par l'usage et par l'analogie, aime mieux dire *rabbinage*? Est-ce pour témoigner son mépris à l'égard d'une branche de littérature qui doit lui être peu familière, ou à l'égard d'une théologie dont il ne partage pas les doctrines? Cela serait peu philosophique et en complet désaccord avec les idées libérales qu'il mêle à tous ses écrits. J'aime mieux croire que c'est un néologisme malheureux.

tence. D'après la seconde opinion, qu'il justifie non-seulement par la révélation, mais par le raisonnement, par une réfutation en règle de l'hypothèse de l'éternité du mouvement et de la matière, Dieu lui apparaît comme le créateur et la providence du monde, comme l'artiste accompli qui, unissant la toute-puissance à une sagesse sans bornes, n'a rien fait en vain et veille d'un œil jaloux sur la conservation de son œuvre. Avec la création et la providence, dont il étend les effets jusqu'aux individus de l'espèce humaine, Maïmonide admet donc, comme la logique lui en fait un devoir, le principe des causes finales. Par quel artifice de raisonnement Maïmonide s'était-il flatté, avec une parfaite bonne foi, de concilier entre elles deux manières de voir si opposées? C'est ce qu'il serait trop difficile de faire comprendre ici en quelques mots, et heureusement une telle explication n'est pas nécessaire. Bornons-nous à dire que ces deux manières de voir sont également et expressément reconnues par le célèbre théologien du xii° siècle.

Maintenant, je le demande, à laquelle des deux veut-on rattacher le système métaphysique de Spinoza? Ce n'est pas à celle qui prend sa source dans Averroës et Avicenne, ou, pour parler plus exactement, dans l'école d'Alexandrie. Ce n'est pas à celle qui refuse à Dieu tout attribut positif, sans en excepter l'existence; car la substance de Spinoza, cette substance unique qui tient pour lui la place de la Divinité, a une infinité d'attributs parmi lesquels, nous ne savons pourquoi, on désigne uniquement la pensée et l'étendue. La pensée et l'étendue, telles que les conçoit l'auteur de l'*Ethique*, sont si loin d'être de pures négations, qu'il en fait sortir tous les êtres et tous les phénomènes dont se compose l'univers. Quant au dogme de la création, à l'idée de la Providence, au principe des causes finales, à l'existence de la liberté humaine, que Maïmonide, à tort ou à raison, a cru réussir à mettre d'accord avec le péripatétisme arabe et alexandrin, il serait superflu de rappeler qu'ils ne tiennent aucune place dans le spinozisme ; car le spinozisme en est précisément la plus formelle négation, et l'auteur de ce système ne perd aucune occasion de les répudier avec hauteur, comme un homme dans l'âge de la raison répudie les contes avec lesquels on a bercé son enfance.

M. Nourrisson, lui aussi, reconnaît dans Spinoza un fils de Maïmonide et d'Averroës ; mais à ces deux noms il en ajoute beaucoup d'autres ; par exemple, ceux de Straton de Lampsaque, de Cardan, de Vanini, de Jordano Bruno, de Cocceius, de Bacon, de Herbert de Cherbury. En vérité, c'est faire le pauvre solitaire de La Haye plus savant qu'il n'était et qu'il n'avait jamais eu envie de le devenir. Puis, lorsqu'on cherche à un homme tant de pères, on avoue par cela même qu'on ne lui en connaît pas, et on lui laisse la gloire d'être le fils de ses œuvres.

D'ailleurs, s'il était vrai que Spinoza n'a été qu'un écho, et encore, s'il faut en croire son historien le plus récent, un écho assez confus et assez faible de tant de philosophes qui l'ont précédé depuis la plus haute antiquité, pourquoi en aurait-on fait le bouc émissaire de son école ? Pourquoi aurait-il excité des haines, des colères, des malédictions, et il faut ajouter, des admirations fanatiques qu'aucun de ses devanciers n'a connues ? Pourquoi le poids de tant de réfutations, d'accusations, de critiques porterait-il sur lui plutôt que sur un autre ? Pourquoi serait-il signalé encore aujourd'hui comme l'auteur responsable des doctrines religieuses ou métaphysiques que nous jugeons les plus dangereuses ?

On trouvera dans le livre même de M. Nourrisson quelques-uns des anathèmes qui furent prononcés contre lui par les plus grands hommes du xviie siècle. « Ce misérable Spinoza, » dit en parlant de lui le doux Malebranche ; et quant à son système, il le traite « d'épouvantable et ridicule chimère. » — « Quand je l'ai trouvé sur mon chemin, écrit Huet, je ne l'ai pas épargné, ce sot et méchant homme qui mériterait d'être chargé de chaînes et battu de verges. » C'est dans la *Démonstration évangélique* que le savant évêque d'Avranches s'exprime de cette façon. Aussi, comme ces paroles respirent bien l'esprit de l'Évangile ! Prince des athées, maudit, réprouvé, sont presque des termes d'amitié. Voilà justement pourquoi Massillon refuse de s'en servir. Son éloquence indignée veut des traits plus énergiques : « Un Spinoza, ce monstre qui, après avoir embrassé différentes religions, finit par n'en avoir aucune... Il s'était formé à lui-même ce chaos impénétrable d'impiété, cet ouvrage de confusion et de ténèbres où le seul désir de ne pas croire en Dieu peut soutenir l'ennui et le dégoût de ceux qui le lisent. »

M. Nourrisson condamne avec raison toutes ces invectives. Il se plaît à rendre hommage à la vie de Spinoza, dans laquelle, pour me servir de ses expressions, on ne découvrirait pas une tache [1]. Mais se montre-t-il aussi juste pour son caractère ? D'abord, sous prétexte

---

[1]. « Cherchez dans cette vie, vous n'y découvrirez pas une tache. » (P. 59.)

que, Spinoza étant malade, un régime austère lui était naturellement commandé par l'intérêt de sa conservation, M. Nourrisson ne veut pas qu'on lui fasse un mérite de sa tempérance. Il trouve même qu'il y a de la bassesse à admirer en lui une vertu aussi vulgaire. Il oublie que les malades aiment leurs aises et recherchent la délicatesse de la vie encore plus et à meilleur droit que les gens bien portants. Il était facile à Spinoza de se procurer ces avantages. Il n'avait qu'à accepter la chaire de philosophie de l'Université de Heidelberg, à laquelle il était appelé par l'Électeur palatin, et les 2,000 florins que lui offrait son ami Simon de Vries, et le riche héritage qu'il lui laissait après sa mort, et la pension que lui léguait l'infortuné Jean de Witt, et celle que lui faisait espérer, au nom de Louis XIV, le maréchal de Luxembourg, s'il voulait seulement dédier au grand roi un de ses ouvrages. Un tel désintéressement n'est pas si commun, même parmi les philosophes, pour qu'on ne puisse le remarquer sans descendre dans l'estime de ses semblables.

Ce que M. Nourrisson reproche surtout au grand panthéiste du xviie siècle, c'est l'orgueil, cet orgueil intraitable qui ne lui permet de se confier qu'à la raison, et encore à sa raison à lui, non à celle des autres, et qui lui fait prendre en mépris l'autorité, la tradition, le sens commun. « Ni Platon, ni Aristote, ni Socrate ne lui sont de rien. Les doctrines de Descartes et de Bacon lui semblent grosses d'erreurs. En définitive, quoiqu'il déclare ne point oublier qu'il est homme et sujet à se tromper, il prétend ne relever que de lui-même [1]. » Voilà, il faut en convenir, une accu-

1. *Spinoza et le Naturalisme contemporain*, p. 64-65.

sation qui paraît étrange sous la plume d'un défenseur et d'un interprète de la philosophie. Et à qui voulez-vous qu'un philosophe se confie, si ce n'est à la raison? Et quelle autre raison que la sienne peut lui servir à interroger, à comprendre, à mesurer celle de l'humanité elle-même? Ce qu'on a dit, ce qu'on a pensé et cru avant nous, est sans doute très-intéressant et très-utile à connaître, mais à la condition que notre propre raison saura s'y retrouver et expliquera par ses lois ce qui sans elles resterait inexplicable. La tradition, l'autorité, le sens commun (je ne dis pas le bon sens), auxquels vous en appelez, n'ont pas été plus respectés par Descartes, objet de votre légitime admiration, que par Spinoza, à qui vous en faites un crime. Puis n'est-ce pas une étrange façon d'être orgueilleux que de fuir le bruit, les honneurs, la renommée, l'autorité que donne un enseignement public, et de ne publier ses œuvres que sous le voile de l'anonyme, ou bien encore de les retenir dans sa main jusqu'à ce que la mort les en fasse tomber? Je reprocherais plutôt à Spinoza l'excès d'humilité où il est tombé en sacrifiant à de vaines abstractions ce qui fait notre grandeur et notre force à nos propres yeux, ce qui fait notre supériorité et les titres de notre domination sur les autres êtres, les attributs de notre personnalité spirituelle et morale. Quand je vois dans son système la conscience, la liberté, la responsabilité morale, la distinction de l'esprit et de la matière, de l'âme et du corps, disparaître dans le gouffre d'une divinité sans action, sans pensée, sans puissance et pour ainsi dire sans existence, il me semble que j'assiste à une de ces scènes du paganisme où le sang des êtres vivants et de l'homme lui-même était répandu aux pieds d'une idole aveugle et inanimée.

Mais ces critiques de détail me font oublier, contre ma volonté, les solides qualités qui se font remarquer dans le livre de M. Nourrisson, outre le mérite des recherches purement historiques et l'intérêt des conclusions que l'auteur en a tirées. Sa critique philosophique est pleine de force, de bon sens et de chaleur. On voit qu'elle prend sa source dans l'âme aussi bien que dans l'intelligence, et dans les inspirations d'une foi généreuse, libérale, comme dans les lumières d'une saine doctrine. Toutes mes observations se ramènent à une seule : c'est que la philosophie et la morale n'ont rien à gagner à rabaisser un grand homme, même quand il a mis son génie au service d'un dangereux système. La force d'esprit, la grandeur d'âme, le désintéressement, la dignité de la vie, fussent-ils dépensés pour le compte de l'erreur, sont pourtant profitables à la vérité, puisqu'ils contribuent à mettre en lumière la noblesse originelle et la grandeur indestructible de la nature humaine. Au lieu de s'excommunier réciproquement à la façon des théologiens, les philosophes sont tenus, tout en se combattant, de respecter les uns chez les autres, avec la science dont ils invoquent le nom, les droits de la conscience et de la liberté.

Puisque j'ai prononcé plusieurs fois le nom de Maïmonide, je me fais un devoir, en terminant, de rappeler aux philosophes et aux savants que son grand ouvrage, le *Guide des égarés*, un des monuments les plus complets de la théologie et de la philosophie chez les Juifs et chez les Arabes du xiie siècle, existe maintenant tout entier dans notre langue et dans le texte original, le texte arabe, qui avait été remplacé pendant longtemps par une traduction hébraïque. M. Munk, après avoir consacré, malgré son état de cécité, plus de vingt ans d'un travail sans relâche à cette œuvre de restauration et de traduction, relevée encore par les trésors d'érudition qu'il a répandus dans ses notes, a eu la consolation, avant de mourir, d'en publier la troisième et dernière partie. Ce nouveau volume ne le cède, sous aucun point de vue, à ses deux aînés, et leur est peut-être supérieur par l'intérêt du sujet. C'est là que Maïmonide, appliquant l'histoire des religions de l'antiquité à la critique biblique, cherche dans les usages et les traditions du paganisme oriental l'explication des préceptes souvent si étranges du Pentateuque en général et du Lévitique en particulier. C'est là aussi qu'il exprime cette opinion antibiblique et antithéologique, que l'homme, loin d'être le centre et le but de la création, n'est qu'un point imperceptible dans l'océan des êtres, et que, s'il trouve son bien particulier dans l'ordre universel du monde, la vanité seule peut l'autoriser à croire que cet ordre n'a été établi et que l'univers lui-même n'a été tiré du néant qu'à cause de lui. C'est là, enfin, qu'il nous présente le *Livre de Job* comme une simple discussion philosophique encadrée dans un récit fictif; d'où résulte que Job n'a jamais existé, et que le démon, personnification du mal, qui lui-même est une pure négation, nous représente comme le prétendu patriarche du pays d'Utz un être purement imaginaire. C'est dans la traduction même de M. Munk qu'il faut étudier ces hardiesses de l'esprit critique chez un rabbin du moyen âge.

GŒTHE [1]

Ces deux ouvrages ont fait leur chemin dans le monde : l'un parmi les savants, l'autre parmi les philosophes, les hommes de lettres et tous ceux qui s'intéressent aux choses de l'esprit. Est-ce une raison pour n'en point parler? La tâche de la critique ne consiste pas seulement à précéder l'opinion pour la guider et l'éclairer, il est quelquefois nécessaire qu'elle s'astreigne à la suivre ; car elle n'a que ce moyen de la connaître et de savoir jusqu'à quel point elle peut compter sur elle. En appliquant aujourd'hui ce dernier procédé, nous avons la satisfaction de rendre justice tout à la fois à deux excellents livres, et au public qui a su les goûter et les comprendre.

Fontenelle, en faisant l'éloge de l'auteur de la *Mo-*

---

1. *La Philosophie de Gœthe*, par E. Caro ; un volume in-8°, Paris, librairie de L. Hachette et C°. — *Œuvres scientifiques de Gœthe*, analysées et appréciées par Ernest Faivre, professeur à la Faculté des sciences de Lyon ; un volume in-8°, même librairie.

nadologie, s'exprime en ces termes : « De plusieurs Hercules l'antiquité n'en a fait qu'un, et du seul M. Leibniz nous ferons plusieurs savants. » Une division analogue serait certainement applicable à Gœthe, et plusieurs écrivains qui s'entendraient pour se partager entre eux les dons multiples et presque opposés de son incomparable génie, ne manqueraient pas de trouver une mine inépuisable dans le lot que chacun d'eux aurait choisi. Ce n'est pas absolument ainsi que MM. Faivre et Caro ont compris leur tâche. Le premier, en se proposant de nous faire connaître, non-seulement par une traduction et par une analyse, mais par une discussion approfondie, les œuvres scientifiques de Gœthe, ne s'est pas interdit de jeter un coup d'œil scrutateur sur le philosophe, le poëte et même sur l'homme. Le second, qui a voulu nous initier à la philosophie de l'auteur de *Faust*, s'est cru obligé par là même d'embrasser la totalité de ses écrits, et de mettre à profit les travaux qu'ils ont inspirés jusqu'aujourd'hui à la critique. Ils se sont persuadé tous les deux que rien n'est isolé dans un esprit de cette trempe, et que la philosophie, la poésie et la science, quand elles se rencontrent chez un seul homme à ce degré de puissance et d'originalité, se relient entre elles par d'étroites analogies, et ne sont véritablement que des formes différentes d'une même pensée. Cette idée leur a porté bonheur. Elle a permis à M. Faivre, après avoir exposé les découvertes et les théories scientifiques de Gœthe, d'en suivre la trace dans ses poëmes et dans ses romans. C'est ainsi qu'on est forcé de reconnaître avec lui, dans le premier *Faust*, les opinions particulières du grand poëte allemand sur l'optique, les conclusions de ce fameux *Traité des couleurs*, destiné, dans sa pensée, à détrôner la théorie de Newton, et qui fit devant l'Académie des sciences le plus triste naufrage. Dans le second *Faust*, M. Faivre nous montre, avec non moins de succès, le système géologique de Gœthe et la passion avec laquelle il a défendu toute sa vie les Neptuniens contre les Plutoniens ; et dans *Wilhelm Meister*, dans *les Affinités électives*, ses idées sur la minéralogie, l'anatomie comparée et la chimie.

Mais ce qui nous a particulièrement frappé dans le remarquable volume de M. Faivre, ce sont les considérations que lui suggère le système de Gœthe sur la nature en général. On sait que l'*Essai* de Gœthe sur les métamorphoses des plantes a précédé de six ans les Mémoires de Geoffroy Saint-Hilaire sur l'anatomie comparée ; par conséquent, c'est à lui que revient l'honneur d'avoir conçu la première idée de l'unité de composition. Cette idée, qu'il n'appliquait d'abord qu'au règne végétal, il ne tarda pas à l'étendre au règne animal, puis l'univers entier lui apparut comme une substance insaisissable qui, dans l'ensemble des choses et dans chaque être en particulier, passe constamment d'une forme à une autre, sans que la raison puisse assigner une limite à cette série de métamorphoses. M. Faivre, en admettant dans la nature l'unité de plan ou de composition, n'a pas de peine à établir qu'elle se réduit à un vain mot si l'on ne reconnaît pas, comme les faits nous y obligent, la fixité des espèces. Où trouver, en effet, ce plan uniforme, et comment oser affirmer qu'il existe s'il n'est arrêté nulle part, s'il fuit avec les objets mêmes dans lesquels nous voulons le surprendre, s'il n'est représenté que par des exécutions essentiellement variables et différentes ? Avec la fixité des espèces, qui n'est pas autre chose que l'action des idées sur les phénomènes du monde matériel ou la domination de l'esprit sur la nature, M. Faivre soutient aussi contre Gœthe le principe des causes finales. Il a parfaitement compris que ce sont deux parties inséparables d'un même tout, et qu'en admettant ou en rejetant l'une, on est dans l'absolue nécessité d'admettre ou de rejeter l'autre. Si les espèces vivantes sont l'œuvre d'une intelligence qui les a formées pour durer, il est évident qu'elles ont reçu les organes nécessaires à leur conservation et les instincts qui leur apprennent à en faire usage. Si, au contraire, les espèces et les genres ne sont que des formes passagères, de fugitives métamorphoses qui se succèdent sans interruption et sans terme, sous l'empire d'une force irrésistible, obéissant à des lois dont elle n'a pas conscience, il n'y a pas lieu de chercher un but ou une raison à la constitution des êtres, il faut accepter les railleries de Gœthe contre ceux qu'il appelle les *finalistes* et les docteurs de l'utilité ; il faut tâcher de se persuader que l'œil n'est pas fait pour voir, ni l'oreille pour entendre, mais que l'on voit et que l'on entend parce qu'il se trouve par hasard qu'on a des yeux et des oreilles. Voilà comment, en examinant quelques-unes des théories de Gœthe sur l'histoire naturelle, M. Faivre a été conduit à nous entretenir de sa philosophie.

C'est, au contraire, comme on devait s'y attendre, la philosophie qui tient la première place dans l'ouvrage de M. Caro. C'est à elle qu'il ramène, par elle qu'il cherche à expliquer ou à éclairer tout ce que Gœthe a écrit et tout ce qu'il a pensé, ses œuvres d'imagination aussi bien que ses œuvres scientifiques et jusqu'à ses entretiens et sa correspondance. De là une parfaite unité de composition, avec une très-grande variété de détails. Malgré la gravité du principal sujet, il n'est pas à craindre que l'intérêt languisse dans ce beau livre. Historien fidèle des évolutions qu'a traversées le mobile génie du poëte allemand, tout en conservant l'identité de sa nature, M. Caro change à chaque instant de scène, de genre, de personnage, sans perdre de vue, non-seulement la philosophie, mais la partie la plus élevée et la plus redoutable de la philosophie, la métaphysique. Elle est comme la trame du riche tissu qui se déroule sous nos yeux, elle accepte tous les ornements et se plie à tous les tons.

Mais y a-t-il une philosophie de Gœthe? Sur ce point capital, je ne craindrai pas d'être plus affirmatif que M. Caro. Il parle uniquement d'*impressions philosophiques*, *d'idées générales* et de *tendances d'esprit*, que l'on essayerait en vain de ramener à un système. Ce qu'il nous promet de dégager de la riche collection des œuvres du poëte allemand, ce n'est pas une doctrine, c'est « une nature philosophique des plus originales et des plus rares [1]. » Je crois, au contraire, que Gœthe a un système parfaitement arrêté, qu'il a une doctrine clairement définie dans sa conscience et dans ses écrits : il est panthéiste. On lit dans une de ses lettres à Jacobi :

« Comme artiste et comme poëte, je suis polythéiste ; comme naturaliste, au contraire, je suis panthéiste, et l'un aussi décidément que l'autre [2] ! » Est-ce

1. Préface, p. II.
2. Voir le livre de M. Faivre, p. 412.

que le panthéisme n'a pas un caractère propre qui le distingue de toute autre philosophie, et ce caractère, n'est-ce pas celui que l'auteur de *Faust* nous laisse apercevoir dans toutes ses pensées, soit qu'il s'occupe de l'homme ou de la nature, soit qu'il parle au nom de la poésie ou de la science? Il est vrai que, pour Gœthe, si l'on peut faire fond sur ce qu'on raconte de sa conversation, « chaque philosophie n'est rien autre chose qu'une forme différente de la vie. » Mais ce n'est là qu'une expression particulière de ce principe essentiel du panthéisme, que l'existence, par conséquent la vie et la pensée, ne peuvent jamais se manifester que sous une forme déterminée. La philosophie subit la loi commune, et il est impossible qu'un système soit exactement le même dans deux intelligences.

Ce n'est pas assez de dire que Gœthe est panthéiste; il l'est d'une façon qui ne lui est pas personnelle, et que l'histoire ne nous permet pas de regarder comme une nouveauté; il l'est à la manière de Spinoza. Il débute, encore fort jeune, dans la carrière de la spéculation philosophique et religieuse, par la doctrine de l'émanation. Or, la doctrine de l'émanation n'est pas autre chose, au fond, qu'un spinosisme oriental, et ce n'est pas sans raison que l'auteur de l'*Ethique* a été accusé d'avoir puisé à cette source la première idée de sa métaphysique. L'alchimie même, dans laquelle Gœthe a eu foi pendant quelque temps, n'est qu'une expression différente ou une simple application du même principe. Si l'on se flatte que la nature pourra nous enseigner le secret de transformer les métaux les uns dans les autres et de les réduire tous à un seul, c'est parce que l'on est persuadé que les métaux et les corps en général ne sont que des formes passagères, des modes fugitifs d'un même principe, susceptible à son tour d'être ramené à la substance universelle. N'oublions pas, d'ailleurs, que l'alchimie a eu le même berceau et s'est développée dans le même temps que l'école d'Alexandrie, une école philosophique dont la doctrine de l'émanation fait la base.

Quand Gœthe rencontra plus tard (il avait vingt ans alors) le système de Spinoza sous sa forme définitive, il s'y réfugia comme dans un asile préparé pour lui ; il s'y attacha avec une force qui n'a jamais fléchi devant les années, parce qu'il y trouvait tout ensemble la paix de l'âme et la satisfaction de l'esprit. « Ma confiance en Spinoza, dit-il, reposait sur l'effet paisible qu'il produisait en moi... Le calme de Spinoza apaisait tout en moi... Je sentais, en le lisant, comme un souffle de paix. » Qu'y a-t-il de plus spinoziste que cette phrase : « Ce grand être que nous nommons la Divinité ne se manifeste pas seulement dans l'homme, il se manifeste aussi dans une riche et puissante nature et dans les immenses événements du monde ; une image de lui, formée à l'aide des seules qualités de l'homme, ne peut donc suffire [1]. »

M. Caro s'étonne de cette constance de Gœthe dans son amour et son respect pour le spinozisme. Il lui semble que tout, dans Spinoza, devait être antipathique au génie de Gœthe : l'esprit, la méthode, le système. Il ne voit rien de plus opposé que le réalisme de Gœthe et l'idéalisme de l'*Ethique* [2]. Pour moi, je crois, au contraire, que rien ne se prêtait mieux que ce libre

---

1. Citations de M. Caro, p. 56.
2. *Ibid.*, p. 47 et 48.

et hardi système aux aspirations poétiques de celui que l'Allemagne appelait le *grand païen*. Une nature animée et sensible jusque dans le moindre atome de matière[1]; cette vie universelle, considérée comme une forme de l'intelligence et de la pensée ; la pensée elle-même, éternelle et inépuisable, jaillissant des profondeurs de l'être infini, tout le spinozisme est là, et n'y a-t-il pas là de quoi satisfaire la poésie la plus idolâtre, le culte le plus passionné de l'image et de la couleur? Si Gœthe devait se prononcer pour un système de métaphysique, ce ne pouvait être que pour celui de Spinoza, et si le système de Spinoza était destiné à avoir son poëte, comme celui d'Épicure a eu le sien, il l'a trouvé dans Gœthe. Naturellement le poëte et le philosophe ne parlent pas la même langue ; à la même pensée ils appliquent des expressions très-différentes ; voilà pourquoi il n'est pas possible qu'on retrouve, même dans la prose, dans les lettres et les conversations de l'auteur de *Faust*, les formules abstraites et les déductions géométriques dont l'auteur de l'*Ethique* se plaît à faire usage.

Mais quoi! n'est-ce donc que par l'expression que ces deux grands hommes, quand on les compare sous le point de vue philosophique, se montrent différents l'un de l'autre? N'y a-t-il pas entre eux toute la distance qui sépare le réalisme d'une doctrine purement idéaliste dans ses principes et dans ses conséquences? Je sais qu'on a dit de la métaphysique de Spinoza qu'elle supprimait l'univers, qu'elle faisait de la matière une

---

[1]. Voici les propres expressions de Spinoza : *Omnia quamvis diversis gradibus animata tamen sunt.*

pure conception de l'esprit, et de Dieu une abstraction ;
par conséquent, qu'elle ramenait toute existence à la
pensée, à l'idée, que l'idéalisme en formait la seule
base. Je sais aussi, et l'on peut se convaincre par le
livre de M. Caro, que Gœthe est surtout frappé de la
grandeur de l'univers, de la beauté et de la puissance
de la nature. « Soyez certain, disait-il, que l'esprit humain se dissout ou recule quand il cesse de s'occuper du
monde extérieur. Étudiez la nature, tout est là. On ne
mérite pas le nom de poëte ni celui de savant tant qu'on
n'exprime que des sentiments, des idées personnelles.
Celui-là seul mérite ce titre, qui sait s'assimiler le
monde et le peindre s'il est poëte, ou le décrire s'il est
savant. » Aussi n'est-ce pas sans raison que Gœthe a
été accusé de réalisme. Mais réalisme et idéalisme ne
sont que des noms dépourvus de sens pour le panthéisme en général et le spinozisme en particulier,
pour une doctrine qui confond dans un principe supérieur l'esprit et la matière, l'étendue et la pensée, la
conscience de l'homme et la vie universelle de la nature.
Que l'on commence par considérer l'une ou l'autre de
ces deux faces de l'existence, le résultat sera toujours
le même. Seulement l'une plaît mieux à la poésie, et
l'autre à la métaphysique.

Si l'on n'aperçoit dans le réalisme et l'idéalisme que
deux points de vue relatifs, Spinoza est certainement
réaliste quand il soutient que l'âme n'est que l'idée du
corps, et qu'à chacun des modes de la pensée correspond nécessairement un mode de l'étendue, c'est-à-
dire de la nature extérieure. D'un autre côté, qui oserait prétendre que l'idéal soit resté étranger à Gœthe,
à lui qui le cherche et le trouve partout, non-seulement

dans la poésie et dans l'art, mais dans les plus humbles productions de la nature? Ce dessin, ce plan qui subsiste toujours le même au milieu des métamorphoses de la plante et des transformations de l'animal, qu'est-ce autre chose que l'idée considérée en quelque sorte comme la substance des êtres, comme le principe éternel et identique, tandis que la matière, par laquelle il se révèle à nos sens, fuit devant nous comme une ombre insaisissable? N'est-ce pas l'idéal encore que nous sommes obligés de reconnaître dans « l'éternel féminin » qui nous élève aux cieux? Le deuxième *Faust*, entre beaucoup d'autres personnifications étranges, nous en offre une qui est particulièrement remarquable. « Il y a des déesses augustes qui règnent dans la solitude. Autour d'elles point de lieu, encore moins de temps ; le trouble vous saisit quant on parle d'elles. Ce sont les mères. » On ne pénètre jusqu'à leur demeure que par le vide et la solitude. Entourées des images de la vie, elles ne sauraient voir celui qui vient à elles, car elles ne voient que les *schèmes*, c'est-à-dire les formes ou les types des êtres. Comment M. Caro a-t-il interprété cette allégorie? Dans le sens du plus pur idéalisme. Il s'agit ici, selon lui, des types éternels et divins, conservés dans les profondeurs ou les sources les plus inaccessibles de l'être, et qui, tout en conservant leur inaltérable perfection, ne cessent pourtant de se transformer dans les œuvres successives de la nature et de l'art. Je crois que M. Caro a raison, et cette manière de comprendre un des passages les plus obscurs de l'obscur poëme du second *Faust* fait honneur à sa pénétration. Mais alors la philosophie de Gœthe n'est plus en opposition avec celle de Spinoza.

Ils sont réalistes et idéalistes l'un et l'autre, dans la même mesure et de la même façon.

Il n'y a qu'une seule différence entre eux après celle du langage. Spinoza, comme tous les métaphysiciens du panthéisme, ses devanciers ou ses successeurs, se place tout d'abord au sommet de l'être ou dans le sein de l'absolu, d'où il descend de degré en degré jusqu'à la dernière limite de l'existence. Gœthe, au contraire, en fixant d'abord ses regards sur le spectacle mouvant de l'univers, s'élève du phénomène transitoire au dessein invariable, et d'une forme inférieure à une forme plus parfaite, jusqu'à ce qu'il arrive à l'essence identique et universelle des choses qui les pénètre toutes de sa présence. Voilà pourquoi, à l'exemple de l'auteur de l'*Ethique*, il aperçoit la vie partout : dans la matière inorganique sous les noms d'attraction, de répulsion et d'affinités électives, dans la matière organisée sous l'apparence des métamorphoses que traversent la plante et l'animal, ou sous les attributs de la sensibilité et de l'intelligence. Ce qu'on appelle une âme n'est pour lui qu'une parcelle de cette vie universelle ; aussi pense-t-il que tout a une âme, depuis la plus humble molécule des corps jusqu'à l'homme. Pour expliquer la distance qui sépare souvent les différents ordres d'existences, il compare la nature à un joueur qui, devant la table de jeu, crie constamment : *Au double*. L'homme ne serait que la réussite d'un coup qui visait plus haut que les autres. L'homme, en effet, c'est la conscience apparaissant subitement dans les œuvres nécessaires et inconscientes dont se compose l'univers ; c'est la raison, la raison éternelle, divine, qui prend connaissance d'elle-même en même temps qu'elle se met à réfléchir sur son ouvrage. Aussi Gœthe le définit-il : « le premier dialogue entre Dieu et la nature[1]. » Cette définition diffère peu de celle de Saint-Martin, *le philosophe inconnu*, qui appelait l'homme un dieu parlé, et se le représentait comme une lampe suspendue au milieu des ténèbres de l'éternité. Toutes ces ingénieuses comparaisons n'empêchent pas le fond d'être du pur spinozisme.

Ce n'est pas seulement dans ces spéculations ardues sur l'origine et la nature de tous les êtres, mais aussi dans la question particulière de l'immortalité de l'âme, que la pensée de Gœthe est absolument identique à celle de Spinoza. Des philosophes de sacristie et de collége continuent, près de deux siècles après Malebranche, après Huet, après Fénelon, de confondre le spinozisme avec l'athéisme. On répète en souriant les fameux vers de Voltaire :

> Pardonnez-moi, dit il en lui parlant tout bas;
> Mais je pense, entre nous, que vous n'existez pas.

C'est une grave erreur. Spinoza croit en Dieu, quoique son dieu ne soit pas celui de la philosophie spiritualiste, et même il pousse le sentiment religieux jusqu'au mysticisme. Spinoza croit à l'immortalité de l'âme, à une immortalité personnelle ; mais, à l'exemple de son coreligionnaire Moïse Maïmonide, il en fait un privilége réservé à l'aristocratie du genre humain. La portion vraiment divine, la portion impérissable de notre être, c'est la raison. Toutes nos autres facultés,

---

[1]. Cette traduction, parfaitement exacte, est celle qu'a adoptée M. Wilm, en exposant les opinions philosophiques de Gœthe dans son *Histoire de la philosophie allemande*, t. IV, p. 460.

servilement attachées aux choses de cette vie et à ses formes fugitives, la sensibilité, l'imagination, le souvenir personnel, sont destinées à s'évanouir. La perfection de la raison consiste dans la connaissance de Dieu et des conditions éternelles de l'existence. Donc il n'y a d'immortalité que pour l'âme du philosophe ou du sage qui a placé en Dieu tout son amour et élevé vers lui tous les efforts de sa pensée. « L'âme du sage, dit Spinoza dans les dernières lignes de son livre, l'âme du sage peut à peine être troublée. Possédant, par une sorte de nécessité éternelle, la conscience de soi-même et de Dieu et des choses, jamais il ne cesse d'être, et la véritable paix de l'âme, il la possède pour toujours[1]. »

Eh bien ! telle est exactement l'opinion de Gœthe, si nous en jugeons par les citations mêmes de M. Caro et les conclusions qu'en tire l'habile et élégant critique. Il croyait, lui aussi, que l'âme est indestructible par son essence, mais à condition qu'elle ait en elle la force nécessaire pour résister au tourbillon de la nature extérieure et à la domination des affections subalternes, à condition qu'elle sache conquérir par la pensée et la liberté cette conscience, cette personnalité impérissable sans laquelle l'immortalité elle-même ressemble au néant[2]. Pour compléter la ressemblance, Gœthe a adopté la distinction de Spinoza entre la mémoire des faits particuliers, destinée à périr avec le corps, et celle des choses générales qui doit nous suivre dans notre nouvelle destinée. C'est ce que M. Caro appelle à juste titre « une immortalité aristocratique. »

1. Traduction d'Émile Saisset.
2. *Philosophie de Gœthe*, p. 198-202.

Rien ne serait plus facile que de montrer que l'auteur de *Faust* et celui de l'*Ethique* ne s'accordent pas moins dans la morale. Mais il y a un point plus important, auquel je voudrais toucher avant de finir. Il est certain que Gœthe, au moins sur la fin de sa vie, fait jouer aux monades un rôle important dans la nature. Mais cette hypothèse, tardivement empruntée à Leibniz, l'a-t-elle fait changer d'avis sur l'unité de substance, l'a-t-elle arraché au spinozisme? En aucune façon. Les monades, qu'il nous représente comme les matériaux de l'univers, des matériaux vivants, ne sont point pour lui, ainsi que pour l'auteur de la *Théodicée*, des êtres distincts et indépendants les uns des autres, produits par une véritable création ; ce sont, pour ainsi dire, les formes élémentaires de toute organisation et de toute vie, dans lesquelles se trouvent encore enveloppées ou contenues en puissance leurs futures métamorphoses. Aussi peu importe à Gœthe qu'on les appelle des monades ou des idées [1]. Or les idées, même quand on leur accorde la vie et la puissance, ne peuvent être que les modes de la pensée infinie, de l'universelle intelligence. Spinoza n'aurait pas désavoué cette manière de voir.

Gœthe n'a donc point de philosophie à lui; son système philosophique est celui de Spinoza légèrement modifié, dans l'expression seulement, par celui de Leibniz. Son originalité, son génie, sa personnalité olympienne, comme on l'a appelée souvent, ne sont point là. Ils sont, lorsqu'on met à part ses découvertes scientifiques, dans sa poésie et dans sa vie. L'une et

---

[1]. Voyez la traduction des propres paroles de Gœthe dans l'*Histoire de la philosophie allemande*, de M. Wilm, t. IV, p. 459.

l'autre ont été analysées, appréciées, interprétées par M. Caro avec une véritable pénétration d'esprit, une rare délicatesse de sentiment et un charme d'expression qui rend très-difficile la révision de ses jugements.

Je signalerai d'abord le récit à la fois si animé et si riche d'observations philosophiques que fait M. Caro des relations de Gœthe avec ses plus illustres contemporains, par exemple avec Schiller, avec Lavater, avec Jacobi. On croirait qu'il a vécu lui-même dans l'intimité du grand poëte allemand, qu'il a entendu sa parole majestueuse et pénétrante, pleine de lumière et de ténèbres, de vives saillies et d'impénétrables énigmes. On croirait qu'il a assisté à ces mélancoliques entretiens de Pempelfort, où Jacobi et Gœthe, unis jusquelà par la plus tendre amitié, partis du même point, nourris des mêmes espérances, se séparent l'un de l'autre avec un déchirement intérieur, le premier éprouvant le besoin de sortir de la nature pour s'élever dans les régions de l'idéal et du divin, le second s'y enfonçant de plus en plus et supprimant tout intervalle entre la nature et Dieu ! On dirait aussi que c'est d'après ses propres souvenirs que M. Caro a tracé ce curieux et vivant portrait de Lavater, qui nous montre le célèbre auteur des *Essais physiognomoniques* faisant passer le dogme de la Rédemption de la théologie dans la physiologie, et soutenant que le vrai chrétien doit faire revivre en lui non-seulement l'esprit, mais le corps de Jésus-Christ et les traits de son visage.

Près de la moitié du livre est consacrée à l'interprétation philosophique du *Prométhée* et des deux *Faust*. Je n'oserais pas me porter garant que les idées que

M. Caro aperçoit derrière les personnages et dans les situations les plus importantes de ces drames poétiques appartiennent véritablement à Gœthe. Je ne suis pas sûr, par exemple, que Prométhée représente « l'instinct secret de l'organisme universel, la force plastique et créatrice élaborant la masse confuse des choses, » ni que Faust soit le type de l'humanité, Hélène celui de l'art, Homunculus celui de la science. Il me serait difficile de choisir entre l'opinion de M. Caro et celle que Daniel Stern exprime avec tant de noblesse dans ses *Dialogues sur Dante et Gœthe* : « Il chanta, dans son second *Faust*, à la sagesse éternelle, l'hymne de l'éternel amour. » Je m'en tiendrai volontiers à ces paroles adressées par Gœthe à son ami Eckermann : « Vous me demandez quelle idée j'ai cherché à incarner dans mon *Faust!* Comme si je le savais!... Ce n'était pas ma manière, de chercher à incarner des abstractions. » Mais le commentaire de M. Caro n'en est pas moins un travail du plus grand prix, où se mêlent à des suppositions ingénieuses des morceaux d'une véritable éloquence. Il y en a deux que je me fais un plaisir de signaler particulièrement, l'un sur l'amour, et l'autre sur l'union de la poésie et de la science. On n'ouvrira pas ce volume sans le lire tout entier, avec ce plaisir délicat que fait éprouver un ouvrage où les dons de l'imagination et du sentiment s'unissent à la gravité et à l'élévation de la pensée.

MAINE DE BIRAN [1]

« Je l'ai dit et je le répète avec une entière conviction : M. de Biran est le premier métaphysicien français de mon temps. » C'est dans ces termes que M. Cousin, sans le connaître autrement que par ses conversations et une faible partie de ses ouvrages, parlait, en 1834, de Maine de Biran. Ailleurs ce n'est pas seulement à ses contemporains qu'il le compare; il reconnaît en lui « le plus grand métaphysicien qui ait honoré la France depuis Malebranche. » Aujourd'hui, après vingt-cinq ans de débats contradictoires, et quand les moyens de contrôle abondent entre nos mains, cet éloge ne paraît point excéder la mesure de la justice. Mais pourquoi donc le nom de Maine de Biran n'a-t-il jamais pu franchir le cercle d'un petit nombre d'admirateurs? Pourquoi, à peine connu en

---

1. *Œuvres inédites de Maine de Biran*, publiées par Ernest Naville, avec la collaboration de Marc Debrit. Paris, 1859.

France, hors des murs de la Sorbonne et de l'enceinte de l'Académie des sciences morales et politiques, n'est-il jamais cité par les historiens que la philosophie a trouvés récemment, soit en Allemagne, soit en Angleterre? La pensée de Maine de Biran, quoique profonde et originale, n'a rien que de facilement accessible à un esprit réfléchi, si peu qu'il soit familiarisé avec les problèmes philosophiques. A coup sûr, elle offre moins de difficultés que les systèmes de Kant, de Schelling et de Hegel, arrivés, malgré les tortures qu'ils donnent à l'intelligence, ou par l'effet même de cette obscurité inabordable, à une célébrité universelle. On ne peut pas dire non plus que l'art d'écrire ait manqué à Maine de Biran. Il savait, quand il le voulait, ou plutôt lorsqu'il avait attendu l'instant favorable, revêtir ses idées de la forme la plus attachante et la plus animée. On n'a pas oublié un volume charmant, publié par M. Naville en 1857 : c'est un recueil d'observations extraites textuellement d'un journal inédit que Maine de Biran écrivait pour lui-même, afin d'avoir la conscience de tous les changements accomplis dans son esprit et dans son âme. Ces *pensées*, si l'on peut les appeler ainsi, ne seraient pas déplacées à côté de celles de Vauvenargues, et offrent beaucoup plus d'originalité, de profondeur et surtout de naturel que celles de Joubert. Au lieu d'un bel esprit plein de prétention et de recherche, qui nous impatiente par sa subtilité encore plus souvent qu'il ne nous charme par sa délicatesse, nous rencontrons ici une saine et vigoureuse intelligence, que tourmente la soif de la vérité et de la perfection, et qui nous raconte jour par jour, avec une austère simplicité, mais non pas sans grâce, les transformations successives de sa pensée, les incidents du voyage par lequel il croit se rapprocher du double but de ses efforts.

Le système philosophique de Maine de Biran, moins nouveau pour nous que le récit de sa vie intérieure, nous était déjà connu dans ses traits essentiels. En 1834, M. Cousin avait fait paraître le premier volume des œuvres de son ami, dont la partie la plus remarquable est la *préface de l'éditeur*, c'est-à-dire de M. Cousin lui-même. Trois autres volumes joints à celui-ci virent le jour en 1841. Mais 12,000 pages d'écriture restaient encore dans un coin, menacées d'une destruction prochaine. Ce sont ces papiers dédaignés qui, recueillis comme des reliques et étudiés avec un respect presque religieux par M. Louis Naville, ont fourni à M. Ernest Naville, son fils, la matière des trois volumes dont nous sommes occupés en ce moment. Le reste, épuré par une judicieuse critique, viendra un peu plus tard, si le goût de la philosophie reprend assez d'empire parmi nous pour offrir quelques chances de succès à cette utile et généreuse entreprise.

C'est donc à deux étrangers, à deux Genevois, que notre pays devra la connaissance, je veux dire la connaissance complète, du philosophe le plus français peut-être qui ait paru depuis longtemps, car celui-là n'était point, comme Condillac et tout le dix-huitième siècle, un disciple de Locke; il ne connaissait même pas de nom l'école écossaise, à laquelle ont appartenu Jouffroy et Royer-Collard; et quant à l'Allemagne, elle est pour lui tout entière dans Leibniz, comme Leibniz est pour lui tout entier dans une seule idée, celle qui faisait depuis longtemps le fond de sa propre pensée et la base unique de son système quand il s'aperçut avec joie qu'elle s'était aussi présentée à l'esprit et pouvait revendiquer l'autorité de l'auteur de la *Théodicée*. Mais cette œuvre de laborieuse et intelligente restauration appartient surtout à M. Ernest Naville. On se ferait difficilement une idée des efforts et des sacrifices qu'elle lui a coûtés pour la conduire au point où elle est arrivée aujourd'hui, et des causes de découragement contre lesquelles il avait à lutter jusqu'au dernier moment. D'ailleurs, il ne s'est pas borné au modeste rôle d'éditeur. Sans parler d'une multitude de notes précieuses, les unes historiques, les autres critiques, qu'il a semées d'une main libérale partout où elles pouvaient être utiles, chacun des ouvrages qu'il a arrachés à la destruction est placé entre un *avant-propos* et un *résumé* qui le pénètrent de la plus vive lumière[1]; tous ensemble sont précédés d'une savante *introduction* qui forme à elle seule tout un livre, un livre écrit avec conscience, remarquable de talent et de caractère. Je reviendrai peut-être un jour sur cette composition qui, inspirée par le désir de concilier ensemble la raison et la foi, est, en définitive, plutôt hostile que favorable à la philosophie, sans servir la cause de la religion. Mais je me propose dans ce moment un autre but : je veux montrer sur quel fond repose la doctrine de Maine de Biran et ce que ses écrits inédits, récemment publiés, ajoutent d'essentiel à l'opinion qu'on s'en est faite jusqu'à présent.

---

1. Craignant que l'état de sa santé ne lui permît pas d'arriver à la fin de sa tâche, M. Naville s'est aidé du concours de M. Marc Debrit, un jeune et intelligent écrivain, à qui nous devons déjà un travail plein d'intérêt, une *Histoire des doctrines philosophiques de l'Italie contemporaine;* Paris, 1859. C'est M. Marc Debrit qui est l'auteur des avant-propos du troisième volume.

Il faut que la philosophie de Maine de Biran contienne en elle un grand fonds de vérité, puisque, depuis un demi-siècle qu'elle est fondée, elle n'a pas vieilli. Il semble au contraire qu'elle n'a jamais été aussi jeune, car elle répond directement, et par les moyens les mieux appropriés à notre génie, à quelques-uns des besoins les plus impérieux de notre temps ; on dirait que les dangers vers lesquels nous entraîne une servile imitation de l'étranger, elle les a eus sous les yeux et s'est proposé pour but de les conjurer. Il n'y a pas, en effet, une seule de ses propositions, un seul de ses caractères qui ne tende à ce résultat. A la logique abstraite et complétement arbitraire des métaphysiciens allemands, aux généralités, ou, pour me servir d'une expression à la mode, aux *formules* tantôt brutales, tantôt quintessenciées, mais toujours prétentieuses et vides, de leurs disciples étrangers, elle oppose le témoignage précis et ferme de l'expérience, l'autorité irrécusable des faits. A l'épaisse nuit du panthéisme et du positivisme, au sein de laquelle tous les êtres non-seulement se confondent, mais disparaissent pour ne laisser à leur place que de vains fantômes, elle oppose la lumière de la conscience, qui nous montre à la fois et comme sous le même rayon deux forces aux prises l'une avec l'autre, non pas ennemies, mais rivales, et obligées, malgré cette rivalité ou par cette rivalité même, de se développer ensemble : la personne humaine, ou, comme disent les philosophes, le *moi* et la masse de ses organes, l'âme et le corps, l'esprit et la matière. Enfin, au fatalisme, conséquence inévitable du panthéisme, soit qu'il repose sur l'imagination ou sur le raisonnement, il oppose un fait non moins irrécusable que la conscience, car il est une partie de la conscience, il en est l'objet le plus direct et la condition indispensable : je veux parler de la volonté, ou, ce qui est exactement la même chose, de la liberté humaine. Ce n'est que dès l'instant qu'il veut ou qu'il réfléchit, ce qui est encore une façon de vouloir; ce n'est que dès l'instant qu'il réagit contre ses organes ou contre ses impressions organiques, que l'homme commence à se distinguer comme une personne, qu'il a conscience de lui-même comme d'une force active et intelligente. Mais vouloir, réfléchir, implique aussi la faculté de ne pas vouloir, de ne pas réfléchir; la contrainte ne peut arriver jusque-là; elle peut produire la suspension ou l'abandon de la volonté, non la volonté même. Vouloir, c'est donc être libre; la volonté et la liberté sont une seule et même puissance.

Ces conclusions, sous la plume de Maine de Biran, ont d'autant plus de valeur, qu'il ne les a pas cherchées; on peut même dire qu'il ne les a ni prévues ni désirées. Quand il commença pour la première fois à réfléchir sur l'âme humaine, ou plutôt sur lui-même, car ses méditations ne se sont jamais affranchies tout à fait du caractère purement personnel qu'elles avaient à leur origine, à ce moment c'était un homme du xviiie siècle, dominé par les préjugés et le système le plus accrédité de son temps. Il débuta dans la carrière où il s'est illustré par un ouvrage écrit en quelque sorte sous les inspirations de Condillac : je veux parler de son *Mémoire sur l'influence de l'habitude*, couronné en 1802 par la troisième classe de l'Institut, celle des Sciences morales et politiques, où la philosophie, représentée par les adeptes les plus dévoués de la doctrine régnante, était elle-même réduite aux proportions les plus modestes. Elle s'appelait alors l'*analyse des sensations et des idées*.

Maine de Biran, à cette époque de sa vie, est convaincu autant que ses juges qu'il n'y a pas en nous une seule pensée, ni, par conséquent, une seule faculté qui ne dérive de nos sens ou des impressions dont ils sont les organes, c'est-à-dire de nos sensations ; qu'il n'y a pas dans la langue un seul mot, pourvu qu'il ne soit pas un son vide, qui n'exprime « un objet représentable » ou susceptible d'être ramené à des représentations sensibles. Mais dans cette théorie, si claire en apparence, et si imposante par l'autorité qu'elle exerce sur toute une génération de philosophes, il aperçoit déjà un point noir.

La sensation ne présente à notre esprit qu'un état purement passif, où nous subissons quelquefois malgré nous, et dans tous les cas involontairement, les changements que nous recevons du dehors par l'intermédiaire de nos organes. Mais cet état n'est pas le seul que nous connaissions. Il nous arrive aussi de soulever et de gouverner ces membres par lesquels nous sommes en communication avec le monde extérieur ; il nous arrive de diriger et de fixer à notre gré, tantôt sur un point, tantôt sur un autre, ces sens par lesquels on prétend que nous arrivent toutes nos connaissances ; enfin le travail de la réflexion, de la méditation solitaire, nous donne la certitude inébranlable que nous exerçons le même pouvoir sur la pensée tout entière et sur le cerveau qui en est le siége. L'homme n'est donc pas seulement un être sensible, il possède également la faculté d'agir sur ses organes, ou l'*activité mo-*

trice. Ce n'est pas tout : Maine de Biran, dès ce premier pas, voit déjà apparaître devant lui, sans qu'il puisse encore le reconnaître, l'horizon du monde spirituel. Il remarque que l'activité existe en nous indépendamment de ses effets extérieurs, indépendamment des mouvements qu'elle peut imprimer à notre corps ; qu'elle consiste tout entière dans l'*effort*, c'est-à-dire dans un fait insaisissable à nos sens, et dont la conscience seule nous rend témoignage ; tandis qu'il est à son tour, comme je l'ai déjà dit, la condition de la conscience. Sans la résistance que nous éprouvons et sans l'effort que nous sommes obligés de faire pour la vaincre, nous n'aurions ni le sentiment de notre moi, ni la connaissance des autres êtres. Or, comment un tel fait appartiendrait-il à la sensibilité, et à celle-là surtout qui, subordonnée aux fluctuations du monde extérieur, nous est en quelque sorte la plus étrangère ? Comment la force par laquelle je maîtrise mes affections physiques ne serait-elle que ces affections mêmes ? Telle est la question qui se présente à Maine de Biran dans l'instant où il reconnaissait pour ses juges et pour ses maîtres Garat, Destutt de Tracy, Volney, Cabanis, en un mot, l'école sensualiste, déjà alliée et confondue avec le matérialisme.

A vrai dire, ce n'était pas la première fois qu'elle ébranlait dans son esprit le dogme du jour. Près de huit ans auparavant, en 1794, il écrivait déjà : « Je voudrais, si jamais je pouvais entreprendre quelque chose de suivi, rechercher jusqu'à quel point l'âme est active, jusqu'à quel point elle peut modifier les impressions extérieures, augmenter ou diminuer leur intensité par l'attention qu'elle leur donne... Il serait bien à désirer qu'un homme habitué à s'observer analysât la volonté comme Condillac a analysé l'entendement[1]. » Mais du jour où il est entré dans la lice, du jour où il a pu se résoudre, par la publication de son Mémoire sur l'habitude, à sortir de l'obscurité et à rompre le silence, le problème que jusque-là il s'était borné à signaler, sans avoir même la tentation de le résoudre, ce problème prend possession de toute son âme, de toute sa vie, de toute son intelligence. Il n'existe plus pour lui d'autre affaire que celle-là; c'est la seule à laquelle il s'intéresse, même au milieu des péripéties les plus étonnantes de notre histoire, dans le moment où il assiste à la chute et à la naissance de trois ou quatre gouvernements, pendant les années où successivement sous-préfet de Bergerac, membre du Corps législatif, conseiller d'État, questeur de la Chambre des députés, il semble se mêler avec le plus d'activité au bruit des événements et au tumulte des passions politiques[2].

Ce travail opiniâtre le conduisit peu à peu à un renouvellement complet de la philosophie, à la régénération de sa méthode aussi bien que de ses résultats. L'observation directe de l'âme par elle-même au moyen de la conscience, cette source abondante de lumière et de vérités incontestables qu'il est aussi impossible de nier que la clarté du jour, fut substituée aux artifices et aux fantaisies de l'hypothèse, à ces constructions arrêtées d'avance, qu'on ne tire pas de la nature, mais qu'on lui impose, et qui étaient à l'usage de l'école de Condillac bien avant qu'elles fussent inventées par

---

1. *Maine de Biran, sa vie et ses pensées*, p. 123 et 128.
2. Il a fait partie, en 1813, de la fameuse commission du Corps législatif dont Laisné était le président.

Hegel. L'activité, ou, pour l'appeler de son vrai nom, la volonté, qui dans le système de la sensation transformée ou dans le matérialisme de Cabanis n'avait joué aucun rôle, puisqu'elle était considérée comme un effet de la sensibilité et confondue avec le désir, la volonté devint l'unique fondement du nouvel édifice. On vit en elle, non pas une faculté de l'âme, mais l'âme elle-même, l'âme tout entière, les sentiments et les affections de tout ordre n'étant plus, en quelque façon, que des importations du dehors. La volonté, cette force libre et intelligente, cette puissance toujours en action, qui n'existe qu'autant qu'elle agit, qui n'agit qu'avec la conscience d'elle-même, qui, loin d'être un effet ou une propriété de nos organes, leur résiste et les domine tous indistinctement, depuis l'extrémité de nos doigts jusqu'au cerveau, voilà quel fut pour Maine de Biran le fond le plus secret de notre être, le tissu vivant et invisible dont est fait notre *moi*, la substance de la personne humaine. Ne lui opposez point cette proposition de Descartes, que l'essence de l'âme est dans la pensée ; il vous répondra qu'il n'y a pas de pensée sans volonté, pas plus que de volonté sans pensée ; de sorte que l'homme n'est pas plus asservi à la puissance abstraite des idées ou à la marche fatale d'une dialectique mystérieuse qu'à la force aveugle de la matière.

Cette mâle doctrine, dans son austère simplicité, n'eut pas seulement pour effet de relever la science de l'âme de l'abaissement où elle était tombée, partagée comme une proie entre la physiologie et la grammaire générale ; elle éclaira d'un nouveau jour la science de l'organisme, ou les problèmes de cette science, les plus intéressants de tous, qui touchent aux rapports de l'âme et du corps, de l'intelligence et de la vie, de l'ordre physique et de l'ordre moral. Elle expliqua la formation du langage, la naissance et le développement de la parole, par des raisons bien plus profondes que celles de Condillac et de Bonald, et qui n'ont rien perdu, à ce qu'il semble, de leur opportunité, puisqu'on s'efforce de ressusciter la vieille erreur qui confond l'esprit humain avec les langues et la philosophie avec la philologie. Elle expliqua d'une façon non moins originale le sommeil, le somnambulisme, les songes, le délire, l'aliénation mentale. Faisant abandon à l'organisation seule de tous les phénomènes, de tous les actes, de toutes les facultés de notre existence qui ne tombent pas immédiatement sous l'empire de la conscience et de la liberté, elle nous offre le singulier spectacle d'un spiritualisme qui ne craint pas d'enrichir outre mesure la matière et de faire du corps, non l'auxiliaire, mais le rival de l'âme. A la fameuse proposition de M. de Bonald, ou plutôt de saint Augustin : « L'homme est une intelligence servie par des organes, » Maine de Biran aurait voulu substituer celle-ci : « L'homme est une intelligence empêchée par des organes. » C'est que les organes, pour lui, ne ressemblent point à ce *corps de mort* dont saint Paul demandait à Dieu de le délivrer. Ils ont leur vie particulière, dont l'âme peut certainement se rendre maîtresse et qu'elle s'assimile en la dominant, mais qui peut aussi se développer et se manifester indépendamment de l'âme. C'est cette vie, composée d'images confuses, d'affections sans conscience, d'instincts aveugles et de mouvements involontaires, qui se substitue à la vie de l'âme et envahit notre existence, pour peu que l'énergie du *moi* se relâche, que la liberté soit moins sur la défensive, et qu'avec elle s'affaisse aussi la lumière de la conscience. La folie et le rêve, quelles que soient leur durée et leur forme, n'ont pas d'autre cause. Les limites plus ou moins étendues dans lesquelles se déploie la cause nous rendent compte de la diversité des effets.

On peut avoir des doutes sur quelques-unes des applications de ces principes. On peut éprouver, par exemple, quelque difficulté à se faire une idée précise de ces affections et de ces intuitions purement organiques, ou, comme Maine de Biran les appelle encore, de ces *sensations animales* par lesquelles on souffre et l'on jouit sans le savoir, puisqu'elles ne tombent à aucun degré sous la conscience. On peut se demander s'il n'a pas trop donné aux organes en leur accordant la propriété de voir, d'entendre, de souffrir, de jouir, d'avoir des désirs, des attachements, des réminiscences, sans le concours d'aucun principe supérieur, et si, au contraire, il n'a pas donné trop peu à l'animal en lui refusant absolument toute parcelle d'intelligence, toute faculté de raisonnement, tout sentiment de lui-même. On peut nier, sur la foi d'une foule d'observations, que la conscience et la liberté de l'homme soient complétement suspendues pendant le sommeil. Chacun de nous pourrait citer des rêves où, parmi les images les plus fausses du monde matériel, il est resté lui-même avec le sentiment de son identité, avec les notions les plus justes du bien et du mal, avec le souvenir le plus exact de ses relations, de sa position, de ses affections et de ses haines, et l'usage du plus grand nombre de ses facultés intellectuelles, raisonnant, discutant, composant de la musique ou des vers, et improvisant des discours qu'il aurait pu prononcer tout éveillé. En dépit de ces objections, la pensée générale de Maine de Biran reste vraie, car elle repose sur un fonds inattaquable, le fonds éternel de la conscience humaine. Elle nous montre la libre personnalité de l'homme se révélant à sa propre conscience, au sein même de la lutte qu'elle soutient contre le corps et par le corps contre la nature, obligée, par suite de cette loi, de reconnaître la nature, en même temps qu'elle se reconnaît elle-même, et protestant ainsi d'avance contre les sophismes qui tendent à la confondre avec elle.

Mais si la vérité est là, ce n'est pas toute la vérité, même si l'on s'en tient à la méthode de Maine de Biran, c'est-à-dire à l'expérience et aux limites dans lesquelles il a voulu s'en servir. C'est en vain qu'il cherche à expliquer par le développement de la volonté la raison aussi bien que la conscience. Les lois et les principes que la raison nous enseigne n'ont rien de personnel, car dès qu'ils cessent d'être absolus, dès qu'ils cessent d'être universels, dès qu'ils cessent de s'appliquer, sans distinction de lieu ni de temps, à tous les faits de la conscience et de la nature, ils cessent d'exister. Les efforts de la volonté ou de l'attention ont sans doute pour effet de les évoquer devant notre pensée, de les distinguer les uns des autres, de les éclairer de la plus vive lumière, mais il n'ont pas la puissance de les créer. Si active et si libre qu'on suppose notre âme, elle ne peut pas créer ce qui la déborde et la domine : les relations nécessaires de la cause et de l'effet, de l'être et de ses qualités, de la liberté et de la loi morale, les idées du beau, du bien, de l'immensité, de l'éternité, de l'infini.

Toutes ces idées étant méconnues par Maine de Biran, et l'élévation naturelle de son esprit aussi bien que le caractère spiritualiste de sa doctrine lui faisant pourtant un besoin d'entrer en communication avec l'ordre divin, à quelle ressource va-t-il s'adresser? en quelle intervention ose-t-il mettre sa confiance? Il s'adresse à la foi; il met sa confiance dans la grâce. Oui, cet intraitable champion de la liberté humaine fait consister la perfection de notre âme, le dernier terme de ses efforts, à abdiquer toute volonté et à se retirer en quelque sorte, à s'anéantir devant une influence mystérieuse descendue du ciel ainsi qu'une rosée d'amour et de lumière.

Mais qu'on ne s'y trompe point : la grâce, telle que la reconnaît Maine de Biran, n'est pas celle qui a été définie par le dogme chrétien et qui se lie étroitement aux récits évangéliques. C'est une puissance naturelle, quoiqu'elle n'agisse pas indistinctement et de la même manière sur tous les hommes; c'est un état particulier à certaines âmes privilégiées, mais qui est soumis comme les autres à des conditions, à des lois, et ne peut être aperçu que par la conscience. La foi, chez Maine de Biran, n'est pas non plus circonscrite par le symbole immuable d'une confession; elle ressemble à ce *christianisme libre* qu'on proposait dernièrement d'élever sur les ruines de toutes les Églises. Dans une certaine mesure et à partir d'une certaine époque de sa vie, il ne la distingue pas de la raison, parce que la raison, d'après son système, n'étant plus en nous, mais en Dieu, devient, pour me servir de ses expressions, un objet de *croyance* et non de science. Tout ce que la raison nous apprend de notre âme considérée comme une substance immortelle, du caractère universel et absolu de la loi morale, de l'existence et de la nature de l'infini, nous ne le savons pas à proprement parler, nous le croyons sur la foi d'une véritable révélation, révélation naturelle et universelle, ou nous le voyons avec l'intelligence divine. Mais, en général, dès qu'il s'agit de cette sphère supérieure de la pensée, Maine de Biran s'adresse au sentiment, il fait un appel à l'amour, seul moyen, selon lui, de supprimer l'intervalle qui sépare le ciel de la terre et l'homme de son créateur, de faire descendre Dieu en nous ou de nous élever jusqu'à Dieu en perdant en lui jusqu'au sentiment de notre existence. « En entrant, dit-il, dans une sphère supérieure, toute lumineuse, l'âme peut obéir à une attraction tout à fait opposée à celle du corps et s'y absorber de manière à y perdre même le sentiment de son *moi* avec sa liberté. C'est la vie mystique de l'enthousiasme et le plus haut degré où puisse atteindre l'âme humaine en s'identifiant autant qu'il est en elle avec son objet suprême, et revenant ainsi à la source d'où elle est émanée. »

Plotin et ses disciples, Gerson, Tauler, Ruysbroek n'ont jamais parlé un autre langage. Mais, quoi qu'il fasse, Maine de Biran ne peut le prendre au sérieux. Il demeure jusqu'à la fin de sa vie un philosophe et un libre penseur. Il se demande par intervalles « si la mysticité n'a pas ses illusions, si, lorsqu'une âme dévote se perd dans la contemplation des miséricordes divines, cet état de béatitude ne tient pas plus ou moins à un état de la sensibilité affective tel, que si les dispositions organiques venaient à changer, tout ce calme intérieur, cette béatitude céleste s'évanouiraient et ne laisseraient dans l'âme que trouble et confusion. » Jusqu'à la fin de sa vie il défend contre les apôtres de l'autorité absolue, contre l'école de de Maistre et de Bonald, les droits de la raison et de la philosophie. En faisant du scepticisme la base de la foi, en substituant dans l'homme la parole à la pensée, il leur reproche de retourner non-seulement à Condillac, mais à la doctrine avilissante de Hobbes et des matérialistes. Enfin, dans les moments où il croit à la grâce, à cette grâce naturelle qui est pour lui le complément nécessaire de la perfection humaine, il demeure convaincu qu'on n'y peut arriver que par le plein exercice de notre liberté et de notre intelligence. En effet, d'après la dernière expression qu'il a donnée à ses idées, la grâce, si l'on arrive jusque-là, succède à la liberté, comme la liberté succède à l'instinct. Le règne de l'instinct et des sens constitue la première période de notre vie : la vie organique, la vie de l'animal. La liberté ou la lutte de la liberté contre les lois de l'organisme nous représente une seconde période, infiniment supérieure à la première : c'est la vie de l'homme. Enfin la liberté complétement maîtresse de notre âme et se sacrifiant elle-même à l'action de Dieu, se retirant devant l'amour, engendre la vie de l'esprit, fin dernière de notre existence, but suprême de tous nos efforts.

Cette noble philosophie, avant la publication de M. Naville, nous était connue dans ses principaux traits, mais par des fragments isolés et trop souvent obscurs. Il nous est permis à présent de la voir dans son ensemble et dans ses transformations successives, s'élevant par degrés de l'analyse de la sensation à la connaissance de l'âme, de la connaissance de l'âme à celle de Dieu, et, en même temps qu'elle s'éloigne de sa triste origine, agrandissant son horizon et embrassant dans son cadre la critique et l'histoire. L'*Essai sur les fondements de la psychologie*, les *Nouveaux Essais d'anthropologie* sont de beaux ouvrages, dont la conservation mérite la reconnaissance de tous les esprits éclairés, sans distinction d'école et de parti.

VICTOR COUSIN

I

Une des vies les plus illustres de ce temps-ci s'est éteinte à Cannes, le 14 janvier 1867, après avoir brillé pendant près d'un demi-siècle d'un éclat qui semblait croître avec les années. On ne peut pas dire que M. Cousin soit mort de vieillesse; il a fini sa carrière plein de séve et de vigueur, je dirais volontiers florissant de jeunesse, malgré les soixante-quinze ans que lui donnait son extrait de naissance. Exaucé dans un vœu que je lui ai entendu exprimer plus d'une fois, il a été frappé debout, il a été enlevé tout entier et non pièce à pièce. C'était un des priviléges de cette puissante nature de ne connaître ni les défaillances de l'âge, ni le poids de la fatigue, ni les désenchantements de l'expérience, mais de rester, jusque sur le seuil de la tombe, embrasé par le feu des nobles passions. Les facultés les plus opposées en apparence s'y étaient rencontrées sans se heurter, sans se neutraliser, libres de toute contrainte exercée par les unes sur les autres. De là cet esprit à la fois opiniâtre et changeant, impétueux et réfléchi, exalté et scrutateur, qui, sans oublier un instant la philosophie, dont il a fait le but suprême de son indomptable activité, dont il s'est attribué le sacerdoce et le gouvernement, s'est attaché tour à tour, Dieu sait avec quelle ardeur, aux recherches d'érudition, à la littérature, aux beaux-arts, à la politique et à l'histoire. Il s'est même occupé de stratégie, comparant entre eux le génie militaire de Napoléon et celui du grand Condé. Je me rappelle, sans prendre en aucune façon la responsabilité de ce jugement, qu'il appelait la bataille d'Essling un petit Rocroi, et, quelques jours avant son dernier voyage de Cannes, il me confiait que si l'Empereur voulait le consulter sur la réorganisation de l'armée, il ne s'en trouverait pas mal ni la France non plus.

Tous les mouvements, tous les contrastes de l'âme et de la pensée de M. Cousin se peignaient sur son visage. Je la vois encore devant moi, cette belle tête dont les traits accentués et virils exprimaient l'énergie de la volonté, tandis que ses yeux, pleins de flamme, semblaient en même temps vous embrasser et vous percer à jour. Ajoutez à cela un sourire plein de finesse et de grâce, je ne sais quel air de grandeur impérieuse répandu sur toute sa personne, une voix pénétrante et une mimique animée qui suppléait ou ajoutait à la puissance de la parole. Comment, avec ce concours de rares qualités, M. Cousin n'aurait-il point possédé le don de l'éloquence?

Mais avant de dire ce qu'a été M. Cousin dans la

chaire et dans la tribune, il n'est pas inutile de montrer par quel chemin il y est arrivé, et de rappeler brièvement, à ceux qui sont trop jeunes pour les avoir suivis, les principaux événements de sa vie publique. J'attache plus de prix à recueillir les impressions particulières et nécessairement fugitives que dans le commerce de chaque jour il a laissées à ses amis; car, en dépit des jugements passionnés de ceux qui ne l'ont pas connu, l'homme chez lui n'était pas inférieur à l'écrivain. Ce qui importe surtout, c'est de se faire, sans dénigrement et sans fanatisme, mais aussi sans honte d'admirer quand l'admiration est légitime, une idée exacte de sa doctrine, de son œuvre philosophique, l'œuvre capitale de sa vie, et de l'impulsion qu'il a donnée aux esprits, de l'influence qu'il a exercée sur les idées, soit par ses écrits, soit par l'ascendant irrésistible de sa personne.

Fils d'un horloger, comme Jean-Jacques Rousseau, avec qui, par la chaleur du style et même pour le fond des idées, il a plus d'un trait de ressemblance, M. Cousin naquit à Paris en 1792. Il n'a presque pas eu d'enfance, ou du moins personne ne se souvient de l'avoir vu écolier; car dès la pension, comme le raconte M. Damiron dans ses *Souvenirs*[1], « il avait déjà cet esprit de prosélytisme qui lui faisait rechercher des disciples pour tout, même pour le thème et la version. » En 1810, après une série de brillants succès, couronnés par le prix d'honneur du concours général (le prix d'honneur, comme on voit, n'est pas toujours un présage trompeur), il entrait, déjà presque célèbre, à

---

[1]. *Souvenirs de vingt ans d'enseignement à la Faculté des Lettres de Paris*, Introduction, p. XXXI.

l'École normale récemment créée, et deux ans après, avec le modeste titre d'élève répétiteur, il en est un des maîtres les plus écoutés. Cependant la matière de ce premier enseignement n'était point celle qui lui donnait le plus de prise sur les âmes : c'étaient les lettres anciennes, et plus particulièrement les vers latins. Aussi n'est-ce qu'un peu plus tard, quand on lui permet de traiter des questions de philosophie, qu'il entre en possession de lui-même et de ses jeunes auditeurs, hier encore ses camarades.

Mais les élèves de l'École normale ne jouirent pas longtemps du privilége de l'entendre. M. Royer-Collard, étant entré dans la vie politique, confia à M. Cousin, à peine âgé de vingt-trois ans, la tâche difficile de le suppléer à la Faculté des lettres comme professeur d'histoire de la philosophie. C'est dans la chapelle à demi ruinée du vieux collége du Plessis, où la Faculté des lettres de Paris tenait alors ses séances, que le jeune suppléant parut pour la première fois aux yeux du public. Il lui arriva la même chose qu'à Savonarole prononçant son premier sermon dans la chapelle de Saint-Marc de Florence. La sombre enceinte devint trop étroite, et l'on fut obligé d'ouvrir à l'affluence toujours croissante le vaste amphithéâtre de la Sorbonne. C'est que la parole de M. Cousin se montra tout de suite ce qu'elle devait être plus tard, ardente, inspirée, presque prophétique, et en même temps contenue, disciplinée, sûre d'elle-même, comme doit être la parole d'un maître convaincu qui a conscience de sa supériorité, *quasi auctoritatem habens*. On était surpris et charmé de ces images étincelantes qui, sans les dénaturer, donnaient le mouvement et la vie aux plus hardies abstractions de la métaphysique. Ajoutez à cela la grandeur des questions, la nouveauté et l'élévation des doctrines. Laromiguière, avec son esprit élégant et fin, mais superficiel, ne sortait pas de la question de l'origine des idées et s'éloignait à peine de la doctrine de Condillac, qu'il ébranlait cependant en croyant la compléter. Royer-Collard faisait une guerre déclarée à cette même doctrine, qui semblait pour un instant être montée au rang d'une philosophie nationale. Il déployait contre elle l'autorité de son austère bon sens et l'énergie de sa sévère dialectique ; mais ses attaques ne portaient que sur des points isolés et en petit nombre : la cause, la substance, l'espace, la durée, la distinction qui existe entre percevoir et sentir, entre la connaissance et la sensation des objets extérieurs [1]. M. Cousin ne suit aucun de ces deux exemples, tout en parlant avec respect de M. Royer-Collard comme du premier de ses maîtres. Mais, se faisant une loi d'unir ensemble et d'embrasser tout entière l'histoire de la philosophie et la philosophie elle-même, il passe en revue, expose, analyse, juge tous les systèmes que les attributions de sa chaire lui permettent d'aborder, c'est-à-dire tous ceux qui appartiennent à l'histoire de la philosophie moderne, et chemin faisant, au nom de la critique, il traite les grandes questions de morale, de métaphysique, d'esthétique, de psychologie, dont un sensualisme étroit était parvenu à détacher les esprits. C'est pendant les cinq premières années de son enseignement, celles qui s'étendent de 1815 à 1820,

---

[1]. Ces fragments du cours de M. Royer-Collard ont été réunis dans les tomes III et IV de la traduction française des *Œuvres de Reid*, par M. Jouffroy; 6 volumes in-8°, 1828-1836.

que M. Cousin a produit au jour toutes les vues qui lui appartiennent sur les diverses parties de la science de l'esprit humain, et qu'il a posé les fondements de son éclectisme. Il n'a eu, dans un âge avancé, qu'à refondre les matériaux de ces anciennes leçons pour en tirer ses ouvrages les plus accomplis : par exemple, son *Histoire de l'école écossaise*, le beau livre *du Vrai, du Beau et du Bien*, et cette profonde, on peut dire cette irréfutable critique de Locke, qui, ébauchée dans le cours de 1819, était reprise et portée à sa perfection dans celui de 1829. Je voudrais bien voir l'empirisme de nos jours, au lieu de procéder par propositions générales, essayer de détruire un à un tous ces arguments.

Tout le monde sait comment M. Cousin, après avoir été enlevé à sa chaire en 1820 par l'esprit de réaction qui poussait à sa perte la dynastie des Bourbons, perdit aussi sa place de maître de conférences par la suppression de l'École normale. Les sept années pendant lesquelles il resta condamné au silence ne furent point perdues pour la philosophie. Il les employa à publier les œuvres de Proclus, à donner une nouvelle édition des œuvres de Descartes, à commencer sa traduction des *Dialogues de Platon*, et à parcourir l'Allemagne, déjà visitée par lui une première fois en 1817. C'est durant ce second voyage, accompli en 1824 et dont on trouvera dans la dernière édition de ses *Fragments* un récit plein de charmes, que, soupçonné de carbonarisme, il subit à Berlin une détention de six mois.

Au nombre des ouvrages qu'il composa à cette époque, il y en a un cependant où l'esprit philosophique n'a pas la moindre part. C'est un livret d'opéra-comique écrit par Halévy, récemment revenu de Rome, en 1822, je crois, et qui devait s'appeler *les Trois Flacons*. C'est le même titre que celui d'un conte de Marmontel, qui en avait fourni le sujet. C'est par les deux auteurs eux-mêmes que j'ai été instruit de ce fait. Mais la pièce n'ayant jamais, comme on dit en style de théâtre, vu la lumière de la rampe, la musique même qui lui était promise n'étant peut-être pas sortie du cerveau d'Halévy, le poëme de M. Cousin est resté inédit.

Après l'avénement du ministère Martignac, la parole est rendue à M. Cousin. M. Guizot, sur qui la même interdiction pesait depuis 1825, est autorisé également à reparaître devant ses auditeurs. Soulevés par la popularité que leur avait value leurs disgrâces et par les espérances auxquelles se livrait alors la France libérale, persuadée qu'elle entrait enfin dans le port, que le jour de la vérité était venu avec celui de la liberté, ils se sentent l'un et l'autre embrasés d'une nouvelle ardeur. Un autre professeur de la Faculté des lettres, que les rigueurs du pouvoir n'avaient point touché, se joint aux deux proscrits rentrés dans leurs foyers, et tous les trois, comme animés du même souffle, font luire sur notre pays cet âge d'or de l'enseignement public dont le souvenir immortel peut être comparé à celui que nous ont laissé les époques les plus brillantes de l'éloquence politique et religieuse. C'est alors, mais surtout dans le cours de 1828, que M. Cousin, sous une forme qui lui est propre, expose pour la première fois devant un public français les idées sur lesquelles repose la philosophie de la nature, c'est-à-dire la doctrine de Schelling et de Hegel, et que sa parole est peut-être d'autant plus puissante sur l'imagination qu'elle est moins claire pour l'intelligence.

Je l'avoue avec regret, je n'ai jamais assisté à ces leçons mémorables. Je finissais mes études au collége royal de Nancy, au mois d'août 1830, juste au moment où M. Cousin quittait l'enseignement pour les honneurs politiques et l'exercice de l'autorité, pour devenir coup sur coup, je ne saurais trop dire dans quel ordre et à quelles dates, conseiller d'État, membre du conseil royal de l'instruction publique, directeur de l'École normale, pair de France, ministre de l'instruction publique dans le cabinet du 1er mars, dont la démission le rend à son siége de conseiller et à ses fonctions annuelles de président du concours d'agrégation. Comment donc ai-je pris sur moi de caractériser son éloquence? C'est que je l'ai entendu bien souvent en tête-à-tête, ou dans un petit cercle d'amis et de disciples, ou dans les discussions de l'Académie des sciences morales et politiques, et que sa conversation ressemblait exactement à ce que j'avais entendu dire de ses improvisations de la Sorbonne. Au reste, je ne suis pas seul de mon avis, car voici comment s'exprime un homme qui a pu lui-même faire la comparaison des deux genres, et qui, par la sévérité de son caractère autant que par la finesse de son jugement, mérite toute confiance : « Passionné et convaincu, dit M. Damiron [1], animé d'un profond besoin de produire et de répandre ses vives et fermes pensées, il fut tout naturellement éloquent; et cette éloquence, la meilleure et la plus simple de toutes parce qu'elle coule de source,

---

1. *Souvenirs de vingt ans d'enseignement à la Faculté des lettres de Paris*, Introduction.

il l'eut, comme il devait l'avoir, aussi bien devant quelques-uns, devant un seul même, que devant un grand nombre, aussi bien dans le tête-à-tête qu'en face de la foule, et l'homme qui avait le mieux de quoi se faire un nombreux auditoire était aussi celui qui pouvait le plus aisément s'en passer. C'était, avant tout, entre sa conscience et lui qu'il était orateur. »

Il ne faudrait pourtant pas appliquer à M. Cousin le jugement qu'on a porté sur la conversation de Diderot. « Cet homme, disait Voltaire, était fait pour le monologue, et non pour le dialogue. » M. Cousin était fait pour l'un et l'autre, selon qu'il parlait en maître et en apôtre, ce qui était chez lui le cas le plus fréquent, ou qu'il s'entretenait familièrement avec ses amis, avec des femmes, de ce qui captivait l'attention du moment : la pièce nouvelle, pourvu qu'elle fût d'un genre assez relevé ; le dernier volume d'un écrivain renommé, et plus souvent encore l'auteur lui-même ; les plus récents événements de la politique et du monde. Mais il n'y avait pas de si humble sujet qui ne grandît avec lui et ne fît jaillir de son esprit toujours en mouvement les plus fines ou les plus brillantes saillies. C'est surtout en se promenant à ses côtés dans les quartiers qui subsistent encore du vieux Paris, qu'il fallait l'entendre. Avec quelle richesse de souvenirs et quelle puissance d'impressions, poussées quelquefois jusqu'à l'émotion la plus vive, il vous racontait, avant d'en franchir le seuil, l'histoire de la vieille Sorbonne ; vous peignait les deux âmes si différentes de Rollin et de Pascal, en montrant le pavillon où celui-ci est mort et la maison où celui-là a vécu ; vous faisait mesurer du regard ou par une course mille fois interrompue les anciennes possessions du Carmel, de l'Oratoire ou de Port-Royal de Paris. Il ne tenait pas à lui que vous ne le suivissiez à l'instant même, sans tenir compte de la distance et des difficultés du voyage, à Port-Royal-des-Champs. Naturellement, durant ce trajet, vous entendiez souvent prononcer les noms de Malebranche, de la duchesse de Longueville, de Jaqueline Pascal et d'autres noms de femmes qui l'ont occupé pendant une des plus brillantes périodes de sa carrière d'écrivain. Après trois ou quatre heures de cet exercice continué sans interruption, et terminé parce que vous seul vous l'aviez voulu, vous rentriez chez vous, l'esprit charmé, ébloui, mais le corps brisé.

Rarement ceux qui parlent si bien et avec tant d'abondance savent écouter. Cette faculté, M. Cousin la possédait à un degré remarquable. Qu'on vînt à l'entretenir ou à parler en sa présence de choses qu'il ignorait, mais qui pouvaient toucher par un point quelconque à ses méditations habituelles, dès les premiers mots ses gestes précipités s'arrêtaient, son attitude devenait immobile, sa tête se penchait vers son interlocuteur, et son admirable regard, l'embrassant tout entier, semblait vouloir pénétrer jusqu'aux derniers replis de sa pensée. Il pouvait rester ainsi des heures entières, ce qui paraîtra incroyable à ceux qui l'ont vu sous un autre aspect.

M. Cousin n'a pas eu seulement des admirateurs, et, à cause de cela même, des ennemis en assez grand nombre; il a eu de chaleureux amis, et tous ceux qu'il a eus, à quelques exceptions près, il les a conservés, parce qu'il avait lui-même un cœur ouvert et fidèle à l'amitié. Son cœur une fois donné, mais il le donnait difficilement, jamais il ne le reprenait, et je lui ai connu des retours de tendresse pour ceux qui l'avaient abandonné. Tendresse peut sembler une expression un peu hyperbolique ; cependant je ne la retire pas, pourvu qu'on l'entende d'un sentiment qui apparaissait par accès et en quelque sorte par surprise. La bonté lui était plus habituelle. Ceux qui le voyaient assidûment savent à quel point, dans ces derniers temps, il s'inquiétait d'une maladie qui faisait souffrir cruellement son fidèle domestique, M. Morin. On lui en demandait des nouvelles, comme on le fait ailleurs des enfants de la maison, et les consultations de médecins se succédaient sans relâche. Voici un autre fait que je puis affirmer avec la même certitude que si j'y avais joué un rôle personnel : Un professeur de philosophie encore jeune, mais marié et père de famille, s'était vu arrêté au milieu de sa carrière, au milieu de ses travaux, par une de ces affections pour lesquelles on recommande comme dernier moyen de salut, le doux ciel de Pise. Le pauvre jeune homme n'avait pour toute fortune que le prix déjà à moitié dépensé qu'il avait reçu de son dernier ouvrage, un ouvrage purement philosophique, et par conséquent médiocrement payé. Il n'en obéit pas moins aux ordres du médecin, et, avant de partir pour un douloureux exil, alla voir M. Cousin, qui l'avait toujours compté au nombre de ses disciples préférés. Après plusieurs heures d'une conversation animée sur les plus graves sujets : « Vous voilà donc, mon cher enfant, à la veille de votre départ, lui dit le maître d'une voix profondément émue. Et que deviendront en votre absence votre jeune femme et vos petits enfants? Que deviendrez-vous vous-même dans une ville étrangère, avec les ressources que je vous connais ? Sachez qu'il est des circonstances où c'est un devoir de se souvenir qu'on a des amis. Ne me ménagez pas, je suis plus riche que vous ne croyez. » La proposition n'a pas été acceptée, mais le temps n'a pas pu en effacer le souvenir.

Ce récit, d'une scrupuleuse fidélité, me fournit naturellement l'occasion de parler de l'avarice qu'on a souvent reprochée à M. Cousin, notamment envers ses secrétaires. Si on ne lui a pas appliqué dans toute sa rigueur le vers sanglant que Célimène adresse à Arsinoé :

Mais elle bat ses gens et ne les paye point,

on l'a du moins accusé de faire travailler beaucoup ses secrétaires et de les payer fort peu. J'en connais trois qui, après avoir rempli près de lui ces modestes fonctions, sont devenus, à des titres divers, des hommes très-distingués. Deux d'entre eux, MM. Janet et Bersot, appartiennent à l'Institut ; le troisième, M. Waddington, est correspondant de l'Institut et un des rares agrégés qu'un brillant concours, aujourd'hui supprimé, a donnés autrefois à la Faculté des lettres de Paris. Eh bien ! tous les trois, j'en appelle à leur témoignage [1], ont conservé pour M. Cousin un attachement inaltérable.

On a confondu dans le caractère de M. Cousin deux choses complétement distinctes : la dureté et l'avarice. Il était dur pour lui-même, imposant à son esprit un travail opiniâtre, même quand il était rebelle à l'inspi-

---

[1]. Le témoignage de M. Janet a été exprimé publiquement dans un remarquable article de la *Revue des Deux Mondes*.

ration, se nourrissant avec une sobriété toute stoïque, ne connaissant pas le luxe, se refusant jusqu'aux douceurs de l'aisance, bravant l'humidité et le froid dans ses sombres appartements de la Sorbonne, qu'il semblait croire suffisamment échauffés et éclairés par le foyer intérieur toujours allumé en lui. Dur pour lui-même, comment aurait-il évité de l'être souvent pour les autres? Mais qu'il ait été avare, voilà ce que démentent les actes les plus connus de sa vie. N'est-ce pas lui qui nous a donné à ses frais les deux magnifiques éditions que nous possédons aujourd'hui des œuvres de Proclus et d'Abélard? N'est-ce pas lui qui a fondé, il y a deux ans, à l'Académie des sciences morales et politiques, un prix dont la dotation est le double de celle des prix de l'État? N'est-ce pas lui qui a créé de ses deniers cette bibliothèque incomparable où l'on trouvait toujours à coup sûr ce qui était introuvable ailleurs, et dont il a légué par son testament la propriété à l'État avec une dotation pour le bibliothécaire? Je voudrais bien connaître ceux de ses détracteurs qui en ont fait autant.

Un autre chef d'accusation qu'on entend souvent produire contre M. Cousin, c'est la mobilité de ses opinions politiques. Je pourrais me contenter, pour toute réponse, de rappeler ces paroles de l'Évangile : « Que celui d'entre vous qui est sans péché lui jette la première pierre. » Mais je ne me propose pas d'écrire une apologie, je veux dire simplement ce que je sais ou ce que je crois savoir. M. Cousin ne pensait pas qu'il y ait en politique des principes immuables comme ceux qui servent de fondement à la morale. En politique, pour me servir de l'expression d'un de ses amis, il était latitudinaire, attachant plus de valeur aux hommes qu'aux institutions, et, parmi les hommes que la naissance ou la fortune ont placés à la tête de l'État, admirant tous ceux qui ont su accomplir de grandes choses, soit par la force de leur génie, soit à la faveur des circonstances, et qui ont gouverné leur pays de la façon la plus conforme à ses besoins. Cette manière de voir laisse, on le comprend, une grande liberté à l'esprit, et lui permet, sans inconséquence, de transporter son approbation d'un régime à un autre, à plus forte raison d'une dynastie à celle qui lui a succédé. Ces évolutions, quand elles s'accomplissaient chez lui, étaient parfaitement sincères et désintéressées ; car ce n'est que par sa volonté qu'il a manqué, comme le regrette ironiquement un critique, de mourir dans la toge de sénateur. Mais il y a deux causes auxquelles, moitié par principe, moitié par nature, il est toujours resté attaché : celle de la Révolution et celle de la liberté réglée par une législation sévère. Il se faisait gloire d'être « un enfant de la Révolution. » La société la mieux faite, disait-il souvent, c'est encore celle qu'a créée la Révolution française. Partisan de la Révolution, comment ne l'aurait-il pas été de la liberté? Mais il était libéral sans être démocrate, et le nom même de la démocratie n'arrivait point à ses oreilles sans lui causer un visible déplaisir.

Le sentiment qui l'emportait chez lui sur tous les autres, c'était le patriotisme, c'était l'amour de la France et l'admiration de son génie réfléchi dans celui de ses enfants les plus illustres, hommes d'État, philosophes, écrivains, orateurs, poëtes, artistes, femmes élégantes et spirituelles, austères pénitentes, victimes volontaires de la solitude et du cloître.

Après avoir essayé de donner une idée de la personne de M. Cousin, nous allons jeter un rapide coup d'œil sur son œuvre, c'est-à-dire sur sa philosophie.

II

Je passe par-dessus les années où M. Cousin, malgré la fermeté de son attitude et de son langage, n'est pas encore en possession de toute sa pensée. Tantôt il semble appartenir à l'école écossaise, fortifiée et comme unie à la France par les originales observations de Maine de Biran. Tantôt, quand il revient de son second voyage dans la patrie de Schelling et de Hegel, on dirait qu'il s'est donné tout entier à la philosophie de la nature. Alors il écrit cette phrase, qu'il a eu la faiblesse de supprimer plus tard : « Ce système est le vrai. » On lui a beaucoup reproché ces hésitations, comme si la conscience d'un homme, si grand qu'il puisse être, n'était pas soumise, ainsi que celle de l'humanité, à la loi du temps, et devait atteindre en un jour son terme le plus élevé. Pour prendre la mesure d'une intelligence et fixer la part qui lui revient dans l'œuvre générale de la pensée humaine, il ne faut tenir compte ni des incertitudes de la jeunesse, ni des rétractations qui lui sont arrachées dans la torpeur de l'agonie. Il nous faut donc, pour la juger, prendre la philosophie de M. Cousin à l'époque où il lui a imprimé le sceau de la maturité, dans les termes où il nous la présente lui-même quand il la croit arrivée à sa dernière expression.

Cette philosophie a reçu de lui le nom d'éclectisme, sous lequel, vraie ou fausse, elle appartient désormais à l'histoire des idées du xix° siècle. J'en aurais autant aimé un autre, plus facile à comprendre pour ceux qui ignorent l'histoire. Mais l'ignorance elle-même n'est pas une excuse suffisante à la manière étrange dont ce nom, porté par deux écoles illustres, celle de Plotin et celle de Leibniz, a été souvent interprétée par la critique contemporaine. Ne s'est-on pas imaginé que l'éclectisme consistait à recueillir, dans tous les systèmes successivement adoptés et abandonnés par l'esprit humain, quelques lambeaux de doctrine, quelques propositions isolées, qu'on ajustait ensuite tant bien que mal, qu'on réunissait comme on pouvait, sans règle, sans plan, sans une mesure précise de la vérité et de l'erreur, dans une sorte de mosaïque philosophique? Si cette opinion était fondée, l'éclectisme serait au-dessous de la discussion; il ne pourrait avoir pris naissance que dans un esprit frappé à la fois de stérilité et de vertige. Si injuste qu'on soit pour ses adversaires, personne n'oserait ainsi qualifier l'esprit de M. Cousin.

Qu'est-ce donc que l'éclectisme? C'est une philosophie qui repose sur ce principe, incontestable et incontesté, que la puissance de faire quelque chose avec rien ou de créer d'une manière absolue étant étrangère à l'homme, les systèmes sont construits avec les éléments préexistants dans l'esprit humain, comme les œuvres de l'industrie et de l'art avec des éléments préexistants dans la nature. S'il n'en était pas ainsi, un système philosophique ne pourrait jamais en appeler à l'autorité de la raison et de la conscience; bien qu'on lui attribue la vertu d'expliquer toutes choses en se démontrant lui-même, il paraîtrait une chimère inexplicable et incompréhensible. Mais pourquoi les systèmes sont-ils si divers et si contradictoires? C'est que chacun d'eux, ne prenant dans le fonds commun qu'une portion déterminée des éléments constitutifs de notre nature, en croyant les prendre tous, se figure qu'il a le droit d'accuser tous les autres d'erreur et de fausseté. Qu'on songe, en effet, que l'illusion est ici plus facile que dans les sciences physiques et mathématiques. Lorsqu'il s'agit du monde extérieur, personne n'oserait se vanter de connaître ce qui, en raison de la distance ou du temps, est placé hors de la portée de ses observations. Quand il est question, au contraire, des choses de l'âme, c'est-à-dire des forces et des phénomènes invisibles qui se déploient au-dedans de nous, chaque homme en particulier se prend volontiers pour la mesure de l'humanité. Il en résulte que, pour démêler ce qu'il y a de vrai et de faux dans les systèmes, il faut les comparer avec la nature humaine, avec l'esprit même dont ils se donnent pour être l'expression complète, après qu'on l'a soumis aux procédés de l'observation la plus sévère; et pour être sûr que l'observation n'a rien oublié ni méconnu d'essentiel, il faut interroger les systèmes, prêter l'oreille aux objections qu'ils élèvent les uns contre les autres, les suivre dans leurs transformations et leurs retours périodiques à travers toutes les époques de l'histoire. Est-ce donc là une philosophie si inconsistante et si méprisable? Cette belle maxime de l'antiquité :

Homo sum, humani nihil a me alienum puto,

ne peut-on pas dire qu'elle l'a étendue de l'ordre moral à l'ordre intellectuel ? Le principe sur lequel elle est assise est d'une telle fécondité qu'il a suffi pour faire naître parmi nous une foule d'excellents ouvrages consacrés à l'histoire de la philosophie. Sans doute l'exemple de M. Cousin et son ascendant personnel y ont puissamment contribué. Quand on le voyait distribuer entre ses disciples et ses amis les différentes parties de cette science, assignant à celui-ci l'étude de l'Inde, à celui-là celle de la Grèce ou d'une des nombreuses écoles enfantées par le génie hellénique, à un troisième les systèmes du moyen âge, à un quatrième ceux de l'Orient sémitique représenté par les Juifs et les Arabes, on aurait dit le conquérant d'un vaste empire désignant à ses lieutenants les provinces qu'ils devaient occuper. Mais, en agissant ainsi, M. Cousin ne cédait pas à l'attrait de l'érudition, qu'il n'a jamais aimée pour elle-même ; il obéissait aux devoirs que lui imposait sa doctrine.

Sa doctrine ! Oui, il en a une qui, s'appuyant sur la double autorité de la conscience et de l'histoire, ne se croit pas seulement obligée d'être complète ou de réunir tous les faits, tous les principes, toutes les facultés dont se compose la nature humaine, mais d'être exacte, c'est-à-dire de les présenter dans l'ordre hiérarchique que leur impose leur essence même, plaçant l'esprit, la personne libre, identique, consciente, au-dessus des forces aveugles de l'organisme, l'intelligence au-dessus des sens, la raison au-dessus de tous les autres modes de la pensée, la volonté dirigée par la raison ou l'âme dans la pleine possession de son existence au-dessus de la raison toute seule. M. Cousin n'a point failli à cette loi, car les plus constants et les plus vigoureux efforts de sa dialectique sont dirigés contre ceux qui, se refusant à reconnaître la hiérarchie naturelle de nos facultés, effacent toute différence entre l'esprit et la matière, entre l'âme et le corps, entre la pensée et la sensation, entre la raison et l'expérience, entre la volonté et l'instinct ou la passion. Aussi sa philosophie recevrait-elle plus justement la qualification de spiritualisme que celle d'éclectisme. Le spiritualisme en est le but, en est le fond; l'éclectisme n'en est que le moyen, à moins qu'on ne veuille définir l'éclectisme un spiritualisme démontré tout à la fois par la raison individuelle et par la raison du genre humain. C'est véritablement au service du spiritualisme que M. Cousin a dépensé, pendant plus d'un demi-siècle, l'énergie de son caractère et la puissance de son talent.

Mais peu importe un nom ou un autre; c'est au fond des choses qu'il faut s'attacher. Voyons donc ce qu'il faut penser d'un certain nombre d'idées qu'on a particulièrement reprochées à M. Cousin et qu'on se représente, à tort ou à raison, comme sa propriété personnelle dans la philosophie qu'il a enseignée.

La première qui se présente à mon esprit, c'est la fameuse théorie de la raison impersonnelle. La raison, si nous en croyons M. Cousin, n'est pas une faculté personnelle de l'homme, par conséquent une faculté variable d'un individu à un autre; il ne suffit pas même qu'elle appartienne à l'humanité, si elle doit être considérée comme une propriété particulière de notre esprit, par laquelle il nous est impossible de rien savoir de la nature des choses; il veut qu'elle soit commune à l'humanité et à Dieu, et que ses lois, en même temps qu'elles commandent d'une manière souveraine à la pensée, nous représentent les conditions absolues de l'existence. Au reste, laissons parler M. Cousin, le lecteur y gagnera et ma fidélité ne sera pas soupçonnée. « La raison, dit-il, est en quelque sorte le pont jeté entre la psychologie et l'ontologie, entre la conscience et l'être ; elle pose à la fois sur l'une et sur l'autre ; elle descend de Dieu et s'incline vers l'homme ; elle apparaît à la conscience comme un hôte qui lui apporte des nouvelles d'un monde inconnu dont il lui donne à la fois et l'idée et le besoin. Si la raison était toute personnelle, elle serait de nulle valeur et sans aucune autorité hors du sujet et du moi individuel. La raison est donc, à la lettre, une révélation, une révélation nécessaire et universelle, qui n'a manqué à aucun homme et a éclairé tout homme à sa venue en ce monde : *Illuminat omnem hominem venientem in hunc mundum*. La raison est le médiateur nécessaire entre Dieu et l'homme, ce *logos* de Pythagore et de Platon, ce *Verbe* fait chair qui sert d'interprète à Dieu et de précepteur à l'homme, homme à la fois et Dieu tout ensemble. Ce n'est pas sans doute le Dieu absolu dans sa majestueuse indivisibilité, mais sa manifestation en esprit et en vérité; ce n'est pas l'être des êtres, mais le Dieu du genre humain [1]. »

On a beaucoup ri, ou du moins l'on a fait semblant de rire de cette raison qui est dans l'homme, sans lui appartenir personnellement, qui est une révélation de

---

[1]. *Fragments philosophiques*, préface des pages 42 et 43 de la première édition, publiée en 1826 ; pages 36 et 37 de l'édition de 1847. Il y a dans la première édition une phrase qui n'est pas reproduite dans les suivantes; mais cette suppression ne change rien au fond de la pensée.

Dieu, un médiateur entre Dieu et l'humanité, Dieu lui-même, quoiqu'elle ne puisse le contenir tout entier. Sincère ou non, cette moquerie ne peut guère se soutenir devant la gravité de l'histoire, car la doctrine dont on vient de lire l'éloquent résumé est celle qu'ont professée quelques-uns des grands génies de l'antiquité et des temps modernes, un Platon, un Leibniz, un Malebranche, un Fénelon, un Bossuet, et dans certains moments Aristote lui-même. Mais quand elle n'aurait point pour elle de pareilles recommandations, elle se recommanderait toute seule. S'il y a des vérités évidentes par elles-mêmes, nécessaires, universelles, comme celles qui servent de fondement aux mathématiques, à la morale, à la métaphysique, est-ce qu'il m'est permis de dire que ces vérités m'appartiennent, ou même qu'elles appartiennent uniquement à l'espèce humaine? Supposez que, en dehors et au-dessus de l'humanité, il y ait des êtres qui pensent, des êtres intelligents, est-ce que pour eux, comme pour moi, ce ne sera pas une nécessité absolue de croire que deux et deux font quatre, que les trois angles d'un triangle égalent deux angles droits, que rien ne peut se produire sans cause, que tout phénomène et toute qualité existent dans un être, que toute succession a lieu dans le temps, que tout corps est placé dans l'espace, que le devoir suppose la liberté, et que le droit suppose le devoir? La faculté par laquelle nous connaissons les propositions de cet ordre, et au nom de laquelle nous les affirmons avec une si parfaite certitude, la raison, en un mot, aura nécessairement tous les caractères de ces propositions elles-mêmes; elle ne sera la propriété ni d'un homme, ni du genre humain, mais elle sera commune au genre humain et à Dieu ; elle nous montrera la nature divine sous un des aspects par lesquels elle se manifeste le plus directement à notre conscience. Et comme les lois de la raison, en dépit des objections de Kant, ne sont véritablement aperçues de notre esprit que sous cette condition, qu'elles ne restent point renfermées dans les limites de la pensée, mais qu'elles représentent les lois suprêmes, les conditions absolues de l'existence, il n'y a pas d'exagération à les considérer comme une révélation naturelle et universelle. M. Cousin n'a pas dit autre chose.

Il y a une autre théorie de M. Cousin qui n'a pas rencontré moins de contradicteurs et contre laquelle on s'est cru également assez fort en l'attaquant uniquement par le sarcasme. C'est celle qui lui sert à expliquer, au moyen d'un petit nombre de lois générales, l'histoire entière de la philosophie. Tous les systèmes, malgré les différences innombrables qui semblent les distinguer les uns des autres, malgré la diversité et souvent l'opposition des esprits, des races, des circonstances extérieures qui leur ont donné naissance, peuvent se réduire, selon lui, et se réduisent nécessairement à quatre types, éléments essentiels et permanents de l'histoire de l'esprit humain. Le sensualisme, qui fait dériver toutes nos connaissances de l'expérience des sens ou de la sensation et ramène toutes les existences à des objets sensibles ; l'idéalisme, qui n'admet que les principes éternels, que les idées innées de l'intelligence, des idées préexistantes à tous les faits, d'où il essaye de déduire les faits eux-mêmes en se passant de l'expérience, en répudiant le témoignage des sens comme un tissu d'illusions ; le scepticisme, qui n'a le courage de rien affirmer ni de rien nier, qui, voyant l'esprit de l'homme partagé entre la raison et les sens, et la raison, souvent divisée avec elle-même, sans autre contrôle que sa propre autorité, ne se juge pas en état et même se croit dans une radicale impuissance de discerner entre la vérité et l'erreur ; le mysticisme, qui, estimant illusoires toutes les facultés humaines, la volonté pour faire le bien, l'intelligence pour connaître le vrai, va chercher l'un et l'autre dans le sein de Dieu, la vérité en substance, le bien infini, et se figure avoir résolu tous les problèmes par une union immédiate, au moyen de l'extase et de l'amour, entre l'âme et son auteur : tels sont les quatre systèmes que, sous un nom ou sous un autre, on rencontre partout et toujours, dont l'expression peut être plus ou moins parfaite, dont le développement comporte des degrés infinis, mais dont l'essence ne change pas. Invariables dans leurs principes, ils ne le sont pas moins dans leur marche. C'est le sensualisme qui commence, parce que les sens entrent en exercice avant les facultés d'un ordre plus élevé et que les phénomènes du monde extérieur sont ceux dont l'observation nous coûte le moins d'efforts. En face du sensualisme vient se placer, au bout de quelque temps, le système contraire, celui qui supprime en quelque sorte la nature et les sens, l'expérience et les faits, pour ne tenir compte que des idées. La difficulté de prendre parti entre deux manières si opposées de comprendre et d'expliquer les choses, surtout quand elles sont défendues avec une force à peu près égale, produit inévitablement le scepticisme. Mais le scepticisme c'est le néant, c'est le vide, auquel l'âme a hâte de se soustraire en se précipitant dans le sein de Dieu, en se perdant dans l'abîme sans fond du mysticisme. Les excès du mysticisme ramènent la philosophie sensualiste, et le cercle que nous venons de parcourir se renouvelle dans d'autres proportions et peut-être sur une autre scène.

Il y a certainement beaucoup d'imagination dans ce tableau, ou plutôt dans ce drame, dont les personnages, pareils au phénix de la fable, renaissent de leurs cendres pour recommencer éternellement la même action, terminée par le même dénoûment. Non, les systèmes ne rentrent pas tous dans ce cadre inflexible et ne forment point dans leur succession ce rhythme invariable qui n'appartient qu'aux mouvements des astres. Il y a des systèmes qui sont à la fois philosophiques et religieux, comme ceux des Pères de l'Église, notamment de saint Augustin et de saint Clément d'Alexandrie, et la plupart de ceux qu'a produits l'Orient. On en pourrait signaler beaucoup qui, sensualistes ou sceptiques sur certains points, sont idéalistes, ou du moins spiritualistes, dogmatiques et absolument affirmatifs sur d'autres. Ainsi Locke, et même Condillac, en soutenant que toutes nos idées ont leur origine dans les sens, font cependant profession de croire à l'existence de Dieu, de la liberté et de l'âme humaine. Kant relève au nom de la morale, dont les principes ont, à ses yeux, la même autorité que les vérités de la géométrie, toutes les propositions qu'il a renversées en métaphysique par sa théorie de la subjectivité de la raison. Maine de Biran, après avoir ramené toutes les facultés de l'âme et l'âme elle-même à la volonté, à la liberté, a fini par la doctrine mystique de la grâce. C'est aussi par le mysticisme que Schelling, au terme de sa vie, a voulu couronner la philosophie de la nature. Le mélange et l'alliance des systèmes rendent absolument impossible leur retour périodique dans un ordre déterminé. Aussi les rencontrons-nous simultanément presque tous à toutes les grandes époques de l'histoire de la philosophie.

Malgré cela, il est difficile de ne pas reconnaître un grand fond de vérité dans la théorie de M. Cousin. Le sensualisme, l'idéalisme, le scepticisme, le mysticisme, tels qu'il les comprend, nous représentent bien réellement les éléments généraux de l'esprit humain, les forces vives dont l'expansion, la lutte ou l'harmonieux concours ont donné naissance à toutes les formes de la spéculation philosophique : l'expérience, dont l'objet propre est la connaissance des faits ; la raison ou la pensée pure, qui n'aperçoit que des idées ; la critique, qui, relevant les contradictions, les oppositions naturelles ou accidentelles de la raison et de l'expérience, ne leur permet de s'arrêter que devant la certitude ; l'intuition immédiate et le sentiment de l'infini, l'amour et la contemplation du divin, par lesquels, en nous passant de l'assistance de toute autre faculté, nous croyons pouvoir nous élever d'un seul élan à la plus haute perfection de l'existence. Sans aller jusqu'à la domination absolue, qui n'a jamais pu s'établir, la prépondérance prolongée de l'une de ces forces amène inévitablement une réaction de la part des autres. Voilà dans quelle proportion il est juste de reconnaître le retour périodique, sinon des mêmes systèmes, du moins des principes qui leur ont donné naissance et des luttes que ces principes se livrent entre eux. Le spectacle que nous avons aujourd'hui sous les yeux n'est-il point la démonstration éclatante de cette loi? La première moitié de ce siècle a vu le retour de l'esprit religieux, du spiritualisme en philosophie, du sentiment de l'idéal dans les lettres et dans les arts; la seconde moitié commence par des efforts énergiques tentés en faveur des dispositions contraires. L'athéisme érigé en dogme et le matérialisme en axiome, l'observation empirique des phénomènes de la matière substituée à toute métaphysique, le réalisme introduit en maître dans toutes les œuvres de l'imagination, tel est le but que semblent se proposer une certaine classe d'écrivains qui remplacent le nombre par l'activité, la persévérance et la savante distribution de leur tâche. Ils proclament avec arrogance la mort du spiritualisme et de toute philosophie qui ne veut point se borner à collectionner des faits; mais la philosophie et le spiritualisme pourraient se servir, pour leur répondre, des paroles que saint Pierre adressait à Saphire : « Voici les pieds de ceux qui doivent t'ensevelir qui heurtent déjà à ta porte [1]. »

Oui, les mêmes vues sur l'ensemble des choses, et, à les considérer dans leur généralité, les mêmes systèmes reparaissent à des intervalles plus ou moins éloignés, mais en se transformant, en serrant de plus près la nature et l'esprit humain, en s'éclairant d'une lumière toujours plus vive. Ce retour ne porte donc aucun préjudice à la loi du progrès. C'est ce qu'enseigne formellement M. Cousin, malgré la réputation que

---

1. *Actes des Apôtres,* chap. V, v. 9. *Ecce pedes eorum qui sepelierunt virum tuum ad ostium.* On me pardonnera la petite variante que j'ai introduite dans ce texte.

lui ont faite ses adversaires de n'avoir eu foi que dans un fatalisme immuable.

« Combien n'est-il pas consolant, dit-il[1], de voir qu'à considérer les choses en grand et dans leur marche générale, la philosophie, malgré bien des écarts, a eu son progrès marqué comme la société et comme la religion elle-même, que la philosophie suit de si près et accompagne dans toutes ses fortunes! Quel pas n'a point fait l'humanité en allant des religions de la nature, nées dans le berceau du monde, et auxquelles s'arrête encore l'immuable Orient, à l'anthropomorphisme grec et romain, où du moins l'homme commence à paraître et se fait une place plus grande dans l'Olympe pour en avoir une plus digne de lui sur la terre! Le progrès n'a pas été moindre quand l'esprit humain a passé des systèmes les plus célèbres de la philosophie orientale à ceux des philosophes grecs... Enfin, si l'on admet l'immense supériorité du christianisme sur le polythéisme antique, comment ne pas reconnaître aussi que la philosophie moderne, nourrie et grandie sous cette noble discipline, en a dû ressentir la bienfaisante influence et participer aux incomparables lumières répandues en Europe par l'Évangile? »

On voit que la loi du progrès, dans la pensée de M. Cousin, s'applique à la religion comme à la philosophie; mais, sur ce point délicat, il n'a jamais exprimé publiquement sa pensée tout entière. La philosophie des religions et la critique religieuse ne tiennent aucune place dans ses écrits. Peu lui importe comment se sont formés les dogmes religieux en général et ceux

---

1. *Histoire générale de la philosophie*, 7ᵉ édition, p. 565.

du christianisme en particulier, comment ils se sont établis dans l'esprit des peuples, à quelles conditions ils pourront s'y conserver, et quelle transformation nouvelle peut encore leur être réservée dans l'avenir. Il lui suffit de savoir que, nécessaires toutes deux, incapables de se substituer l'une à l'autre sans faillir à leur but, la philosophie et la religion commettraient la plus grande faute en se faisant la guerre.

« La philosophie, dit-il, serait insensée et criminelle de vouloir détruire la religion, car elle ne peut espérer la remplacer auprès des masses, qui ne peuvent suivre des cours de métaphysique. D'un autre côté, la religion ne peut détruire la philosophie, car la philosophie représente le droit sacré et le besoin invincible de la raison humaine de se rendre compte de toutes choses. » C'est au nom de ce principe, purement philosophique et d'une incontestable vérité, que M. Cousin recommandait à ses disciples, et en général aux professeurs de philosophie placés sous ses ordres, le plus grand respect à l'égard de la religion. Lui-même joignait l'exemple au précepte et ne se montrait intolérant que sur ce point. Peu lui importait qu'on fût éclectique ou non, qu'on eût étudié la philosophie dans ses livres ou ailleurs, pourvu que l'on conservât les bases essentielles du spiritualisme ; mais il ne pardonnait pas un acte d'agression contre le christianisme. Faut-il donc s'en étonner ? et cette conduite, dont on lui a fait un crime, donnerait-elle le droit de l'accuser d'hypocrisie ? Il n'était que conséquent avec lui-même, et il l'était d'autant plus qu'il avait à répondre non-seulement de ses propres actions, mais de celles des autres, puisque le gouvernement de la philosophie, dans l'enseignement public, était déposé entre ses mains.

Ce qu'on peut lui reprocher à plus juste titre, c'est de n'avoir pas su tenir la balance égale entre la philosophie et la religion, puisqu'il accorde à celle-ci la domination et ne demande pour la première que la liberté. La logique, aussi bien que les leçons de l'histoire, aurait pu lui faire comprendre que ces deux situations inégales sont inconciliables, sans compter que la foi, comme la raison, a pour caractère essentiel, non de contraindre, mais de persuader.

Un autre tort qu'on pourrait reprocher à M. Cousin, c'est d'avoir imposé des limites même à la liberté qu'il réclame au nom de la philosophie ; car puisque la philosophie, selon ses propres expressions, « représente le droit sacré et le besoin invincible de la raison humaine de se rendre compte de toutes choses, » pourquoi ne se rendrait-on pas compte de la formation, de la composition et de la valeur intérieure des dogmes religieux ? Ce serait de la critique, ce ne serait pas de l'hostilité, surtout si on avait soin de distinguer la spéculation libre de l'enseignement officiel. Mais ce tort, M. Cousin, comme je le disais tout-à-l'heure, ne l'a eu que dans ses écrits. Dans ses conversations, tout en professant l'admiration la plus profonde pour le christianisme et pour les Écritures, il ne se faisait pas scrupule d'aller plus loin. Puis il n'y a rien dans ses livres mêmes qui soit la négation du droit dont l'usage lui paraissait si plein de périls.

Le nom de la métaphysique me rappelle bien d'autres parties de la philosophie de M. Cousin, sur lesquelles il serait utile de s'arrêter. J'aurais voulu montrer comment il comprenait la nature divine, la création, la substance de l'âme humaine et son immortalité. Il aurait été d'un grand intérêt de le voir arraché au panthéisme par la seule puissance de la méthode psychologique. J'aurais aimé aussi de signaler l'influence que son patriotisme a exercée sur sa manière de juger les philosophes des temps passés, particulièrement Descartes, Leibniz et Spinoza. Mais il est impossible de tout dire, quand on a de telles matières à traiter. Je me bornerai donc à résumer ma pensée sur M. Cousin considéré comme philosophe.

Il n'a pas fondé un de ces grands systèmes qui découlent d'un même principe, dont toutes les parties se lient comme les anneaux d'une chaîne, qui ont l'ambition de tout expliquer, de tout comprendre, d'avoir tout prévu, et qui semblent coulés d'un seul jet, qu'on dirait sortis tout d'un coup du cerveau d'un homme de génie, comme la fable nous montre Minerve sortie du front de Jupiter. Mais où est le malheur? Qu'est-ce qui nous reste de ces Babels métaphysiques, sinon quelques débris dispersés et le respect de ceux qui éprouvent le besoin de tenter de pareils efforts? Puis quel est celui qui ne se sent au fond du cœur un peu de découragement en voyant s'écrouler les unes après les autres ces gigantesques constructions? M. Cousin a fait autrement. Il a examiné un à un tous les grands problèmes qui intéressent directement l'esprit humain, qui intéressent l'âme autant que l'intelligence, et il en a demandé la solution non-seulement à sa propre raison et à sa propre conscience, mais à la conscience et à la raison du genre humain. Une autre de ses qualités, que ses détracteurs ont convertie en défaut, c'est de ne point procéder par propositions absolues et par actes de divination, mais de n'avoir jamais voulu renoncer à la méthode expérimentale, d'avoir voulu observer au lieu de créer, d'avoir tiré de l'observation jusqu'aux principes qui la dominent et nous transportent dans la région des pures idées. Sur tout le chemin qu'il a parcouru, il a laissé une vive clarté, la clarté de la pensée rendue visible par l'éclat du langage; et aussi longtemps que subsistera la philosophie, il en sera un des plus illustres représentants, de même que, aussi longtemps que durera la langue française, il sera un de nos plus éloquents écrivains.

M. DAMIRON [1]

1

Tout le monde connaît ce mot de Pascal : « On s'attendait de voir un auteur et on trouve un homme. » Il semble avoir été inventé tout exprès pour M. Damiron, et même l'application en est poussée chez lui à un degré auquel Pascal n'a point songé. L'auteur des *Pensées* n'a voulu parler que du style, et ici il s'agit à la fois du style, du sentiment et des idées. Tout sort également des profondeurs d'une âme émue et d'une intelligence qui pense et se communique à sa manière.

M. Damiron tient une place à part, il nous présente une physionomie distincte dans le cénacle philosophique qui, après avoir relevé en France la cause de Dieu et du spiritualisme, après avoir enseigné à l'esprit mo-

[1]. *Mémoire sur Maupertuis*, par M. Damiron, membre de l'Institut professeur honoraire à la Faculté des lettres de Paris. — *Mémoires pour servir à l'histoire du* XVIIIe *siècle*, par le même.

derne la justice envers les temps passés, après avoir essayé de concilier le respect de la religion avec l'indépendance de la science, combat encore aujourd'hui pour les mêmes principes contre le fanatisme et l'athéisme conjurés. La philosophie pour lui est redevenue ce qu'elle a été autrefois : la sagesse encore plus que la science, ou la science pour arriver à la sagesse ; la pratique du bien offerte comme but et comme récompense à la recherche du vrai. Malgré l'ordre parfait qui règne dans ses idées et leur caractère profondément réfléchi, le travail de méditation qui les a formées et cimentées les unes aux autres, il a moins un système que des convictions, et peut-être devrais-je dire un symbole de foi, où il a établi comme dans une forteresse son cœur et sa raison.

La paix qu'il y a rencontrée est si profonde et si douce, qu'en toute occasion elle déborde de son âme, en mêlant à ses paroles et à ses arguments, même à sa critique, je ne sais quelle onction qui est moins d'un docteur que d'un apôtre du spiritualisme. Mais ne confondant pas le rôle du philosophe avec celui d'un prédicateur, n'oubliant jamais que la raison à laquelle il emprunte toute son autorité le met au niveau de ceux qui l'écoutent, il sait être à la fois grave et familier, indulgent et sévère, indulgent pour les personnes, sévère pour les principes, animé ou plutôt pénétré lorsqu'il pense avoir fourni les preuves d'une vérité qui lui est chère, contenu et réservé tant que ses idées n'ont pas encore pu se faire complétement jour. J'ajouterai que ces sages tempéraments ne lui coûtent aucun effort, car ils sont en quelque sorte le fond de sa nature, heureux mélange de gravité et de chaleur, de simplicité et d'élévation, de bonté indulgente, j'oserais presque dire de bonhomie et de finesse.

Pour le connaître tout entier, on n'a qu'à lire la courte préface qu'il a placée en tête de son premier volume. Là, après nous avoir dit tout ce qu'il pense du XVIIIe siècle, le bien comme le mal, après nous avoir confié ses scrupules et ses doutes, son plan, ses espérances, il se juge lui-même avec la même liberté, et j'ai à peine besoin de dire avec la même conscience que s'il s'agissait d'un autre ; il compare entre eux ses principaux ouvrages, en nous montrant ce qu'il a fait de progrès de l'un à l'autre, et se résout non sans peine, comme un père qui aime tous ses enfants, mais qui veut les traiter chacun selon son mérite, à donner la préférence au dernier. Il nous rappelle que son *Essai sur l'histoire de la Philosophie en France ou XIXe siècle* a été son début. Il parle avec plus d'estime de son *Essai sur l'histoire de la Philosophie au XVIIe siècle*. Enfin, arrivant aux deux volumes qu'il a publiés à la fin de sa vie, il s'exprime en ces termes :

« Je dirai franchement que, comme je préfère et de beaucoup le second de ces ouvrages au premier, je place à son tour le troisième au-dessus du second : j'y trouve plus d'histoire et de philosophie à la fois, plus d'expérience des matières, plus de connaissance des auteurs, autant de solidité et plus d'agrément. Le sujet y est moins haut, les noms y sont moins grands, mais peut-être le travail y est-il supérieur. En tout, c'est, ce me semble, un progrès tel, qu'à dix ans de distance, et quand on mûrit encore, on peut l'obtenir d'une étude plus approfondie, d'une réflexion plus savante, de lumières plus étendues. »

Ni ce langage ni le caractère qu'il nous révèle ne sont plus de notre temps. Il faut avoir pris bien à cœur son perfectionnement et celui des autres pour s'applaudir ainsi, devant les portes de la vieillesse, d'une maturité tardive, au risque d'amoindrir tous ses labeurs passés. Quel contraste entre cette humilité et les airs conquérants de nos jeunes matérialistes! Mais M. Damiron ne perdra rien à être sévère pour ses propres œuvres; personne ne le prendra au mot. Comment d'ailleurs, s'il en avait besoin, lui refuser les avantages de cette critique bienveillante qu'il recommande avec tant d'instance, et que, non content de la recommander, il applique sans se lasser aux ennemis les plus violents de ses convictions spiritualistes et religieuses? Voici de quelle façon il s'exprime à ce sujet dans les dernières lignes de sa préface :

« Je finis par un dernier mot cette communication au lecteur; c'est pour lui demander que s'il veut bien m'accepter pour guide dans ces études, ce soit autant avec la qualité de maître de ce que j'appellerai la charité dans les lettres, laquelle est peut-être de nos jours un peu trop oubliée, qu'avec celle de juge de quelque expérience dans la critique et la doctrine philosophique. Là serait toute mon ambition, qui, satisfaite, me laisserait en effet bien peu à désirer, soit comme homme, soit comme auteur. »

La forme extérieure des ouvrages historiques de M. Damiron, et je parle ici des derniers comme des premiers, s'accorde parfaitement avec la nature de son âme et le caractère intime de sa pensée. Ne lui demandez pas de faire un livre, j'entends parler d'un livre de longue haleine, où l'art de la composition occupe nécessairement une grande place, où les faits portant avec eux leur enseignement, et nous déroulant leurs propres conséquences, dispensent souvent l'auteur d'exprimer son jugement, ou tout au moins lui font une loi de le suspendre. Non, ce qu'il lui faut c'est une suite d'études dont chacune ait pour lui l'intérêt ou d'une erreur dangereuse à combattre, ou d'une vérité utile à défendre, et qui, tout en se liant entre elles par une foule de rapports, lui représentent autant de services rendus à la bonne philosophie. Il lui est impossible, quand il rencontre un homme dont la vie paraît utile à connaître, de ne pas s'attacher à lui avec une sollicitude inquiète; et quand il trouve une doctrine impie ou avilissante, de ne pas la poursuivre de toutes les répulsions de son cœur et de tous les arguments de sa dialectique.

Cette manière d'écrire l'histoire de la pensée humaine n'est sans doute pas la plus favorable aux lois de l'unité et de la proportion; mais c'est peut-être celle qui se prête le mieux à la vérité des détails, à l'étude impartiale des hommes et des systèmes. Enfermés dans un plan laborieusement construit ou dans une théorie générale, l'esprit et la conscience elle-même ont perdu beaucoup de leur liberté. Au reste, M. Damiron s'est fait un devoir de nous en prévenir : il n'écrit pas une histoire de la philosophie du XVIIIe siècle; mais à celui qui se sent le courage d'entreprendre cette grande tâche il offre d'avance un certain nombre de matériaux préparés avec soin et qui n'ont plus besoin que d'être mis en place. Je dirai cependant que ces matériaux sont d'un travail tellement fini qu'aucun architecte n'aura la hardiesse d'y porter la main.

Les Mémoires que M. Damiron a fait paraître, après leur avoir déjà donné une première publicité dans le compte rendu des séances de l'Académie des sciences morales et politiques, sont au nombre de neuf. Ils sont consacrés, non pas aux plus grands esprits, mais aux esprits les plus aventureux du dix-huitième siècle, à ceux qui ont compromis son nom et déshonoré sa cause, à ceux qui, confondant la liberté avec la révolte et la raison avec l'incrédulité, ont, les uns ouvertement, les autres par des voies souterraines, poussé à leurs dernières conséquences les principes du sensualisme. C'est de La Mettrie, d'Holbach, Diderot, Helvétius, d'Alembert, Saint-Lambert, le marquis d'Argens, Naigeon, Sylvain Maréchal, Delalande et Robinet. Le Mémoire sur Maupertuis, publié postérieurement, semble commencer une nouvelle série, consacrée principalement à ces écrivains indécis qui, n'osant pas aller jusqu'au bout de leurs doctrines, s'efforcent de retenir comme ils peuvent les éléments les plus essentiels de la religion et de la morale.

Tous les philosophes que je viens de nommer n'étaient peut-être pas également dignes de tenir une place dans cette galerie. « Il y a des choses, dit quelque part M. Damiron, qu'on touche du pied quand on les rencontre, mais auxquelles on ne s'arrête pas. » Je crois que la même maxime peut s'appliquer à certains auteurs, considérés seulement dans leurs opinions, et je n'aurais eu, pour mon compte, aucun scrupule à ranger dans ce nombre Delalande et Sylvain Maréchal. Chez l'un et l'autre la forme est aussi brutale et aussi extravagante que la pensée. « Il faut être un imbécile pour croire en Dieu, » disait le premier. Et à celui qui lui objectait, à lui astronome, le concert sublime des sphères célestes et l'harmonie de l'univers, il répondait dans le même style : « Je vois qu'il y a un soleil, une lune et des étoiles, et que vous êtes une bête. » Quant à Sylvain Maréchal, ce n'est pas assez pour lui de nier Dieu, il lui jette l'insulte et le blasphème, oubliant que c'est encore une manière de confesser son existence ; il pousse le délire, dans son *Lucrèce Français*, jusqu'à le provoquer en duel :

> Dieu fort, dieu des combats, accepte le cartel
> Qu'en champ clos, corps à corps, te propose un mortel.

Il faut convenir que l'athéisme de notre temps a de meilleures façons. On se rappelle que le chef de l'école positiviste, en se débarrassant de Dieu, voulait qu'on lui tînt compte de ses services provisoires. D'autres consentent à laisser subsister son nom ; ils vont même jusqu'à se prosterner à ses pieds, sauf à lui lier les mains, comme le président de Harlay voulait qu'on traitât le Pape.

Pour revenir aux deux fanatiques du siècle dernier, si un esprit aussi délicat et aussi pieux que M. Damiron a pu s'arrêter sur de tels noms et de telles pensées, s'il s'est résigné à citer plusieurs pages du *Dictionnaire des Athées*, c'est sans doute pour nous montrer qu'il y a des degrés dans l'erreur comme dans la vérité, et que hors de la sphère du spiritualisme une solidarité fatale unit entre elles les intelligences les plus nobles et les plus abjectes. Mais pour jouir pleinement de son œuvre, pour avoir une idée de ce qu'il y a mis d'âme et de talent, il faut le voir aux prises avec des adversaires plus dignes de lui. Chacun de ses Mémoires se compose de deux parties : l'une, purement philosophique, qui contient l'analyse et la discussion des doctrines ; l'autre, biographique et morale. On comprend que la première exige plus de recueillement que la seconde ; mais toutes deux sont également accessibles à tous, et par cela même leur sont également salutaires. Il n'y a pas une fibre généreuse de notre cœur qu'elles ne fassent vibrer, pas une foi consolante dans notre esprit qu'elles n'entourent d'une irrésistible lumière.

Toutes ces études, aussi précieuses pour la saine littérature que pour la philosophie et pour l'histoire, mériteraient d'être appréciées une à une. Obligé de me restreindre, je m'attacherai de préférence à celles qui ont laissé dans mon esprit l'impression la plus vive et qui m'ont semblé unir à l'élévation ordinaire de la pensée la nouveauté des détails, la peinture animée des physionomies et des caractères. Dans ce nombre, je n'hésite pas à placer d'abord la biographie de Diderot.

Quelle figure originale que celle-là ! Plus on la regarde et plus on en est frappé, plus aussi elle devient inexplicable. Tant de brillantes facultés jetées au vent ou dépensées pour le triomphe de la plus ingrate et la plus désolante de toutes les causes, je veux dire celle de l'athéisme ; tant d'imagination, d'enthousiasme et de vraie sensibilité restés intacts jusqu'au dernier jour d'une vie assez longue, sous le souffle glacial d'une incrédulité obstinée ; tant d'honneur et de loyauté, de dévouement et de délicatesse, unis à la licence du temps ; tant d'amour pour la gloire, tant de respect pour les jugements de la postérité, avec la croyance que tout est bien fini à la mort et que dans la tombe s'abîment du même coup nos espérances et nos souvenirs; enfin le culte de l'humanité et le mépris de l'homme, tout cela ressemble à un problème dont il n'y a pas de solution. Cependant on peut dire que Diderot nous représente la personnification la plus parfaite des qualités et des défauts du dix-huitième siècle. Assurément il n'est pas le plus grand génie de son temps; il est celui qui en réfléchit le mieux les idées et les passions, les bons et les mauvais instincts, les inspirations généreuses et les révoltes insensées.

La génération du dix-huitième siècle, prise en masse, était indignée des iniquités et des violences dont l'humanité, et particulièrement la France, avait si longtemps souffert. Pour y mettre un terme, elle ne voyait point d'autre parti à prendre que de rompre tout d'un coup avec les traditions du passé, de quelque ordre et de quelque nature qu'elles pussent être : traditions civiles, politiques et religieuses. Comme la religion, si étroitement unie jusque-là à la politique absolutiste, à la domination du bon plaisir ou du privilége, s'appuyait intérieurement sur le spiritualisme, il n'est pas étonnant que la croyance même naturelle à l'existence de Dieu, à la distinction de l'esprit et de la matière, à l'immortalité de l'âme et aux idées morales qui en sont inséparables, aient été enveloppée dans la proscription commune. Le motif de cette proscription inconséquente et aveugle n'en est pas moins un sentiment généreux, c'est-à-dire l'amour de l'humanité et de la justice, une foi invincible dans les forces de la vérité, dans la dignité de la nature humaine, dans les droits de la liberté, et, si l'on me permet cette expression, un spiritualisme latent, d'autant plus inquiet qu'il n'a pas conscience de lui-même, d'autant plus entreprenant qu'il ne sait où se reposer. C'est ce bouillonnement intérieur et cette contradiction passionnée qui forment le trait le plus distinctif de l'esprit et du caractère de Diderot. C'est ce trait que M. Damiron a fait saillir avec force dans le beau portrait qu'il a tracé de lui.

« On ne peut guère, dit-il[1], quelques sévères réserves qu'on doive d'ailleurs y apporter, s'empêcher d'admirer en lui une ardeur, une fécondité, une promptitude de pensées, un élan d'âme, un enthousiasme qui a ses excès, il est vrai, et même on doit le dire, ses débordements, mais qui a aussi ses heureuses rencontres et ses nobles inspirations ; et s'il ne regarde pas toujours assez au dieu dont il est plein et s'en laisse comme enivrer parfois jusqu'au délire, il sait cependant, d'autre part et dans ses bons moments, mieux choisir et ne céder qu'à de légitimes entraînements.

« Nul peut-être en son temps et sur le ton de l'improvisation, soit la plume à la main, soit plutôt encore par la parole, n'a plus remué, agité et comme jeté au vent de vives idées. Il y a même en lui, sous ce rapport, du prodigue, du dissipateur qui, quelque riche que soit son fonds, ne sait pas en user. Il s'en plaint quelque part et il a raison. Il a perdu ses trésors à ne pas mieux se ménager ; il a beaucoup semé et peu cultivé, et la récolte, faute de soins, a failli en ses mains ; elle n'a du moins pas rendu tout ce qu'elle faisait espérer. Diderot a beaucoup donné, et donné sans compter. Qu'à cause de cette libéralité et de cette facilité dans le don,

---

[1]. T. 1er, p. 228.

qui ont des traits de la bonté, il lui soit un peu pardonné ; il en a grand besoin. »

J'oserai aller plus loin que M. Damiron. Je crois que Diderot n'avait pas seulement des traits de la bonté, mais qu'il était réellement et essentiellement bon. C'est cette qualité qui lui ouvrait tous les cœurs, qui donnait tant de constance à ses affections, même à celles que leur origine semblait rendre le plus éphémères ; qui évoquait l'image de ses amis au milieu de tous ses travaux et de toutes ses pensées ; qui inspirait à une pauvre servante, dans un temps où il souffrait du plus cruel dénument, de faire quelquefois soixante lieues à pied pour lui apporter le fruit de ses économies. C'est elle encore qui le rend si prodigue de son temps et de sa plume pour le compte d'autrui, qui lui fait rédiger jusqu'à des prospectus pour des charlatans, vendeurs de pommades merveilleuses, et prolonge pendant toute sa vie une faute pour laquelle, dans sa jeunesse, il faillit être chassé du collége : celle de faire le devoir des autres.

Quant à ses idées, ce n'est pas en un jour qu'elles se fixèrent à l'athéisme. Ainsi que M. Damiron le fait remarquer, Diderot commence, dans l'*Essai sur le mérite et la vertu*, par attester la Providence divine au nom de l'ordre moral. Dans les *Pensées*, Dieu n'est plus pour lui que l'auteur et l'organisateur du monde physique, le *Démiourgos* des anciens. La *Lettre sur les aveugles* est le manifeste du scepticisme ; enfin le dernier degré de l'abîme est franchi, l'athéisme paraît dans le *Dialogue avec d'Alembert* et l'*Entretien avec la maréchale de Broglie*. Mais en vain a-t-il pris son parti, son âme n'a jamais cessé de murmurer contre la révolte de sa raison. Un jour, en se promenant dans la campagne avec Grimm, il cueillit une fleur des champs et l'approcha de son oreille. « Que faites-vous là? lui demanda son compagnon. — J'écoute. — Qui est-ce qui vous parle? — Dieu. — Eh bien? — C'est de l'hébreu; le cœur comprend, mais l'esprit n'est pas assez haut placé. »

Le nom de Diderot appelle naturellement celui de d'Alembert, son collaborateur à la grande œuvre de l'*Encyclopédie,* mais son collaborateur devenu infidèle pour suivre la voie indépendante que lui traçaient ses facultés. Il était impossible, en effet, que deux esprits et deux caractères aussi différents restassent longtemps unis dans la même tâche. J'en demande pardon à M. Damiron, mais je crois que la froideur qui a succédé à leur première intimité est plutôt due à cette cause qu'à un misérable motif d'intérêt. D'Alembert n'était pas une âme intéressée, lui qui, pour rester fidèle à son pays, à ses amis, à sa chère Académie, à ses habitudes et à ses sentiments d'indépendance, préférait son grenier du Louvre et sa pension de 1,700 fr. au palais, aux grandeurs, aux cent mille livres de rente que lui offrait Catherine, l'impératrice de Russie, avec la tâche, digne de l'ambition d'un philosophe, d'être le précepteur de l'héritier des czars. Il est vrai que Paul Ier pouvait devenir pour lui un disciple bien compromettant. Il fit mieux encore, il refusa de se rendre aux vœux, aux caresses, à l'amitié presque passionnée d'un grand roi, d'un roi philosophe, de Frédéric II, qui le pressait d'accepter, avec un appartement à Potsdam, une place à sa table et une riche pension, la dictature de son Académie de Berlin, c'est-à-dire le ministère des lettres et des sciences. A toutes ces propositions d'Alembert répondait en variant reulement ses expressions : « Je resterai à Paris ; j'y mangerai du pain et des noix, j'y mourrai pauvre, mais aussi j'y vivrai libre. »

Il faut lire, dans le livre de M. Damiron, avec les sages observations qui les accompagnent, les lettres échangées à ce propos entre le philosophe et les deux souverains, ou, comme M. Damiron dit très-bien, entre les deux souverainetés de ce monde. Cette correspondance fait autant d'honneur à l'une qu'à l'autre ; et certainement une époque qui a connu de tels sentiments, qui a entretenu de telles négociations, qui a montré un tel respect pour la gloire des lettres, pour la liberté et pour la science, n'est pas une époque dépourvue de grandeur. Nous parlons mieux aujourd'hui de toutes choses qu'on ne le faisait au dix-huitième siècle, quoique avec moins d'esprit ; nous laissons voir dans nos livres et nos discours des convictions plus élevées et incontestablement plus vraies sur la nature humaine ; mais les caractères sont-ils à la hauteur des théories ? Cela est douteux : il semble au contraire que, dans notre opinion, les belles paroles, et j'irai jusque-là, les bonnes pensées nous tiennent quittes des bonnes actions.

Je n'ai pas besoin d'ajouter que tout ce qui touche à la vie, aux écrits, aux doctrines de d'Alembert, à l'influence qu'il a exercée et à celle qu'il a subie, est mis en lumière par M. Damiron avec autant d'exactitude que de talent. Mais pour se faire une idée complète de cette existence, une des plus brillantes qu'aient connues les lettres dans tout le cours du dix-huitième siècle, il ne suffit pas de lire le Mémoire qui lui est consacré ; il faut interroger aussi la biographie, d'ailleurs très-piquante, du marquis d'Argens. C'est là qu'on voit d'Alembert à la cour du roi de Prusse, vivant dans l'intimité de ce prince, recevant la confidence de ses plus secrètes pensées, et faisant par sa conversation le seul luxe de ce royal intérieur, plus austère que celui de Charles-Quint après sa retraite au monastère de Saint-Just.

Un des traits qui m'ont le plus frappé dans la vie de d'Alembert, c'est la revanche qu'ont prise sur ce philosophe sceptique, inclinant au matérialisme, les sentiments les plus incompatibles avec son système, les plus contraires à sa morale et à sa métaphysique : l'amour qui survit à la mort, la douleur d'une âme blessée dans ses affections les plus chères. On sait avec quelle constance et quelle tendresse d'Alembert a aimé mademoiselle de l'Espinasse. Mais on connaît moins bien le caractère touchant, presque religieux, que cet attachement revêtit dans son cœur quand celle qui l'inspirait ne fut plus, et l'essor que prit sa pensée elle-même sous le souffle de la douleur. Le chagrin semble avoir produit sur tout son être le même effet que sur les lèvres d'Isaïe le charbon ardent enlevé à l'autel : « Ah ! s'écrie-t-il, celui qui a dit que le malheur est le grand maître de l'homme a dit bien plus vrai qu'il n'a cru. Il n'a vu dans le malheur qu'un maître de sagesse et de conduite ; il n'y a pas vu tout ce qu'il est, un plus grand maître de pensées et de réflexions. Ah ! combien une douleur profonde et pénétrante étend et agrandit l'âme ! combien elle y fait naître d'idées et d'impressions qu'on n'aurait jamais eues sans elle ! »

Entre Diderot et d'Alembert vient se placer Helvétius, qui, pour ne tenir qu'un rang très-subalterne, je ne dis pas dans son siècle, mais dans son école et dans son cercle, n'en a pas moins inspiré à M. Damiron quelques-unes de ses pages les plus attachantes et de ses réflexions les plus délicates. Il a fait revivre pour nous cette bonne physionomie de fermier général poëte et philosophe, de riche propriétaire amateur de métaphysique, de chasseur jaloux de ses droits, qui poursuit à outrance les braconniers et les comble de ses bienfaits, de matérialiste effréné dont le cœur, comme dit Rousseau, dément les doctrines, plein d'audace dans ses livres, un peu plus que timide devant les poursuites du Parlement, et accordant dans ses rétractations tout ce qu'on lui demande, même un peu au delà. A côté d'Helvétius, M. Damiron nous montre les traits plus doux et plus fins de son aimable compagne. Il nous introduit auprès d'elle dans sa maison d'Auteuil, au milieu des derniers interprètes d'un siècle qui a fait son temps et qui se sent mourir à l'approche d'un esprit nouveau. Le temps de l'ambition est passé pour lui. Ce qu'il peut faire de plus sage, c'est de se résigner et de se contenter de peu en attendant sa fin. Madame Helvétius semble l'avoir compris lorsqu'elle dit au Premier Consul, qui vient la visiter dans sa retraite : « Vous ne savez pas ce qu'on peut trouver de bonheur dans trois arpents de terre. »

Le nom de madame Helvétius me fournit l'occasion de signaler un nouveau mérite du livre de M. Damiron : il ne nous fait pas connaître seulement les philosophes, mais aussi les femmes du xviiie siècle. Madame Necker, madame du Deffand, madame Geoffrin, mademoiselle de l'Espinasse, madame d'Houdetot et beaucoup d'autres y revivent à leur place, dans des esquisses élégantes et spirituelles. Sans être enfermées dans un cadre distinct, les grandes figures de Voltaire et de Frédéric dominent tout l'ouvrage.

A chacun de ces noms je voudrais au moins donner quelques lignes ; mais je craindrais d'être bien vite entraîné trop loin. Je veux seulement, avant de finir, exprimer une conviction qui n'a pas cessé un instant de me poursuivre, et qui fait moins l'éloge de M. Damiron qu'il ne rend sensible un des traits de la physionomie de notre temps. Ceux qui liront les Mémoires dont je viens de rendre compte en recueilleront en moins d'une heure plus d'impressions bienfaisantes, plus de foi, de douceur, de charité, de piété véritable, que ne leur en donneront pendant des années toutes les déclamations d'une certaine presse soi-disant religieuse.

II [1]

Ce livre ne le cède au précédent sous aucun rapport ; peut-être même lui est-il supérieur et par l'intérêt du sujet et par l'amour avec lequel il est traité, par la satisfaction qu'il apporte à l'âme aussi bien qu'à l'intelligence, par une expansion plus libre de ce fonds de sensibilité, et j'oserai dire de tendresse, sur lequel repose

---

1. *Souvenirs de vingt ans d'enseignement à la Faculté des lettres de Paris, ou Discours sur diverses matières de morale et de théodicée*, par M. Damiron, membre de l'Institut et professeur honoraire. Un volume in-8°, Paris, chez Durand et Ladrange, 1859.

la philosophie de M. Damiron et qui la pénètre tout entière.

Il se compose de huit traités ou discours sur les questions les plus élevées de la morale et de la religion naturelle, et d'une introduction qui nous en fait connaître l'origine, le but, l'esprit, les rapports. Ces discours, prononcés d'année en année à la rentrée des cours publics, dans l'enceinte de la Faculté des Lettres, sont certainement des morceaux d'un rare mérite, écrits de ce style onctueux et pénétrant que nous avons déjà rencontré dans les Mémoires sur le dix-huitième siècle ; mais la partie la plus originale de l'ouvrage, celle qui sera lue avec le plus d'attrait et de profit, c'est l'introduction, parce que là M. Damiron nous fait pénétrer jusqu'aux sources mêmes de ses convictions, jusqu'aux événements de sa vie qui les ont fait naître, et aux sentiments qui les ont conservées. C'est là, en un mot, qu'au don de sa pensée il en ajoute un autre plus précieux encore : le don de lui-même.

Qu'on ne s'attende pas cependant à trouver dans cet écrit une de ces autobiographies devenues si communes depuis les *Confessions* de J.-J. Rousseau, et qui, découpées en feuilletons avant d'être réunies en volumes, nous montrent avec quel art, dans notre siècle industriel, la vanité peut se donner satisfaction, non-seulement sans préjudice, mais avec de gros profits. Ceux qui ont entendu une fois M. Damiron ou qui ont lu une seule page sortie de sa plume, savent à quel degré il est impropre à ce genre de littérature. C'est pour de tout autres motifs et dans un autre langage qu'il entretient le public de sa personne.

Investi pendant plus de trente ans de la sainte mission d'instruire la jeunesse, d'abord comme humble régent de plusieurs petits colléges, puis comme professeur de lycée, et enfin comme le successeur de MM. Royer-Collard, Cousin et Jouffroy dans la chaire d'histoire de la philosophie moderne de la Faculté des Lettres de Paris, il éprouve le besoin, avant de chercher dans la retraite un travail plus soutenu et plus austère, de s'assurer qu'il n'a point failli à sa tâche et d'embrasser d'un coup d'œil tout son enseignement pour le juger. Un pareil scrupule n'est pas commun aujourd'hui, et je ne sais, malgré la mode qui prévaut depuis quelques années d'exalter à nos dépens les temps passés, s'il le fut jamais. Loin de craindre que nous soyons restés au-dessous du poste qui nous a été confié, c'est la place au contraire qui nous paraît indigne de nous, et si nous entreprenons par hasard notre examen de conscience, c'est presque toujours pour confesser les péchés d'autrui.

En mettant en pratique la vieille maxime pythagoricienne de ne pas se livrer au repos avant de s'être rendu compte de l'emploi de la journée, M. Damiron obéit encore à un autre sentiment. Il veut être certain qu'il est quitte avec lui-même comme avec les autres. Il désire savoir dans quel état il trouve son âme et son esprit, quelles sont les vérités importantes, les vérités morales et métaphysiques qui sont restées en lui absolument inébranlables, et par quel chemin, par quelles études, sous quelle direction bienfaisante il est arrrivé à les connaître. En un mot, il faut qu'il juge en lui le philosophe aussi bien que le professeur.

C'est le professeur qui comparaît d'abord, et je dirai tout de suite que ce n'est pas précisément pour le triomphe de son amour-propre. Sans doute, comme on doit s'y attendre, il est complétement absous du côté de la doctrine, du côté de la conscience et de la sagesse. On lui rend cette justice que la témérité et la légèreté n'ont jamais été ses défauts ; mais on est loin de lui accorder le don de l'éloquence. M. Damiron se refuse, de parti pris, non-seulement les qualités de l'orateur, mais celles qui paraissent le plus indispensables pour captiver et pour plaire, pour ouvrir à la parole même la plus sévère le chemin des âmes, l'abondance, l'expansion, l'abandon. Il se compare au dieu de Maupertuis, à ce dieu *de la moindre action* qu'on a appelé par ironie le dieu de l'épargne. « J'étais peut-être un peu trop, dit-il, le professeur de l'épargne, le professeur qui se resserrait et gardait trop en lui-même. Je me suis souvent surpris dans ces sècheresses apparentes qui répondaient si mal à mes intimes pensées, et j'en gémissais ; mais, malgré tous mes efforts pour les vaincre et surmonter, je n'y parvenais guère et je restais dans ma chaire, avec mes habitudes de cabinet, philosophant pour moi plus que pour les autres, m'occupant de l'auditeur du dedans plus que de celui du dehors et sacrifiant un peu trop le second au premier. Je ne faisais bien que pour moi-même mon métier de professeur ; c'était ne le faire qu'à demi. »

Il n'est pas besoin d'une grande connaissance du cœur humain pour démêler dans ces paroles le sentiment qui les a inspirées. Ce n'est pas ainsi que s'exprime une modestie hypocrite qui spécule sur ses rigueurs et compte bien qu'on lui rendra avec usure tout ce qu'elle s'est refusé. C'est un jugement réfléchi et parfaitement sincère que M. Damiron prononce sur lui-même. Cependant il m'est impossible d'y souscrire, et tous ceux (le nombre en est considérable) qui se trouvent dans une situation semblable à la mienne éprouveront le même scrupule. Je me souviens d'avoir été assis sur les bancs de la Sorbonne, parmi les auditeurs de M. Damiron. J'étais jeune encore, c'est-à-dire dans l'âge de la sévérité, dans l'âge où l'on abuse de l'avantage de n'avoir rien fait. Le sujet des leçons qu'il m'a été donné d'entendre ne se prêtait pas particulièrement aux magnificences et aux grâces de la parole. C'était la philosophie de Spinoza. Eh bien ! la vérité m'oblige à le déclarer, je ne trouve nullement dans mes souvenirs l'original du portrait qui nous a été tracé tout à l'heure. J'ai vu au contraire, religieusement écouté par une jeunesse d'élite, un maître plein d'autorité, qui unissait à la force de la raison et au prestige de la sience l'ascendant du caractère, qui tempérait la gravité de la pensée par l'onction du langage et qui, dans les discussions même les plus ardues, savait intéresser l'âme par cet accent d'homme de bien que l'âme seule peut nous donner, ou par lequel, pour me servir d'une expression de M. Damiron, l'homme du dedans perce dans l'homme du dehors.

Que faut-il de plus ? Quel homme de sens ne préférera ces solides qualités aux facultés brillantes, mais infécondes et quelquefois dangereuses, qui séduisent habituellement le grand nombre ? Je profiterai de l'occasion pour dire sur ce sujet tout ce que je pense. Une chaire publique n'est pas une scène où un histrion lettré, plus ou moins éloquent, est chargé, à défaut d'autre spectacle, d'étonner les curieux ou d'amuser les oisifs. C'est une magistrature de l'ordre le plus élevé, instituée pour veiller aux intérêts de la science, c'est-à-dire à l'avancement et à la dignité de l'esprit humain, et qui est sûre dans tous les temps de garder son autorité et son indépendance, pourvu qu'elle garde le respect d'elle-même.

Après nous avoir entretenus de son enseignement ou de sa vie militante, de sa vie parlante devrais-je dire, M. Damiron nous introduit dans sa vie intérieure, dans sa pensée même, dans le fond de sa conscience, pour nous montrer comment se sont formées ses croyances les plus chères et les principes d'où découle toute sa philosophie, de quelles mains il en a reçu le premier germe, quelles autres mains les ont nourris et développés, et enfin ce qu'ils doivent à lui-même, au libre exercice de sa raison, depuis le jour où il a commencé à réfléchir jusqu'à celui de sa maturité. Mais ici je renonce à être son interprète, je lui causerais trop de préjudice à ne pas le laisser parler lui-même.

« Si penser sérieusement, quoiqu'en enfant, est déjà comme un signe de vocation philosophique, de bonne heure j'ai eu ce signe, car bien jeune j'ai eu à penser et j'ai pensé sérieusement; l'âge de raison vint vite pour moi..

« Mon premier maître dans cette discipline des choses graves fut ma grand'mère, la mère de mon père, femme pieuse, d'un grand sens, de beaucoup de fermeté, de plus de douceur encore, d'une sollicitude pleine de patience et de paix, et d'une tendresse que rien ne troublait ni ne fatiguait. Si quelque chose a pu me donner l'idée du sage sans la science, c'est cette âme qui savait si peu, si peu du moins par les livres, et qui savait tout par le cœur; qui n'avait guère d'autres lumières que celles de la conscience, mais les avait si calmes et si pures et les communiquait si simplement. C'était là son autorité, et elle en avait beaucoup. Après avoir élevé treize enfants, deux fois veuve et ayant bien gagné, au terme d'une vie si laborieuse et si méritante, le repos de ses derniers jours, elle s'était retirée auprès de mon père, le plus jeune de ses fils, et là elle recommençait avec ses petits-enfants ce qu'elle avait déjà fait avec ses enfants, toujours la mère de famille, mais maintenant consacrée par le temps, de longs services d'amour, une tranquille et sereine expérience de la vie. Je la vois encore avec son modeste costume du pays, qu'elle ne voulut jamais quitter, sa taille légèrement courbée, sa démarche mesurée, son geste tempéré ; mais je la vois surtout avec son sérieux et doux regard, son sourire gracieux et grave, son air de bonté, mais de volonté dans la bonté ; grand attrait en elle et grand moyen pour porter au bien ceux qu'elle aimait. L'aîné de mes frères, elle m'avait en particulière affection, et je le lui rendais ; elle avait fait de moi son petit compagnon, et je ne la quittais guère. Le soir, par exemple, aux longues veillées de l'hiver, près du foyer, ou quand il faisait grand froid, dans la tiède atmosphère de l'étable à bœufs, en un lieu disposé pour cet usage, parmi tout ce monde de serviteurs et de servantes qu'elle présidait (nous étions à la campagne dans le Beaujolais), elle-même la quenouille en main, elle m'avait à côté d'elle, sous son impression en quelque sorte, me parlant peu, mais ne me disant rien qui ne me restât dans l'esprit, m'avertissant, me conduisant d'un mot, d'un signe de tête, d'un sourire. Le printemps venu et par les beaux jours qu'il amenait, elle m'associait aux visites qu'elle faisait à mes oncles, à mes tantes et à quelques amis, et alors encore, tout en cheminant dans ces sentiers fleuris ou ces fraîches grandes routes que nous parcourions ensemble, le plus souvent à pied, elle me continuait cette éducation de peu de mots, mais de beaucoup d'action, qui est la plus profonde et la plus durable de toutes, parce que c'est alors l'âme qui parle à l'âme, qui y gouverne et y règne du droit divin de la bonté.

« Ainsi m'élevait ma grand'mère, ainsi ai-je beaucoup reçu et beaucoup retenu d'elle. Mais nos courses hors de la maison n'étaient pas seulement pour le monde, si l'on peut sans sourire appeler ainsi les lieux et les personnes si peu mondaines et souvent si humbles que nous visitions ; elles étaient aussi pour Dieu dont les temples venaient de se rouvrir et où elle me menait méditer et prier parmi les pompes et les symboles du culte restauré. Il ne s'agissait pas entre nous, comme on le pense bien, de philosophie, mais je la voyais grave et recueillie en sa foi ; tout naïvement je me faisais grave et recueilli à son exemple ; je la regardais et je l'imitais, je devenais son disciple par sympathie. Ce qu'elle m'enseignait, du reste, était très-simple : ne pas offenser Dieu, c'était son mot ; elle ne le prodiguait pas, mais elle savait le faire écouter et respecter, et elle en tirait à l'occasion toute une morale et toute une religion à l'usage de l'enfant qu'elle avait sous sa garde et comme sous son aile ; et aujourd'hui que j'ai un peu plus appris et recueilli de toute main, je trouve que c'est encore à elle que je dois mon premier fonds de sagesse et peut-être le plus pur et le plus persistant de mes croyances. »

S'il y a encore des hommes qui regardent la philosophie comme une forme de l'orgueil, je les exhorte à méditer cette belle page. Il est impossible de parler de soi avec plus de modestie et des autres avec plus de respect et de tendresse. On ne peut prêter plus de noblesse et de charme aux détails de cet humble intérieur, dont tant d'autres auraient rougi; car avec l'idolâtrie qui nous a pris subitement pour les duchesses et les marquises, qui donc oserait parler aujourd'hui de l'étable à bœufs où il a passé, dans son enfance, les veillées d'hiver?

Mais cette pieuse direction, dont M. Damiron a conservé un si vivant souvenir, devait avoir un terme. Le jour arriva où il fallut quitter les champs, la rustique maison, la vénérable aïeule, pour le collége de la petite ville, puis celui-ci fut remplacé à son tour par un des grands colléges de Paris, puis enfin s'ouvrirent les portes de l'École normale, d'où sortit, au bout de trois ans, le jeune maître destiné à continuer à la Sorbonne cette chaîne d'or si bien commencée par Royer-Collard. Chacun des changements accomplis dans sa destinée, comme autant d'étapes sur la route qu'il a parcourue, fournit à M. Damiron ou des souvenirs pleins d'intérêt, ou des observations pleines de sagacité et de finesse que relève encore, surtout quand le cœur s'y mêle, la vivacité originale de l'expression. Au lycée Charlemagne, il rencontra, parmi ses camarades les plus âgés, M. Cousin, préludant à la gloire par des succès de collége, et déjà animé par cet esprit de prosélytisme « qui lui faisait rechercher des disciples pour tout, même pour le thème et la version. » Dans ce même lycée il connut pour la première fois M. Villemain; mais, quoique jeune encore, ce n'était plus un camarade, c'était déjà un maître plein d'autorité, dont la parole éclatante ne paraissait pas à sa place dans l'obscure salle d'une classe de rhétorique, et semblait réclamer dès ce moment la coupole de l'Institut ou le grand amphithéâtre de la Sorbonne.

Ce n'est pas au lycée Charlemagne ni dans aucun autre établissement de ce genre que M. Damiron a été initié à la science dont il fut si longtemps, dans notre pays, un des plus éminents interprètes. La philosophie, dans notre système universitaire, était alors traitée comme une étrangère qu'on supporte sans la protéger, qui a droit d'asile mais non de bourgeoisie. On l'enseignait à peine ; ce qui revient à dire que chacun se faisait la sienne comme il pouvait, au hasard de ses penchants et de ses lectures ; car la philosophie ne peut pas disparaître arbitrairement du cadre des études. Elle répond à un besoin aussi réel, aussi invincible que les lettres et les sciences. Refusez-lui dans l'école une place proportionnée à son importance et un empire réglé avec sagesse, elle y pénétrera malgré vous par une porte dérobée, ramassant tout ce qu'elle trouve sur son chemin et ne faisant aucun discernement entre le bien et le mal. C'est ce qui est arrivé à la génération à laquelle appartenait M. Damiron ; mais heureusement l'excès du mal appela le remède. L'abandon même où on les avait laissés força M. Damiron et ses jeunes amis à aborder énergiquement tous ces grands problèmes dont la solution décide de toute notre vie, et à mettre leur raison d'accord avec leurs sentiments. Voltaire, Helvétius, d'Holbach, Rousseau lui-même et Montesquieu, à plus forte raison Condillac, ne pouvaient plus leur suffire. D'ailleurs, le système de Condillac était déjà ébréché par l'excellent Laromiguière ; M. Royer-Collard achevait de le faire tomber en ruines pour introduire à sa place le sens droit et honnête de l'école écossaise. Ils n'avaient plus qu'à continuer, et au bout de quelques années ils inauguraient parmi nous cette brillante renaissance du spiritualisme dont il y a autant d'aveuglement que d'ingratitude à contester les effets.

Les discours aujourd'hui publiés par M. Damiron sont une des productions les plus pures de ce travail de régénération, un des fruits les plus savoureux et les plus nourrissants de cette foi ressuscitée par la philosophie. Ils ont pour but, comme je l'ai déjà dit, de répondre à quelques-unes des questions les plus importantes de la morale, de la métaphysique et de la religion naturelle, par conséquent ils s'adressent, dans la pensée de l'auteur, à toutes les intelligences, ou, pour mieux dire, à toutes les âmes capables de s'intéresser aux sérieuses affaires de la vie. L'un nous démontre l'immortalité de l'âme, l'existence de la vie future par les souffrances mêmes et par les misères de la vie présente ; car souffrir est une épreuve, et l'épreuve c'est le feu qui nous purifie, c'est l'aiguillon qui nous pousse à marcher, c'est le rayon ardent qui épanouit notre âme et la fait mûrir. L'autre, nous transportant en quelque sorte de l'autre côté de la tombe et nous faisant entrevoir à la clarté de la terre les splendeurs du ciel, nous donne les moyens de pressentir ce que sera un jour, délivrée du poids de ses chaînes, l'âme en face de la vérité sans voile, contemplant la beauté dans son céleste éclat, ne connaissant plus de l'amour que les élans divins et les saintes extases. Les deux discours suivants nous parlent de Dieu et de l'action qu'il exerce sur chacune de ses créatures. Ils nous montrent la Providence toujours présente, non-seulement dans l'univers, mais dans l'âme et dans ses destinées ; ils nous expliquent ses voies, son gouvernement et, si je puis m'expliquer ainsi, sa politique. De la Providence nous passons à la grâce, car, selon M. Damiron, il y a aussi une grâce dans l'ordre naturel et qui peut être reconnue sans humiliation par les philosophes, comme l'autre est l'objet de la foi des théologiens. Cette grâce n'est qu'une forme particulière de l'épreuve qui s'exerce par la bonté et par le secours, au lieu de se manifester par l'obstacle et par la rigueur. Enfin nous rencontrons deux dernières leçons où la science psychologique dans ce qu'elle a de plus délicat se réunit aux observations du moraliste. L'une a pour but de définir l'enthousiasme et l'autre les deux richesses, c'est-à-dire la richesse morale et la richesse matérielle.

Je voudrais pouvoir donner au moins une idée sommaire de chacun de ces morceaux ; mais par le sentiment qui les pénètre et qui les a inspirés, aussi bien que par les qualités personnelles de l'expression, ils échappent complétement à l'analyse. J'en félicite à la fois le public et l'auteur ; le public, parce qu'il sera obligé de lire le livre, et, s'il l'a commencé, de le lire tout entier ; l'auteur, parce qu'il atteindra plus sûrement le but de son œuvre, qui est, selon l'expression de Bacon, l'agrandissement du royaume de Dieu par la science.

M. GARNIER [1]

Quelque mal qu'on dise de la philosophie de notre temps, particulièrement de l'école philosophique qui, pendant plus d'un demi-siècle, a régné en France, à peu près sans partage, dans les académies, dans les écoles et sur les sommets les plus éclairés de la société polie, on sera obligé de convenir, avec un peu de justice, qu'à défaut de qualités plus rares, la fécondité et la variété ne lui manquent pas. De ses œuvres on formerait une bibliothèque assez considérable, et des hommes dans lesquels elle s'est personnifiée une galerie de portraits, tous intéressants à des degrés et à des titres divers. Sans revenir ici sur celui d'entre eux que l'éloquence et les lettres, aussi bien que la philosophie, reconnaîtront toujours pour un ancêtre, quelles physionomies attachantes, animées ou austères, fines ou

---

1. *Traité des facultés de l'âme, comprenant l'histoire des principales théories psychologiques,* par Adolphe Garnier, professeur de philosophie à la Faculté des lettres de Paris, membre de l'Institut. 2e édition, trois volumes grand in-18; librairie Hachette et Ce.

mélancoliques, que celles de Royer-Collard, Laromiguière, Maine de Biran, Jouffroy! Quelles âmes méditatives et onctueuses, quelles vies absorbées dans la recherche du vrai et dans la pratique du bien, que celles de Damiron et de Saisset! Ils étaient l'un et l'autre plus que des écrivains, plus que des philosophes; c'étaient des sages et des apôtres de sagesse.

M. Garnier, que la mort a surpris au milieu de ses travaux, pendant qu'il corrigeait les épreuves de son principal ouvrage, celui-là même dont nous allons nous occuper, tient un rang distingué dans ce cercle choisi. Par la nature de ses recherches et par la méthode avec laquelle il les exécutait, il se place près de Jouffroy, dont il fut le disciple et le continuateur, comme Jouffroy lui-même a continué, en la transformant, l'école écossaise. Mais il est resté plus près de la tradition de Reid et de Dugald-Stewart. Malgré un volume justement remarqué, et, si j'ai bonne mémoire, couronné par l'Académie française, sur les applications de la morale aux problèmes de la politique[1]; malgré un travail plus ancien, où la prétendue science de Gall et de Spurzheim est jugée avec une indulgence assez rare chez un philosophe spiritualiste[2]; enfin, malgré son édition, d'ailleurs si exacte et si utile, des œuvres philosophiques de Descartes[3], on peut dire que l'affaire de toute sa vie a été la psychologie, c'est-à-dire la science expérimentale, descriptive, analytique de tous les phénomènes qu'éclaire la lumière de la conscience,

---

1. Ce volume a paru en 1850 sous le titre de *Morale sociale*.
2. *De la Phrénologie et de la Psychologie comparées*. Un volume in 8°; Paris, librairie Hachette et C°, 1839.
3. Quatre volumes in-8°; librairie Hachette et C°, 1834 et 1835.

de toutes les facultés qui concourent à notre vie intellectuelle et morale.

Broussais ne pouvait comprendre qu'on se fermât les yeux et qu'on se bouchât les oreilles pour s'écouter penser. C'est par cette image que l'auteur de *l'Irritation et de la Folie* essayait de démontrer la stérilité et le néant des études psychologiques. Ce qui est vrai, c'est qu'elles réclament une rare puissance de réflexion et de concentration, un empire presque absolu sur soi-même, une patience à toute épreuve, une résolution inébranlable, une délicatesse de constitution qui ne nous permet d'ignorer aucun des mouvements de la nature humaine, et une force de résistance qui nous donne le pouvoir de les dominer afin de les observer et, quand cela est possible, de les décomposer à loisir. C'est peu de se mettre au-dessus du tumulte extérieur, des séductions de la nature, des distractions et des entraînements de la société ; il faut encore, jusqu'à ce qu'on se croie sûr de n'avoir rien oublié dans ce difficile inventaire de tous les matériaux dont nous sommes formés intérieurement, de tous les ressorts de notre âme et de notre intelligence, avoir le courage d'ajourner les plus brûlants problèmes, ceux qui irritent à juste titre l'impatiente curiosité, non-seulement de la science, mais du cœur humain.

Ces qualités, M. Garnier les a possédées dans une belle mesure, en y joignant la finesse de l'esprit, la réserve du bon sens et tout à la fois la décision des âmes convaincues, de celles qui croient à la puissance de la raison et à l'existence de la vérité. Ces qualités, il les a exercées avec une persévérance égale dans la bonne et dans la mauvaise fortune, avec une constance supérieure aux cruelles épreuves de ses dernières années et avec cette douce indépendance qui, sans fermer son cœur au respect de ses devanciers, à l'admiration de ses maîtres, lui permettait d'être lui-même, de rester uni à l'école qui l'avait formé, à laquelle il devait sa méthode et ses principes, avec une physionomie parfaitement distincte. Grâce à cette disposition, il n'a pas cru, comme M. Jouffroy, que l'étude analytique des phénomènes de l'âme devait, pendant longtemps encore, demeurer isolée de la discussion des problèmes, et qu'il fallût attendre, pour aborder celle-ci d'une manière efficace, que celle-là fût arrivée à son dernier terme de perfection. Il a constamment mêlé l'une à l'autre ces deux parties inséparables d'une même science. A mesure que les faits se présentent à son esprit, chacun avec son caractère distinctif et ses lois particulières ; à mesure que les facultés, sous son regard attentif, se dégagent les unes des autres et toutes ensemble des propriétés de l'organisme, il en fait sortir une solution immédiate des principales questions de la morale, de la métaphysique et de la religion naturelle ; il en tire des conséquences sur la nature et le principe de l'âme, sur le rôle et l'étendue de la liberté, sur l'existence de Dieu et de la loi du devoir, sur les rapports de nos idées avec les choses, sur la destinée de l'homme, sur la place qu'il occupe dans l'ensemble des êtres. C'est en vain, du reste, qu'on s'est flatté de faire autrement. On n'étudie pas la constitution intérieure de l'âme humaine avec l'indifférence profonde, avec le désintéressement parfait qu'on apporte à une dissection d'anatomie ou à une analyse chimique. En dépit de la résolution contraire, notre pensée court au-devant des résultats; elle les saisit pour ne plus les quitter dès qu'elle commence à les apercevoir, et cette impatience même, pour qui sait la comprendre, n'est pas un fait de médiocre importance.

Attaché avant tout aux règles sévères de l'observation intérieure qui nous montre, à la lumière de notre propre conscience, le fond commun de la nature humaine; plein de mépris pour ce matérialisme grossier qui, méconnaissant l'unité essentielle, l'unité spirituelle de notre espèce, sous la diversité infinie des formes extérieures, veut tout expliquer par les races, les climats, le sol, l'éducation, les habitudes, les accidents les plus superficiels, M. Garnier n'est pas tellement absorbé en lui-même qu'il dédaigne de confronter les résultats de la méthode psychologique avec les témoignages de l'histoire, les récits des voyageurs, les observations des moralistes. Les actions de l'homme, celles-là du moins qui nous offrent une certaine suite dans le temps et une certaine uniformité dans l'espace, ne sont-elles pas en effet la manifestation visible de son esprit et comme l'écho de sa pensée? M. Garnier ne s'en tient pas à ce seul moyen de contrôle : toutes les fois qu'il vient de terminer ses recherches sur quelque point essentiel, il expose en regard de sa propre doctrine celles de tous les philosophes anciens et modernes qui ont traité avec quelque étendue et quelque autorité le même sujet; en les exposant, il les justifie ou les combat, selon qu'elles se rapprochent ou qu'elles s'éloignent de la sienne. On voit ainsi presque l'histoire de la philosophie tout entière appelée à concourir, fragment par fragment, à un traité de psychologie.

Ce traité est sans contredit le plus complet de tous ceux que nous possédons, au moins en France et depuis que la psychologie est reconnue pour une branche distincte de la philosophie. Mais ce n'est là qu'une de ses moindres qualités, quoiqu'elle soit loin d'être méprisable. Image fidèle d'un enseignement qui a pendant de longues années, à la Faculté des lettres de Paris, charmé un nombreux auditoire et formé à l'École normale plusieurs générations de professeurs de philosophie, le livre de M. Garnier se distingue non-seulement par l'aisance et la limpidité, par la familiarité élégante et presque affectueuse du style, mais aussi par la netteté, l'élévation soutenue et quelquefois l'originalité de la pensée. Ne pouvant ni ne voulant suivre l'auteur dans le vaste plan qu'il s'est tracé et dans les détails infinis à travers lesquels il en poursuit l'exécution, je me contenterai d'en citer deux ou trois exemples.

On sait que les philosophes de l'école spiritualiste réduisent toutes les facultés de l'âme humaine à trois principales : la faculté de sentir ou la sensibilité; la faculté de penser et de connaître ou l'intelligence; et enfin la volonté. A ces trois facultés M. Garnier en ajoute une quatrième, à laquelle il donne le nom de faculté motrice. C'est celle dont le rôle consiste à imprimer le mouvement aux diverses parties de notre corps et à notre corps tout entier, rôle qui a été faussement attribué à la puissance de vouloir.

A première vue, il semble que ce soit une question assez indifférente que la faculté motrice se confonde avec la volonté ou qu'elle s'en distingue; mais en y regardant de près, on est d'un autre avis. « Le moi, dit M. Garnier [1], ne peut vouloir faire que ce qu'il a fait d'abord involontairement et par lui-même. Je ne puis vouloir user que d'un pouvoir que je me connais, et je ne puis le connaître que si je l'ai exercé sans le vouloir. » Cela est incontestable. Mais une fois hors de la volonté, la faculté motrice n'est-elle point par là même hors de la conscience? Les mouvements qui échappent à notre conscience ne sont-ils pas précisément ceux que, sous l'empire de l'habitude ou sous l'empire de l'instinct, nous avons exécutés involontairement? Donnons encore la parole à M. Garnier. « A peine la créature humaine est-elle déposée sur sa première couche, qu'elle meut ses lèvres, agite ses membres, et tend les muscles de la poitrine et de la gorge qui produisent la voix et le cri [2]. » Il est hors de doute que la conscience, aussi bien que la volonté, est complétement absente de ces premiers mouvements. Si pourtant ces mouvements et tous ceux qui leur ressemblent sont produits par une faculté de l'âme, ou, pour parler plus exactement, par l'âme elle-même, on sera forcé de convenir que l'âme n'est pas renfermée dans les limites de la conscience et de la pensée. Pourquoi, dès-lors, ne serait-elle pas le principe de la vie, comme elle est le principe de la volonté et de l'intelligence? C'est l'opinion que M. Bouillier, dans un livre justement remarqué, soutient avec beaucoup de science et de talent. M. Garnier, plus réservé, n'accorde à cette opinion que la valeur d'une ingénieuse hypothèse. Ce n'est pas une inconséquence, comme on pourrait le

---

1. *Traité des facultés de l'âme*, t. Ier, p. 77.
2. *Id., ibid.*

croire; car il y a une énorme distance entre les mouvements aveugles qui s'accomplissent par la force de l'instinct ou de l'habitude, et les fonctions purement organiques, que nous partageons avec tout le règne animal. On peut faire entrer les premiers dans les attributions de l'âme humaine et réserver les dernières à un autre principe. Seulement, si l'on craint de compromettre la dignité de l'âme en la mêlant ainsi à toutes les affaires du corps, je ne vois pas pourquoi la force motrice ne serait point considérée comme un état inférieur de la volonté, comme une volonté encore engagée, en quelque sorte, dans les liens de la matière.

Ce mélange de prudence et de hardiesse qui a conduit M. Garnier sur le seuil de l'animisme sans lui permettre de le franchir, nous explique aussi en grande partie sa théorie de la raison. En laissant de côté la philosophie de Locke et de Condillac, qu'aucun effort de dialectique ni aucun artifice de style ne rendront à la lumière, on ne rencontre aujourd'hui, sur la valeur et la légitimité des principes de la raison humaine, que trois systèmes. Selon les uns, ces prétendus principes, ces idées nécessaires, comme on les appelle encore, ces vérités premières dans lesquelles nous croyons trouver la source et la garantie infaillible de toute vérité, ne sont pas autre chose que les lois de la nature humaine, que le cadre dans lequel notre pensée est obligée de recueillir les phénomènes de l'expérience, mais qui par lui-même ne nous apprend rien sur la nature et l'existence des êtres, et se réduit à une pure forme, absolument vide de réalité. Cette doctrine est celle que Kant a enseignée il y a un siècle, en lui donnant pour contrepoids un sentiment énergique de la loi morale, et qui, aujourd'hui, cherche à se faire illusion sur son originalité sous le nom de positivisme. Selon les autres, les lois de la pensée humaine sont les lois mêmes de l'existence; les idées de notre raison et l'ordre dans lequel elles s'engendrent les unes les autres ne sont pas seulement les formes sous lesquelles les choses se manifestent à notre esprit, ce sont les choses elles-mêmes, ou du moins leur essence intime, leur substance et l'ordre dans lequel elle se développe ou se réalise; en sorte que l'être et la pensée sont absolument confondus, et qu'il n'y a dans l'être rien de plus, rien de moins que dans la pensée. Tel est le fond sur lequel repose toute la philosophie hégélienne, qui n'est elle-même qu'une expression plus systématique et plus savante de la philosophie de Spinoza. Enfin, une troisième manière de résoudre la question, c'est que notre raison n'ayant pas son principe en elle-même, ou ne pouvant, à cause de son infirmité, apercevoir en elle-même le dernier terme de l'intelligence, il faut la considérer comme une simple communication répartie à l'homme dans une certaine mesure par une raison plus haute et plus parfaite, la seule qui soit digne, à proprement parler, du nom de raison, parce que, souveraine et absolue, elle ne connaît ni limite ni défaillance. Par conséquent, toutes les perfections dont nous avons seulement l'idée, ou que nous nous bornons à concevoir, existent en réalité dans cette raison suprême et dans l'Être divin dont elle est en quelque sorte la voix et la parole. A l'école philosophique qui professe ces principes appartiennent les grands noms de Platon, de Leibniz et de Descartes.

M. Garnier ne se prononce pour aucune de ces opinions. Adversaire déclaré du scepticisme et du panthéisme, à quelque époque qu'ils appartiennent et quelque autorité qu'ils invoquent en leur faveur, il n'admet pas non plus la doctrine platonicienne. La raison, selon lui, nous révèle bien l'existence d'un Dieu éternel, d'un Dieu infini, cause première des phénomènes de la nature, parce que nous avons une perception réelle de l'éternité, de l'immensité et du rapport nécessaire qui relie tous les phénomènes à une cause; mais la raison ne nous apprend rien de l'existence d'un être parfait, parce que la perfection et tous les attributs dont elle se compose, tels que la bonté, la beauté, la justice, la sagesse, ne sont pas plus réels pour notre esprit que le carré parfait, le triangle parfait et les autres figures de géométrie. Ce sont des idées que nous *concevons*, non des qualités effectives que nous puissions *percevoir* ou qui soient l'objet d'une véritable connaissance.

Cependant, dès que nous avons reconnu une cause première à laquelle, par la perception de l'espace et du temps, nous accordons les proportions de l'infini, il nous est impossible de nous en tenir là et de ne pas joindre à ces caractères purement métaphysiques les attributs moraux qui font de Dieu le père du genre humain, le créateur et la providence du monde, le principe de toute puissance et de toute sagesse, la source inépuisable de toute bonté, en un mot, l'être dans lequel l'idée de perfection est réalisée. D'où nous vient cette persuasion, puisque la raison nous la refuse? Elle nous vient, selon M. Garnier, de la foi; non pas de cette foi qui se dit révélée et que nous apprenons par l'enseignement ou par la tradition, mais d'une foi naturelle comme la vie et la pensée, bien qu'elle se développe par la réflexion, aussi nécessaire à notre âme que la respiration l'est à notre corps, et qui, mêlée de lumière et de ténèbres, affirme ce qu'elle ne comprend pas, adore ce qu'elle ne peut définir. Voici d'ailleurs comment M. Garnier lui-même exprime l'idée qu'il s'est faite de cette puissance :

« La véritable piété est de croire à Dieu et de l'ignorer. Croyons à l'existence et à la perfection de Dieu, et interdisons-nous sur le reste toute indiscrète curiosité. Dieu a voulu nous demeurer *inconnu;* c'est presqu'un sacrilége que de chercher à soulever le voile dont il s'est couvert. Quand saint Paul disait aux Athéniens : « J'ai vu en passant un de vos autels dédié aux « dieux inconnus, et je vous annonce ce dieu que vous « adorez sans le connaître, » il ne prétendait pas divulguer tous les secrets ; au contraire, il en apportait de nouveaux. La chute du premier homme et la punition des enfants pour la faute du père, le salut des hommes dû aux mérites de Jésus-Christ, l'incarnation d'un Dieu, le Dieu un et triple, tous ces dogmes sont, non pas des explications, mais des mystères. La foi naturelle a aussi ses obscurités : Comment Dieu a-t-il créé le monde ? Pourquoi l'a-t-il créé ? Pourquoi y a-t-il introduit la souffrance physique et la souffrance morale ? Tous ces problèmes sont insolubles ou ne sont qu'en partie résolus... Si le chrétien s'incline devant les obscurités de sa croyance, tenons aussi pour vraiment religieux celui qui accepte sans révolte les mystères de la foi naturelle [1]. »

1. T. II, p. 486 et 487.

C'est étendre un peu loin peut-être l'empire de la foi et restreindre à l'excès celui de la raison : c'est établir entre l'une et l'autre, après les avoir reconnues toutes deux également nécessaires, une séparation difficile à concilier avec l'unité de la conscience humaine. Mais on ne peut s'empêcher d'apercevoir ici une idée vraie et profonde, dont M. Garnier, s'il l'avait jugé utile, aurait pu faire une application plus générale.

Si la foi n'était pas naturelle à l'homme, si elle n'était pas le fond même de l'esprit humain, comment jouerait-elle un si grand rôle dans l'histoire? Comment résisterait-elle à tant de systèmes imaginés pour la détruire, à tant de souffrances et d'iniquités faites pour l'ébranler, à tant de crimes commis en son nom, à tant d'erreurs et de superstitions qui ont pris sa place? La foi n'est pas seulement le fondement de la religion, on peut dire qu'elle est aussi le fondement de la science et qu'il n'y a pas une seule de nos connaissances les plus essentielles qui puisse subsister indépendamment de son concours. Quand nous affirmons, par exemple, que le soleil, de même qu'il s'est levé hier et aujourd'hui, se lèvera demain ; que le printemps prochain ramènera dans la nature le même réveil que le printemps dernier et tous ceux qui l'ont précédé ; que les planètes dont se compose notre système parcourront pendant des siècles et encore des siècles les mêmes orbites, sur quoi repose cette conviction qu'aucune preuve ne justifie et que n'éclaire point la lumière de l'évidence? Uniquement sur un acte de foi ; car invoquer la stabilité et la généralité des lois du monde physique, ce n'est que substituer à une croyance particulière un dogme universel. C'est encore par un acte de foi qu'au delà de ces impressions qui affectent nos sens, ou, pour mieux dire, notre sensibilité, qu'au delà de ces apparences, de ces formes, de ces couleurs qui changent à chaque instant, de ces résistances qui échappent à notre raison par une divisibilité infinie, nous reconnaissons une réalité distincte et différente de nous, une matière ou une force dont la nature, dont le principe ne changent pas.

C'est de la même manière que nous croyons à notre propre identité en dépit de la variété et de la mobilité de nos pensées, de nos affections, de nos sensations, en dépit des révolutions quelquefois radicales que nous subissons sous l'influence de l'âge et de la maladie. C'est de la même manière que nous croyons, malgré la terrible critique de Kant et alors même que nos lèvres répètent tous ses arguments, à l'existence réelle de la substance dans les phénomènes, de la cause dans les effets, de l'absolu dans le relatif, de l'infini et de l'éternel sous les ombres fugitives qui traversent le temps et l'espace.

A chacune des idées de notre raison vient se joindre spontanément un acte de foi, sans lequel elle est condamnée à rester stérile et vide ; de sorte que la foi, au lieu d'être une puissance rivale ou ennemie de la raison, est comprise dans la raison même, qui lui doit son unité, son autorité irrésistible, le sublime commerce qu'elle entretient avec l'infini. Elle fait de la raison une parole vivante qui, non-seulement à certaines époques privilégiées, mais toujours et sans interruption, descend du ciel dans l'âme humaine et nous représente un médiateur perpétuel entre Dieu et l'homme. C'est ce qui a fait dire à Jacobi, dans une lettre adressée à Mendelssohn [1] : « Nous tous, tant que nous sommes, nous sommes nés dans la foi et nous sommes obligés de demeurer dans la foi, comme nous sommes nés dans la société et forcés d'y passer notre vie. »

Peut-être M. Garnier aurait-il hésité à accepter quelques-unes de ces propositions. Il n'en a pas moins reconnu le principe qui les justifie; car la foi naturelle telle qu'il la comprend n'est pas renfermée dans le champ de la théologie, elle ne s'applique pas uniquement à l'idée de perfection; elle intervient dans plusieurs autres opérations de l'esprit humain [2] et paraît être aussi bien le complément que la limite de la raison. Ce n'est pas tout ce qu'il y a de remarquable dans le *Traité des Facultés de l'âme*. On y trouve aussi un chapitre sur le langage et plusieurs autres sur les inclinations, qui abondent en observations fines, délicates, dirigées presque toujours vers un but moral et religieux. J'aurais aimé d'en citer quelques-unes; mais je préfère, avant de finir, retracer quelques traits de la physionomie de l'auteur.

Si distingué que fût M. Garnier par l'esprit et par la science, il l'était plus encore par les sentiments et le caractère. Il a su donner à sa vie une dignité qui était à elle seule un enseignement et qui laissera dans l'esprit de ses nombreux disciples, devenus presque tous ses hôtes et ses amis, des traces aussi profondes que ses leçons. Ceux que sa parole n'avait pas réussi à per-

---

1. *Lettres sur Spinoza*, dans le tome IV des *Œuvres complètes*; Leipzig, 1819.
2. Particulièrement dans l'induction et dans l'interprétation du langage naturel. Voyez t. II, p. 462-467.

suader se rendaient à la douceur de ses mœurs, au charme de son commerce, à l'éloquence de ses exemples. La philosophie, dans sa pensée, se confondait avec la sagesse, et la sagesse telle qu'il la comprenait et la mettait en pratique renferme les vertus aimables aussi bien que les vertus austères. Aussi le vœu de Socrate s'était-il réalisé pour lui : les amis se pressaient dans sa maison, où, sur les pas d'une compagne digne de lui, les *grâces décentes* étaient venues s'asseoir à côté de la méditation. Il était d'autant plus heureux, que le bonheur dont il jouissait était son ouvrage. Mais si le bonheur se laisse conquérir par les efforts du sage, il n'est pas au pouvoir de l'homme de le faire durer. La mort est venue ravager ce noble foyer. Avant de quitter lui-même cette terre et d'acheter une fin prématurée au prix de plusieurs années de souffrances, M. Garnier a eu la douleur de se voir enlever son fils unique. Au milieu de ces épreuves, l'esprit qui l'avait soutenu pendant sa vie ne l'a pas abandonné un instant. Mais c'était bien le même esprit qu'on respire dans son livre, à la fois religieux et indépendant, qui ne veut point aller au delà de la foi naturelle. C'est un des traits les plus saillants du caractère de M. Garnier de n'avoir jamais prononcé ni écrit un seul mot qui ne fût strictement conforme à ses convictions philosophiques.

M. BARTHÉLEMY SAINT-HILAIRE [1]

Je partage avec tous les amis des lettres la reconnaissance et la vénération qui s'attachent à la mémoire des Bénédictins ; mais je ne puis m'empêcher de remarquer que ces infatigables pionniers de la science ne sont pas moins dignes de notre envie que de nos éloges. Étrangers aux agitations et libres de tous les soucis de la vie ; n'ayant besoin ni de la faveur du public, ni de la confiance des éditeurs ; assurés que leur entreprise ne serait point arrêtée même par la mort, puisqu'elle appartenait à une association qu'ils devaient croire immortelle, ils pouvaient accomplir sans interruption, sans inquiétude, par une application égale, leurs vastes et précieux travaux. Ajoutons que la forme, comme si elle n'était à leurs yeux qu'un ornement mondain et superflu, ne leur donnait aucun scrupule capable de mettre des entraves à leur fécondité. Pour

---

[1]. *Morale d'Aristote*, traduite par J. Barthélemy Saint-Hilaire, membre de l'Institut. 3 volumes in-8º.

les savants de nos jours, livrés à leurs seules forces, aux prises avec toutes les difficultés de l'existence matérielle, entraînés dans les événements de leur temps et dans les affaires de leur pays, obligés de payer leur dette à la société et à la famille, forcés d'unir l'élégance à l'érudition, sous peine d'être abandonnés même de leurs égaux, combien il leur est plus difficile de produire des œuvres de longue haleine! Cependant, quoi qu'en disent quelques esprits chagrins, les œuvres de cet ordre ne sont pas plus rares dans notre siècle que dans les deux siècles précédents. La congrégation de Saint-Maur a laissé au milieu de nous des héritiers qui, sans manquer aux exigences de leur position présente, ont gardé intacte la tradition du passé. Personne assurément n'est plus digne d'être compté dans ce nombre que M. Barthélemy Saint-Hilaire.

Malgré des devoirs de toute espèce, ceux que lui imposait, jusqu'en 1852, un double enseignement à l'École polytechnique et au Collège de France, ceux qu'il a rencontrés dans la carrière politique, ceux enfin qu'il remplit avec tant de conscience et d'assiduité, soit à l'Académie des sciences morales et politiques, soit au *Journal des Savants*, il poursuit depuis dix ans une des entreprises les plus difficiles qui se puissent concevoir et que personne en France n'avait tentée avant lui : une traduction complète des Œuvres d'Aristote. Non content d'être l'interprète de ce génie incomparable, M. Saint-Hilaire a voulu éclairer chacun de ses écrits par des dissertations et des notes qui en garantissent l'authenticité, en fixent l'ordre et la méthode, en comblent les lacunes, en redressent les erreurs, ou en montrent les origines dans un monument plus ancien. C'est une œuvre de critique, d'érudition et de merveilleuse patience, devant laquelle la traduction elle-même, malgré ses qualités, ne doit tenir que le second rang. Chaque branche de la philosophie ou des connaissances humaines sur laquelle se sont exercées les méditations de l'auteur grec est précédée, en outre, d'une préface qui en contient toute l'histoire, mais l'histoire mêlée à l'appréciation philosophique et aux doctrines personnelles de l'auteur.

Commencé en 1836 ou 1837, cet immense travail est continué avec persévérance et arrivera certainement à son terme, malgré quelques infidélités pour d'autres études qui auraient suffi à l'ambition d'un esprit moins actif : je veux parler des savants Mémoires de M. Saint-Hilaire sur l'école d'Alexandrie, sur la philosophie et sur la religion des Indiens, sur le bouddhisme et sur les Védas, sur le Nyaya et le Sankhya, auxquels il faut joindre sa Vie de Mahomet, ses *Lettres sur l'Égypte* et sa traduction d'Homère. De la traduction d'Aristote nous possédons déjà la Logique, la Psychologie, la Politique et la Morale, c'est-à-dire toutes les parties qui, avec la Métaphysique, ont contribué le plus efficacement, pendant la durée de cinq ou six siècles, à notre éducation intellectuelle, et qui représentent plus particulièrement ce qu'on entend de nos jours sous le nom de philosophie[1]. Je ne m'occuperai ici que de la Morale, ou, pour parler franchement, de la préface dont elle est précédée et qui, sous la plume d'un écrivain moins modeste, aurait pris certainement un autre titre ; car

---

[1]. Depuis que ces pages ont été écrites, M. Barthélemy Saint-Hilaire a traduit la Poétique, la Rhétorique et tous les Traités qui composent la physique d'Aristote.

l'on y trouve, avec le résumé le plus exact et la critique la plus approfondie de la Morale d'Aristote, une discussion vigoureuse de tous les grands systèmes qui l'ont suivie ou précédée. Il n'est pas nécessaire d'ajouter qu'en combattant ou en louant ses devanciers, M. Saint-Hilaire nous permet de lire dans sa propre conscience, et, sans autre préoccupation que celle de l'honnête homme, de l'homme de bon sens aux prises avec l'esprit de système, nous livre le secret de toutes ses convictions. C'est à cette dernière partie de son œuvre que je m'attacherai d'abord, parce que c'est là, je n'hésite pas à le dire, qu'on trouve le plus à louer et le moins à reprendre, ou, pour parler plus exactement, que l'éloge doit être admis sans partage.

Tout le monde connaît le culte superstitieux des traducteurs et des commentateurs pour l'auteur qu'ils veulent expliquer. M. Saint-Hilaire s'est préservé de cette faiblesse. Tout en payant un juste tribut d'admiration au génie incomparable dont il s'est fait l'interprète, il a le courage de combattre ses erreurs, surtout quand il s'attaque à une de ces croyances qui font la force, la dignité et comme l'essence même de notre nature. Aristote, en terminant un des ouvrages qui contiennent sa Morale, le seul qui lui appartienne véritablement, laisse voir quelques doutes sur l'efficacité de ses leçons et de toutes celles qui ont pour but de convertir les hommes à la sagesse et à la vertu. M. Saint-Hilaire s'élève contre ce découragement avec autant de raison que d'éloquence. L'histoire à la main, il montre que la vérité et la justice ont toujours fini par triompher de la violence et de l'erreur; qu'une idée salutaire une fois introduite dans le monde, on peut compter, malgré le temps qu'elle met à se répandre, qu'elle ne demeurera point stérile ; que la science même, dont on semble désespérer, en est un éclatant exemple ; car quel chemin n'a-t-elle pas fait, quelle autorité n'a-t-elle pas conquise, de Pythagore à Socrate, de Socrate à Platon, de Platon au christianisme? Dans cet admirable développement de la conscience humaine, Aristote a une part digne de son génie : instruit par tous ses devanciers, il est devenu à son tour le modèle vénéré, le guide réputé infaillible d'une longue suite de générations.

Cette puissance irrésistible que la Morale a exercée et qu'elle exercera toujours sur le genre humain, ou tout au moins sur les âmes qui en forment l'élite, elle la doit à la clarté, à l'universalité, à la rigueur géométrique de ses principes. Ces principes peuvent être obscurcis par la passion ou par l'esprit de système ; comme ils constituent le fond de notre âme et le caractère propre de notre espèce, ils restent inébranlables à toutes les attaques du vice et du sophisme ; ils conservent et manifestent de plus en plus leur unité en face des contradictions d'une philosophie superficielle ou fausse. « Nous pouvons affirmer, dit M. Saint-Hilaire, sans crainte d'erreur, qu'à l'heure qu'il est, chez les nations civilisées, les vérités de la science morale sont désormais indiscutables pour toutes les âmes vertueuses, et absolument hors d'atteinte. On peut contester les théories ; mais comme en fait la conduite pour tous les honnêtes gens est absolument la même, il faut bien qu'il y ait entre eux un fonds commun de vérité sur lequel chacun s'appuie, sans d'ailleurs pouvoir souvent en rendre compte à autrui ni s'en rendre bien compte à soi-même. Il est très-rare que l'exposition d'un système, quelque habile et quelque vraie qu'elle soit, réunisse tous les suffrages. Mais comme il est des actes qui sont universellement approuvés, ils le sont évidemment en vertu des principes universels sur lesquels ils se fondent et qu'ils suivent, bien que ce soit le plus souvent à l'insu de celui qui agit [1]. »

J'applaudis à ces sages paroles; je partage entièrement la conviction qu'elles expriment. Oui, la conscience parle à tous les hommes le même langage. Oui, malgré les diversités extérieures, il y a dans toutes les âmes des idées communes sur le bien et sur le mal, sur le juste et sur l'injuste, et je ne crains pas d'être contredit en ajoutant que cette identité de principes est le plus solide fondement de l'unité du genre humain. Alors comment croire avec M. Saint-Hilaire que plus du tiers de l'humanité, que plus de trois cents millions de bouddhistes sont voués à l'adoration du néant, que c'est au néant que s'adressent toutes leurs actions, tous leurs vœux, toutes leurs espérances, et que les efforts mêmes de la vertu la plus austère et la plus pure n'ont pas d'autre but dans leur pensée? Comment concilier ce culte abominable, cette religion du désespoir avec les principes universels et ineffaçables dont on vient de nous entretenir? Que deviennent les règles de la justice, l'idée du devoir, le sentiment de la liberté et de la dignité humaine chez les nations si nombreuses et si intelligentes qu'on nous montre depuis vingt-quatre siècles atteintes de ce délire? Mais les objections et les réserves viendront à leur place; en

---

1. P. 11.

ce moment je veux être tout entier au plaisir de louer et de citer.

Après avoir établi, avec une clarté d'analyse et une puissance de raisonnement tout à fait dignes du traducteur de l'*Organon*, ces deux faits capitaux qui renferment toute la vie et par conséquent toute la science morale : la conscience et la liberté ; après avoir peint dans quelques mots chaleureux et austères, inspirés à la fois par Platon et par Kant, la sphère majestueuse où l'homme se trouve placé par ce double privilége, M. Saint-Hilaire se presse de conclure de l'existence d'une loi divine écrite dans nos âmes à celle d'un divin législateur ; M. Saint-Hilaire a raison. La démonstration de l'existence de Dieu est une vérité morale, ou du moins qui appartient à la morale au moins autant qu'à la métaphysique. Oui, les cieux, comme dit le psalmiste, racontent la gloire de l'Éternel. Le spectacle de l'univers excite tout d'abord notre admiration et notre reconnaissance ; mais une science incomplète, pour peu qu'elle soit aidée d'une disposition chagrine, peut finir par m'y montrer autant de mal que de bien, et faire la part de la nécessité encore plus grande que celle de la sagesse. Les arguments tirés des lois universelles et des principes les plus nécessaires de notre intelligence n'aboutissent qu'à une abstraction, et, alors même qu'ils ont convaincu mon esprit, ne peuvent ébranler ni ma volonté ni mon cœur. La conscience me parle un tout autre langage. La puissance à laquelle je dois ma liberté est nécessairement un être libre, un être distinct de la nature, où tout est livré à des forces aveugles et à un ordre fatal. La puissance qui m'ordonne d'être juste et d'être bon, et qui, en m'imposant cette loi, me découvre en elle la loi universelle et immuable de tous les êtres intelligents, ne peut être que la source vivante, le modèle accompli, le garant infaillible de la bonté et de la justice. Que m'importent après cela les apparentes imperfections de cette nature, dont le plan est un mystère pour mon intelligence, et les iniquités ou, pour mieux dire, les erreurs d'une société qui n'embrasse que la moindre partie de ma destinée, qui n'a d'action que sur la surface de mon être?

De même que l'existence de Dieu, l'immortalité de l'âme a son plus solide fondement dans l'idée du devoir. La grandeur infinie de notre tâche nous répond naturellement de la durée illimitée de notre existence. Avec un être condamné à passer sur cette terre comme une ombre, pour se perdre ensuite dans la nuit du néant, comment serait-il question d'une loi éternelle, d'une règle de perfection à laquelle il faut tout sacrifier, d'un but placé si haut que toutes les générations humaines, en réunissant ensemble leurs vies et leurs forces, ne suffiraient point pour l'atteindre? Je reconnais donc avec M. Saint-Hilaire que le dogme consolant de la vie future repose sur une preuve plus solide et plus élevée que le désaccord observé ici-bas entre la vertu et le bonheur; mais je n'irai pas avec lui jusqu'à nier cette dure condition de notre nature. « En observant bien ce monde, il est facile, dit-il, de voir que le bonheur y dépend presque entièrement de nous; il est le plus souvent le résultat de notre conduite, et il manque bien rarement à qui sait le chercher là où il est. Les âmes vertueuses sont en général fort résignées. Il n'y a guère que le vice qui se révolte [1]. »

1. P. 30 et 31.

On ne se figurerait guère que c'est un adversaire des stoïciens, et un adversaire plus que sévère, qui s'exprime en ces termes. Non, mille fois non, le bonheur ne dépend pas de nous ; il n'existe pas, comme on l'a pensé, un *art d'être heureux*, parce qu'il ne suffit point, pour être heureux, d'être homme de bien. Si la vertu nous procure ces jouissances ineffables qui sont comme une avance sur notre céleste héritage, elle nous commande aussi de cruels sacrifices, et ce n'est qu'au prix de ces sacrifices que nous accomplissons ses lois. Nous n'avons pas seulement une conscience qui nous rassure sur nous-mêmes quand nous avons fait ce que nous devons ; nous avons aussi un cœur qui rend nécessaires à notre existence l'existence, la félicité, l'honneur de ceux que nous aimons, de ceux que la nature ou le devoir ont confiés à notre dévouement ; et lorsque nous avons été frappés dans cette partie la plus chère et la plus sensible de notre être, quand la flamme qui échauffait notre foyer s'est éteinte, quand la désolation et la ruine ont pris possession de notre patrie, est-il en notre pouvoir de ne pas souffrir, ou peut-on dire que nos souffrances ne sont que le juste châtiment de notre tendresse ? La morale même du Portique n'allait point jusque-là. Par un étrange abus de mots, elle niait que la douleur fût un mal ; elle n'en faisait pas la punition méritée des plus légitimes affections. S'il fallait, pour être heureux, faire le vide dans son cœur, qui voudrait d'un bonheur acheté à un tel prix ? La vertu même, soumise à cette condition, ne deviendrait-elle pas ce fantôme épouvantable dont parle Montaigne ? M. Saint-Hilaire, sans s'en apercevoir, proteste contre l'exagération de sa propre pensée, lorsque, à la place de ce bonheur soumis à notre volonté, il introduit tout à coup l'image et le nom de la résignation.

Mais la mesure est si naturelle à l'esprit de M. Saint-Hilaire, qu'il ne tarde pas à la retrouver en nous parlant des rapports de la morale avec la politique. Sans permettre que les saintes lois de la conscience soient sacrifiées dans aucun cas à des considérations tirées de l'utilité générale; en demandant que les peuples, que la société prise en masse soient soumis aux mêmes règles que les individus, il reconnaît que cet accord n'est point facile; il convient qu'on ne gouverne pas une aveugle multitude comme un honnête homme, comme un sage se gouverne lui-même; il voit les dangers qui circonviennent l'homme d'État, les événements qui l'entraînent et les illusions de son patriotisme qui lui représentent comme honnête tout ce qui est utile; il ne croit pas que l'alliance de la politique et de la morale fût prête à s'accomplir, même si le pouvoir souverain, selon le vœu de Platon, était partout entre les mains des philosophes. Mais il se console en pensant que les vrais intérêts des nations sont inséparables de la justice, et que tout ce qui est profitable aux uns est aussi une conquête pour l'autre. Les perfectionnements de l'ordre social, les progrès de la moralité humaine qu'il est impossible d'espérer de la raison toute seule, il faut savoir les attendre de cette loi salutaire et de l'action secrète de la Providence, « dont la part, dit M. Saint-Hilaire, est bien plus grande encore dans le destin des empires que dans le destin des individus. »

On est modeste pour ce qu'on aime autant que pour soi. M. Saint-Hilaire l'est peut-être trop pour le compte de la philosophie. Il oublie ce qu'elle a fait de bien

aux hommes quand elle était assise sur le trône de
l'univers avec Antonin le Pieux et Marc Aurèle. Il oublie ce que lui doit ce monument immortel de la jurisprudence romaine, qui n'inspire par moins d'admiration à Bossuet qu'à Montesquieu, et qui sert de base
encore aujourd'hui à la législation civile des peuples
les plus éclairés. Il oublie que depuis Grotius jusqu'à
la fin du dix-huitième siècle elle n'a pas exercé une
moindre ni moins salutaire influence sur le droit public et sur les relations mutuelles des peuples. Il oublie enfin qu'au nombre de ses ouvrages est la Révolution de 1789, cette régénération d'un grand peuple,
on peut dire de l'Europe, par la justice et la liberté, et
qui poursuit depuis soixante ans sa marche triomphale au milieu des péripéties les plus étranges, à
travers les obstacles les plus opposés, sans daigner
même apercevoir une petite poignée d'ennemis réduits à remplacer la raison par l'injure et la force par
le bruit. Mais cette observation ne détruit pas les sentiments avec lesquels M. Saint-Hilaire veut qu'on assiste à la marche des choses humaines : indulgence et
patience. Ces deux préceptes dans la bouche d'un
homme qui n'a jamais transigé avec ses principes, et
qui, après leur avoir sacrifié les plus grands avantages, les a vus succomber, sont un bel enseignement.
Seuls ils suffiraient pour nous convaincre que la politique peut emprunter à la morale d'utiles leçons, ou,
pour me servir de la belle expression de Kant, que la
place de la Politique est aux genoux de la Morale.

J'aime aussi qu'un philosophe fasse intervenir la
Providence dans le gouvernement des sociétés, pourvu
que cette croyance ne tombe point dans l'erreur, si

fréquente aujourd'hui, du fatalisme historique ; pourvu qu'elle reconnaisse dans la liberté des peuples la conséquence et la garantie de celle des individus ; car que deviendrait celle-ci, et avec elle la règle du devoir, la prudence aussi bien que la justice, si les hommes réunis en société, travaillant ensemble à une fin commune, ou placés à la tête de leurs semblables, cessaient absolument de s'appartenir et de porter la responsabilité de leurs œuvres? Puisque les nations, les gouvernements se parent avec orgueil de ce qui tourne à leur gloire, comment s'empêcher de leur attribuer également ce qui fait leur honte? En serait-il de nos âmes comme de certains corps dont la nature est complétement changée dès qu'ils se combinent les uns avec les autres? M. Saint-Hilaire n'est pas tombé dans cette contradiction ; mais puisqu'il possède le talent de dire beaucoup en peu de mots, il aurait pu donner à sa pensée quelques développements nécessaires sans dépasser les bornes de son sujet.

Ce n'est pas assez de dire que M. Saint-Hilaire est un philosophe spiritualiste ; les vérités du spiritualisme, justement confondues dans son esprit avec celles de la morale, sont arrivées pour lui à un tel degré d'évidence, qu'il les voit, pour ainsi parler, et qu'il les touche du doigt. « La science morale, dépassant cette existence terrestre, pénètre de l'homme d'où elle part jusqu'à Dieu, et elle affirme la vie future avec les récompenses et les peines aussi résolûment qu'elle affirme la vie présente. Ce ne sont pas là des hypothèses gratuites... ce sont des conséquences aussi certaines que les faits incontestables d'où la raison les tire [1]. »

[1]. P. 31 et 32.

L'exagération du spiritualisme, c'est le mysticisme, non moins à craindre quelquefois que le matérialisme lui-même. M. Saint-Hilaire a su éviter cet écueil. La certitude que lui donnent l'existence de l'âme et ses destinées immortelles ne le rend pas injuste pour le corps. Le corps n'est pas pour lui un ennemi, mais un instrument dont il faut savoir se servir, un allié avec lequel il faut savoir vivre, tout en l'observant et en lui résistant quelquefois. Si, également éloignés d'une coupable faiblesse et d'une rigueur contraire aux desseins de Dieu, nous prenons l'habitude de le tempérer et de le contenir, l'ordre que nous aurons établi dans son économie remontera jusqu'à l'âme ; nous nous montrerons fidèles au précepte antique : *Mens sana in corpore sano*.

On voit, par cette rapide mais fidèle analyse, quel est l'esprit général qui anime M. Saint-Hilaire. J'oserais le définir : la tempérance unie à la force. Le doute et l'exagération lui répugnent également. Il sait, avec des convictions inébranlables, se maintenir à l'abri de tout excès et rester dans ce milieu difficile qui, selon les idées d'Aristote, est la sagesse même. C'est ainsi qu'il cherche à concilier les lois inflexibles de la morale avec l'indulgence qu'on doit à la politique et à l'histoire. C'est ainsi que l'idée de la liberté ne fait aucun tort, à ses yeux, à l'intervention de la Providence dans le gouvernement du genre humain. C'est ainsi que ses principes spiritualistes et sa foi dans une autre vie qui, pour être le fruit de la raison, n'en est pas moins ardente, ne l'empêchent pas de reconnaître les droits du corps, les conditions de la vie présente, les devoirs que nous impose l'union de l'esprit avec la matière.

Ce n'est peut-être pas le plus sûr moyen de briller, car le public a pris l'habitude de ne se laisser ébranler que par l'audace et le paradoxe. Pour obtenir ses faveurs, il faut se présenter devant lui le poing sur la hanche, la bouche pleine de dédains et de tranchantes affirmations, jetant l'insulte aux plus éclatantes renommées, n'épargnant pas plus les principes que les hommes, le bon sens que la gloire, et annonçant que le monde, enseveli jusqu'alors dans les ténèbres, va naître à la lumière. Mais la route qu'a choisie M. Saint-Hilaire n'en est pas moins la meilleure. C'est celle qu'ont toujours suivie les esprits droits et les âmes honnêtes. C'est la seule qui conduise à la vérité, à la science, à l'estime des gens de bien. L'autre ne mène qu'aux abîmes.

Après avoir exposé ses vues sur la morale elle-même, M. Saint-Hilaire trace à grands traits l'histoire de cette science, en montrant avec soin ce qu'elle a gagné ou perdu, ce qu'il y a de vrai ou de faux dans chacune des doctrines qu'elle a mises au jour. Borné par la place qu'il a choisie pour cette étude; ne voulant pas, au lieu d'une préface, écrire un livre dans un autre, il renferme toute l'histoire de la morale dans quatre grands systèmes : ceux de Platon, d'Aristote, de Kant et des stoïciens.

Toutes les qualités qui distinguent M. Saint-Hilaire on les trouve dans ce morceau, associées de la manière la plus heureuse : la vigueur et la noblesse du style, la fermeté des principes, la netteté des jugements, la richesse de l'érudition et la variété des connaissances. Je citerai particulièrement, comme un modèle d'exposition et de critique, les pages qui concernent Platon et

Aristote. Tout prévenu qu'il est en faveur de Platon, et ce n'est pas assez dire, quelles que soient pour l'auteur du *Phédon* son admiration et sa tendresse, il a le courage de combattre ses idées équivoques sur la liberté, et, tout en les combattant, il a l'art de les expliquer par les plus nobles causes. Au contraire, plus porté envers Aristote à la sévérité qu'à l'indulgence, il fait ressortir ce qu'il y a dans ses théories de profondément sensé et quelquefois de généreux. Il rappelle ses belles pages sur l'amitié, sur la justice, sur la grandeur d'âme, sur les charmes et la perfection de la vie contemplative. Il le défend avec autant de force que d'équité contre Kant, qui, à l'exemple de tout son siècle, le combattait sans le connaître.

Cependant, comme je l'ai déjà annoncé, ces aperçus historiques donnent lieu à plus d'une objection, soulèvent plus d'une difficulté, au moins dans mon esprit. Je ne blâme rien, je ne rejette rien ; mais j'ai des doutes que j'exposerai avec le même sentiment d'où partent mon adhésion et ma sympathie.

La première objection que j'adresserai à M. Barthélemy Saint-Hilaire se rapporte à l'objet même qu'il a traité et au plan qu'il a suivi dans la partie historique de son travail. En tête d'une traduction de la *Morale d'Aristote*, ce qui convenait le mieux peut-être, ce qui répondait le plus directement à l'attente du lecteur, c'étaient quelques considérations sur l'origine de ce système, sur les éléments qu'il a empruntés aux systèmes antérieurs, et par-dessus tout sur l'influence qu'il a exercée au milieu de la ferveur religieuse du moyen âge. Il n'aurait pas été sans intérêt, par exemple, de voir les plus illustres docteurs du treizième siècle, un saint Thomas d'Aquin, un Gilles de Rome (*Ægidius Romanus*), défendre l'institution de l'esclavage par les mêmes raisons que le philosophe grec. Il aurait été utile de montrer que si le prêt à intérêt, frappé d'une réprobation unanime, était relégué à cette époque parmi les industries les plus infâmes, c'était moins au nom de l'Ecriture sainte que par cette raison péripatéticienne, qu'il est contre la nature qu'une chose inanimée comme l'argent puisse se reproduire. Un autre fait non moins curieux à observer, c'était la manière dont les principes d'Aristote, grâce à une interprétation bienveillante, ont fini par s'associer et même par se confondre avec le mysticisme chrétien.

Au lieu de cette histoire particulière de la morale aristotélicienne, M. Saint-Hilaire a mieux aimé embrasser les destinées de la morale en général. C'était son droit, je le veux bien, mais il fallait en accepter les conséquences. Or, je ne peux pas admettre que l'histoire de la morale soit renfermée tout entière dans les quatre systèmes de Platon, d'Aristote, des stoïciens et de Kant. Avant Platon et avant Socrate ne trouve-t-on pas l'école de Pythagore, et après les stoïciens celle d'Alexandrie? La première avait surtout un caractère moral et religieux; son enseignement avait laissé des traces profondes non-seulement dans les idées, mais dans les mœurs et dans les institutions de l'ancienne Grèce, et c'est un fait incontesté que l'auteur du *Phédon* lui a fait des emprunts importants. La seconde n'est pas tellement plongée dans l'extase, degré suprême de ses mystiques spéculations, qu'elle n'ait aussi une doctrine, et une doctrine originale sur la vertu. C'est d'ailleurs une nécessité pour le mysticisme en général de mettre sa morale d'accord avec sa métaphysique, de présenter à l'homme un idéal de perfection conforme à ses principes. La morale mystique, que l'école d'Alexandrie nous montre sous une de ses formes les plus éclatantes, a joué un trop grand rôle dans l'histoire de l'humanité pour qu'il soit permis de la passer sous silence.

L'école d'Alexandrie nous place naturellement sur la frontière de l'Orient, à laquelle touche aussi l'école de Pythagore, et je m'étonne que M. Saint-Hilaire n'ait jeté qu'un regard de mépris sur cet antique berceau de toute civilisation. « En fait de morale, dit-il [1], c'est à la philosophie grecque que nous devons tout. » — « La Grèce, notre mère, a plus fait encore pour nos âmes que pour nos esprits; elle a plus contribué à former nos mœurs qu'à éclairer nos intelligences [2]. » Un tel jugement, rendu par un esprit aussi élevé et aussi austère, est fait pour exciter l'étonnement. Sans retirer la conviction que j'ai exprimée précédemment, j'abandonne pour un instant à la sévérité de M. Saint-Hilaire le bouddhisme, le brahmanisme et toutes ces doctrines du haut Orient qu'une érudition récente n'a peut-être pas encore achevé de débrouiller; mais quoi! n'y a-t-il pas un Orient plus rapproché de nous, plus familier et plus cher que la Grèce elle-même aux peuples de l'Occident? Qui donc a enseigné pour la première fois que les hommes ont été créés à l'image de Dieu, qu'ils descendent tous d'un même père, qu'ils sont tous liés les uns aux autres par une double fraternité, la fraternité humaine et la fraternité divine, celle de la chair et celle de l'esprit, que leur loi commune

1. P. 209.
2. P. 214.

est de s'aimer les uns les autres, que le premier devoir de chacun d'eux est d'aimer son prochain comme lui-même et Dieu plus que lui-même, qu'il ne faut garder dans son cœur aucun ressentiment, qu'il faut faire du bien même à son ennemi, qu'il faut lui ramener l'agneau ou le bœuf qu'il a perdu, qu'il faut lui aider à décharger son âne succombant sous le fardeau, qu'il faut aimer jusqu'à l'oppresseur étranger par qui nos ancêtres furent réduits en esclavage, que l'envie, l'injustice, l'impureté, l'orgueil doivent être bannis non-seulement de nos actions, mais de nos plus secrètes pensées? Toutes ces maximes, dont chacune est la traduction presque littérale d'un texte, sont empruntées aux livres hébreux et ont été connues neuf à dix siècles avant le *Phédon*. Elles ne sont pas restées enfermées dans l'enceinte d'une école; elles ont formé la nourriture intellectuelle de tout un peuple, qui à son tour les a enseignées à la partie la plus éclairée du genre humain.

Faut-il dire toute ma pensée? La Grèce est la patrie de la liberté, au moins dans l'ordre politique, de la poésie, de l'éloquence, de la philosophie et des arts. Elle nous a légué de sublimes exemples de patriotisme, des modèles inimitables dans l'art d'exciter et de peindre les passions, des chefs-d'œuvre qui paraissent être le secret de la beauté dérobé à Dieu même. L'imagination, la parole, le raisonnement ont produit chez elle des ouvrages si achevés, qu'il ne reste qu'à lui demander des leçons ou à retomber dans la barbarie. Mais elle n'a jamais brillé par le sentiment moral; elle n'a rien fait ou a fait peu pour nos âmes et pour nos mœurs. Je ne parlerai ni des sophistes de profession, ni de Démocrite, ni des cyniques, ni de Pyrrhon, ni d'Epicure. J'applaudis à ces paroles de M. Saint-Hilaire : « Pourquoi faire à des doctrines dépravées l'honneur d'une réfutation ? » Mais n'y a-t-il pas dans Platon lui-même des idées qui révoltent l'humanité, la pudeur, la dignité humaine ? Qui donc a le premier cherché l'idéal de la société dans la communauté des biens et des femmes et dans un régime politique imité des nations les plus asservies ? Qui donc a imaginé, comme une autre condition de la perfection humaine, d'arracher les femmes au sanctuaire de la famille pour les traîner sur la place publique, dans les gymnases, sur les champs de bataille, sans leur offrir en compensation de leur pudeur outragée, de leurs grâces anéanties, de leur doux ascendant méconnu, l'égalité chimérique qu'on a rêvée pour elles dans ces derniers temps ? Aveuglé par les lois et par les pratiques infâmes de plusieurs villes de son pays, Platon n'a-t-il pas autorisé l'avortement ? N'a-t-il point permis l'exposition des enfants contrefaits ou de ceux qui excédaient le chiffre légal de la population [1] ? N'est-ce pas lui encore qui, frappant sans pitié comme sans justice le coupable dans l'innocent, a prescrit de laisser mourir de faim les enfants issus d'un commerce incestueux [2] ?

On chercherait en vain de pareilles aberrations, je ne dis pas dans les livres hébreux, mais dans le code de Zoroastre ou dans la législation, à plus forte raison dans la philosophie bouddhique. Je crains de me rendre coupable d'un sacrilège en citant à côté du plus grand

---

1. Voyez *la République*, liv. V, p. 273, de la traduction de M. Cousin, et les *Lois*, également liv. V.
2. *République*, liv. V, p. 278 de la traduction française.

nom de l'antiquité grecque celui d'un philosophe chinois, d'un barbare, comme l'auraient appelé avec mépris les fiers Hellènes ; cependant je demanderai si c'est Platon ou Confucius qui a écrit ces paroles : « Celui qui est sincère et attentif à ne rien faire aux autres de ce qu'il ne voudrait pas qu'on lui fît, n'est pas loin de la loi. Ce qu'il désire qu'on ne lui fasse pas, qu'il ne le fasse pas lui-même aux autres [1]. » — « L'amour de l'humanité, c'est l'homme tout entier [2]. » — « La vertu consiste à aimer les hommes et la science à les connaître [3]. » Ces paroles, dont tous les sinologues ont reconnu le sens et l'authenticité, appartiennent à Confucius. Platon n'a jamais rien dit de semblable. Il ignore le beau nom d'humanité et avec lui l'amour qu'il inspire. Le plus grand sacrifice qu'il ait fait à ce principe ou à ce qui en tient lieu dans ses œuvres, c'est de demander que les Grecs ne fassent plus d'esclaves chez les Grecs et que même dans la guerre ils se traitent les uns les autres avec une certaine douceur ; mais sa sollicitude ne s'étend pas jusqu'aux barbares. La théorie des idées, à la considérer attentivement, n'est cependant pas autre chose que l'origine divine et l'unité du genre humain reconnues dans l'ordre intellectuel. Comment n'a-t-il pas également aperçu ces deux vérités dans l'ordre moral? C'est que le sentiment moral n'est pas arrivé chez lui à la même hauteur que le génie métaphysique, l'imagination poétique et le sentiment de l'art. Le sentiment moral, voilà l'avantage de l'Orient sur la Grèce, qui prend sa revanche par tant d'au-

1. *Tchoung-Young*, chap. XIII, § 3.
2. *Ibid.*, chap. XX.
3. *Lun-Yu*, traduction de M. Pauthier.

tres côtés. Tandis que l'Orient est la patrie des croyants, des prophètes et des saints, la Grèce n'a jamais produit que des artistes, des poëtes et des philosophes. Je dirais volontiers que ce qui la gagne à la vertu, c'est encore plus le beau que le bien, et le raisonnement que la conscience. Le raisonnement fait les systèmes, la conscience ne donne que les principes. Mais l'histoire de la morale ne doit-elle pas tenir compte des uns comme des autres? par conséquent l'Orient n'y a-t-il pas sa place, marquée d'avance, aussi bien que la Grèce?

L'excès de sévérité que je viens de reprocher à M. Saint-Hilaire devient encore plus évident quand on passe avec lui de l'antiquité aux temps modernes. Quoi! depuis les derniers stoïciens, depuis Epictète jusqu'à l'époque où nous vivons, il n'y a pas eu dans le monde un autre moraliste vraiment digne d'occuper l'histoire que l'auteur de la *Critique de la raison pure?* J'écarte, encore une fois, ceux qui cherchent à nier ou à corrompre les principes de la morale, un Spinoza, un Hobbes, un Helvétius, un Bentham; mais n'y avait-il pas même lieu d'accorder un souvenir aux doctrines si profondes et si élevées de Malebranche, de Leibniz [1], de Wolf, de Cumberland, et aux théories si ingénieuses et si fines de Shaftesbury, de Hutcheson, d'Adam Smith? La morale de Malebranche, quoique fondée sur l'amour de Dieu, n'est cependant pas la même que celle de Platon ou des mystiques d'Alexandrie. La morale de Leibniz, édifiée sur le même principe et tout à la fois sur l'idée du devoir, n'est pas non plus dépourvue d'originalité. Si le système de Wolf, en imposant

---

1. Les idées de Leibniz sur la morale sont l'objet principal de quelques-uns des écrits que Dutens a réunis sous le nom de *Jurisprudentia*.

à tous nos actes la règle de la perfection, a beaucoup de ressemblance avec celui du Portique, en revanche Smith et Hutcheson ont été les créateurs, ou tout au moins les plus savants interprètes de la morale du sentiment. Cette morale n'est pas restée à l'état de spéculation ; elle a fait une certaine figure dans le monde. C'est elle qui, sous une forme plus simple et plus populaire, a inspiré en France la plupart des philosophes, des publicistes et des romanciers du dix-huitième siècle. Elle se montre également chez Rousseau et chez Voltaire, mais surtout chez Rousseau. Elle passe de l'*Emile* et de la *Nouvelle Héloïse* jusque dans les harangues de nos assemblées révolutionnaires.

J'aurais encore une lacune plus importante à signaler dans l'œuvre de M. Saint-Hilaire. L'histoire de la morale, quand on veut la regarder de haut, ne se sépare point de l'histoire du droit naturel ; car les relations de l'homme avec ses semblables sont subordonnées aux devoirs qu'il s'impose à lui-même et à l'idée qu'il s'est faite de la loi générale de ses actions. On comprend sans peine que la famille, la société civile, la société politique, les rapports nécessaires qui existent entre les peuples dans la paix ou dans la guerre, seront établis sur des bases toutes différentes, selon qu'on prendra pour règle l'intérêt ou le devoir, la justice ou la force. Or, c'est dans ces questions surtout que la raison humaine a marché à grands pas. C'est là que l'esprit moderne se montre avec tous ses avantages.

Prenons le travail de M. Saint-Hilaire, non pour ce qu'il veut être, mais pour ce qu'il est, pour une étude particulière sur quatre systèmes choisis entre tous les autres. Avec ce caractère plus modeste il a tout à gagner : il échappe aux objections et ne laisse plus voir que le talent dont il est une des productions les plus importantes. Il y a cependant deux points sur lesquels il me reste encore à faire quelques réserves : le jugement que M. Saint-Hilaire prononce sur la morale stoïcienne, ou, pour parler plus exactement, l'arrêt qu'il rend contre elle, et l'appréciation qu'il fait de la morale de Kant.

J'ai déjà dit que M. Saint-Hilaire, avec une pente d'esprit et de caractère évidemment favorable au stoïcisme, se montre pour cette noble philosophie d'une sévérité qui va jusqu'à l'injustice, sans doute parce qu'il faut un surcroît d'efforts pour remonter la pente sur laquelle on glisse. Je cite ses propres termes, ce qui est toujours le meilleur parti quand il s'agit d'une opinion qu'on veut combattre : « Le stoïcisme inaugure une doctrine farouche, qui rend la vertu inabordable et parfois même ridicule. Elle perd entre ses mains tous les charmes dont Platon, sans lui rien ôter de sa force et de son abnégation, avait su la revêtir et l'orner. Elle cesse d'être humaine, et l'idéal inaccessible dans lequel on l'exile n'a même rien de désirable [1]. » C'est un portrait tout entier peint avec la même couleur, et qui finit par ce dernier trait : « Le stoïcisme est une sorte de désespoir. »

Il faut rendre cette justice à M. Saint-Hilaire, qu'il n'est pas le premier coupable. Plusieurs années avant lui, M. Cousin avait appelé la morale du Portique « un égoïsme sublime, une morale d'esclave, excel-

---

[1] P. 152.

lente dans Epictète, admirable encore, mais inutile au monde dans Marc Aurèle [1]. »

Avant de protester en mon propre nom, qu'il me soit permis d'opposer à cette inique sentence une des plus grandes autorités de la philosophie et de l'histoire. « Si je pouvais un moment, dit Montesquieu [2], cesser de penser que je suis chrétien, je ne pourrais m'empêcher de mettre la destruction de la secte de Zénon au nombre des malheurs du genre humain. Elle n'outrait que les choses dans lesquelles il y a de la grandeur, le mépris des plaisirs et de la douleur. Elle seule savait faire les citoyens ; elle seule faisait les grands hommes ; elle seule faisait les grands empereurs..... Pendant que les stoïciens regardaient comme une chose vaine les richesses, les grandeurs humaines, la douleur, les chagrins, les plaisirs, ils n'étaient occupés qu'à travailler au bonheur des hommes, à exercer les devoirs de la société. »

Montesquieu a raison, mais à une condition pourtant : c'est qu'en écrivant ces lignes il pensait moins au stoïcisme grec qu'au stoïcisme romain. Il existe en effet une grande différence entre ces deux fractions du Portique. Les Grecs, comme je l'ai déjà dit, assez mal partagés du côté du sens moral, faisant de tout un exercice de raisonnement et ne distinguant pas assez le raisonnement du sophisme, ont dénaturé les austères principes de Zénon, en les poussant à la fois jusqu'à la subtilité et jusqu'à l'hyperbole. Assurément la casuistique de Chrysippe n'est pas faite pour en don-

---

[1]. M. Cousin, *Histoire de la philosophie moderne*, 2ᵉ série, t. II, p. 203.

[2]. *Esprit des Lois*, liv. XXIV, chap. 11.

ner une opinion très-favorable. Mais le stoïcisme romain, plus fidèle à la tradition du maître en unissant à l'élévation des idées la gravité des mœurs, l'énergie du caractère, la modération du bon sens, nous présente un tout autre spectacle. Excepté la croyance formelle d'une autre vie, dont l'absence n'est pas moins un malheur qu'une inconséquence et qui exige de l'homme de bien un surcroît d'efforts, il n'y a pas de vertu qu'il n'ait enseignée, et ce qui est mieux encore, qu'il n'ait mise en pratique. Dans la ruine complète des croyances et des mœurs de la société païenne, il a préparé les voies à la morale de l'Évangile. Il a été, non la philosophie, mais la religion des honnêtes gens. Tout ce qu'il y a de grandeur et de force dans les derniers siècles de la domination romaine, c'est à lui qu'on le doit.

C'est lui aussi qui, avant de mourir, nous a laissé, comme son testament, cette jurisprudence éternelle d'où sortirent, au milieu de la confusion et des atrocités du moyen âge, la plupart des législations modernes.

Le stoïcisme romain commence avec Cicéron ; car Cicéron, il nous l'assure lui-même, est encore plus un disciple de Panétius que de Platon. Eh bien ! je le demande, le *Traité des devoirs*, s'il était pratiqué entièrement, ne ferait-il pas des citoyens, des honnêtes gens, dont la société pourrait être fière, même aujourd'hui ? Quelqu'un a-t-il mieux parlé que Cicéron de l'éternité, de l'universalité, de l'origine divine de la loi morale ? N'est-ce pas lui qui, regardant toute la terre comme une même cité et tous les hommes comme une même famille, a introduit dans la langue latine ce beau mot de charité : *caritas generis humani ?*

Je ne parlerai pas de Sénèque, puisque les ennemis mêmes de la philosophie ont trouvé dans sa morale une telle ressemblance avec celle du christianisme, qu'ils ont fait de lui, au mépris de toutes les règles de la critique historique, un disciple de saint Paul. Mais puisqu'on a personnellement mis en cause Épictète et Marc Aurèle, je ne puis me défendre de rappeler quelques-unes de leurs pensées.

On a dit que la morale d'Épictète, étrangère à tous les devoirs de la société, expression d'une vie ascétique et solitaire, est renfermée dans ces deux mots : Supporte et abstiens-toi. C'est une profonde erreur. Épictète, comme tous les stoïciens, fait une distinction entre les choses qui échappent à notre volonté et celles qui sont en notre pouvoir, qui forment l'empire de notre libre arbitre. Les choses qui échappent à notre volonté, c'est-à-dire les biens et les maux de cette vie, voilà ce qui tombe sous la règle de la résignation et de l'abstinence. Mais le perfectionnement de notre âme et de l'âme de nos semblables doit être le but constant de notre activité, réclame toute notre énergie et toutes nos forces. Ainsi que Zénon, Cicéron et Sénèque, il croit à l'unité du genre humain, il enseigne au maître que l'esclave est son frère, et il apprend à l'esclave que la servitude est dans ses passions et dans ses vices beaucoup plus que dans les chaînes qu'il traîne après lui [1]. Il ne sépare pas la vertu et la raison du sentiment, qui n'est pour lui que la raison même sous une autre forme [2]. Il veut que le sage, en plaçant au-dessus

---

1. Voyez les *Dissertations* ou *Entretiens*, liv. IV, chap. 1er.
2. *Ibid.*, liv. III, chap. 2.

de tout Dieu et l'humanité, aime sa patrie, son frère, sa mère, ses amis, sa femme, ses enfants ; car le sage fait bien de se marier quand il n'est pas assez fort pour rester uniquement le père, le prêtre, la victime expiatoire de l'humanité [1].

Dans la pensée d'Épictète, comme dans celle de son maître Musonius Rufus, un homme de bien doit laisser après lui un homme de bien à sa place. Voilà pourtant ce qu'on a appelé une morale d'esclave !

De Marc Aurèle il faudrait citer toute la vie pour montrer que le stoïcisme ne s'est pas plus endormi sur le trône qu'il ne s'est avili dans les fers. L'histoire nous offre rarement un tel concert de toutes les vertus de l'homme unies à celles du souverain, de l'austérité et de la constance du sage mêlées à l'activité de l'homme d'État, à l'humanité et à l'équité du législateur, au courage du soldat, à la magnanimité du héros. Mais, si grand qu'il soit par ses actions, le fils adoptif d'Antonin le Pieux ne le cède point par la pensée à ses instituteurs du Portique : si ses œuvres répondent à ses maximes, ses maximes ne s'accordent pas moins bien avec ses œuvres. En voici une, par exemple, qui répond directement au reproche de stérilité et d'indifférence qu'il est de mode aujourd'hui d'adresser au stoïcisme : « Mets toute ta joie, toute ta satisfaction à passer d'une action utile à l'État à une autre action qui lui soit encore utile, en te souvenant toujours de Dieu [2]. » — « Il faut faire le bien comme la vigne porte son fruit, ne demandant plus rien après cela et se préparant à donner de nouvelles grappes dans

1. *Dissertations*, liv. III, chap. 22.
2. *Pensées*, liv. VI, § 7.

la saison prochaine, ou comme l'abeille fait son miel[1]. »

Que de belles paroles aussi l'on pourrait emprunter tant à Marc Aurèle qu'à Épictète sur la miséricorde, sur l'indulgence, sur la confiance en Dieu! mais je ne me suis déjà que trop oublié avec l'école stoïcienne. A peine ai-je encore le temps de dire quelques mots à la défense de Kant. Je dois avouer pourtant que je n'en suis que médiocrement affligé. La doctrine de Kant appartient plus à l'école qu'à l'histoire générale du monde. Qu'elle soit vraie ou fausse, cela intéresse les philosophes et encore les plus intrépides d'entre eux ; ce n'est pas une question qui préoccupe le public, même le plus instruit. D'ailleurs j'applaudis à la plupart des reproches que M. Saint-Hilaire fait au moraliste allemand. Je crois avec lui que nous ne créons pas la loi morale, mais que nous la recevons d'une puissance supérieure, ou, pour rester fidèle à l'expression de Kant, que l'*autonomie* de la volonté est une pure chimère. Je partage sa conviction que la liberté humaine serait gravement compromise si, au lieu de l'admettre sur la foi de l'évidence comme un fait qu'il est impossible de nier, on entreprenait de la démontrer par le raisonnement. Je m'unis à lui encore lorsqu'il soutient que l'existence de Dieu et l'immortalité de l'âme sont des vérités, non des hypothèses ; des vérités démontrées par des preuves irrésistibles, non des concessions faites au cri de la conscience, aux espérances de l'homme de bien[2]. Mes observations ne portent que sur un seul point.

---

[1]. *Pensées*, liv. V, § 6.
[2]. C'est ce que Kant, dans son langage barbare, appelle des *postulats de la raison pratique*.

Une idée qui tient beaucoup de place dans la doctrine de Kant et qui s'accorde parfaitement avec ses autres principes, c'est que la loi morale s'imposant absolument à tous les hommes, et non-seulement aux hommes, mais à tous les êtres intelligents et libres, doit se reconnaître à son universalité même ; par conséquent, quand nous voulons savoir si nous lui sommes fidèles ou non, il nous suffit de nous demander si notre conduite est telle que nous voudrions la voir érigée en règle obligatoire pour la société entière : « Agis de telle sorte, dit le philosophe allemand, que la maxime de ta volonté puisse revêtir la forme d'un principe de législation universelle. »

M. Saint-Hilaire combat cette opinion avec une extrême vivacité, et vraiment il est impossible de comprendre pourquoi ; car, après tout, la maxime de Kant n'est que la traduction philosophique de celle-ci : « Ne fais pas aux autres ce que tu ne voudrais pas qu'ils te fissent ; fais pour les autres ce que tu voudrais qu'ils fissent pour toi. » La première s'adresse à la raison et à la réflexion ; les autres s'adressent au sentiment. Mais le sentiment et la raison, l'un si aveugle et l'autre si inféconde lorsqu'on les sépare, ne sont-ils pas appelés à se contrôler et à se compléter mutuellement ? N'est-ce pas une force pour notre infirme nature que chacun des deux, en gardant son caractère propre, nous ordonne cependant la même chose, nous enseigne exactement la même loi ? Le sentiment et la raison, étroitement unis, voilà ce qui fait la conscience. La conscience n'est donc pas, comme M. Saint-Hilaire paraît le croire, un fait absolument irréductible. Considérée, pour ainsi dire, du côté de la raison, elle est la morale philosophique; considérée du côté du sentiment, elle est la morale religieuse. Est-ce donc un si grand mal que, dans une question de cette importance, le philosophie et la religion, sans hypocrisie, sans mot d'ordre donné, sans arrière-pensée politique, se trouvent complétement d'accord?

M. Saint-Hilaire, j'en ai la certitude, pense comme moi. Homme de paix et de principes, réunissant à un savoir étendu de fortes convictions, il appelle de tous ses vœux la conciliation des âmes et des intelligences. Les objections mêmes que je viens de lui adresser, aux yeux de bien des gens se changeront pour lui en éloges; car si je veux donner à mes critiques une expression générale, je ne trouve rien de plus grave à lui reprocher qu'un amour trop exclusif pour Platon, qu'une tendresse trop aveugle pour la Grèce. Aimer Platon! qui peut s'en défendre? Et une fois qu'on l'aime, comment ne pas aller jusqu'à l'idolâtrie, jusqu'à la passion? Comment ne pas le suivre, sur son char d'or et de feu, à travers les espaces infinis? Aimer la Grèce, et oublier pour elle le reste du monde; se laisser séduire, enivrer par cette immortelle enchanteresse, et fermer les yeux sur ses licences pour ne voir que la splendeur divine de sa beauté, c'est là aussi une faiblesse digne d'indulgence et dont on est plus tenté de faire une vertu qu'un crime à un philosophe. Platon lui-même n'a-t-il pas commandé à Xénocrate de sacrifier aux Grâces?

M. JANET [1]

I

C'est une jouissance qu'on apprécie dans tous les temps, mais surtout à une époque d'affectation et de charlatanisme, quand on s'efforce de couvrir le vide de la pensée par la recherche ou la violence du langage, de rencontrer un livre écrit d'un style naturel et simple, où l'érudition ne fait pas tort à l'indépendance des idées, ni l'ardeur des convictions à l'impartialité des jugements, qui ne poursuit d'autre effet que la vérité, et ne cherche à plaire, de parti pris, qu'au bon sens et à la conscience des gens de bien. Toutes ces qualités se trouvent réunies dans l'histoire de la philosophie morale et politique de M. Paul Janet. Ce n'est point là

---

[1]. *Histoire de la Philosophie morale et politique dans l'antiquité et les temps modernes*, par M. Paul Janet. Deux volumes in-8°. Paris, 1858; librairie de Ladrange.

une de ces improvisations de la plume comme nous en voyons naître chaque jour, et qui peuvent être hardies à leur aise, parce qu'on n'est pas obligé de compter avec les choses qu'on ignore ou qu'on invente ; c'est une œuvre qui a coûté de longues années de méditations et de labeurs. Elle parut en 1850, à l'état de Mémoire, devant l'Académie des sciences morales et politiques, qui la jugea digne d'une de ses couronnes. Mais si l'amour-propre de l'auteur eut lieu d'être satisfait, sa conscience fut plus exigeante. Il se remit à la tâche, fouilla plus profondément le sol qui avait déjà été pour lui si fécond, recueillit de nouveaux documents, soumit les anciens à un examen plus mûr, et, sans rien changer ni à l'esprit ni au cadre de son premier travail, en augmenta singulièrement les matériaux.

Oserai-je le dire cependant, au risque de mêler tout de suite la critique à l'éloge ? Ce remaniement, au point de vue de la composition et de l'art, ne me semble pas complétement heureux. Le plan d'après lequel il a été exécuté n'est pas conçu avec assez d'indépendance. Du moment qu'on avait renoncé à publier simplement l'ouvrage couronné par l'Académie, il aurait fallu trancher le cordon ombilical qui tient encore le livre attaché au Mémoire, et nous offrir uniquement, soit une histoire de la politique, soit une histoire de la morale. L'entreprise était encore assez belle pour tenter une généreuse ambition. Personne ne contestera, et moi moins que personne, que dans leurs principes essentiels, dans leurs applications les plus générales et les plus nécessaires, la morale et la politique n'aient entre elles une solidarité étroite qui permet de les rapprocher l'une de l'autre et de les suivre, à travers les siècles, dans leurs communes destinées. C'est précisément ce que l'Académie avait demandé et ce qui a été l'objet du Mémoire resté inédit. Mais dès qu'on a quitté ces hauteurs pour étudier les deux sciences en détail, pour définir avec précision chacun des problèmes qu'elles embrassent et des systèmes qu'elles ont mis au jour, alors il n'y a plus de motif de les réunir, parce que le parallèle qu'on voudrait établir entre elles n'est plus possible. Il y a en effet des questions qui intéressent au plus haut point la conscience, notre perfectionnement spirituel, la direction intérieure de nos pensées, de nos sentiments, de notre volonté, ou la connaissance spéculative de nos devoirs, et qui sont d'une importance très-contestable pour le gouvernement de la société, pour le but que se proposent le législateur et l'homme d'État. Il existe aussi, dans la pensée de l'homme d'État, de graves préoccupations, des problèmes redoutables, qui ne tiennent qu'une place secondaire, si même ils en tiennent une, dans les méditations du moraliste.

En cherchant à associer deux ordres d'idées aussi différents, M. Janet n'a pas échappé à un embarras, à un entrelacement pénible, à une sorte de comptabilité en partie double qui le suit dans toute l'étude de son livre, malgré la clarté de sa pensée et l'élégante aisance de son style. Il est obligé de passer tour à tour des spéculations les plus ardues de la raison ou des tendresses les plus exaltées du mysticisme à des doctrines qui nous replongent dans les passions et les luttes de la vie réelle, à de grossières apologies de la ruse et de la force. Les défauts de ce plan deviennent encore plus sensibles vers le milieu du second volume, lorsqu'à la politique et à la morale vient se joindre le droit naturel. Avec Grotius commence une nouvelle science qui diffère autant des deux précédentes que celles-ci diffèrent l'une de l'autre.

Mais c'est nous arrêter trop longtemps à une irrégularité qui n'atteint que la surface, quand le fond est si solide et si riche, et je parle aussi bien des idées personnelles de l'auteur que de ses expositions si lucides et si faciles, de ses vues d'ensemble que de ses appréciations de détail. Toujours il instruit, toujours il fait penser, même quand on ne pense pas comme lui.

M. Janet fait remonter l'existence de la morale et de la politique jusqu'aux poëtes et aux sages de la Grèce; mais il a la sagesse de ne pas s'arrêter à ces obscurs commencements. C'est aux maîtres les plus illustres de la science hellénique, à Socrate, à Platon, à Aristote, qu'il donne tous ses soins. Il interroge ou les écrits ou les souvenirs qu'ils nous ont laissés avec le scrupule d'un juge et la piété d'un disciple. Je n'apprendrai rien à personne si je dis que pour cette époque ses informations sont aussi exactes et aussi complètes qu'on peut le désirer. L'antiquité classique n'a plus de mystères pour nous. On a recueilli jusqu'aux moindres vestiges qu'elle a laissés dans tous les genres. On a traduit et expliqué toutes ses œuvres. La seule chose qu'elle nous laisse encore à faire, c'est de la comprendre dans le sens philosophique du mot, c'est de la juger; et ici même il ne reste plus qu'à choisir entre deux partis : celui des charlatans et des fous, celui des hommes sensés et des esprits impartiaux.

Il existe au milieu de nous une certaine école qui, ne

pouvant vivre en bonne intelligence avec la raison, avec le bon sens, avec le bon goût, leur fait une guerre d'extermination, non-seulement dans le présent, mais dans le passé, et se console, par des injures rétrospectives, des ménagements que la loi lui impose avec les contemporains. D'après sa manière de comprendre l'histoire, l'antiquité n'a été qu'un délire non interrompu de quatre mille ans. Excepté un petit peuple relégué dans un coin de l'Asie et qui n'a échappé au sort commun qu'à force de miracles, toute la terre, pendant ce temps, était plongée dans les plus épaisses ténèbres. L'humanité, tombée au-dessous de la brute, n'employait son intelligence qu'au profit de l'erreur, ne faisait servir ses plus nobles facultés qu'à accroître sa dissolution et sa misère. Les systèmes si vantés des philosophies de la Grèce ne sont que les témoignages de cette incurable folie, et les œuvres les plus admirées de ses artistes, de ses poëtes, de ses orateurs, n'ont pas plus de titres à notre respect; ils ont apporté jusqu'à nous et conservé dans nos écoles, à l'abri d'un enthousiasme impie, tous les germes de l'idolâtrie et de la corruption païenne. Tel est en résumé l'acte d'excommunication lancé chaque jour par ces nouveaux apôtres contre les plus beaux monuments et les plus grands génies qui aient honoré l'espèce humaine. On ne m'accusera pas, je l'espère, d'avoir exagéré leur pensée.

Mais ces violences n'ont pas même le pouvoir de faire sortir des voies de la sagesse les amis des lettres et de la philosophie. Nous ne voyons rien chez eux de cette ivresse de la Renaissance qui répondit au long jeûne du moyen âge. Ceux qui sont restés fidèles au culte de l'antiquité n'oublient point pour cela les titres du christianisme; seulement, au lieu d'opposer les deux époques dans une chimérique antithèse, ils s'efforcent d'en saisir la continuité et les rapports, dans l'intérêt de la vérité d'abord, et ensuite pour la justification de la Providence et l'honneur du genre humain. Il ne leur est pas possible de supposer que le gouvernement du monde ait été abandonné si longtemps aux puissances du mal, que des générations sans nombre aient été fatalement vouées au vice, à l'erreur et au crime. Ils ne sauraient croire que Dieu et l'humanité soient, dans un temps, si absolument différents de ce qu'ils sont dans un autre. Ils ne peuvent fermer leur oreille à cette voix du cœur, toujours la même à travers les âges, sous l'infinie diversité des langues, ni leurs yeux à la lumière de la conscience, cette clarté divine qui brille pour tout homme né à ce monde. Frappés d'admiration et touchés de reconnaissance devant les trésors de la sagesse antique, ils sont forcés de se rendre à cette double persuasion que la fraternité du genre humain n'existe pas moins dans le temps que dans l'espace, dans les idées que dans le sang, et que notre civilisation est la fille de celle qui l'a précédée, que la philosophie et la raison appelées païennes ont préparé les voies à la prédication de l'Évangile. Telle a été, au reste, la conviction d'un grand nombre de Pères de l'Église et de l'auteur du *Discours sur l'histoire universelle*.

Il est à peine besoin de dire que cette opinion est celle de M. Janet. Mais il ne s'est pas borné à l'accepter des mains de ceux qui l'avaient professée avant lui. Il a eu l'art de la rajeunir et de l'appuyer sur des preuves irréfutables. Il l'a développée avec une indépendance, avec une autorité et une fermeté de langage qui ne font pas moins d'honneur à son caractère qu'à son talent. On n'est pas accoutumé à entendre même un philosophe parler ainsi de la raison, sans jactance, mais aussi sans peur, sans injure pour qui que ce soit, mais aussi sans aucun amoindrissement de soi-même. On en jugera par le morceau suivant, où M. Janet a résumé ses études sur les idées morales de l'antiquité considérées dans leurs rapports avec les événements politiques. Je me suis seulement permis d'en retrancher quelques propositions accessoires qui auraient donné trop d'étendue à cette citation.

« Le plan de cet ouvrage ne nous permet pas d'insister sur un point qui nous paraît aujourd'hui bien démontré, c'est que le principe de la sociabilité a été compris par les derniers stoïciens de la manière la plus large; que d'Aristote à Marc Aurèle la philosophie ancienne a toujours été en développant les idées d'humanité, de bienveillance, d'égalité. La seule question qui, pour quelques esprits, semble encore en suspens, c'est de savoir si la philosophie ancienne est arrivée par elle-même à ces nouvelles conséquences, ou si elle les doit à une influence venue d'ailleurs. Or, à notre avis, pour celui qui étudie la philosophie antique dans tout son développement, la réponse ne saurait être douteuse. Que trouvez-vous, en effet, dans Platon? Un principe qui, entendu dans toute sa force, suffirait à lui seul pour porter ces conséquences dont on s'étonne : c'est qu'il y a une société naturelle entre l'homme et Dieu; que l'objet de la science et de la vertu est Dieu. En plaçant si haut le principe et le modèle du bien, Platon, sans le savoir, affranchissait l'homme des fausses conventions, des lois arbitraires, du joug de l'inégalité.

Aristote va plus loin que Platon : il comprend admirablement le principe de la sociabilité ; il dit que rien n'est plus doux pour l'homme que la société de l'homme ; il unit les hommes à la fois par la justice et par l'amitié [1] ; enfin sa morale serait la morale universelle s'il n'avait admis l'esclavage. Voyez, après Aristote, les révolutions qui mêlent et confondent tous les États : Alexandre en Asie ; les Grecs en Égypte, en Syrie, jusque dans les Indes ; les Juifs et les Grecs à Rome ; les républiques partout ; l'empire romain établissant partout l'unité ; en même temps l'épicurisme dissolvant les liens politiques, le stoïcisme forçant l'homme à rentrer en lui-même, à se séparer de la nature, des accidents extérieurs, de la pauvreté, de la misère, de l'exil, de l'esclavage ; la doctrine de l'unité du monde, de la république universelle, de la loi reine des mortels et des immortels, formant de tous les hommes une même famille ; la bienfaisance enfin proclamée par Cicéron comme une vertu égale à la justice [2]. Je demande si, après trois ou quatre siècles d'un pareil travail, il est étonnant que l'idée de la cité et celle de l'esclavage se soient affaiblies, atténuées, évanouies enfin dans cette philosophie humaine et généreuse que nous admirons. Je demande s'il est plus difficile à la raison humaine de comprendre que les hommes sont frères que de comprendre que la fin dernière de la vertu est l'amour de

---

1. M. Janet aurait bien pu dire l'amour ; car le mot qu'il traduit par amitié (*philia*) comprend toutes les affections du cœur humain, et même l'amour de l'humanité, la *philanthropie*, dont le mot et l'idée appartiennent à Aristote.

2. Cicéron n'a pas parlé seulement de la bienfaisance ; il a aussi connu la charité, qu'il appelle de son vrai nom, *caritas generis humani*, et qu'il nous représente comme le lien qui unit tous les hommes dans une même famille, *consanguineos*.

Dieu. Or, saint Augustin lui-même reconnaît que c'est là le fond de la philosophie de Platon [1]. »

Mais quoi ! la morale chrétienne n'a-t-elle rien ajouté à celle des anciens philosophes? L'immense action qu'elle a exercée sur le monde est-elle due uniquement à la force des circonstances, à l'énergie des caractères, ou à d'autres causes indépendantes de sa valeur propre, sans relation nécessaire avec son esprit même? Telle n'est point l'opinion de M. Janet. Il s'efforce au contraire, dans quelques pages écrites avec onction et visiblement parties du cœur, d'établir la supériorité de l'Évangile sur les maximes de la philosophie grecque. Mais la pensée de M. Janet me paraît ici enveloppée de quelques nuages. Au moins ne voudrais-je pas assurer que je l'ai entièrement comprise. Ce qu'il y a de nouveau, selon lui, dans la morale chrétienne, c'est l'*accent*. « C'est par là, dit-il, que les paroles du Christ pénétraient jusqu'au plus profond de ces âmes grossières et les renouvelaient [2]. » Mais qu'est-ce que l'accent quand il s'agit de doctrines, de principes, de leçons, de règles de conduite d'où dépend notre salut dans ce monde et dans l'autre? L'accent nous représente d'habitude ce qu'on met d'âme, de sentiment, d'onction dans l'expression d'une idée. Il n'ajoute rien à l'idée même. Il nous montre avec quelle force elle s'est assimilée à notre être ; il n'en change ni la nature ni la valeur. N'y a-t-il que cela dans l'Évangile? N'y a-t-il que cela, voulons-nous dire, qui le distingue des traités de morale de l'antiquité païenne? Ce serait bien peu pour expliquer une des plus grandes

---

1. T. Ier, p. 189 et 190.
2. T. Ier, p. 212.

révolutions qui se soient accomplies dans le monde, et la lutte ardente qui a existé longtemps entre l'Église naissante et le paganisme expirant. S'il y a autre chose, comme j'en suis fermement convaincu, il aurait fallu en définir d'une manière plus précise la nature et l'origine. Sans causer aucun préjudice aux lumières naturelles de la conscience et aux droits de la libre pensée, M. Janet aurait pu rencontrer une source d'inspirations morales plus ancienne et plus vive, je dois dire aussi plus pure que la philosophie grecque et latine. C'est un défaut commun à tous nos philosophes de ne tenir aucun compte de la vie intellectuelle qui s'est développée en Palestine depuis les premiers auteurs bibliques jusqu'à la prédication de l'Évangile.

Mais il y a une autre opinion sur laquelle je m'expliquerai franchement, parce qu'elle touche aux fondements mêmes de la morale, parce que, prise à la rigueur, elle peut entraîner à sa suite, comme elle l'a fait réellement, les plus déplorables conséquences. Cette opinion, c'est que le principe de la charité, pratiqué sincèrement et avec une religieuse ferveur, suffit à la vie morale de l'homme et renferme la solution de tous les problèmes sociaux. « On ne peut douter, dit M. Janet[1], que ce principe entendu et appliqué dans toute son extension ne suffise entièrement, et au delà, pour résoudre tous les problèmes de la vie morale et sociale. Si, par exemple, je fais du bien aux hommes par amour pour eux, il est tout à fait inutile de m'avertir que je ne dois pas leur faire de mal : car le premier contient le second, et si je fais le plus, il va sans dire

---

1. T. 1er, p. 215.

que je ferai aussi le moins. » Il est nécessaire d'ajouter que, dans la pensée de M. Janet, cette règle n'est applicable qu'à une société idéale, qu'à des âmes dépouillées de toutes les faiblesses humaines et parvenues dès cette vie au dernier terme de la perfection, mais qu'à prendre les hommes tels qu'ils sont, elle est de beaucoup au-dessus de leurs forces. En tous cas, elle ne peut être suivie que par le plus petit nombre, et dès qu'elle ne l'est point par tous, il faut que la société se défende par un autre principe, moins sublime, il est vrai, mais d'une application plus générale et plus facile : ce principe est celui du droit.

J'en demande pardon au savant auteur de l'*Histoire de la philosophie morale et politique*, je n'ai aucune idée d'une morale qui n'est faite que pour des anges, pour de purs esprits, pour Dieu lui-même peut-être, c'est-à-dire pour des natures qui n'en ont pas besoin. La seule morale que nous puissions comprendre et dont il nous soit permis de parler, c'est celle qui s'adresse à la nature humaine, celle qui trace leurs devoirs aux hommes et à la société. Or, si vous êtes convaincu que ni les hommes ni la société ne trouveront jamais en eux assez de lumière et assez de force pour se conduire uniquement d'après le principe de la charité, alors ne dites plus que ce principe suffit pour résoudre tous les problèmes de la vie morale et sociale.

Comment en effet la charité pourra-t-elle se passer du droit, ou, selon l'expression pittoresque de M. Janet, comment la charité pourra-t-elle *dévorer le droit*, de manière qu'il n'y ait plus rien pour la régler ni la contenir? Le droit, dans sa plus grande extension, sous sa forme la plus générale et dans son caractère le plus essentiel, c'est le respect de la liberté, parce que la liberté est la condition du devoir, la condition de la dignité et de la responsabilité humaines. Là où il n'y a pas de liberté, vous chercherez en vain le droit, vous ne le trouverez nulle part, pas plus dans l'ordre civil que dans l'ordre politique, pas plus chez l'individu que dans la société entière. La charité, ce n'est pas simplement l'amour de l'homme, c'est l'amour de l'homme pour l'amour de Dieu et d'après l'idée qu'on s'est faite de la nature divine. La charité est donc subordonnée à un dogme, c'est de là qu'elle tire sa chaleur et sa force; autrement elle n'est plus que la pitié, une froide bienveillance ou l'amour abstrait de l'humanité. Supposez maintenant ou un homme ou un pouvoir qui ne reconnaisse que ce principe et qui, loin de tenir compte de la liberté, de respecter en elle le principe inviolable du droit, la considère comme une faculté dangereuse, corrompue et égarée par le péché; plus cet homme ou ce pouvoir seront sincères, honnêtes, ardents dans leur foi, plus la charité sera exposée à dégénérer dans leurs mains en abominable tyrannie. Ils se croiront tout permis contre le corps pour sauver l'âme; contre un individu, une famille, une génération même, pour sauver les générations futures; contre une secte infectée du germe de l'erreur, pour garantir de la contagion la partie saine de la société; contre les sentiments naturels qui font notre bonheur et notre dignité en ce monde, pour nous reconquérir, nous et nos descendants, à la vie éternelle. En vain me direz-vous que l'amour qui me porte à me dévouer à mes semblables exclut nécessairement la pensée de leur faire du mal. Si l'amour seul doit être mon guide, si l'amour n'est pas réglé et contenu par le droit, s'il n'est pas subordonné au respect de la liberté humaine, et si en un mot le droit n'est pas une chose aussi nécessaire et aussi sainte que la charité, je soutiendrai toujours que celui-là seul aime véritablement qui, pour procurer le bien de l'objet aimé, ne se laisse émouvoir ni par ses larmes ni par ses souffrances, et ne craint pas, pour lui assurer une félicité sans bornes, de lui infliger quelques tourments éphémères.

« On n'est pas toujours ami en épargnant ni toujours ennemi en frappant. Les blessures d'un ami valent mieux que les baisers trompeurs d'un ennemi. Il vaut mieux aimer avec sévérité que de tromper avec douceur. Il est plus humain d'ôter le pain de la bouche à celui qui, sûr de son pain, négligera la justice, que de rompre le pain avec lui pour qu'il se repose dans les séductions de l'injustice. On dit que l'Écriture n'autorise pas l'emploi de la force. Mais n'est-il point écrit : « Contraignez d'entrer tous ceux que vous rencontrerez? » »

Qui parle ainsi? Qui fait cette proposition impie de soumettre la pensée à la force brutale et de frapper un homme, non pour le mal qu'il a fait, mais pour celui qu'il pourrait faire? C'est une des âmes les plus élevées et les plus tendres, un des plus beaux génies qui aient honoré l'humanité et l'Église. C'est saint Augustin, appelant sur les Donatistes le glaive des persécutions. Pour entraîner à de tels excès un homme de ce caractère, il ne fallait rien moins que les égarements inévitables de la charité quand elle n'est pas contenue dans les limites du droit, quand elle n'est pas subordonnée au respect de la liberté.

Saint Augustin n'est pas le seul qui ait parlé ce langage. Ses maximes ont trouvé faveur chez tous ceux qui ont comme lui ignoré le droit, méprisé la liberté et mesuré leur pouvoir sur les autres à l'ardeur de leurs propres passions, sanctifiées sous les beaux noms de la charité et de la foi. Nous les entendons retentir à travers tout le moyen âge, où elles produisent autant de mal et suscitent autant d'atrocités qu'auraient pu le faire les plus implacables haines. Nous les retrouvons au XVIe et au XVIIe siècle, glorifiées et mises en action par les sectes les plus opposées. Protestants et catholiques, gallicans et ultramontains, jansénistes et molinistes les adoptent avec un égal enthousiasme. Calvin, à peine échappé au bûcher, fait brûler Michel Servet, et Théodore de Bèze écrit tout exprès un lourd traité pour justifier cette belle action. Déjà, avant lui, le doux Mélanchton avait réclamé pour le pouvoir civil le droit de punir les hérétiques, c'est-à-dire ceux qui ne le seraient pas à sa manière. On sait avec quelle jubilation fut accueilli par Bossuet l'acte odieux par lequel Louis XIV, en massacrant et en poussant à l'exil plus de trois cent mille de ses sujets, causa pour longtemps l'affaiblissement et la ruine de la France. Domat, dans son bel ouvrage, le janséniste Domat, après avoir assisté à la ruine de Port-Royal et à la dispersion de ses amis, se fait à son tour l'apôtre des persécutions religieuses.

C'est M. Janet lui-même qui nous fournit la plupart de ces arguments. C'est lui qui, dans son curieux et excellent livre, nous fait connaître le plus grand nombre de ces faits par une analyse consciencieuse, souvent spirituelle, toujours instructive, des écrits et des doctrines les plus remarquables de chaque époque. C'est ainsi que dans les rares occasions où sa pensée, habituellement si claire et si saine, donne lieu à quelques doutes, il nous offre, par l'abondance et l'impartialité de ses recherches, les moyens de la combattre ou de la compléter.

J'ai voulu surtout, jusqu'ici, étudier en lui l'historien de la morale. Je vais essayer maintenant de le suivre à travers les vicissitudes de la politique.

II.

La politique des anciens m'inspire la même réflexion que j'ai déjà faite sur leur morale et leur philosophie. Soit qu'on l'interroge sur ses institutions ou sur ses doctrines, sur ses actes ou sur ses principes, on peut dire qu'elle nous a livré tous ses secrets, et que la seule tâche qu'elle nous laisse à accomplir, c'est de la juger. Je me trompe : notre jugement même ne lui manque pas. Tout le monde aujourd'hui s'accorde à reconnaître que la politique de l'antiquité reposait sur une seule base : la toute-puissance de l'État sur l'individu, et par conséquent sur la famille, ou l'absorption de l'individu et de la famille dans l'État. Quelle que fût la forme du gouvernement, monarchique ou républicaine, aristocratique ou populaire, les droits de l'État restaient les mêmes, et l'individu n'était pas plus libre au fond sous une constitution que sous une autre. La masse du peuple était rarement pour lui un maître moins impérieux qu'une classe privilégiée de citoyens ou un magistrat unique, image plus ou moins parfaite de la royauté.

Mais si l'accord est unanime sur ce point, il cesse dès qu'on veut aller au delà. Le principe de la politique des anciens compte encore parmi nous de nombreux partisans, qui tous ne viennent pas des écoles de Rousseau et de Babeuf, de Saint-Simon et de Fourier; il en est aussi qui le revendiquent pour le compte de la monarchie, et comme le seul moyen de concilier la monarchie même absolue avec la souveraineté du peuple. Mais tous ceux à qui il reste un peu de fierté dans l'âme et quelque noblesse dans l'intelligence sont d'un avis contraire. Ils pensent que l'État, c'est-à-dire la société civile, a été fondé pour la protection et non pour l'asservissement de la personne humaine; que le but le plus élevé de l'autorité publique, sous quelque nom et quelque forme qu'elle s'exerce, est de défendre en la réglant, non d'étouffer la liberté, et qu'une société vraiment bien faite, une société constituée sur la justice et sur la raison, est celle où la liberté individuelle n'a pas d'autres limites que les garanties nécessaires à la liberté et à la sécurité générales. Il est désormais impossible d'écrire l'histoire des idées politiques de l'antiquité sans qu'on prenne parti pour l'un ou pour l'autre de ces deux principes.

M. Janet se prononce naturellement pour le dernier. Tout en plaidant les circonstances atténuantes, il nous signale avec douleur les aberrations où s'est laissé entraîner l'auteur de *la République* par cette idée funeste que le droit de l'État ne connaît point de bornes; que tout lui est permis pour arriver à ses fins; qu'il doit disposer de la conscience et de la pensée comme de la vie et de la fortune des citoyens ; qu'en un mot la politique, comme il s'exprime lui-même, est une sorte de tissage royal, « le tissage des âmes et des caractères. » Sans méconnaître qu'Aristote a eu des idées plus saines sur les droits de l'individu, sans oublier qu'il a défendu contre les théories chimériques de son maître la cause de la propriété et de la famille, M. Janet lui reproche avec raison d'avoir laissé encore trop de place à l'action impersonnelle et irresponsable de la cité, et d'avoir, pour une longue suite de siècles après lui, étouffé la liberté dans son principe par la fameuse apologie de l'esclavage. On remarque en effet que les arguments d'Aristote en faveur de cette horrible institution se retrouvent sous la plume des théologiens du moyen âge et même du xviie siècle ; car nous les voyons adoptés par Bossuet aussi bien que par saint Thomas d'Aquin.

De la part d'un esprit aussi juste et aussi indépendant que M. Janet, cette manière de voir était inévitable. On pouvait attendre également de la solidité et de l'étendue de son instruction que la connaissance des faits ne le céderait point chez lui à la sûreté des jugements. Aussi n'est-ce point cette partie de son livre qui m'a le plus frappé. Il y en a une autre beaucoup plus originale à mes yeux, et sur laquelle je crois utile de m'arrêter plus longtemps : c'est celle qui nous fait pénétrer jusqu'aux principes mêmes de la querelle de la papauté et de l'empire, ou des décrétistes et des légistes ; celle qui nous retrace les discussions et les théories politiques du moyen âge.

La brillante introduction de M. Cousin aux œuvres inédites d'Abailard, les beaux ouvrages de M. de Rémusat sur Abailard et saint Anselme de Cantorbéry, ses rapports non moins précieux à l'Académie des sciences morales sur deux concours relatifs à la scolastique et les deux excellents livres que l'Académie a couronnés : l'*Histoire de la scolastique* par M. Hauréau et *la Philosophie de saint Thomas d'Aquin* par M. Charles Jourdain; tous ces écrits et quelques autres, encore très-estimables après ceux-là, nous ont fait connaître dans les moindres détails la métaphysique du moyen âge. Mais sa politique, bien plus originale et, j'ose le dire, bien plus digne de notre intérêt, est restée enveloppée de nuages; car il ne suffit pas, pour la comprendre entièrement, de l'étudier dans ses œuvres, c'est-à-dire dans les faits qui appartiennent à l'histoire; il faut remonter jusqu'à ses principes théologiques et philosophiques, il faut la suivre dans l'école, où elle n'a pas soulevé des passions moins ardentes et fait éclater moins de divisions que dans le monde. C'est ce qu'a fait M. Janet avec cette solidité de savoir et cette indépendance d'esprit qui l'accompagnent partout. Il a eu la force de se soustraire à une mode trop répandue aujourd'hui, et qui avant peu aura confondu toutes les notions du bien et du mal : la mode des réhabilitations. Que de vilaines gens et de vilaines choses, que de monstres et d'imbéciles, que d'institutions odieuses ou stupides on a essayé depuis quelques années de remettre en honneur! M. Janet a évité ce défaut tout en restant éloigné du défaut contraire. Il n'a étudié le passé ni pour le glorifier ni pour le dénigrer, mais pour le connaître et le juger selon ses mérites.

Les discussions politiques au moyen âge roulent presque toujours sur un seul point : les rapports de l'Église et de l'État, du pouvoir temporel et du pouvoir spirituel, du Pape et de l'Empereur. Dans l'antiquité païenne, quand la religion, étrangère à la morale, dépourvue même de dogmes, n'était, comme chez les Grecs, qu'une poésie populaire, ou, comme chez les Romains, qu'une institution civile, cette question n'existait pas et ne pouvait pas exister. On la rencontre plutôt dans la société orientale, parce que la religion y exerce un pouvoir plus sérieux et plus redoutable, parce que le sacerdoce, élevé au-dessus des rois, provoque naturellement leur résistance. Mais ce n'est qu'après la naissance du christianisme qu'elle apparaît dans tout son jour. L'Évangile, en s'adressant à tous les hommes, sans distinction de race ni de pays, et en enseignant que le royaume du Christ n'est pas de ce monde, établit nécessairement une distinction profonde entre la nationalité et la religion, entre la société civile et la société religieuse, par conséquent entre les deux pouvoirs qui ont pour mission de les gouverner. Mais en vain ces deux pouvoirs sont-ils distincts, ils ne peuvent cependant pas rester isolés l'un de l'autre. Ils ne peuvent éviter de se rencontrer, d'avoir de fréquents rapports. Quelle sera la nature de ces rapports? quelle en est la règle? De quel côté faut-il mettre la domination, de quel côté l'obéissance? et s'il n'y a place ni pour l'une ni pour l'autre, quelles sont pour les deux autorités rivales les conditions de la liberté? Tel est le problème qui a pris naissance avec la société chrétienne et qui, agité sans interruption depuis dix-huit siècles et demi, a reçu tour à tour les solutions les plus opposées. La philosophie politique du moyen âge n'en a pas connu d'autre.

En matière de droit, les corps comme les individus

changent de doctrine suivant leur position, ce qui ne prouve absolument rien contre le droit. Tant que l'Église a été faible, elle s'est contentée de demander pour elle-même la liberté, laissant au pouvoir impérial la plénitude de ses attributions. Peu à peu se développa dans son sein l'idée de la suprématie. Enfin, cette idée elle-même, dans un certain parti, qui heureusement n'est pas l'Église, et qui a été souvent désavoué par elle, est devenue contre le pouvoir civil une audacieuse déclaration de guerre, appuyée sur l'insurrection et sur le régicide. Nulle part, que je sache, les anneaux de cette chaîne, les termes de cette progression historique et morale n'ont été éclairés d'une plus vive lumière, n'ont été rapprochés l'un de l'autre avec plus de vérité à la fois et avec plus d'art que dans le livre de M. Janet.

L'idée de la suprématie ecclésiastique remonte beaucoup plus haut qu'on ne le croit généralement. Elle n'est pas née avec la lutte de Grégoire VII et de Henri IV ; on la trouve déjà, deux siècles auparavant, exprimée avec une singulière énergie dans les *Fausses décrétales :* « Tous les princes de la terre et tous les hommes doivent obéir aux prêtres et courber la tête devant eux. » — « Que le prince, roi, juge ou séculier de quelque ordre que ce soit, qui viole les décrets de l'autorité apostolique, soit privé de son pouvoir. » Du xe au xie siècle cette doctrine fait du chemin dans l'Église et voit augmenter peu à peu le nombre de ses partisans ; mais ce n'est que dans les deux siècles suivants qu'elle s'efforce de s'assurer le gouvernement du monde, qu'elle entre en lutte avec les puissances qu'elle veut détrôner, qu'elle trouve son martyr dans Thomas

Becket et son héros dans Grégoire VII. Enfin son triomphe est consommé au xiiie siècle par le règne d'Innocent III et par l'enseignement ou, pour mieux dire, par la dictature intellectuelle de saint Thomas d'Aquin.

M. Janet remarque avec raison que cette révolution si humiliante pour les rois et pour les grands de la terre n'est peut-être pas uniquement l'ouvrage des idées théocratiques. Il nous rappelle que Hildebrand et Thomas Becket étaient sortis des derniers rangs de la société, et il croit reconnaître dans leur conduite et dans leurs paroles non-seulement le prêtre enivré de son pouvoir, mais le plébéien émancipé, sinon révolté, qui est heureux de braver ses anciens maîtres. Voici en quels termes s'exprime Thomas Becket en s'adressant à Henri II, roi d'Angleterre : « Vous dites que je me suis élevé d'une basse condition jusqu'à la gloire. Je l'avoue, je ne suis point né d'une longue suite de rois. J'aime mieux pourtant être ce que je suis que celui qui laisse dégénérer en lui la noblesse de ses aïeux. David n'était-il pas berger lorsqu'il fut choisi pour gouverner le peuple de Dieu, et Pierre n'a-t-il pas été fait de pêcheur prince de l'Église? Nous sommes les successeurs de Pierre et non d'Auguste. »

Rien de plus curieux que les raisons alléguées de part et d'autre dans cette lutte si passionnée et par moment si sanglante. On dirait qu'il s'agit, non du gouvernement de la société, mais d'un exercice de dialectique ou d'une rivalité d'école. Le Pape et l'Empereur, en attendant que leurs partis, sous le nom de Guelfes et de Gibelins, déchaînent sur l'Italie tous les maux de la guerre civile et de la guerre étrangère, échangent entre eux des syllogismes et des citations. Voici, par exemple, l'empereur Conrad aux prises avec Innocent III. Sur quoi pensez-vous que roule la discussion? Sur la mission et les devoirs de l'Église? sur les intérêts et les droits de l'État? sur l'indépendance nécessaire au gouvernement d'une nation? Non, sur le sens qu'il faut attacher à un texte de saint Pierre et que chacun, avec plus ou moins de subtilité, interprète à son profit. Mais les deux parties ne se contentent pas toujours d'invoquer l'Évangile, elles en appellent avec la même confiance à l'autorité d'Aristote et de Moïse. Aristote et Moïse cités comme arbitres dans les débats du saint-siége avec les princes chrétiens! ce n'est qu'au moyen-âge qu'on rencontre de tels rapprochements.

Nous lisons dans la Genèse, disaient les défenseurs de la théocratie, que Dieu suspendit au firmament deux luminaires, un grand pour éclairer la terre pendant le jour, et un petit pour l'éclairer pendant la nuit. Or il est impossible de ne pas reconnaître sous cette image le Pape et l'Empereur, le pouvoir spirituel et le pouvoir temporel, le premier représenté par le soleil, et le second par la lune. Car, de même que la lune reçoit sa lumière du soleil, ainsi le pouvoir temporel tient tous ses droits du pouvoir spirituel. Que répondaient à cela les champions de la monarchie et de l'empire? Ces deux luminaires ne peuvent s'appliquer à rien de ce qui concerne l'homme et la société humaine, car ils ont été créés le quatrième jour, tandis que l'homme n'a paru que le sixième. D'ailleurs le pouvoir, quel qu'il soit et de quelque manière qu'il soit représenté, n'est pas la substance de la nature humaine; il n'en est qu'un accident. Or Aristote nous apprend que les accidents ne peuvent exister avant la substance [1].

Un autre argument des partisans de la suprématie pontificale, c'est que Lévi, le père de la tribu sacerdotale, était l'aîné de Juda, le père de la tribu royale : donc le sacerdoce est supérieur à la royauté. La supériorité d'âge, répliquaient les défenseurs du trône, n'a nullement pour conséquence une supériorité de pouvoir et de dignité. D'ailleurs il ne s'agit pas ici du sacerdoce hébraïque, mais du sacerdoce chrétien et du pouvoir qui le représente, c'est-à-dire de la papauté. Or, la papauté est plus jeune que l'empire.

Tous ces raisonnements se valent à peu près. Je ne voudrais pas soutenir qu'ils fussent toujours aussi puérils : on en trouvera de plus solides, surtout du côté du pouvoir laïque, dans le recueil qui en a été fait sous le nom de Raoul de Presles et dans la discussion qui a eu lieu, en 1329, entre Pierre de Cugnières, conseiller de Philippe de Valois, et Pierre Bertrand. Mais ce serait leur faire beaucoup d'honneur que de leur attribuer, soit aux uns, soit aux autres, une influence réelle sur les faits. Ce qui a donné raison aux prétentions de la papauté pendant le XIIIe siècle, c'est l'état même de la société et des mœurs de cette rude époque, c'est l'espérance de trouver un refuge contre la force brutale dans une autorité qui, selon la foi, est l'interprète de la loi divine, c'est-à-dire de l'éternelle justice, et le ministre suprême de la charité. C'est le besoin de trouver quelque part le principe et l'image de l'unité au milieu du fractionne-

---

1. Voir le traité *De monarchia*, de Dante, et celui qui est faussement attribué à Gilles de Rome sous ce titre barbare : *Quæstio bene disputata ad argumenta super debato*, etc.

ment féodal. C'est la secrète joie que durent éprouver les faibles et les petits en voyant un homme, très-souvent sorti de leurs rangs et armé du seul glaive de la parole, faire trembler devant lui les rois et le roi des rois, l'empereur lui-même. Ajoutons que, sur la nature et l'origine de la puissance royale, les défenseurs de la suprématie ecclésiastique professaient ce que nous appellerions aujourd'hui le libéralisme le plus avancé. Saint Thomas d'Aquin, aussi bien que Suarez, Mariana et les prédicateurs de la Ligue, fait dériver l'autorité souveraine de la volonté du peuple et reconnaît au peuple, sous certaines conditions, le droit de la retirer. Le dogme du droit divin appliqué à la royauté est un emprunt fait par les légistes et les docteurs gallicans à la vieille tradition impériale.

A peine établie, la doctrine de la suprématie ecclésiastique ne tarde pas à être poussée par quelques esprits jusqu'aux plus déplorables conséquences. Selon Gilles de Rome, celui-là même qui a passé pendant longtemps pour un chaleureux avocat de la souveraineté temporelle, le pouvoir ecclésiastique n'est pas seulement la source de toute autorité, c'est de lui aussi qu'émane la propriété. Dans un curieux Traité, demeuré inédit, et que M. Charles Jourdain nous a fait connaître par une savante analyse[1], cette doctrine est professée avec une singulière audace. « Le possesseur d'un champ ou d'une vigne ne peut les posséder justement s'il ne les possède sous l'autorité de l'Église et par l'Église. L'enfant qui a recueilli la succession paternelle est moins redevable à son père qu'à l'Église ;

---

1. Un ouvrage inédit de Gilles de Rome, précepteur de Philippe le Bel, en faveur de la papauté; in-8º, Paris, 1858.

car si son père l'a engendré selon la chair, l'Église l'a régénéré selon l'esprit, et autant l'esprit l'emporte sur la chair, autant les droits que sa régénération spirituelle lui confère l'emportent sur ceux qu'il tient de sa génération matérielle… L'Église seule, en nous réconciliant avec Dieu, nous fait recouvrer ce que nous avons perdu et légitime en nos mains les possessions qui composaient l'héritage de nos pères [1]. » Il résulte de là, comme Gilles de Rome l'avoue expressément, que les infidèles, les hérétiques, et même les catholiques peu zélés qui ne sont pas en bonne intelligence avec l'Église, n'ont aucun droit sur ce qu'ils possèdent. Avec cette opinion, enfin, comment se refuser à croire qu'il est permis de dépouiller des mécréants pour enrichir les serviteurs de Dieu? Ce n'est qu'une variante théologique des vers de notre bon La Fontaine :

... Dieu prodigue ses biens
A ceux qui font vœu d'être siens.

Mais il y a d'autres doctrines, non moins périlleuses pour la société, qui ont été prêchées au nom du même principe. L'apologie du tyrannicide, ou, pour l'appeler de son vrai nom, de l'assassinat politique, attribuée communément aux jésuites, remonte beaucoup plus haut. M. Janet nous la montre déjà chez un docteur ultramontain du XIIe siècle. Jean de Salisbury, un des meilleurs écrivains du temps, un prélat comme Gilles de Rome, mais un défenseur des mêmes principes, un admirateur et un favori de Thomas Becket, après avoir reproduit la distinction établie par Aristote entre le roi

---

[1]. Je cite l'analyse de M. Jourdain, qui serre d'aussi près que possible le texte latin cité au bas des pages.

et le tyran, n'hésite pas à déclarer que le meurtre d'un tyran lui paraît une œuvre méritoire et juste, *æquum et justum*. Il considère comme un droit non-seulement de le tuer, mais de le tuer dans un guet-apens, de l'assassiner lâchement après l'avoir flatté avec bassesse. « Il est permis, dit-il, de flatter celui qu'il est permis d'assassiner [1]. » Seulement il faut se mettre en garde contre une méprise sacrilége. Ce qui est juste contre le tyran laïque devient criminel contre le tyran ecclésiastique, « à cause du respect dû aux sacrements. »

Les jésuites Suarez et Mariana, le premier dans la *Défense de la foi catholique*, brûlée à Paris sur les ordres du Parlement par la main du bourreau, le second dans son fameux traité *du Roi* (*de Rege et Institutione regis*), n'ont été que les fidèles interprètes de cette belle morale. Ils en ont changé tout au plus le latin et la forme un peu trop rude, car on sait que les jésuites, au moins ceux d'autrefois, recherchent avec soin la politesse du langage et la douceur des manières. Il n'y a qu'un seul point où Mariana ait l'avantage sur son devancier du xiie siècle. Jean de Salisbury, ainsi qu'on vient de le voir, veut bien qu'on assassine le tyran ou le roi qui nous paraît tel, mais il ne permet pas qu'on l'empoisonne, car en lui donnant à boire un breuvage mortel, on le force pour ainsi dire à commettre un suicide, au grand dommage de son âme et de la nôtre.

L'auteur du traité *du Roi*, le digne pendant du traité *du Prince*, a trouvé le secret de parer à cet inconvénient. Il y a des poisons tellement subtils, qu'il suffit d'en imprégner les vêtements d'un homme, ou la chaise

---

[1]. *Ei namque licet adulari quem licet occidere.* Voir M. Janet, t. 1er, p. 275.

sur laquelle il s'asseoit, ou la selle de son cheval, pour lui donner aussitôt la mort. C'est ce moyen qu'on emploiera contre le tyran au lieu du breuvage empoisonné. Et dire qu'il y a encore des esprits opiniâtres qui nient le progrès !

Il ne faut pas croire que les adversaires du système ultramontain, les légistes d'abord et ensuite les politiques, aient été beaucoup plus raisonnables. Tous leurs efforts ne tendaient qu'à substituer un excès à un autre, la toute-puissance de l'empereur ou des rois à celle du souverain pontife. Les franciscains, au nom du mysticisme et de l'abnégation évangélique, telle qu'on la professait dans leur ordre, ne demandaient pas autre chose. Ils voulaient que l'Église, que la chrétienté tout entière abdiquât tous ses droits entre les mains de César, par le même principe qui les portait à condamner la propriété. Mais, entre ces deux partis extrêmes, on rencontre, au commencement du xiv° siècle, un homme bien extraordinaire, le seul qui ait compris à cette époque les rapports véritables de l'État et de l'Église, le seul qui, se plaçant également au-dessus du droit canon et du droit impérial, ait cherché les principes de l'ordre social dans la conscience même de l'homme, dans le droit naturel ; le seul enfin qui, quatre cents ans avant Montesquieu et Locke, ait eu l'idée et se soit fait l'avocat de la liberté de conscience. Cet homme c'est Marsile de Padoue, qui a été pendant quelque temps recteur de l'Université de Paris, et qui tout à la fois philosophe, médecin, théologien, jurisconsulte, après avoir été soldat, a pu juger à leur valeur toutes les sciences du moyen âge, dont il était comme une encyclopédie vivante. Je regrette que M. Janet ne lui ait pas accordé une place proportionnée à son importance; mais je déplore plus encore le silence qu'il a gardé sur un des monuments les plus remarquables de la politique du xiv° siècle. Quel que soit l'auteur du *Songe du verger*, et je crois qu'il n'est pas difficile à découvrir; de quelque nature qu'en soit la conclusion, que l'auteur, avec plus de malice que de réserve, s'est abstenu d'énoncer, cet écrit, plein de science et de verve, rédigé dans une langue déjà vivante et passionnée, méritait au moins une mention. Je ne doute pas qu'il n'eût fourni à M. Janet une précieuse page à ajouter à ses savantes études sur le moyen âge.

Les qualités qui distinguent M. Janet, et celles de ces qualités qui, à cause de leur rareté, sont les plus dignes de notre estime, le bon sens dans l'élévation et la modération dans l'indépendance, ne lui font pas plus défaut quand il nous entretient des temps modernes que lorsqu'il nous parle de l'antiquité et du moyen âge. La manière dont il expose et dont il juge les systèmes de Machiavel, de Spinoza et de Hobbes est particulièrement propre à les mettre en relief. Mais ici nous sommes ou du moins chacun se croit en pays de connaissance, et les détails ne paraîtraient que des longueurs superflues. Je demande cependant la permission de m'arrêter sur un seul point. On a reproché à M. Janet d'avoir été trop sévère pour la politique de Bossuet, non celle qui est enseignée dans la troisième partie du *Discours sur l'histoire universelle,* mais la *Politique tirée des propres paroles de l'Écriture sainte.* Je trouve que M. Janet n'a pas dépassé la mesure de la vérité et de la justice; car, malgré l'éclat incomparable du langage, ce triste livre n'est pas autre chose que le code du despotisme. En vain Bossuet fait-il une distinction entre le pouvoir absolu et le pouvoir arbitraire, M. Janet démontre très-bien que ces deux choses sont toujours prêtes à se confondre, et que si la nature humaine n'est pas faite pour la liberté illimitée, elle ne l'est pas non plus pour le pouvoir absolu. Aucun homme n'est assez fort pour soutenir un tel poids, même s'il réussit à le faire supporter aux autres.

Ce que j'ai dit, et surtout ce que j'ai cité du livre de M. Janet, suffira, je l'espère, pour en faire connaître la nature et l'esprit. Ce n'est pas seulement une œuvre de talent, c'est l'expression d'une belle âme. En même temps qu'il sera utile à la science, il servira une noble cause dont le triomphe est nécessaire à la vérité elle-même, la cause du droit et de la liberté.

M. RAVAISSON[1]

I

Non, malgré de sinistres prédictions, la métaphysique n'est pas près de mourir dans la patrie de Descartes et de Malebranche. On peut même assurer qu'elle a été rarement plus vaillante et plus jeune que dans ce moment. Il suffit, pour en rester convaincu, de parcourir d'un œil attentif le volume qui fait la matière de cette étude. En nous offrant à la fois un résumé et une critique d'une foule d'intéressants écrits publiés récemment sur les différentes branches de la philosophie, il forme par lui-même un ouvrage d'une incontestable originalité, qui a excité, lorsqu'il a paru il y a quelques années,

[1]. *La Philosophie en France au XIXᵉ siècle*, par Félix Ravaisson, membre de l'Institut; in-8°, Paris, 1868. Ce volume fait partie de la collection des Rapports publiés sous les auspices du ministère de l'instruction publique à l'occasion de l'Exposition universelle de 1867.

une espèce d'émotion bien calmée aujourd'hui et remplacée par une impression plus durable.

Ce qui fait l'intérêt capital de cette remarquable publication, ce ne sont point les idées dont l'auteur s'est constitué l'historien, ce sont celles qu'il expose et défend en son propre nom. M. Ravaisson est un métaphysicien à la façon de l'antiquité et du xviie siècle. Le système auquel il s'est arrêté après de longues années de méditations et d'érudites recherches renferme pour lui la dernière raison des choses, la suprême solution de tous les problèmes qui se rapportent à l'ensemble des existences, à la nature comme à l'homme, à la matière comme à l'esprit, à la vie comme à la pensée. C'est en quelque sorte du haut de ce système qu'il passe en revue, qu'il examine et qu'il juge toutes les doctrines nées en France pendant ces soixante-dix dernières années, non-seulement les doctrines philosophiques, mais les doctrines physiologiques quand elles remontent au principe de la vie et de l'organisation. Elles lui semblent vraies ou fausses dans la proportion où il les croit conformes ou contraires à sa propre manière de voir. C'est sur la même mesure que se règlent l'importance historique qu'il leur reconnaît et le degré d'attention qu'il leur accorde. De là un mode de répartition tout personnel, tout subjectif, dirait-on en Allemagne, dont les effets sont de nature à causer quelque surprise. Ainsi, croirait-on que de Maistre et de Bonald, qui, pendant dix ou quinze ans, ont exercé sur les esprits une si prodigieuse influence, soient complétement exclus de ce tableau de la philosophie française au xixe siècle? Une seule fois, à l'occasion de la question du langage, le nom de l'auteur de la *Législation primitive* est prononcé ; mais cela ne suffit pas pour faire connaître sa philosophie à demi platonique, à demi condillacienne, où la métaphysique, si justement chère à M. Ravaisson, sert de fondement à la politique et à la législation. Il y a aussi dans les œuvres si originales, quoique aujourd'hui si délaissées, de Ballanche, une foule d'ingénieuses observations qui méritaient d'être recueillies et signalées. *La Vision d'Hébal* nous offre à elle seule une conception philosophique du caractère le plus élevé.

Un autre nom dont l'absence fait dans le rapport de M. Ravaisson une regrettable lacune, c'est celui de l'abbé Bautain. Un des premiers et des plus brillants disciples de M. Cousin, M. Bautain, devenu professeur de philosophie à la Faculté des lettres de Strasbourg, adopta plus tard les doctrines de Kant et de Fichte, puis de l'école de Kant, et tout en gardant les conclusions négatives de la *Critique de la raison pure*, il passa à l'école de Bonald, qu'il essaya de rajeunir par le mysticisme de Baader et une sorte de gnosticisme particulier, bizarre mélange de scepticisme et de foi, de science et d'imagination, de soumission, nous oserons même dire de superstition et d'audace, de chimie et de pneumatologie. La *Psychologie expérimentale* [1] et la *Philosophie du christianisme* sont deux singuliers livres sur lesquels l'historien de la philosophie contemporaine peut difficilement garder le silence. Il ne faut pas oublier d'ailleurs que M. Bautain, au moins à Strasbourg, a été considéré pendant longtemps comme un

---

1. Dans une nouvelle édition, publiée en 1859 chez Didier, en deux volumes in-18, elle a pour titre : *L'Esprit humain et ses facultés.*

chef d'école, et qu'à son enseignement se rattache un incident curieux de l'histoire des rapports de la philosophie et de la théologie au xix° siècle. M. Bautain, professeur de philosophie dans une Faculté, ayant déclaré la raison humaine radicalement impuissante et incapable de démontrer l'existence de Dieu ; ayant, par suite de cette conviction, cherché un abri dans la foi, et ayant poussé la foi jusqu'à revêtir l'habit ecclésiastique, jusqu'à fonder une espèce d'ordre religieux voué à la conversion des sceptiques et des infidèles, fut mis en demeure par son évêque, M. de Trévern, ou de rester interdit de toute fonction religieuse, notamment de la prédication, ou de reconnaître que la raison n'était pas étrangère à l'idée de Dieu, et qu'elle pouvait, sans le secours de la révélation, fournir des preuves de son existence.

L'abbé Bautain nous fait penser à deux autres prêtres qui ont bien mérité de la philosophie. L'un est M. l'abbé Fabre, un excellent esprit qui continue, en la rajeunissant, la tradition à la fois cartésienne et augustinienne des Bossuet, des Fénelon, des Malebranche, des Gerdil[1]. L'autre est M. l'abbé Michaud, auteur d'un volume sur Guillaume de Champeaux qui n'intéresse pas moins les discussions de notre temps que celles du xii° siècle.

L'aimable Laromiguière, mentionné en passant à propos de M. Taine, n'est point traité selon sa valeur. Il appartenait à M. Ravaisson moins qu'à tout autre d'oublier que les *Leçons de philosophie*, objet de la cri-

---

1. Il a publié un *Cours de philosophie* ou *Nouvelle exposition des principes de cette science,* en deux volumes in-8°, dont l'un a paru en 1863, et l'autre en 1867, chez Durand.

tique de deux maîtres illustres, ont rendu à l'activité de
l'âme humaine ses droits méconnus, et ont commencé
contre la doctrine de la sensation transformée cette
réaction spiritualiste dont le Rapport sur la philosophie
française du xixe siècle est un des plus éclatants résultats. Ni Azaïs, ni le baron Massias, ni même Joseph
Droz ne sont parvenus au même degré d'importance
et d'autorité ; mais ils méritaient au moins d'être cités.
Le *Système des compensations* du premier et *l'Art
d'être heureux* du dernier appelaient peut-être un rap-
prochement dont un esprit aussi ingénieux et aussi pénétrant que M. Ravaisson aurait tiré un excellent parti.
A coup sûr, un chef d'école comme M. Buchez, un historien de la philosophie et un philosophe aussi fécond
que M. de Gérando réclamaient impérieusement une
place de quelque étendue. Leurs noms mêmes ne sont
point prononcés, tandis que tel écrivain vivant et parfaitement obscur, dans le double sens du mot, inintelligible et inconnu, obtient les honneurs d'une discussion qui remplit deux fois plus d'espace que celle du
système de Lamennais. Nous ne voulons pas trop insister sur ces omissions, car il ne serait pas difficile, je le
crois, de nous convaincre de la même faute ; il suffit de
quelques exemples pour que lecteurs et auteur se tiennent sur leurs gardes.

On voit qu'il n'est pas donné à tout le monde de comparaître à la barre de M. Ravaisson ; mais ceux qui sont
admis à son audience trouvent en lui un juge d'une
indulgence sans limites. Ce n'est point qu'il soit indif-
férent entre les opinions opposées qui se disputent la
victoire dans le champ de la métaphysique. M. Ravaisson, comme nous le verrons bientôt, n'est pas seule-

ment un spiritualiste décidé, à plus d'un titre il appartient à l'école mystique ; il condamne de la manière la plus absolue le matérialisme, le scepticisme, le fatalisme, le spinozisme, toute doctrine qui aboutit à la négation de l'esprit et de la liberté. Seulement, il pense que parmi les philosophes contemporains et même parmi leurs prédécesseurs immédiats, il y en a peu qui aient véritablement encouru ce reproche. C'est ainsi qu'il signale jusque chez l'auteur du *Traité des sensations* les premiers symptômes d'une réaction contre le sensualisme de Locke et le scepticisme de Hume. C'est ainsi qu'il nous montre le fondateur de l'école positiviste, Auguste Comte, dominé malgré lui par des idées évidemment supérieures à celles que nous tirons de l'expérience, niant que les phénomènes de la vie puissent être ramenés à des faits physiques ou chimiques, repoussant le matérialisme par cette raison péremptoire qu'il est « l'explication du supérieur par l'inférieur » ; plongé à la fin de sa vie dans la lecture de l'*Imitation de Jésus-Christ* et essayant de fonder une nouvelle religion. Sans doute, les objets que cette religion étrange propose à notre adoration, *le Grand Milieu, le Grand Fétiche* et *le Grand Être,* c'est-à-dire l'espace, la terre et l'humanité, ne sauraient guère remplacer l'ancien Dieu qu'ils sont appelés à détrôner ; mais ils constatent au moins le besoin de s'élever au-dessus d'une science purement matérialiste et athée. A l'exemple d'Auguste Comte, M. Ravaisson aurait pu ajouter celui de Broussais, qui, dans son *Cours de Phrénologie,* a écrit ces mots : « L'athéisme ne saurait entrer dans une tête bien faite et qui a sérieusement médité sur la nature. » M. Ravaisson a un merveilleux talent pour découvrir et quelquefois pour introduire ses propres idées dans la pensée des autres. Il fait l'effet d'un magicien qui n'a qu'à toucher de sa baguette enchantée ceux qu'il appelle en sa présence pour leur communiquer aussitôt quelques traits de sa physionomie et les éclairer des rayons de son intelligence ; pour donner de l'esprit à ceux qui n'en ont pas, et qui ont leurs raisons pour ne pas croire à l'esprit; pour donner des idées à ceux qui s'étaient promis de ne reconnaître que l'empire brutal des faits matériels. Le talisman à l'aide duquel il opère ces métamorphoses, c'est son système, dont il a une telle opinion qu'il ne lui paraît pas possible que toute vérité, que toute découverte, que toute observation exacte n'y soit pas comprise, que toute saine intelligence n'en porte pas en elle le germe plus ou moins développé.

Il n'y a qu'une seule exception à cette bienveillance universelle, c'est le jugement que M. Ravaisson porte sur M. Cousin, et la critique à laquelle il soumet l'éclectisme ; un jugement qui ressemble à une sentence, une critique que l'on prendrait pour un acte d'accusation. Spiritualiste comme lui et plus que lui ; éclectique comme lui, puisqu'il prend dans les systèmes antérieurs au sien ce qui lui convient et en répudie ce qui ne lui convient pas ; unissant comme lui le témoignage de l'histoire à celui de la conscience, afin de confirmer et d'éclairer le dernier par le premier ; usant comme lui d'une entière liberté pour mettre les dogmes religieux en harmonie avec ses idées philosophiques, M. Ravaisson traite M. Cousin avec une rigueur que le chef de l'éclectisme n'avait rencontrée auparavant que chez les adversaires du spiritualisme et chez les ennemis de tout libre exercice de la raison. Mais il importe

peu que cette rigueur nous étonne, si elle est légitime.
Voyons donc sur quels griefs elle est fondée.

M. Cousin ne justifie pas le nom d'éclectisme qu'il a donné à sa philosophie; car, au lieu de choisir dans chaque philosophie ce qu'elle contient de vrai et de bon, il se borne à en signaler les vices et les erreurs, et ne s'attache guère qu'aux motifs qui la font repousser. Des quatre systèmes auxquels il ramène tous les autres, le sensualisme, l'idéalisme, le scepticisme et le mysticisme, il n'en conserve qu'un seul, l'idéalisme, et encore, au lieu de l'accepter tout entier, avec le caractère que lui-même lui reconnaît, se croit-il obligé de le réduire aux proportions de l'école écossaise légèrement modifiée par les philosophes français, ses maîtres et ses amis. « Et à mesure, dit l'auteur du *Rapport sur la Philosophie en France*, que Victor Cousin avança dans sa carrière, tout en maintenant, selon ses expressions, le drapeau de l'éclectisme, en fait il se réduisit de plus en plus à un système particulier dont les idées des philosophes écossais, et quelques-unes de celles de Maine de Biran et d'Ampère, fournirent le premier fonds, et qu'on peut définir un brillant développement du demi-spiritualisme qu'inaugura chez nous Royer-Collard [1]. »

M. Cousin est tombé dans le défaut qu'on reproche habituellement et avec raison aux philosophes scolastiques. Il a pris des abstractions pour des réalités. Il a cru à une substance dont l'existence s'étend au delà des accidents ou des phénomènes. Il a cru que la cause devait être distinguée de l'ensemble de ses effets. Il a cru que l'idéal était au-dessus de la nature et de la vie. Il a

---

[1]. *La Philosophie en France au XIXe siècle*, p. 19.

cru que le champ de la raison s'étendait plus loin que celui de l'expérience : autant d'entités vides dont une philosophie plus clairvoyante saura se défaire.

M. Cousin, en même temps qu'il recommandait l'accord de la philosophie et de la religion, et qu'il se vantait de l'établir par ses leçons, par son exemple, était très-injuste pour la religion ; car, en réalité, c'est sur elle qu'il faisait tomber les reproches plus ou moins mérités qu'il adressait au mysticisme. Ce vice de la doctrine de M. Cousin ne doit pas nous étonner, sa sécheresse scolastique la condamnait à rester étrangère aux choses de l'âme et du cœur. Aussi n'a-t-elle pas compris la charité, puisqu'elle fait consister la charité, le vrai de la charité, dans ce qu'elle enseigne de la justice [1].

Nous ne parlerons pas des critiques d'une moindre importance, ni de celles qui ne sont que sous-entendues ; nous nous bornerons à citer les lignes où M. Ravaisson résume l'opinion qu'il s'est faite de M. Cousin.

« Après avoir gagné une grande partie des intelligences d'élite, soit par la tendance toujours élevée de ses théories morales, soit par le concours qu'il apportait à l'école qui, dans l'art, aspirait surtout à la beauté, il se trouvait enfin ne satisfaire ni les esprits scientifiques, ni les âmes religieuses. Longtemps, dans ces termes à la fois généraux et figurés dont il aimait à se servir, on avait cru trouver de quoi répondre aux principales questions de la philosophie. On s'apercevait à la fin que ces termes le plus souvent ne contenaient point ce qu'on eût voulu savoir. L'éclectisme avait annoncé,

---

[1]. Rapport, p. 31.

avait promis beaucoup, et le prestige de l'éloquence de son auteur avait contribué à en faire beaucoup attendre. De plus en plus on devait reconnaître, dans le philosophe qui avait fait naître tant d'espérances, un orateur auquel, comme aux orateurs en général, s'il faut en croire Aristote, le vraisemblable, à défaut du vrai, suffisait. Là où l'on s'était cru convaincu, on avait cédé le plus souvent à la séduction, plus puissante peut-être à l'époque où l'éclectisme s'était produit, de la parole et du style. D'autres temps étaient venus ; on eût préféré désormais sous des formes moins brillantes, s'il le fallait, un fonds plus riche, moins de littérature peut-être, et plus de doctrine [1]. »

De ces divers chefs d'accusation, il n'y en a pas un seul qui soutienne un examen impartial, et qu'on ne puisse retourner dans les mêmes termes contre l'accusateur. Nous sommes d'autant plus à notre aise pour les combattre que, sur les points les plus essentiels de la métaphysique, nous sommes bien près de nous entendre avec M. Ravaisson, et que personne n'admire plus que nous son beau talent, sa haute et ferme intelligence, sa manière originale et profonde de comprendre l'histoire et de résoudre les plus obscurs problèmes de l'érudition philosophique. Mais à chacun le mérite de ses œuvres, et nous ne voyons pas ce que les esprits d'élite peuvent gagner en autorité à manquer les uns envers les autres de respect et de reconnaissance.

M. Cousin n'est pas seulement éclectique de nom, il est éclectique de fait ; et c'est ce que la plupart de ses adversaires lui ont reproché avec amertume, comme

---

1. P. 31-32.

s'il avait associé au hasard l'erreur et la vérité, l'affirmation et la négation. Pour se faire une idée exacte de l'éclectisme de M. Cousin, il suffit de remarquer que les quatre systèmes dans lesquels, selon lui, viennent se résoudre tous les autres, ne représentent point des doctrines arrêtées, mais des tendances permanentes, des dispositions invariables de l'esprit humain. Les uns sont portés à ne croire qu'à leurs sens, et à n'admettre, dans l'homme comme dans la nature, que des phénomènes sensibles : ce sont les sensualistes. Les autres veulent tout expliquer par les idées et les lois de la raison : ce sont les idéalistes. Il y a des intelligences difficiles, défiantes, irrésolues, qui, trouvant les sens et la raison également incertains, s'efforcent de garder la neutralité entre leurs témoignages, souvent contraires, et se bornent à rendre compte des motifs de leur abstention : ce sont les sceptiques ; enfin il existe en nous un sentiment de l'infini et du divin qui ne peut se confondre ni avec nos sensations ni avec nos idées, et qui prend dans certaines âmes un tel ascendant, que tout le reste disparaît devant lui : c'est dans ce sentiment que les mystiques placent le fondement de toute certitude et de toute connaissance véritable.

Ces dispositions existent, elles sont indestructibles, tout en changeant souvent d'expression ; elles se manifestent aujourd'hui comme il y a des milliers d'années, et il y a une souveraine injustice à reprocher à M. Cousin de ne les avoir signalées que pour les répudier. Est-ce que M. Cousin a jamais répudié ou méconnu le rôle de l'expérience, le rôle des sens dans l'observation de la nature ; celui du sentiment et de la foi dans les limites où il n'est point contraire à l'exercice de la raison ; celui du doute lui-même quand le doute se réduit aux proportions de la critique et au droit qu'a l'esprit humain de mettre en question toute affirmation sans preuves, toute conclusion précipitée, toute science illusoire et chancelante? Ce que répudie M. Cousin ce sont les excès et l'intolérance de chaque système ou la prétention d'être, à l'exclusion des autres, l'expression complète de l'esprit humain. M. Cousin n'est donc point, comme l'affirme M. Ravaisson, un pur idéaliste, et il n'est pas plus exact de dire qu'il n'a rien ajouté à la doctrine de Royer-Collard et des philosophes écossais. De Royer-Collard nous n'avons que des fragments sur quelques points circonscrits de la question de l'origine des idées. Les Écossais ne nous ont laissé que des essais épars sur des problèmes de psychologie qu'aucun lien logique n'unit entre eux. M. Cousin, dans les nombreux volumes qui portent son nom, n'a rien oublié, n'a rien négligé de ce qui intéresse directement la philosophie. La philosophie de l'histoire et l'histoire de la philosophie, la métaphysique, la morale, la politique, la philosophie des beaux-arts et surtout cette chère psychologie, objet de sa constante prédilection, la base de tout son édifice, ont occupé tour à tour et quelquefois en même temps sa vigoureuse et ardente intelligence. Si lui aussi il a laissé de nombreux fragments, fruit de sa jeunesse, il a du moins su en tirer dans son âge mûr un ouvrage magistral, qui restera devant la postérité son plus grand titre de gloire.

En disant que M. Cousin, soit dans l'histoire de la philosophie, soit dans l'étude directe de l'âme humaine par la conscience, n'a pas plus méconnu le rôle du sentiment que celui de l'intelligence, nous avons répondu d'avance au reproche que lui fait M. Ravaisson d'être resté étranger « aux choses de l'âme et du cœur. » M. Ravaisson n'a-t-il donc pas lu comme tout le monde, dans le livre que nous venons de rappeler, ces admirables leçons où les sentiments les plus exquis du cœur humain sont analysés et expliqués avec autant de finesse que de grâce? L'on n'est pas moins étonné de voir M. Cousin accusé de confondre la charité avec la justice, quand il est le premier et peut-être le seul de tous les philosophes qui, dans un morceau devenu populaire, ait défini avec une précision vraiment scientifique les caractères distinctifs et la corrélation nécessaire de ces deux vertus. Un autre morceau non moins connu, et, dans tous les cas, non moins digne de l'être, celui qui sert d'introduction à sa magnifique édition des œuvres inédites de Proclus, démontre surabondamment qu'il ne confond pas davantage la religion avec le mysticisme, et que le mysticisme lui-même, qui n'est jamais tout à fait étranger aux croyances religieuses, n'a pas trop à se plaindre de lui. Comment donc M. Cousin s'est-il montré injuste pour la religion? Si nous avions le triste courage de fournir des armes à ses adversaires, nous dirions plutôt qu'il l'a trop ménagée, et que, pour vivre en paix avec elle, il lui a quelquefois sacrifié l'indépendance de la philosophie. Telle n'est point évidemment la pensée de M. Ravaisson.

Il faut donc que nous cherchions à son accusation un autre sens. Peut-être fait-il un crime à M. Cousin d'avoir rendu la religion solidaire de l'usage qu'il a fait lui-même de la raison, ou d'avoir voulu montrer que ses opinions philosophiques ne diffèrent pas, au fond, des dogmes religieux. S'il en est ainsi, M. Ravaisson a prononcé contre lui-même, car il n'a pas évité cette injustice, si c'en est une. Il trouve, par exemple, dans la génération éternelle du Fils de Dieu et dans le mystère de l'incarnation une confirmation éclatante de ses idées sur la génération des êtres par la substance divine, et sur la manifestation de l'esprit divin sous les formes diverses, nous allions dire sous les *espèces* de la matière. Aussi, dès aujourd'hui, est-il traduit devant l'opinion comme un impie, comme un déserteur des saines croyances, comme un contempteur du dogme de la création, par conséquent comme un panthéiste ; et ce qu'il y a pour lui de plus douloureux, et de plus curieux pour le public, c'est qu'on affirme que son panthéisme n'est qu'une servile reproduction de celui de M. Cousin, à l'époque où M. Cousin enseignait encore cette erreur, répudiée à la fin de sa vie par une métaphysique plus conforme à la révélation chrétienne. Tel est le sens d'une brochure anonyme écrite évidemment par un ecclésiastique, peut-être par un prélat philosophe de notre connaissance, et qui a paru sous ce titre : *La Genèse de l'univers d'après MM. Félix Ravaisson et Victor Cousin*. Il y a là de quoi faire réfléchir les philosophes qui s'accusent les uns les autres de manquer de respect à la religion.

II

Avoir pratiqué l'éclectisme d'une manière équivoque et incomplète, avoir dédaigné ou méconnu le rôle qui appartient au sentiment, avoir manqué de justice envers la religion, ce ne sont point les défauts les plus graves que M. Ravaisson ait découverts dans la philosophie de M. Cousin. Elle en a un autre, à ses yeux, qui suffirait à lui seul pour la faire condamner, qui contient, selon lui, le véritable principe de sa ruine. M. Cousin pense que le champ de l'expérience est limité, et qu'il y a des vérités, non-seulement des rapports et des lois, mais des existences, que nous ne pouvons connaître que par notre raison, ou par les idées universelles et nécessaires qui constituent l'invariable fonds de notre intelligence. Par l'expérience des sens, nous connaissons les phénomènes du monde extérieur. Par l'expérience de la conscience ou du sens intime, nous nous apercevons nous-mêmes comme une cause et comme une substance, comme une réalité plus durable que celle des simples faits. Mais la cause première, la substance éternelle, l'infini, la loi qui doit servir de règle à notre volonté, la perfection qui doit être le but de nos désirs, nous ne pouvons les atteindre que par notre raison ; ils ne se révèlent à notre esprit que par nos idées.

Selon M. Ravaisson, l'expérience suffit à tout, embrasse tout, la suprême réalité, le fond des existences, le principe des choses aussi bien que les phénomènes, les causes quelles qu'elles soient, même la première cause aussi bien que les effets, et tout ce que nous ne savons pas par l'expérience, tout ce que nous concevons seulement par les idées ne nous représente rien dont nous ayons une connaissance véritable, rien que nous puissions affirmer avec certitude. L'expérience telle que M. Ravaisson la comprend, ce n'est point, on le pense bien, l'expérience des sens, mode inférieur de connaissance qu'il ne repousse pas, mais qui ne lui suffit pas, parce qu'il ne s'applique qu'à la matière, c'est-à-dire au dernier degré, au moindre degré possible de la réalité. C'est à l'expérience intérieure, c'est à la conscience qu'il attribue le privilège de nous mettre en possession du domaine entier de la vérité..

On n'en sera pas surpris lorsqu'on saura que, pour M. Ravaisson, tout phénomène se ramène à un effort de volonté dont le type est en nous, dont le type n'est pas autre chose que nous-mêmes. En nous percevant nous-mêmes à la lumière de la conscience, nous percevons aussi cette volonté inconsciente qui se manifeste dans la nature, et cette volonté suprême, parfaite, qui est à la fois le principe et la fin, la cause efficiente et la cause finale de tous les êtres [1]. Voilà ce qui fait dire à M. Ravaisson que le temps n'est pas éloigné où tous les systèmes philosophiques se résoudront en un *réalisme* ou *positivisme spiritualiste*. Le caractère distinctif de cette philosophie nouvelle, dont le créateur n'est pas difficile à découvrir, est d'avoir pour principe

---

1. P. 239 et 240.

générateur « la conscience que l'esprit prend en lui-même d'une existence dont il reconnaît que toute autre existence dérive et dépend, et qui n'est autre que son action [1]. » M. Ravaisson, assurément, ne veut pas dire que toute existence dérive et dépend de celle de l'homme ou de l'action de la volonté humaine ; mais, grâce à la méthode synthétique dont il fait usage et qu'il propose de substituer à la méthode analytique, il croit qu'il lui est possible de se placer en quelque sorte au sein de la conscience divine, et d'acquérir ainsi une connaissance immédiate, une connaissance directe, expérimentale, de l'action divine à laquelle nous participons, dont notre propre action est inséparable [2].

Voici, au reste, en quels termes il essaye de définir cette méthode supérieure, qu'il croit seule permise à la haute philosophie ou à la métaphysique : « C'est, dit-il, la conscience immédiate, dans la réflexion sur nous-mêmes et par nous-mêmes sur l'absolu auquel nous participons, de la cause ou raison dernière [3]. » Il avait dit, un peu auparavant : « L'infini est la lumière intérieure par laquelle nous voyons originairement et elle-même et tout le reste [4]. » — « Tandis que Malebranche a dit que nous voyons tout en Dieu, à l'exception de nous-mêmes, dont il pensait que nous n'avions qu'un obscur sentiment, peut-être faut-il dire que nous voyons tout en Dieu parce que c'est en lui seul que nous nous voyons [5]. »

Ce langage, on en conviendra, est celui du mysti-

1. P. 258.
2. P. 136.
3. P. 246.
4. P. 136.
5. P. 245.

cisme plus que du positivisme. Mais, tel qu'il est, il laisse subsister entièrement la distinction, si amèrement reprochée à M. Cousin, de la raison et de l'expérience, des idées et des faits. Soit, dirons-nous à M. Ravaisson ; nous nous voyons en Dieu beaucoup mieux que nous ne pouvons nous voir en nous-mêmes. Toujours est-il que nous sommes distincts de lui. Il est l'infini et le parfait ; nous sommes des êtres imparfaits et finis. Que de l'infini et du parfait nous ayons une idée, qu'à l'aide de notre raison nous ayons la faculté de les concevoir, cela est incontestable, puisque autrement les mots dont nous nous servons pour les désigner et pour en parler n'auraient aucun sens. Mais il y a une révoltante contradiction à prétendre que nous en avons conscience, ou que nous les connaissons par expérience comme nous nous connaissons nous-mêmes, et mieux que nous-mêmes ; que nous connaissons la volonté divine, l'action divine, la pensée divine, comme notre propre volonté, nos propres actions et nos propres pensées. S'il en était ainsi, nous serions nous-mêmes la Divinité, puisque toute différence serait supprimée entre elle et nous. Or, telle n'est point la pensée de M. Ravaisson. S'il ne craint pas quelque part d'appeler l'homme un dieu, il a soin d'ajouter aussitôt que c'est un dieu particulier, dont l'empire a ses bornes, et que « ce dieu ne produit rien, ne peut rien que par la vertu supérieure, à laquelle il participe, du Dieu universel, qui est le bien absolu et l'amour infini [1]. »

Nous ferons la même observation sur les idées de

---

[1]. P. 245.

cause et de substance. Quelque étroite connexion qu'on établisse entre la cause et les effets, entre la substance, ou, si l'on veut, entre l'être et les phénomènes, en soutenant, comme le fait M. Ravaisson, avec Leibniz et Maine de Biran, que l'effet est dans la cause, que les phénomènes sont dans la substance et ne peuvent s'en séparer, il n'en reste pas moins vrai que les deux choses sont distinctes et qu'à vouloir les confondre on se met en rébellion contre la raison du genre humain et contre toutes les langues humaines. Les phénomènes sont multiples et fugitifs, la substance a pour caractères l'unité et la durée. Après que l'effet a disparu, la cause subsiste encore, toute prête à le reproduire. M. Ravaisson, malgré sa prétention à introduire dans la philosophie la méthode positiviste, c'est-à-dire à se passer des idées et à ne reconnaître que l'autorité de l'expérience, est si convaincu de ces vérités, que lui-même les proclame et les invoque quand il en a besoin. Ainsi nous lisons dans son Rapport, à la même page que nous citions tout à l'heure : « Si c'est la perfection relative de notre pensée qui est la cause de tout ce qui se passe en nous, cette perfection relative a elle-même sa cause, laquelle est la perfection absolue. » Il y a donc une cause absolue et, partant, un principe absolu qui ne permet pas à notre intelligence de concevoir un effet sans cause.

Là où M. Ravaisson triomphe, c'est lorsqu'il combat l'idéalisme pur, lorsqu'il démontre que des idées ne sont point des connaissances; que les idées toutes seules ne suffisent pas pour nous mettre en communication avec les êtres et avec les choses; que les idées toutes seules ne sont que des abstractions, ou, comme dit Kant, des formes vides ; que dans la réalité elles ne se séparent point d'un fait, d'une action, d'une force effective et vivante qui agit sur nous ou en nous et qui est, par conséquent, un objet d'expérience. Une des parties les plus remarquables de son livre est celle où il soutient contre le père Gratry que l'infinitésimal mathématique, qui joue un si grand rôle dans la doctrine de l'ingénieux oratorien, n'a rien de commun avec l'infini réel, avec l'infini métaphysique, et ne prouve en aucune façon l'existence de Dieu. Il n'établit pas avec moins de force, contre un autre philosophe contemporain, que l'idéal n'est pas seulement dans l'esprit de l'homme, qu'il est dans la nature et dans les choses, où il se manifeste par la chaîne progressive des êtres ; qu'il est la loi de l'action et de la vie, en même temps qu'une conception nécessaire de la pensée. D'ailleurs l'idéal, c'est-à-dire la perfection relative ou absolue, inspire l'amour, et l'amour est une action, une force, c'est à-dire une réalité. Mais de ce que, dans une mesure quelconque, l'expérience est nécessaire pour convertir nos idées en connaissances et leur donner prise sur le fond des choses, il est impossible de conclure que les idées ne sont qu'une création de notre esprit et que la philosophie, que la science en général, est en état de s'en passer. Elles sont à l'intelligence ce que la figure est au toucher, ce que les couleurs sont à l'œil. Elles sont les formes invisibles sans lesquelles rien de ce qui existe ne peut être saisi par la pensée, comme sans la figure et sans les couleurs nos sens sont incapables de percevoir les corps, ou, ce qui est la même chose, de les distinguer les uns des autres.

Il ne serait pourtant pas juste de juger le Rapport

de M. Ravaisson par les propositions isolées que nous en avons citées. Ce qui fait par-dessus tout l'intérêt et l'originalité de cet écrit, c'est, comme nous l'avons déjà dit, le système que l'auteur y expose en son propre nom, et qui est toujours présent à son esprit quand il loue ou quand il blâme les doctrines philosophiques de ses contemporains et de ses devanciers. Ce système, non moins compréhensif que ceux de l'antiquité et du xviie siècle, ou des philosophes allemands du commencement du xixe, aurait demandé des développements plus étendus ; un ouvrage tout entier n'aurait pas été en disproportion avec son importance ; tandis que, concentré comme il l'est dans l'espace de quelques pages, il ne pouvait guère, malgré le talent de l'auteur, être exempt de toute obscurité. Nous allons essayer toutefois d'en donner une idée à nos lecteurs.

Convaincu que toute connaissance vient de l'expérience, et que toute expérience se ramène à celle de la conscience, M. Ravaisson commence par observer ce qui se passe en nous, pour prendre acte de notre personnalité, de notre libre volonté, type de tout ce que nous appelons du nom de cause, de ce que nous savons des autres êtres. La connaissance de l'âme le conduit immédiatement à celle de Dieu, puisque l'une est contenue dans l'autre ; et de Dieu il descend dans la nature en repassant, si l'on peut s'exprimer ainsi, par l'âme humaine, pour nous montrer comment elles sont faites toutes deux de la même essence, pour nous expliquer le mystère de leur origine et de leurs rapports. C'est une cosmogonie en même temps qu'un système de métaphysique.

Selon M. Ravaisson, nous ne sommes pas seulement

les spectateurs, nous sommes les auteurs ou les artistes de notre vie spirituelle; car tous les faits que nous apercevons en nous, toutes les facultés d'où l'on a coutume de les faire dépendre, se réduisent, malgré leur diversité apparente, à la seule pensée. Or, penser c'est vouloir; penser c'est exercer une action, c'est agir sur soi-même. D'abord confuse et diffuse, réduite à une existence purement virtuelle, à un état que nous représentent parfaitement le sommeil et le rêve, la pensée peu à peu se recueille, se réveille et, par l'activité qui lui est propre, par un mouvement continuel de recomposition, s'élève de degré en degré jusqu'à l'unité et à la clarté de la conscience. C'est alors, après que nous avons tiré une à une toutes nos facultés de l'engourdissement où elles étaient plongées, que nous existons véritablement, que nous avons la pleine possession de nous-mêmes, que nous sommes une personne, que nous avons une âme. Il est donc jusqu'à un certain point permis de dire que notre âme se crée elle-même, et qu'en même temps qu'elle accomplit cette œuvre de création, elle en est le témoin.

Ce qui fait l'unité de l'âme et sa puissance créatrice, c'est la poursuite d'un but, d'une fin dont l'amour se confond avec son activité, c'est-à-dire avec son existence même. Pourquoi, en effet, sortirait-elle de ce néant relatif, de cette existence virtuelle à laquelle elle se réduit primitivement? pourquoi éprouverait-elle le besoin d'agir, si ce n'est en vue d'un état meilleur, d'un état plus parfait qui n'est pas autre chose, au fond, qu'un degré plus élevé de réalité, d'activité, d'intelligence? Mais cette perfection relative, qui est la cause de tout ce qui se passe en nous, a elle-même sa cause, qui ne peut être que la perfection absolue. La perfection absolue est moins encore que la perfection relative un pur idéal, une simple abstraction de l'esprit ; c'est la suprême réalité, c'est Dieu lui-même. Dieu est donc la raison dernière, la fin véritable de notre vie ; à lui se rapportent toutes nos actions et toutes nos pensées ; il est le type de notre intelligence et de notre volonté, c'est-à-dire de notre personnalité ; il est la personnalité absolue, et ce n'est qu'en nous voyant en lui que nous pouvons dire que nous nous voyons.

On ne pourra pas accuser M. Ravaisson d'avoir, comme Hegel et Spinoza, reconnu un Dieu sans conscience et sans personnalité ; il fait de la personnalité divine le fondement même de sa métaphysique et, comme nous allons nous en assurer, de sa cosmogonie. Cela ne le sauvera pas du mysticisme ; car il n'y a qu'un moyen de lui échapper : c'est de laisser à la raison, à ses idées, à ses lois immuables la direction souveraine de notre esprit, de notre volonté aussi bien que de notre pensée.

La personnalité divine, modèle et fin de la perfection vers laquelle nous gravitons sans cesse, et qui, parce qu'elle est la condition de notre activité, de notre pensée, est également celle de notre existence ; la personnalité divine se réfléchit dans la personnalité humaine, et celle-ci, à son tour, se réfléchit dans la nature, dans les êtres organisés d'abord, et ensuite à un moindre degré, d'après une mesure toujours décroissante, dans les corps inorganiques. L'organisation et la vie se ramènent, comme la pensée, comme la volonté chez l'homme, à un acte de création. Vivre c'est créer, dit M. Claude Bernard, et l'on se représente facilement le parti que M. Ravaisson tire de cette proposition. Bien loin que les organes soient pour lui la cause de l'intelligence, c'est l'intelligence au contraire, une intelligence inconsciente, une volonté instinctive, qui crée les organes. M. Ravaisson est animiste comme Stahl et Van Helmont. C'est une conséquence nécessaire de son système qu'il justifie par les travaux de la physiologie contemporaine.

Passant ensuite aux corps inorganiques, et acceptant la théorie moderne qui substitue à l'affinité chimique et à l'attraction universelle une action purement mécanique; admettant que tous les phénomènes du monde matériel se réduisent à une propagation du mouvement par le choc, il démontre que ce fait, si simple en apparence, nous offre encore un certain degré de spontanéité, limite extrême, ombre vague de l'activité volontaire. Il cite en sa faveur l'opinion de Leibniz et de Kepler, selon laquelle le mouvement ne périt pas dans un corps pour renaître dans un autre, mais se conserve à l'état de tendance ou de force, sans augmentation ni diminution. Si loin qu'il y ait de cette force brute à la volonté libre de l'homme et à la volonté souveraine de Dieu, elle n'en est pas moins une cause active, une cause spirituelle qui échappe à la perception des sens et n'est accessible qu'à la pensée; elle n'en est pas moins un des aspects sous lesquels se manifeste la volonté.

La volonté, telle est, à proprement parler, la substance, ou, si l'on veut, le tissu dont sont faites toutes les existences, la nature aussi bien que l'homme, l'homme aussi bien que Dieu. En Dieu elle se confond avec l'amour, et l'amour se confond avec le bien, le souverain bien, le bien absolu. Dans l'homme elle flotte entre le bien absolu et les biens relatifs, les biens imparfaits, qui n'en sont que de faibles et fugitives images. Dans la nature, elle nous apparaît comme une spontanéité sans conscience, qui, passant par des alternatives de concentration et d'expansion, d'enveloppement et de développement, produit les phénomènes du sommeil et de la veille, de la naissance et de la mort. Oui, même la naissance et la mort ont lieu, comme le soutient Gœthe, par un acte de volonté. A son dernier terme de dégradation, la volonté se réduit à la force mécanique. Hors de la volonté, ou, ce qui est la même chose, hors de l'esprit il n'existe donc absolument rien. « La nature, dit M. Ravaisson, est comme une réfraction ou dispersion de l'esprit[1]. » La matière elle-même, si nous la distinguons des forces qui l'animent ou qui la mettent en mouvement, la matière est le dernier degré de l'être ; et être, c'est vouloir, c'est penser.

M. Ravaisson, il est permis de le supposer, ne répudierait pas la variante que Gœthe propose d'introduire dans les premiers versets de l'Evangile de saint Jean : « Au commencement était l'action, et l'action était Dieu, et tout a été fait par elle. » En effet, selon l'auteur du *Rapport sur la philosophie en France*, la substance de Dieu ne se distingue pas de sa volonté, et sa volonté ne se distingue pas de son action, confondue à son tour avec sa pensée. C'est ce qu'il a essayé de faire comprendre par une image : « Une flamme sans support matériel, en quelque sorte, qui se nourrit d'elle-même, telle est la conception unique où les contraires,

[1]. P. 255.

partout ailleurs séparés, se confondent comme dans une vivante et lumineuse unité[1]. » Involontairement l'on pense, en lisant ces mots, au buisson ardent du mont Oreb qui brûlait sans se consumer. Mais le système de M. Ravaisson nous offre bien d'autres traits de ressemblance avec les vieilles doctrines de l'Orient.

Pensée, action, volonté, amour, de quelque façon qu'on se représente et de quelque nom qu'on désigne le suprême principe des existences, il n'a rien fait de rien ; il a tiré de lui-même, il a, si l'on peut ainsi parler, construit avec lui-même l'univers et l'homme. C'est ce que M. Ravaisson affirme hardiment, sans équivoque, sans couvrir sa pensée d'un voile trompeur ; et en même temps qu'il écarte le dogme de la création *ex nihilo*, il essaye de nous montrer comment Dieu s'y est pris pour produire des êtres inférieurs à lui.

« Si l'on remonte à la cause première, à l'infini de la volonté libre, comment comprendre que quelque chose qui serait hors d'elle, qu'un rien, un néant, par conséquent, pût en quoi que ce soit l'empêcher et suspendre un seul instant son action? Il semble donc qu'on ne saurait comprendre l'origine d'une existence inférieure à l'existence absolue, sinon comme le résultat d'une détermination volontaire par laquelle cette haute existence a d'elle-même modéré, amorti, éteint, pour ainsi dire, quelque chose de sa toute-puissante activité. » — « De ce qu'il a annulé, en quelque sorte, et anéanti de la plénitude infinie de son être (*seipsum exinanivit*), il a tiré, par une sorte de réveil et de résurrection, tout ce qui existe[2]. »

1. P. 261.
2. P. 262 et 263.

C'est avec raison que M. Ravaisson invoque l'autorité de la théosophie juive. C'est à peu près de cette façon que s'expriment les rédacteurs du Zohar, le plus ancien monument de la Kabbale. Au commencement, disent-ils, l'Etre infini, l'*En-soph*, était répandu partout. Sa présence effective remplissait l'immensité. Mais ayant résolu de produire d'autres existences, il se concentra sur lui-même de manière à n'être plus qu'un point indivisible, et de cet acte de concentration, de cette espèce d'annihilation de son être naquit l'espace ou le vide, dans lequel vinrent se placer les différents êtres et les différents mondes formés par des épanchements successifs de sa substance. Assurément il y aurait de l'injustice à ne pas convenir que la nature divine telle que M. Ravaisson la conçoit, avec la conscience et la liberté, est moralement, est religieusement supérieure à cette substance infinie que l'on nous montre d'abord dépourvue de toute forme accessible à l'intelligence. Mais des deux côtés ce sont les mêmes images et le même fonds d'idées.

Il est douteux que M. Ravaisson réussisse aussi bien à nous faire reconnaître son opinion sur l'origine des choses dans les dogmes chrétiens de la génération éternelle du Fils et de l'Incarnation du Verbe. La génération éternelle du Fils est autre chose, à ce qui nous semble, que la génération éternelle de tous les êtres, que la génération de l'homme et de l'univers; et le Verbe devenu chair, ce n'est certainement pas, pour employer une expression que nous connaissons déjà, « la diffusion de l'esprit dans la nature, » c'est le Fils de Dieu descendu sur la terre pour sauver les hommes. Comment concilier d'ailleurs avec la Trinité chrétienne une doctrine méthaphysique qui ne supporte aucune distinction dans la nature de Dieu, qui confond la substance avec l'action, et qui ramène toute action à la pensée? Ce n'est pas, on le comprendra, l'orthodoxie de M. Ravaisson qui nous donne des inquiétudes ; mais nous craignons qu'il n'ait confondu deux ordres d'idées complétement différents.

Nous ne suivrons pas M. Ravaisson dans les applications qu'il fait çà et là de ses principes généraux à la morale, à l'esthétique, à la psychologie, à la question de l'immortalité de l'âme; il nous suffit d'avoir réuni les traits essentiels de son système métaphysique. Si nous avons réussi à en donner une idée un peu claire, on nous accordera qu'il était digne des efforts qu'il nous a coûtés et de la place que nous lui avons consacrée ici. Quelque jugement que nous soyons amené à en porter bientôt, nous n'hésitons pas à dire que c'est une des plus fortes conceptions qu'on puisse citer à l'honneur de la philosophie française de notre temps. Mais ce n'est pas assez qu'une doctrine philosophique porte en elle la marque d'une grande intelligence, il faut qu'elle porte les marques de la vérité. Notre tâche serait donc incomplète si, après avoir exposé le système de M. Ravaisson, nous nous dispensions de le discuter et de produire quelques-unes des objections qu'il a déjà soulevées.

III

Nous ne ferons pas à M. Ravaisson le même reproche que l'écrivain anonyme dont il a été question précédemment ; nous ne verrons pas en lui un panthéiste parce qu'il nie le dogme de la création. Si créer veut dire autre chose que produire sans le concours d'une matière préexistante, le dogme de la création n'offre aucun sens à notre esprit ; nous voulons dire que non-seulement il nous est incompréhensible, mais que nous ne pouvons l'affirmer que des lèvres, sans savoir ce que nous affirmons. Nous sommes absolument hors d'état de concevoir que quelque chose soit fait avec rien. Il est d'ailleurs très-douteux que telle soit la signification du premier verset de la Genèse. Les plus savants docteurs de la Synagogue ne l'ont pas cru. Les auteurs de la version dite des Septante, la plus ancienne de toutes les versions connues de la Bible, ne le croyaient pas davantage ; ils disent simplement : « Au commencement Dieu fit le ciel et la terre. » Saint Paul, qui savait probablement sa langue maternelle, s'éloigne également de la formule consacrée aujourd'hui, lorsqu'il dit que c'est en Dieu que nous avons la vie, le mouvement et l'être ; que c'est de lui, par lui et en lui qu'a été fait tout ce qui existe [1]. Et saint Augustin, et Féne-

---

1. *In eo vivimus, movemur et sumus.* — *Ex ipso, per ipsum et in ipso sunt omnia.* Ad Rom. XI, 36.

lon, et Malebranche, ont-ils pensé autrement? Si tous ceux qui ont nié ou douté que le néant fût une condition nécessaire de la génération des choses étaient par cela même convaincus de panthéisme, on ne trouverait ni un métaphysicien, ni un théologien un peu profond qui aurait échappé à cette erreur.

Mais comprenons-nous mieux l'explication que M. Ravaisson propose de substituer à celle qu'il a écartée? Nous rendons-nous bien compte de cet acte par lequel Dieu anéantit ou amoindrit une partie de lui-même pour la faire renaître ou la ressusciter sous la forme de la nature et de l'espèce humaine? D'insurmontables difficultés s'opposent à cette opération. Dieu étant l'être nécessaire, comment pourrait-il s'anéantir ou s'amoindrir même en partie? Dieu étant absolument indivisible, Dieu formant une unité tellement parfaite qu'on est obligé, comme l'affirme M. Ravaisson, de confondre sa substance avec son action, et son action avec sa pensée, comment distinguer en lui une partie qui s'annule, qui s'amoindrit, et une autre qui est la cause de cet amoindrissement? Nous craignons donc que M. Ravaisson ne soit tombé dans le défaut dont il accuse M. Cousin, et qu'il n'ait pris des métaphores pour des réalités. Théologiens ou philosophes, il faut que nous en prenions notre parti; ne pouvant pas supprimer la limite qui sépare notre conscience de la conscience divine, nous sommes condamnés à ignorer toujours comment Dieu est sorti de son unité absolue pour donner naissance à d'autres existences. Ce mystère, que ni la raison ni la foi ne sont en état de résoudre, l'expérience le résout encore moins.

Une seule chose, mais de grande importance, nous

paraît vraie dans le système de M. Ravaisson : c'est que l'esprit est véritablement le fond et le principe de toute existence, et que l'esprit, dans son complet développement, est conscience et liberté; qu'il n'est donc pas seulement un objet de raison, mais un objet d'expérience; qu'il ne se manifeste pas seulement par des idées, mais par une action sentie en nous et perçue sous diverses formes dans la nature. On conçoit en effet, à la condition d'appeler le raisonnement à la place de la sensation et de l'instinct, on conçoit que l'esprit puisse s'obscurcir, décroître, perdre peu à peu ses facultés, jusqu'à ce qu'il se réduise à n'être plus qu'une cause de mouvement ou une force de résistance; mais aucune expérience de physiologie et aucune habileté logique ne pourra nous faire comprendre que cette force aveugle qui n'obéit qu'aux lois de la mécanique, et cette vile multitude de points résistants qu'on nomme la matière, produisent la pensée et la volonté. Comment la pensée viendrait-elle de ce qui ne pense pas, et la liberté d'une nécessité inconsciente? D'un autre côté, comment l'esprit aurait-il donné naissance à ce qui est absolument son contraire, à ce qui n'a aucune analogie ni aucun rapport de communauté avec lui? Nous croyons donc qu'au sommet des êtres il y a un être personnel, modèle et principe de toute personnalité, cause intelligente et libre qui, de son action et de sa pensée, a produit l'univers : *ex ipso et per ipsum sunt omnia*.

Mais en résulte-t-il que toute existence soit personnelle à un certain degré, et qu'entre les diverses catégories d'êtres que nous connaissons il n'y ait d'autre différence qu'une différence de mesure et de proportion? Cette supposition est absolument inadmissible. Il n'y a pas de personne sans conscience et sans liberté, parce que, sans conscience et sans liberté, il n'y a pas de responsabilité. La personne n'est pas seulement la cause, elle est l'auteur de ses actions ; elle ne se contente pas de les produire, elle les veut, et elle les veut parce qu'elle a connaissance à la fois de sa volonté et de la fin en vue de laquelle elle l'exerce. Quand la conscience a cessé et qu'on ne trouve plus que la sensation, quand la volonté a cessé et qu'on ne trouve plus que l'instinct, toute trace de personnalité a disparu, c'est un autre type de l'existence qu'on a devant soi. Il en est ainsi, à plus forte raison, quand la sensation et l'instinct s'étant évanouis à leur tour, il ne reste plus que la vie organique. Il y a donc un abîme entre l'homme et les animaux, entre l'âme humaine et les différentes forces, où, si l'on veut, les différentes formes de spontanéité que nous apercevons dans la nature. Il y a le règne humain, le règne de la conscience et de la responsabilité morale, qui ne permet pas qu'on le confonde avec aucun autre.

Il n'en saurait être ainsi dans le système de M. Ravaisson. Pour lui toutes les facultés se confondent, si même il permet de dire qu'il y a des facultés. Être, penser, vouloir, agir, aimer, sous des noms différents, ne sont, dans son opinion, qu'une seule et même chose. Y a-t-il une exception pour la sensibilité, ou tout au moins pour ce mode infime de la sensibilité qui dérive immédiatement des organes et qui porte le nom de sensation? M. Ravaisson ne dit pas précisément que sentir soit la même chose que penser ; il convient « que les sensations ne sont que des matériaux pour l'activité intellectuelle. » Mais il se hâte d'ajouter que ces matériaux ne sont, après tout, qu'une création de l'intelligence, que c'est l'intelligence elle-même ou l'activité intellectuelle qui se les est préparés dans une phase antérieure [1]. Il est évident qu'un produit de l'intelligence ne peut être qu'une chose intelligible, c'est-à-dire une pensée. Mais là ne s'arrête pas le travail d'identification auquel M. Ravaisson veut soumettre toute la nature. « Que s'il faut, dit-il [2], à l'âme pour se peindre à elle-même le tissu que lui offre le monde extérieur, ce tissu c'est elle encore qui se l'est ourdi de sa propre substance. »

La conséquence qui résulte de là, c'est que tous les êtres ayant la même existence, partant la même nature, les seules différences qui puissent exister entre eux sont des différences infinitésimales de proportion, d'intensité, de développement, en dernière analyse, de quantité. Aucune condition déterminée, aucune faculté, aucune qualité caractéristique ne les distinguera les uns des autres. Les types disparaissent pour ne laisser subsister que des individus, des accidents, des degrés insaisissables, puisque les types sont des idées et qu'il est convenu, d'après M. Ravaisson, que les idées ne sont que des abstractions. Nul ne pourra dire ce qui sépare la sensation de l'intelligence, l'instinct de la liberté, c'est-à-dire l'animal de l'homme et l'homme de la divinité ! Il ne faudra plus dire, comme Pascal : « Ni ange, ni bête; » mais « ange et bête, animal et Dieu. » Ce sera la confusion universelle.

Toutes les fois que, par une cause quelconque, soit

---

1. P. 168.
2. Ibid.

qu'on veuille élever la nature jusqu'au rang de l'homme, soit qu'on veuille faire descendre l'homme au rang de la nature, l'idée de la liberté a été obscurcie ou compromise, on peut être sûr que celle de la loi morale, que celle du devoir l'est au même degré. C'est précisément ce qui arrive dans le système que nous discutons en ce moment.

Nous l'avons déjà dit, malgré les avantages qu'il fait au positivisme, M. Ravaisson est mystique. Il l'est en métaphysique, puisqu'il retourne à la Kabbale et à l'école d'Alexandrie. Il l'est aussi en morale. On trouvera dans son livre certains passages qui semblent avoir été inspirés par Saint-Martin et Jacob Bœhm, et l'on n'en sera pas étonné si l'on se rappelle quel est le dernier mot de sa philosophie, celui qui doit nous faire connaître à la fois le principe et la fin, la substance et la loi des êtres. Ce dernier mot, c'est l'amour. Dieu est amour, et comme c'est l'action de Dieu qui nous fait ce que nous sommes, l'amour est partout, et il n'y a pas autre chose que lui; il est, comme l'affirme expressément M. Ravaisson [1], le principe de la raison aussi bien que de la nature; par conséquent, il faut qu'il domine la raison et qu'il soit la source de nos actions comme il est celle de notre être. Une morale qui n'aurait point pour base le principe *surnaturel* et *suprarationnel* de l'amour serait inférieure, non-seulement à celle du christianisme et de l'Ancien Testament, mais à celle même du bouddhisme [2].

Le bouddhisme, on le sait, exige qu'on aime les animaux aussi bien que les hommes. Il est plein de pitié

---

[1] P. 222.
[2] *Ibid.*

et de tendresse pour tout ce qui a vie et sentiment. La légende raconte que le fondateur de cette religion, Çakia-Mouni, rencontrant un jour sur son chemin une tigresse affamée, lui fit l'aumône d'une partie de sa chair. Pourquoi donc l'amour, quand il n'est pas éclairé et dirigé par la raison, n'irait-il pas jusque-là? Comment la raison pourrait-elle l'éclairer et lui désigner les objets dignes de son choix lorsqu'il est placé au-dessus de la raison? La charité, qu'il est impossible de ne point placer au premier rang de toutes les vertus; la charité que les stoïciens et Cicéron nous enseignent au nom de la philosophie, comme le Pentateuque et l'Évangile au nom de la religion, n'a rien de commun avec cet amour abstrait et confus; elle est justifiée et prescrite par la raison, en même temps qu'elle a sa racine dans le cœur humain. Elle est à la fois un sentiment et un devoir; elle est naturelle et rationnelle.

Ce qui fait notre dignité, notre grandeur et notre force, ce qui nous élève au-dessus de la nature animale et de la nature brute, ce qu'il y a en nous de traits communs avec la nature divine, ce qui nous ouvre la perspective de l'immortalité et nous fait entrer en communication avec l'infini, la raison, la liberté, la faculté et le besoin de la vérité, la faculté et le besoin de la perfection, voilà ce que nous aimons spontanément, d'un amour irrésistible, d'un amour absolu et impersonnel, dans les autres et en nous-mêmes. Ce n'est pas seulement de l'amour, c'est de la raison, et ce que nous aimons ainsi, la raison, sous le nom de devoir, nous l'impose impérieusement comme but de toutes nos actions et de tous nos efforts, comme objet de tous nos sacrifices, comme la condition hors de laquelle nous sommes frappés de déchéance et indignes de la communion du genre humain.

L'amour, pris en lui-même, n'est pas un principe, n'est pas une loi, mais un fait. Il ne dépend pas de moi d'aimer ou de ne pas aimer, et quand même cela dépendrait de moi, on ne saurait ériger l'amour en devoir sans mettre le devoir au-dessus de lui. Si donc nous ne devions suivre que les inspirations de l'amour, nous n'aurions pas le droit d'en vouloir à ceux qui n'aiment pas. Les égoïstes et les pervers seraient à plaindre, ils ne seraient pas coupables. Le devoir seul est un principe, parce qu'il est universel et absolu, sous peine de ne pas exister. Le devoir seul est une loi, parce qu'il ordonne et commande, parce qu'il prescrit et défend, et ses prescriptions comme ses défenses sont les mêmes pour tous; il n'y a devant lui ni exception ni privilége.

Il existe entre le devoir et l'amour une autre différence qui ne permet ni de les confondre, ni de les substituer l'un à l'autre. Avec le devoir, il y a des droits, et tant que ces droits seront reconnus, la liberté humaine ne courra aucun danger. Le devoir me commande de conserver, de développer, d'élever à toute la perfection dont elles sont susceptibles les facultés qui font de moi un homme, ou, si l'on veut, une créature intelligente. Il faut donc que je permette aux autres d'obéir à la même loi et d'aspirer au même rang. Il m'est défendu de les gêner dans leurs efforts, à la condition qu'ils ne gêneront pas les miens. Il m'est défendu de mettre des entraves à leur activité, soit intellectuelle, soit matérielle, pourvu qu'elle ne se tourne pas injustement contre moi. Je dois sans doute les aider, je dois me joindre à eux fraternellement dans l'accomplissement d'une tâche qui nous est commune, je ne dois pas me substituer à eux. Voilà comment du devoir naît le droit et du droit la liberté.

Avec l'amour, l'amour tout seul, placé au-dessus de la raison et considéré comme un principe *suprarationnel*, il n'y a pas de droit, il n'y a pas de liberté, si l'on entend parler de la liberté dans l'ordre social, dans les rapports de l'homme avec ses semblables. Dieu aime sa créature sans que celle-ci ait aucun droit à son amour ; il l'aime malgré son indignité, malgré sa faiblesse, et, dans l'abondance de sa grâce, il la porte plus encore qu'il ne la pousse à la destinée qu'il lui a préparée. N'est-ce pas ainsi, sauf la différence qui existe entre la puissance divine et la faiblesse humaine, qu'un père se conduit envers son enfant mineur ? Supposez que tout homme est tenu d'agir de même à l'égard de ses semblables lorsqu'il en a le pouvoir, comme il en a la volonté, vous aurez, sous prétexte de charité et d'amour, un intolérable despotisme. On viendra me conduire par la main à ce qu'on appelle mon bonheur ou mon salut, et l'on s'arrogera une autorité absolue, non-seulement sur mes actions, mais sur mes pensées. On se dira qu'il est plus important de me préserver des misères de l'âme, c'est-à-dire de l'erreur et de l'impiété, que des misères et des souffrances du corps ; et la charité ou l'amour, ne comptant pour rien le droit qu'il ne connaît pas, inventera l'inquisition. C'est un fait à remarquer que, dans l'ordre politique, les gouvernements les plus absolus sont habituellement désignés sous le nom de gouvernements paternels.

Un philosophe contemporain d'une rare élévation

d'esprit, un philosophe religieux que son principe métaphysique et le principe chrétien de la charité semblaient devoir rapprocher de M. Ravaisson, M. Secrétan, apprécie à peu près comme nous le système contenu dans le *Rapport sur la philosophie au XIXe siècle*. Nous avons besoin, pour nous rassurer contre la crainte de paraître trop sévère, de confirmer notre jugement par le sien. « Cette doctrine, dit M. Secrétan, a l'attrait de la sérénité ; mais nous n'y trouvons pas les moyens d'expliquer la sainteté du devoir, ni le drame orageux de la destinée. Si tout obéit à l'attrait de l'amour, d'où vient la lutte, d'où vient la haine, d'où vient l'histoire, d'où vient le mal? Suffit-il de dire que « sous les dés-« ordres et les antagonismes de la surface, tout est « grâce, amour et harmonie, » lorsque rien ne fait comprendre l'origine de ces antagonismes et de ces désordres [1]? » Il n'y a rien à répondre à cela, sinon que la loi universelle et immuable du devoir nous est enseignée par la raison, non par l'expérience, et que M. Ravaisson ne pouvait l'admettre sans rejeter la base même de son système, sans renoncer à la prétention de faire de la philosophie une science expérimentale, une science de faits, une application de la méthode positiviste au profit du spiritualisme.

On sait que M. Ravaisson est un juge délicat et profond en matière d'art. L'histoire et même la pratique des beaux-arts lui sont presque aussi familières que la philosophie. Il était donc inévitable qu'il étendît à l'esthétique ou à la science du beau le principe sur lequel

---

1. Ce passage est cité dans l'*Année philosophique*, par M. Renouvier, qui l'a emprunté à a *Bibliothèque universelle* de Genève du 1er novembre 1868.

reposent sa métaphysique et sa morale. « L'esthétique, dit-il [1], n'est pas seulement une partie importante de la philosophie ; considérée dans ses principes où elle s'identifie à la morale, elle devient la philosophie elle-même. » Il en résulte que, pour lui, le beau comme le bien, le beau comme le vrai dans son essence et dans sa source, n'est pas autre chose que l'amour. Après avoir discuté diverses théories qui font consister le beau, ou dans l'unité toute seule, ou dans l'unité combinée avec la variété, ou dans le rapport du fini avec l'infini, ou dans la force et dans la grandeur, ou dans la grandeur unie à l'ordre, il arrive à cette conclusion que « c'est, en définitive, l'amour qui est le principe et la raison de la beauté [2]. »

Il lui reste bien quelque souci au sujet du sublime. Comment le sublime, qui, selon la remarque de Kant, est souvent si près du terrible, peut-il être l'expression de l'amour? — Non! répond M. Ravaisson, le sublime n'a rien de commun avec le terrible, car ce qui nous effraye nous est étranger, et par conséquent est borné. Il n'y a qu'une puissance bornée qui puisse en effrayer ou en menacer une autre. Le sublime est ce qui dépasse toute limite, et c'est à cause de cela même qu'il nous envahit tout entiers. Le sublime, c'est l'immensité de l'amour.

On se demande peut-être, pour employer les formes dubitatives qu'affectionne M. Ravaisson, comment on reconnaîtra l'immensité de l'amour dans une mer en furie qui vient d'engloutir sous nos yeux plusieurs vies

---

1. P. 232.
2. P. 231.

humaines, ou dans une chaîne de montagnes, celle des Alpes, par exemple, dont les cimes sont couvertes de glaces éternelles. Dira-t-on que ces deux spectacles n'ont rien de sublime? Où est le sublime alors? Ne faudra-t-il pas le bannir de toute la nature? Il y a aussi des œuvres de la puissance et de la colère humaine qui nous offrent le même caractère. La vue d'une grande bataille est sublime, et ce n'est pas là non plus que nous apercevons l'immensité de l'amour. Tout le monde, en France, se souvient de ce mot d'un célèbre révolutionnaire qui, interrogé sur ce qu'il faisait pendant les sanglantes journées de juin, répondit : « Je contemplais la sublime horreur de la canonnade. »

Si nous passons de la réalité aux productions de l'art, et du sublime au beau, la théorie de M. Ravaisson ne sera pas, nous le craignons, plus facile à soutenir. Arrêtons-nous devant quelques toiles bien connues de nos musées : *le Naufrage de la Méduse, le Crime poursuivi par la Vengeance divine, l'Alchimiste* de Rembrandt, *le Giaour et le Pacha* de Delacroix, et un autre tableau dont celui-ci nous paraît être une réminiscence, une bataille de Salvator Rosa, *le Déluge* de Nicolas Poussin. Nous voudrions nous trouver en présence de toutes ces peintures à côté de M. Ravaisson et apprendre de luimême par quels miracles de dialectique on peut y découvrir l'expression de l'amour. La sculpture, l'architecture, la musique, la poésie, qu'il est bien permis de comprendre parmi les arts, nous fourniraient d'autres exemples non moins embarrassants, entre autres le récit d'Ugolin dans *l'Enfer* de Dante et la bénédiction des poignards dans *les Huguenots*. Si ces accents terribles, ceux du musicien comme ceux du poëte, expriment l'amour, il faut convenir qu'il y a peu de différence entre l'amour et la haine.

Effacer les différences, combler les intervalles, supprimer les oppositions, tel paraît être, en effet, le but constant des efforts de M. Ravaisson ; c'est là qu'il faut chercher la source de ses erreurs, ou du moins ce que nous croyons pouvoir appeler ainsi. Esprit essentiellement synthétique, non moins épris du beau que du vrai, non moins et peut-être plus sensible à la voix mystérieuse du sentiment qu'aux éclatantes démonstrations de l'intelligence, ce qu'il cherche par-dessus tout, ce qu'il est impatient d'apercevoir et de montrer aux autres, c'est l'unité, c'est l'harmonie, c'est la puissance merveilleuse, irrésistible et universelle de l'amour. Les distinctions, les divisions, les classifications lui répugnent et lui paraissent être, si je ne me trompe, les derniers vestiges de la scolastique. L'analyse est pour lui comme une œuvre subalterne à laquelle ne doit pas s'arrêter le vrai métaphysicien. Par conséquent, l'observation patiente des phénomènes qui se passent en nous, l'étude analytique de nos idées et de nos facultés, en un mot ce que nous appelons la psychologie, n'est pour lui que d'une médiocre importance. De là l'absence de rigueur et de démonstration, quelquefois de clarté, qu'on observe dans le développement de sa pensée. De là la facilité avec laquelle, malgré les protestations de la conscience, il confond, non par erreur, mais systématiquement, des choses aussi radicalement distinctes que vouloir, penser et aimer, que les fonctions de l'organisme et celles de l'esprit, que l'intelligence et la sensation, que la raison et l'expérience. De là ces formes dubitatives, ce langage plein d'hésitations que nous avons signalé tout à l'heure. Cette timidité de langage fait un étrange contraste avec la hardiesse des idées et n'est pas un des moindres charmes de son livre.

Oui, la lecture de ce rapport, comme celle des autres écrits de M. Ravaisson, est pleine d'attraits. On y sent la présence de quelqu'un. On est obligé d'y soutenir une lutte comme celle de Jacob avec l'ange. Si l'on n'en sort pas vaincu et mutilé comme le patriarche hébreu, on en sort affligé de la résistance qu'on a été forcé d'opposer à un pareil adversaire. On aimerait mieux lui céder et le suivre dans les sublimes espaces dont il a fait sa demeure ; car le sublime ici représente bien l'immensité de l'amour ; mais l'amour ne peut tenir lieu de la raison, et sans la raison il n'y a pas de philosophie ; sans la raison, la vie même est sans règle et la société sans lois.

M. RENOUVIER [1]

Lorsqu'on passe sans transition du rapport de M. Ravaisson au travail que M. Renouvier, dans *l'Année philosophique*, a consacré au même sujet, on éprouve tout d'abord un sentiment de malaise. Il semble que, d'un sommet élevé d'où la vue s'étendait sur une riche et harmonieuse nature, on ait été transporté subitement dans l'enceinte sombre et étroite d'un tribunal ou d'une salle de torture. En effet, de tous les systèmes que M. Renouvier fait successivement comparaître devant lui, nous ne dirons pas pour les juger, mais pour les étendre sur le chevalet de sa critique, il n'y en a pas un, soit parmi les anciens, soit parmi les modernes, qu'il lâche avant de l'avoir mis en lambeaux ou cruellement mutilé. Il suffit d'une seule lettre de plus pour

---

1. *L'Infini, la Substance et la Liberté*, par Ch. Renouvier, dans la deuxième année de l'*Année philosophique* de M. Pillon; in-8º, Paris, 1869.

qu'on puisse appliquer à sa main armée du faisceau des licteurs ce que Juvénal dit de Messaline :

Et lassata virgis *sed non satiata recessit.*

Il n'y a pas un nom, si illustre qu'il soit, celui de Platon, de Descartes, de Leibniz, qui trouve grâce devant lui. Kant lui-même, dont il est pourtant le disciple, éprouve les effets de sa rigueur. Il l'accuse d'avoir trop dogmatisé et d'avoir, « lui aussi, trahi la liberté tout en la fêtant [1]. » Il n'est donc pas étonnant que M. Cousin et ses amis soient encore plus maltraités que leurs devanciers; car c'est envers des contradicteurs contemporains qu'on se dispense le plus volontiers d'être juste. A en croire M. Renouvier, l'école éclectique n'a rendu service ni à la philosophie ni à l'enseignement public; elle n'a jamais eu une pensée forte et sincère, et jusque dans ses travaux d'érudition, les seuls peut-être qui soient destinés à lui survivre, on reconnaît la faiblesse de sa logique et l'insuffisance de sa doctrine. Comment d'ailleurs en serait-il autrement? Le fondateur et le chef de cette école n'avait d'autre mérite que la pompe du langage. Un autre de ses maîtres, Maine de Biran, est un penseur sans génie « et même un peu noué [2]. »

Jouffroy, s'il est vrai qu'il en faille faire honneur à l'éclectisme, a des parties estimables et des sentiments intéressants. Tous les autres, particulièrement ceux qui vivent encore, héritiers plus ou moins fidèles de la tradition de M. Cousin, manquent à la fois de science

---

1. P. 94.
2. *Ibid.*

et de méthode, de pénétration et de fermeté, et soit qu'ils attaquent, soit qu'ils se défendent, soit qu'ils exposent leurs propres idées ou celles des maîtres des temps passés, ne prouvent autre chose que leur *relâchement intellectuel*.

Mais il n'y a pas lieu de s'arrêter à cette suite d'exécutions, où le tempérament paraît avoir plus de part que l'esprit, et qui, pour cette raison même, sont parfaitement inoffensives. Ce qui est seul digne d'intérêt et ce qu'il faut chercher uniquement dans le dernier écrit, dans tous les écrits de M. Renouvier, ce n'est pas ce qu'il pense des philosophes, car il est douteux qu'il accorde ce titre à un autre qu'à lui-même; c'est ce qu'il pense de la philosophie; c'est sa doctrine philosophique et sa façon de la soutenir.

Ainsi que nous le disions tout à l'heure, M. Renouvier est un disciple de Kant, mais un disciple indépendant, et nous n'éprouvons aucune peine à ajouter : un disciple original. Son originalité se manifeste à la fois dans les opinions qu'il défend et dans les objections qu'il oppose aux opinions contraires, mais dans les dernières beaucoup plus que dans les premières. C'est avant tout un dialecticien; nous ne disons pas un logicien, malgré le culte qu'il professe pour la logique et l'orgueil avec lequel il se pare de sa qualité de mathématicien. Dans le sens qu'on leur donne aujourd'hui, la logique a pour fonctions d'édifier et de démontrer; la dialectique, de réfuter et de détruire. Or, M. Renouvier, l'on ne tardera pas à s'en convaincre, n'édifie pas grand'chose et ne démontre rien; le très-petit nombre de propositions affirmatives qu'il substitue à celles qu'il a répudiées, il ne les accepte qu'à titre de croyances, sans avoir la prétention d'en fournir la preuve. Mais lorsqu'il s'agit d'attaquer et de démolir, il n'est jamais pris au dépourvu; son argumentation, tantôt vigoureuse, tantôt subtile, est pleine de ressources inattendues, et donne par moments des inquiétudes pour les vérités les plus inébranlables. Il en résulte pour la raison une nécessité de se rendre un compte un peu plus sévère de ses lois, et d'en faire désormais une application plus rigoureuse. M. Renouvier fait penser, alors même qu'on ne partage point ses idées et qu'on ne se sent pas atteint par ses objections.

A l'exemple de l'auteur de la *Critique de la raison pure*, il se déclare l'ennemi de la métaphysique. « Toute la métaphysique, dit-il, n'a été qu'une conjuration contre la liberté et contre l'existence même [1]. » De quelque façon qu'elle s'y prenne, elle a pour inévitable résultat, soit le matérialisme, soit le panthéisme, et dans l'un et l'autre cas elle supprime le libre arbitre; avec le libre arbitre elle méconnaît l'existence même de l'homme, sans laquelle nous n'en concevons aucune autre.

La métaphysique, en effet, prenant des abstractions pour des réalités; supposant qu'il existe, au delà des phénomènes perçus par nos sens ou par notre conscience, une cause en soi, une substance en soi, un être absolu, éternel, nécessaire, infini en nombre ou en étendue, est condamnée à précipiter dans ce gouffre creusé par elle-même la liberté, et par conséquent la personne humaine. Avec un être nécessaire, tout est nécessaire, puisque tout est subordonné à ses lois immuables. Avec un être infini, si l'on admet qu'un tel

---

[1]. P. 213, portant par erreur le chiffre 177.

être soit possible, il n'y a pas de place pour une autre existence, puisque l'infini ne laisse rien subsister hors de lui. Toutes les questions philosophiques se trouvent donc ramenées ou subordonnées à une seule : il faut choisir entre la métaphysique et la liberté.

Mais comment se dégager de la métaphysique? Comment arracher l'esprit humain à l'empire pernicieux de cette prétendue science qui remonte jusqu'à son berceau et dont aujourd'hui même, malgré tant de déceptions et de stériles efforts, il n'est pas encore complétement affranchi? La métaphysique, selon M. Renouvier, aura cessé d'exister le jour où l'on aura compris qu'elle repose sur une illusion. Cette illusion consiste à prendre pour des réalités les lois qui président à notre activité intellectuelle ou les conditions sous lesquelles nous percevons les phénomènes de la nature et de notre conscience, les relations que nous sommes forcés d'établir entre eux pour que notre esprit soit capable de les saisir. Au delà des phénomènes et des lois préétablies dans notre intelligence suivant lesquelles ils sont perçus par nous, nous ne connaissons absolument rien, car les limites de notre connaissance sont les mêmes que celles de l'expérience. Notre conscience ne comprend que des vérités relatives, que des faits et des lois. L'être en soi, la substance, l'infini, le nécessaire, ne sont pas seulement des choses inaccessibles à notre connaissance, ce sont de véritables chimères. Il n'existe rien, il ne peut rien exister de pareil ; l'idée que nous croyons en avoir est une contradiction.

C'est précisément sur ce point capital que M. Renouvier se sépare de Kant, à qui il a emprunté le fond de sa doctrine. Tout en soutenant que nous ne connaissons que des phénomènes et des lois, l'auteur de la *Critique de la raison pure* ne nie pas qu'il puisse exister autre chose, une chose en soi, qu'il désigne sous le nom de noumène; en d'autres termes, si pour lui nos connaissances se renferment dans le cercle de l'expérience, il ne se croit point le droit d'y renfermer également toutes les existences. Cela est parfaitement sage. Mais M. Renouvier, qui, dans l'école critique, a la prétention de représenter le côté gauche, c'est-à-dire l'esprit d'innovation et de progrès, lui reproche durement cette réserve comme un acte de faiblesse envers le dogmatisme, c'est-à-dire envers la vieille métaphysique, et comme une trahison envers la liberté.

Il accuse de la même inconséquence MM. Hamilton et Stuart Mill. En dehors des vérités relatives ou des faits et des lois auxquels ils réduisent la science humaine, ces deux philosophes admettent comme possible l'existence d'une réalité inaccessible à nos sens et à notre conscience. En vain M. Stuart Mill, réduisant sa pensée aux proportions les plus modestes, se contente-t-il de laisser subsister un je ne sais quoi sans nom et sans forme, un *noumène inconnaissable*, cela est encore trop selon M. Renouvier. « C'est en quelque sorte une pierre d'attente laissée aux spéculations transcendantes[1]; » c'est une porte ouverte pour la métaphysique et la théologie, deux ordres de spéculations que M. Renouvier confond dans la même réprobation et qu'il poursuit avec une égale vigueur. D'ailleurs, M. Stuart Mill a encore un autre tort à ses yeux. Tout en considérant l'infini comme une abstraction vide de sens, il

---

1. P. 127.

soutient que notre esprit peut concevoir « quelque chose d'infini, » et que c'est là une conception, non pas négative, ainsi que le prétend Locke, mais positive. L'idée de l'infini, de quelque façon qu'on l'entende, de quelque manière qu'on l'exprime, voilà pour M. Renouvier la source de toutes les illusions et de toutes les erreurs, l'idole qu'il faut détruire à tout prix, et l'on y arrivera en démontrant qu'elle n'est ni positive, ni négative, ni particulière, ni générale, mais contradictoire, par conséquent impossible. Or, l'idée de l'infini une fois bannie de notre esprit, on aura bon marché de toutes les idées qui s'y rattachent et qui en dépendent, comme celles de la substance et de la nécessité, celle d'une cause première qui a toujours existé et qui existera toujours, celle d'une intelligence sans bornes qui embrasse aussi bien l'avenir que le présent et le passé; on ruinera par la base le chimérique édifice de la métaphysique et de la théologie.

Il faut distinguer, dans la doctrine de M. Renouvier, entre l'infini et le parfait, deux choses essentiellement distinctes, on peut même dire opposées, que les métaphysiciens et les théologiens ont l'habitude de confondre. Le parfait, c'est ce qui est achevé, déterminé, accompli, c'est une qualité parvenue à son plus haut degré et qui ne laisse plus rien à désirer à l'esprit. Tels sont, par exemple, la justice parfaite et l'amour parfait. Que de telles qualités existent ou n'existent pas, qu'elles appartiennent au monde réel ou au monde idéal, nous n'avons aucune peine à les concevoir. « C'est une notion nette s'il en fut jamais. » Mais il en est autrement de l'infini. L'infini n'est pas une qualité, mais une quantité que nous supposons être sans limite. Quand nous affirmons l'existence d'une quantité de ce genre, nous voulons parler ou d'un nombre infini de parties, comme celles que nous admettons dans l'espace et dans la matière, ou d'un nombre infini de phénomènes sans commencement. Or, cette expression : *un nombre infini*, renferme une contradiction manifeste et ne peut répondre à aucune conception de notre intelligence, à plus forte raison à aucune réalité. En effet, tout nombre est déterminé ; par conséquent il n'y a pas de nombre infini, et ce qu'on appelle ainsi n'est pas un nombre. On n'évitera pas la contradiction si, à l'expression *un nombre infini*, on veut substituer celle-ci : « un nombre plus grand que tout nombre assignable; » car tout nombre pouvant être augmenté d'une unité, il ne saurait exister de nombre plus grand que tout nombre.

S'il n'y a rien d'infini, il n'y a rien d'éternel, et s'il n'y a rien d'éternel, il n'y a rien de nécessaire. La science infinie disparaît aussi bien que l'espace sans bornes, et avec la science infinie, l'infinie intelligence, la prescience et la nécessité. Plus de panthéisme, plus de fatalisme, plus de matérialisme ; mais aussi plus de Dieu, plus de métaphysique religieuse, plus de religion et de théologie étroitement unies à la métaphysique. Platon, Leibniz, Descartes, saint Thomas d'Aquin, sont compris dans la même sentence de condamnation qui contient les noms de Spinoza, de Hegel, de Hobbes et d'Auguste Comte. Oui, le fondateur du positivisme, le chef de cette école qui professe pour la métaphysique un éloignement voisin de l'horreur, est compté par M. Renouvier, et à juste titre, selon nous, au nombre des métaphysiciens. Se flattant de l'avoir convaincu de matérialisme, il ajoute, avec raison : « Qu'on le veuille ou non, cette doctrine est toute une métaphysique sous le couvert d'un vocabulaire physique [1]. »

Au milieu de ces ruines, une seule chose demeure debout : la liberté ; non pas la liberté divine, qui, ne pouvant se comprendre sans la raison éternelle et sans l'éternité elle-même, nous forcerait à relever tout ce qu'on vient de détruire, mais la liberté humaine, telle que la conscience la constate en nous, la seule liberté que nous connaissions, dans un système qui impose à la connaissance les limites de l'expérience. Qu'est-ce, en effet, que la liberté? Elle est un fait certain, qu'aucun effort de logique ni aucune erreur de doctrine ne parviendront à obscurcir. Elle est un fait indépendant des faits ou séries de faits qui l'ont précédée ; car c'est précisément par là qu'elle se distingue des faits qui ne sont pas libres. Dire que la liberté est indépendante de tout phénomène ou de toute série de phénomènes antérieurs, c'est dire qu'elle a commencé d'une manière absolue, qu'elle n'a pas d'autre cause qu'elle-même ; et comme elle est le principe de notre personnalité, qui est à son tour le fond de notre existence ; comme c'est par notre existence que nous nous représentons toutes les autres, puisque nous ne concevons la nature que sous les conditions de l'esprit, nous sommes amenés à penser que tout a commencé absolument, la nature aussi bien que l'homme.

La liberté nous sauve du scepticisme aussi bien que du panthéisme et du matérialisme ; mais elle ne nous sauve pas de l'athéisme. M. Renouvier a donc la franchise de se déclarer athée. « L'athéisme, dit-il, est la vraie méthode, la seule fondée en droite raison, la seule positive[1]. » Seulement il se hâte d'ajouter que l'athéisme qu'il professe est un athéisme à part, l'*athéisme critique et scientifique,* bien différent de l'athéisme ordinaire, qui repose sur le matérialisme et le panthéisme. Ce dernier, il en convient, est une erreur profonde, dangereuse, que repoussent également le cœur et la raison. Mais le premier n'exclut point le véritable théisme, qui a pour base, non la science, non la connaissance proprement dite, mais la croyance. La croyance trouve sa place dans le champ de l'idéal, où ni la science ni l'expérience ne peuvent pénétrer. La croyance nous est nécessaire pour donner un soutien à la loi morale, une existence à la perfection morale, qui est la règle et le but de la liberté. C'est ainsi que nous admettons l'immortalité de l'âme comme une conséquence du perfectionnement indéfini auquel notre conscience nous appelle. C'est ainsi que l'existence de la divinité, considérée comme la réalisation de cette même perfection à laquelle nous aspirons, peut nous sembler également probable.

Mais pourquoi nous bornerions-nous à croire en un seul Dieu? Plusieurs êtres ne peuvent-ils pas nous offrir à différents degrés ces qualités, ces vertus que nous éprouvons le besoin de nous représenter dans des êtres supérieurs? M. Renouvier n'est donc pas hostile au polythéisme. « L'existence, dit-il, d'un ou de plusieurs dieux naturels et vivants n'est nullement absurde *a priori*[2]. » Passionné pour la liberté et ne la comprenant pas avec la souveraineté d'un seul, il met la république

---

1. P. 197; 161 de la pagination erronée.
2. P. 198; 162 de la pagination erronée.

dans le ciel, ou plutôt dans l'univers, comme il la voudrait dans l'État.

Le polythéisme est inséparable de l'anthropomorphisme, qui d'ailleurs est pour M. Renouvier la seule forme sous laquelle nous puissions nous représenter la nature divine, quand même nous n'admettrions qu'un seul Dieu. Cela est conséquent, car l'absolu et l'infini une fois bannis de la raison et de l'existence, la divinité que nous demandons à notre imagination de nous créer pour la satisfaction de notre cœur ne peut être qu'une idole fabriquée à notre image. Nous ne sommes donc point étonné de voir M. Renouvier substituer à la place des dogmes de la théologie et des spéculations de la métaphysique ce qu'il appelle « les clartés d'un anthropomorphisme de bon aloi, les croyances anthropomorphiques les plus simples et les mieux accusées [1]. » Sur de telles croyances, la critique, selon lui, n'a pas de prise, car, étant en dehors de la raison, elles ont du moins cet avantage de n'être pas contraires à la raison.

Polythéisme et anthropomorphisme, voilà donc où aboutit cette critique implacable qui reproche à celle de Kant d'avoir été trop indulgente. C'est dans l'intérêt de ces deux grandes découvertes qu'on a mis en pièces les plus belles pages de l'histoire de l'esprit humain et qu'on a essayé de détruire les plus solides fondements de l'esprit humain lui-même ! M. Renouvier se trompe, le polythéisme et l'anthropomorphisme ne sont pas seulement en dehors de la raison, ils sont contre la raison. Quoi de plus déraisonnable, en effet, que de croire à l'existence de ces fétiches spirituels que nous avons

---

1. P. 167 et 174.

forgés à plaisir, et qui, sans rôle dans la nature et sans action sur nos propres destinées, ne sont qu'une copie à peine dissimulée des dieux d'Épicure? On nous répondra sans doute que c'est de la croyance ou de la foi qu'il s'agit ici, non de la science. Mais la foi d'un être intelligent ne saurait être contraire à toutes les lois de l'intelligence. C'est un grand apôtre de la foi qui nous a enseigné cette règle : « Que votre croyance ne soit jamais en opposition avec la raison [1]. »

Il serait trop facile d'abuser contre M. Renouvier de cette partie, d'ailleurs très-accessoire, de son système, et de faire retomber sur lui le reproche d'*idologie* qu'il adresse aux métaphysiciens. Voyons donc si nous trouverons plus de solidité dans sa critique, nous voulons parler de celle qui s'attaque, non à telle ou telle doctrine, mais aux idées mêmes sur lesquelles repose la métaphysique et, par suite, la croyance en Dieu.

Toute l'argumentation de M. Renouvier contre l'idée d'infini pèche par la base. Il suppose que par l'infini nous nous représentons nécessairement une quantité, par conséquent un nombre infini; ce qu'il rejette avec raison comme contradictoire, puisqu'un nombre, si grand qu'il soit, peut être augmenté d'une unité. Mais l'infini, tel que la raison le comprend dans l'ordre métaphysique et religieux, n'a rien de commun avec la quantité et avec les nombres ou ce que les mathématiques appellent faussement du même nom. C'est ce qui est achevé, accompli, sans augmentation ni diminution possible. C'est la perfection. M. Renouvier con-

---

[1]. *Sit obsequium tuum rationabile.* Sans doute *obsequium* veut dire soumission; mais il n'est question ici que de la soumission de l'esprit ou de la foi.

vient que l'idée de perfection existe en nous. Il accorde que nous concevons une justice parfaite, un amour parfait. Pourquoi donc serions-nous hors d'état de concecevoir une intelligence parfaite, une liberté ou une volonté parfaite, enfin une existence parfaite ou un être parfait? Est-ce que ces choses-là se mesurent ou se comptent? Est-ce qu'elles peuvent être assimilées à des quantités et à des nombres? Aucune formule mathématique ne leur est applicable. Non-seulement nous sommes en état de concevoir un être parfait, ou, ce qui revient au même, un être infini; mais nous le concevons nécessairement quand nous apercevons les infirmités et les bornes de notre nature, c'est-à-dire quand nous avons conscience de notre existence. Il n'y a rien d'imparfait ni de limité, si l'idée du parfait et de l'infini n'est présente à notre intelligence et n'en forme en quelque sorte le fond immuable. Aussi la voyons-nous se manifester avec les premières lueurs de la civilisation; elle est le fondement des religions aussi bien que des systèmes de métaphysique, et le genre humain, selon toute vraisemblance, ne cessera de lui rendre témoignage qu'en cessant d'exister.

La critique de M. Renouvier n'offre pas plus de résistance lorsqu'elle cherche à substituer à l'idée d'une cause première celle d'un commencement absolu, c'est-à-dire d'un commencement sans cause et sans raison, soit pour l'homme, soit pour l'univers. Pour soutenir cette gageure impossible contre une des lois les plus impérieuses de la raison humaine, il est obligé d'altérer, de falsifier, jusqu'au point de les rendre méconnaissables, les notions de cause et de liberté.

Rappelons-nous, en effet, que la liberté, pour lui,

c'est un fait absolument simple et qui a commencé absolument. Sans examiner ici si la liberté peut se concevoir sans motif, c'est-à-dire sans raison, et si pour être entièrement libre il faut être entièrement déraisonnable, nous remarquerons qu'il faut distinguer entre l'acte de liberté et l'être qui l'accomplit, c'est-à-dire le moi. Les déterminations de ma volonté sont multiples et se succèdent ; mon moi est un et subsiste toujours le même sous cette pluralité. Eh bien ! la question est de savoir si mon moi, si mon être personnel, qui n'est pas seulement volonté, mais sensibilité et intelligence, a commencé absolument, ou s'il s'est créé lui-même, créé de rien, bien entendu ; car, selon la définition de M. Renouvier, il ne serait plus libre s'il dépendait de quelque chose d'antérieur. Il suffit d'énoncer cette question pour la résoudre. De toutes les chimères contradictoires qui peuvent passer, nous ne dirons pas par l'esprit, mais par la parole d'un homme, il n'y en a pas de plus contradictoire ni de plus inintelligible que cet être qui ne se lie à aucun fait antérieur, cet être merveilleux qui se crée lui-même et qui nécessairement se crée avant d'exister.

Quant à la notion de cause, qui la reconnaîtrait dans cette définition de M. Renouvier, énoncée sous forme de question : « Pourquoi ne pas avouer que les causes ne sont objectivement concevables, pour l'esprit humain, que comme des faits d'harmonie entre les déterminations liées de ceux des phénomènes où se marquent, de chaque côté, des forces représentativement corrélatives [1] ? »

---

1. P. 158 et 159.

Nous ignorons si l'idée qui se cache sous ce langage est *objectivement concevable pour l'esprit humain;* mais elle ne l'est ni objectivement ni subjectivement pour les lecteurs de M. Renouvier. Espérons qu'elle l'est pour lui-même.

Comment s'étonner après cela que M. Renouvier, en dépit de cet axiome : « Tout ce qui commence d'être a une cause, » ait pu admettre des effets sans cause et refuse à l'humanité, malgré le cri de la conscience et le témoignage éclatant de l'histoire, la faculté de remonter à une cause première? L'objection qu'il élève contre cette croyance, à savoir que la cause première serait elle-même sans cause, est sans valeur et sans portée, puisqu'il s'agit, non d'une existence qui a commencé, mais de la cause première, qui est sans commencement.

Au reste, M. Renouvier se condamne lui-même lorsqu'il dit : « La donnée d'un premier commencement nous est incompréhensible ; mais elle est dialectiquement nécessaire [1]. » Rien de ce qui est exigé par la raison, par le bon sens universel, n'est dialectiquement nécessaire. C'est la dialectique qui a tort dans ce cas-là, et la raison et l'évidence qui ont raison.

Ni la métaphysique spiritualiste ni la raison humaine ne sont ébranlées dans leur autorité par la critique de M. Renouvier. Cette critique, très-inférieure à celle de Kant, parce qu'elle n'a pas la même sagesse et la même modération, n'est puissante que contre le matérialisme, le panthéisme et tous les faux systèmes. C'est en luttant contre ces systèmes et contre les philosophes

---

1. P. 205; 169 de la pagination erronée.

considérés individuellement, que M. Renouvier déploie toute la force et toute la subtilité de son esprit. Il pourrait rivaliser avec Duns Scott ou Guillaume Ockam. Oui, il a raison, il représente l'opposition, le côté gauche, non-seulement dans l'école de Kant, mais dans toutes les écoles de philosophie et surtout dans l'histoire de la philosophie contemporaine. A ce titre il rendra à la science philosophique de signalés services, car l'opposition est nécessaire au progrès dans le domaine des idées, encore plus que dans le domaine des faits.

FIN

TABLE DES MATIÈRES

Avant-Propos..	1
Gerbert (le pape Sylvestre II), état de la philosophie et des sciences au xe siècle...	1
Lévi ben Gerson, ou la philosophie au xive siècle............	47
Pétrarque et l'amour platonique.....................................	71
Pierre Pomponace, ou la philosophie italienne au xve siècle...	85
Galilée, la raison et l'autorité au commencement du xviie siècle.	137
Descartes et le cartésianisme, ou la philosophie au xviie siècle.	157
Spinoza...	229
Gœthe..	257
Maine de Biran..	273
Victor Cousin..	291
M. Damiron..	323
M. Garnier...	352
M. Barthélemy Saint-Hilaire.....................................	300
M. Janet..	397
M. Ravaisson..	427
M. Renouvier...	400

Paris. — Typ. Pillet fils aîné, 5, rue des Grands-Augustins.

www.ingramcontent.com/pod-product-compliance
Lightning Source LLC
Chambersburg PA
CBHW060225230426
43664CB00011B/1554